Anton Ritter von Randa

Das österreichische Handelsrecht mit Einschluss des Genossenschaftsrechtes

Historisches Wirtschaftsarchiv

Anton Ritter von Randa

Das österreichische Handelsrecht mit Einschluss des Genossenschaftsrechtes

1. Auflage | ISBN: 978-3-86383-165-3

Erscheinungsort: Paderborn, Deutschland

Historisches Wirtschaftsarchiv ist ein Imprint des Salzwasser Verlags, Paderborn. Alle Rechte beim Verlag.

Nachdruck des Originals von 1905.

Anton Ritter von Randa

Das österreichische Handelsrecht mit Einschluss des Genossenschaftsrechtes

Historisches Wirtschaftsarchiv

Das Österreichische Handelsrecht

mit

Einschluß des Genossenschaftsrechtes.

Von

Dr. Anton Ritter v. Randa.

Deutsche Ausgabe
bearbeitet unter Beihilfe des
k. k. Landesgerichtsrates Dr. Berth. Joh. Wolf.

Erster Band.

Wien, 1905.
Manzsche k. u. k. Hof-Verlags- und Universitäts-Buchhandlung
I., Kohlmarkt 20.

Buchdruckerei der Manzschen k. u. k. Hof-Verlags- und Universitäts-Buchhandlung in Wien.

Vorwort.

Die gegenwärtige deutsch-österreichische Literatur des Handelsrechtes entbehrt — unbeschadet wertvoller Werke — eines bündigen systematischen, dem heutigen Stande der Gesetzgebung entsprechenden Lehrbuches, welches bei tunlichster Vollständigkeit für das Studium und die praktische Handhabung des Handelsrechtes als Leitfaden dienen könnte.

Diese Lücke soll die vorliegende, vom k. k. Landesgerichtsrate Dr. B. J. Wolf nach meinem in böhmischer Sprache erschienenen Handbuche (4. Auflage) bearbeitete und von mir eingehend revidierte Darstellung des österreichischen Handelsrechtes ausfüllen. Bei der Abfassung desselben wurde auf das ungarische Handelsrecht, sowie auf das neue Handelsgesetzbuch für das Deutsche Reich vom 10. Mai 1897 im Rahmen des Handbuches tunlichste Rücksicht genommen. Obwohl das letztere nunmehr von dem österreichischen — leider vielfach rückständigen — Rechte sehr wesentlich abweicht, so ist gewiß auch in Zukunft an dem hergebrachten geschichtlichen Zusammenhange und an der erfolgreichen Wechselwirkung der reichsdeutschen und österreichischen Jurisprudenz festzuhalten, zumal nur auf diesem Wege die zeitgemäße Annäherung und gleichmäßige Fortbildung der beiderseitigen Legislationen zu erhoffen ist. Dringend geboten ist zunächst die Einführung der neuen wohlbewährten reichsdeutschen Sozietätsform der Gesellschaft mit beschränkter Haftung, nicht minder — die Reform des Aktien- und Genossenschaftsrechtes. Möge dieser Wunsch recht bald in Erfüllung gehen!

Literatur und Rechtsprechung sind zweckentsprechend verwertet.

Wien, im Oktober 1904.

Randa.

Inhaltsverzeichnis.*)

		Seite
§ 1.	Begriff des Privathandelsrechtes	1
§ 2.	Entwicklung des Handelsrechtes in Österreich	5
	1. Vor Einführung des allgemeinen Handelsgesetzbuches	5
	2. Nach Einführung desselben	11
§ 3.	Übersicht der Handelsgesetzgebung in den außerösterr. Ländern	12
§ 4.	Literatur des Handelsrechtes	15
	I. Im Deutschen Reiche	17
	II. In Österreich-Ungarn	19
	Sammlung gerichtlicher Erkenntnisse	21
§ 5.	Quellen des österr. Handelsrechtes	22
	I. Hauptquellen	23
	II. Hilfsquellen	27
§ 6.	Von den Handelsgeschäften	34
	I. Absolute Handelsgeschäfte (Art. 271)	35
	II. Relative Handelsgeschäfte (Art. 272 und 273)	51
§ 7.	Voraussetzungen und Wirkungen der Kaufmannsqualität	62
	Wer ist Kaufmann? S. 65. — Die Handelsfrau S. 71. — Juristische Personen (Staat, Gemeinde) als Kaufleute S. 73. — Aufzählung der Hauptkategorien der Kaufleute S. 75, insbes. der handeltreibenden Erwerbs- und Wirtschaftsgenossenschaften S. 85.	
§ 8.	Voll- und Minderkaufleute	89
	Bedeutung dieser Unterscheidung S. 90 flg.	
§ 8a.	Haupt- und Zweigniederlassung eines Handelsunternehmens	94
	Voraussetzungen und Wirkungen der Errichtung von Zweigniederlassungen	96
§ 9.	Das Handels- und Genossenschaftsregister	100
	A. Obligatorische Eintragungen S. 101. — B. Fakultative Eintragung S. 104. — C. Anmerkungen S. 105.	
§ 10.	Von den rechtlichen Wirkungen der Eintragungen in das Handelsregister und der Unterlassung derselben	111
	Wirkung der erfolgten Eintragung S. 111. — Wirkung der unterlassenen Eintragung S. 112.	

---

*) Dem II. Bande wird ein genaues Sach- und Namensregister des I. und II. Bandes beigegeben werden.

	Seite
§ 11. Von den Handelsfirmen	116

I. Die neue Handelsfirma S. 119. — Genossenschaftsfirmen S. 123. — Art der Zeichnung der Firma S. 124. — Firma der Realgenossenschaften, insbes. der brauberechtigten Bürgerschaften S. 129, der Gewerkschaften S. 131, der juristischen Personen S. 131. — II. Die übertragene Firma S. 132. — Eintragung der Firma in das Handelsregister S. 140.

§ 11a. Die Schutzmarke 144

§ 11b. Der Musterschutz. Schutz gegen unlauteren Wettbewerb . 153

§ 12. Von den Handelsbüchern 154

a) Die Pflicht zur Führung der Handelsbücher S. 155. — b) Die Beweiskraft der Handelsbücher S. 159, bes. der Genossenschaften S. 165. — c) Die Pflicht zur Vorlage der Handelsbücher S. 169. — Die Pflicht zur Mitteilung der Handelsbücher S. 177. — Die Buchführung S. 179.

§ 13. Die Handlungsvollmacht 182

Arten derselben S. 182. — 1. Die Prokura S. 186. — 2. Die Handlungsbevollmächtigung S. 192. — 3. Die Vollmacht der reisenden Handelsagenten S. 198. — 4. Die einfache Vollmacht S. 202. — Gemeinsame Regeln dieser vier Kategorien S. 202. — Gemeinsame Regeln der Prokura und Generalhandlungsbevollmächtigung S. 204. — Aufhebung der Handelsvollmacht S. 206. — Die Vollmacht des Zwangsverwalters S. 207.

§ 14. Von den Handlungsgehilfen 208

Arten der Dienste derselben S. 208. — Rechtshandlungen, technische Verrichtungen S. 209. — Beschränkt sich der Begriff der Dienstleistungen des Handlungsgehilfen auf die sog. „kaufmännischen" Dienste? S. 210 flg. — Im Sinne der österr. Gesetzgebung ist diese Beschränkung nicht gelegen S. 211. — Zu dem Kreise der Handlungsgehilfen gehört daher auch das technische Hilfspersonal der Handelsunternehmungen S. 213. — Die subsidiäre Anwendbarkeit der Vorschriften der Gewerbeordnung beschränkt sich auf die Handlungsgehilfen niederer Ordnung S. 215. — Die Rechte und Pflichten der Handlungsgehilfen S. 215 flg., insbes. bezüglich der Entlohnung S. 216. — Verjährung des Anspruches S. 218. — Aufhebung des Dienstverhältnisses bes. durch Kündigung S. 219; einseitiger Rücktritt S. 220. — Rechtsverhältnis der Handlungslehrlinge S. 223. — Kompetenz bei Rechtsstreitigkeiten S. 225.

§ 15. Börsen- und Handelsmäkler 226

Entstehung der Börsen S. 226 flg. — Arten derselben S. 227. — Bedeutung und Einrichtung derselben S. 227, N. 122. — Der Börsenkrach im Jahre 1873 S. 227, N. 122. — Amtliche Festsetzung des Kurses S. 229. — Börsestatute S. 229. — Verbot des börsemäßigen Terminhandels in Getreide- und Mahlprodukten S. 229. — Börsenschiedsgerichte S. 230. — Besteuerung der „Effekten" S. 230. — Weiter ist der Begriff der „Wertpapiere" S. 230 flg. — Begriff und Arten der Handelsmäkler S. 231 flg. — Das Handelsgesetzbuch regelt bloß das Verhältnis der amtlichen Handelsmäkler S. 232. — Erfordernisse der Bestellung eines Handelsmäklers S. 233 flg. — Pflichten der amtlichen Handelsmäkler S. 234 flg., insbes. betreffs der Führung des Handbuches S. 236 flg. und der Zustellung der Schlußnoten S. 238. — Beweiskraft derselben S. 238. — Pflicht zur Aufbewahrung von Proben S. 239. — Rechte der Handelsmäkler S. 240. — Von den Privathandelsmäklern S. 241.

§ 1.
Begriff des Privathandelsrechtes.

Die Gesamtheit der Rechtsgrundsätze, welche die den Handel betreffenden besonderen privatrechtlichen Verhältnisse regeln, bildet das Privathandelsrecht. Dieses erscheint sonach als Teil des allgemeinen Privatrechtes (Zivilrechtes). Die Darstellung des Privathandelsrechtes ist die Aufgabe des vorliegenden Werkes. Das Staats-Handelsrecht, welches die Verhältnisse des Staates zum Handel in administrativer, finanzieller, und prozessualer Richtung ordnet, wie nicht minder das internationale Handelsrecht sind von der Erörterung in diesem Buche ausgeschlossen.[1]

Unter dem Begriffe „Handel" versteht man im allgemeinen den gewerbemäßigen Betrieb des Austausches (Umsatzes) von Gütern ohne wesentliche Veränderung.[2] Damit der Betrieb als gewerbemäßig bezeichnet werden könne, muß derselbe ständig, dauernd sein, und es muß demselben die Absicht, Gewinn zu erzielen, zugrunde liegen. Der Güterumsatz begreift in sich einerseits die Anschaffung von beweglichen Gegenständen in der Absicht, sie wieder zu veräußern, andererseits die Übernahme einer Lieferung, d. i. die Veräußerung beweglicher Sachen mit der Absicht, dieselben nachträglich anzuschaffen, und dem Käufer zu liefern. Die Grundformen des Handels sind somit der Spekulationskauf und der Spekulationsverkauf (Übernahme einer Lieferung). Bei dem Spekulationskaufe hofft der Gewerbetreibende, die Ware zu einem höheren Preise zu verkaufen, als er sie einkauft; bei dem Spekulationsverkaufe hofft er, sie zu einem niedrigeren Preise anzuschaffen, als zu welchem er sie verkauft, bezieh. zu liefern hat. So erfüllt der Handel die Funktion eines Vermittlers zwischen Produzenten und Konsumenten.

Die einzelnen Geschäfte insbesondere Vereinbarungen, die zum Handelsbetriebe gehören, heißen „Handelsgeschäfte", und die Person, die sich mit dem Betriebe des Handels beschäftigt, wird Kaufmann (Handelsmann) genannt. Die als Objekte des Handelsbetriebes erscheinenden

---

[1] Über andere Seiten der Handelsrechtswissenschaft vgl. Thöl, Das Handelsrecht §§ 1 und 2.

[2] Die Teilung einer Sache kann nicht als Veränderung des Wesens derselben angesehen werden. Damit eine Änderung im Wesen einer Sache eintrete, bedarf es der Regel nach einer vorangehenden Bearbeitung oder Verarbeitung des Stoffes derselben.

Gegenstände werden als „Ware", und die in Ansehung der Handelsunternehmungen und der Kaufleute obwaltenden Verhältnisse als „Handelssachen" bezeichnet. Wenn auch bewegliche, wie unbewegliche Gegenstände Objekte des Handels, also Ware sein können, wird dennoch herkömmlicher Weise der Begriff „Ware" auf bewegliche Sachen beschränkt.

Der Handel in diesem engeren Sinne rief im Laufe der Zeit eine ganze Reihe von Anstalten und Hilfsgewerben hervor, welche durchwegs — allerdings nicht immer und nicht ausschließlich — zur Förderung, Ausbreitung und Hebung des Handels im eigentlichen engeren Sinne dienen. Hieher gehören namentlich die Institute der Börse, der Handelsagenten und der Handelsmäkler (Sensale), die Gewerbe der Kommissionäre, der Spediteure, der Frachtführer, Versicherer usw. Alle Anstalten und Gewerbe dieser Art umfaßte die ältere mitteleuropäische Doktrin und Gesetzgebung mit dem Begriffe des „uneigentlichen Handels".[3]) Der Kreis der Handelssachen hatte allerdings je nach den allgemeinen wirtschaftlichen, sozialen und rechtlichen Verhältnissen einen verschiedenen Umfang. Hieraus ist erkennbar, welche Schwierigkeit eine genaue Abgrenzung der Gegenstände des Handelsrechtes im Gegensatze zu dem gemeinen Rechte bereitet.[4])

Wesentlich weiter, allerdings auch um vieles bestimmter faßten die neueren Kodifikationen, vor allen die französische Gesetzgebung und nach ihr das deutsch-österreichische Handelsgesetzbuch aus dem Jahre 1861 beziehungsweise 1862 den Begriff des Handels auf.[5]) Während unter dem

---

[3]) Das römische Recht kannte ein besonderes Recht der Kaufleute nicht. Die aus dem Volke berufenen Richter verstanden es, auch bei Anwendung des gemeinen Rechtes den Anschauungen und Bedürfnissen des Handels gerecht zu werden. — Die verschiedenen Einteilungen der Handelsgewerbe, welche in der älteren Gesetzgebung Wichtigkeit besaßen, verloren gegenwärtig fast jedwede Bedeutung. Dies gilt von der Unterscheidung des Handels in Großhandel und Kleinhandel (Detailhandel). Zu dem letzteren werden gezählt: die Krämerei, das Gewerbe der Marktfahrer (Marktfieranten), der Hausierer (bezüglich dieser vgl. § 1 des Gesetzes über den Hausierhandel vom 4. September 1852 R. G. Bl. Nr. 252 [Hausierpatent], § 60 G. O. und Gesetz vom 16. Jänner 1895 R. G. Bl. Nr. 21), der Höcker und Trödler. Ferner wird unterschieden zwischen dem Eigenhandel (Proprehandel) einerseits und dem Kommissionshandel (Art. 360 H. G. B.) anderseits, dann zwischen dem „eigentlichen Handel" und dem „Hilfshandel". Von diesen Arten des Kleinhandels kommt nur dem Hausierergewerbe besondere Bedeutung zu. Vgl. § 7 des Einf. Ges. zum a. H. G. B.

[4]) Vgl. auch Endemann, Das deutsche Handelsrecht §§ 1 und 4. Über die Entwicklung des Handelsrechtes im Mittelalter vgl. das hervorragende Werk Goldschmidts: Universalgeschichte des Handelsrechtes (Handbuch des Handelsrechtes, dritte Aufl. 1. Teil), Cosack, Lehrbuch des Handelsrechtes § 4.

[5]) Damit will nicht in Abrede gestellt werden, daß schon im Mittelalter bemerkenswerte Spuren einer Entwicklung des Rechtes der Kaufleute zu einem Rechte der „Handelssachen" sich vorfinden. Vgl. Goldschmidt, Universalgeschichte des Handelsrechts § 1, Endemann, Das deutsche Handelsrecht § 4; Studien in der röm. kan. Wirtschafts- und Rechtslehre (1874), I. S. 448 sequ. und Zeitschrift für das gesamte Handelsrecht, V. Bd., S. 356 flg., Thöl, Das Handelsrecht, §§ 1 und 2. Die geschichtliche Entwicklung einzelner Handelsinstitutionen, insbesondere der verschiedenen Gesellschaftsformen wird bei Darstellung der letzteren erwähnt werden.

Einflusse der mittelalterlichen Scheidung der Stände und Berufe das ältere Handelsrecht — und zwar das österreichische Recht fast bis in die Hälfte des vorigen Jahrhunderts — in seinem überwiegenden Teile nur als ein besonderes Recht der Kaufleute (jus mercatorum), als ein Privileg des Kaufmannsstandes erschien, dehnte die neuere Zeit die besonderen Normen des Handelsrechtes auf immer weitere Kreise des Obligationen- und Sachenrechtes aus, insoweit die betreffenden Rechtsverhältnisse eine besondere, den heutigen Bedürfnissen des Handels angemessene Regelung erheischten. Ausgangspunkt und Gegenstand des Handelsrechtes ist nun nicht mehr das bloße Spezialrecht des Kaufmannsstandes, sondern vielmehr ein bestimmtes Gebiet des Mobiliarrechtes überhaupt.[6])

Es ist dies jenes Gebiet, das mit dem Handel im weiteren Sinne des Wortes auf das engste zusammenhängt. So erklärt es sich, daß das deutsch-österreichische Handelsgesetzbuch aus dem Jahre 1861 bezieh. 1862 (nach dem Vorbilde des französischen Code de commerce) von dem Begriffe der „Handelsgeschäfte" als dem Grundbegriffe ausgeht.[6a]) Vgl. die Art. 271 bis 275 des H. G. B. Auf diesem Begriffe beruht die Begriffsbestimmung des „Kaufmannes" im Art. 4 H. G. B. Der Begriff „Ware" ist von ganz untergeordneter Natur und gelangt nach herkömmlicher Weise nur für bewegliche Sachen zur Anwendung. Art. 275 H. G. B. „Handelssachen" sind jene Rechtsverhältnisse, die sich auf Kaufleute und Handelsunternehmungen beziehen. Art. 1 H. G. B. Das Recht des „Handels" ist somit im wesentlichen ein Recht der „Handels-

---

[6]) Eine andere Frage ist es, ob nicht durch Ausdehnung der besonderen Bestimmungen des heutigen Handelsrechtes auf das gesamte Mobiliarrecht der schädliche Dualismus eines Mobiliarhandelsrechtes und eines Mobiliarzivilrechtes beseitigt werden sollte. Es ist dies gewiß um der Einheitlichkeit, Übersichtlichkeit und Sicherheit des Rechtes willen sehr zu wünschen. Zutreffend sagt Endemann, Handelsrecht, § 4, N. 30: „Nichts (kann) mich in der Überzeugung beirren, daß ein Allen genugtuendes Verkehrsrecht auch bei den heutigen Handelsverhältnissen ebenso wünschenswert als möglich ist." Vgl. auch Munzinger, Motive zum Entwurfe eines schweizerischen Handelsgesetzbuches, S. 12. Mit Recht bestimmt daher das schweizerische Obligationenrecht, daß die Vorschriften des Gesetzes (von den Geschäften des Mobiliarverkehres) allgemeine Geltung besitzen. Das neue bürgerliche Gesetzbuch für das Deutsche Reich übernahm aus dem Handelsgesetzbuche eine ganze Reihe von Normen. Das neue deutsche Handelsgesetzbuch findet nunmehr nur dann Anwendung, wenn wenigstens eine Partei Kaufmann ist; denn es kennt nicht mehr absolute Handelsgeschäfte. Auch der Entwurf eines bürgerlichen Gesetzbuches für das russische Reich, welcher mir 1903 zur Begutachtung zugesendet wurde, kennt kein besonderes Handelsrecht! Über die Annäherung zwischen dem bürgerlichen und dem Handelsrechte vgl. die Abhandlung Halbans in der polnischen Zeitschrift Przegląd prawa ꝛc., Jahrg. 1898, Heft 4 und 5; siehe auch Právník Jahrg. 1898 S. 790 flg., 1904 S. 1 flg.

[6a]) Abgesehen von älteren Handelsstatuten der nord- und mittelitalienischen Städte gebührt Frankreich das Hauptverdienst um die Entwicklung des modernen Handelsrechtes, denn dort legte schon Ludwig XIV. im Jahre 1673 durch die Erlassung der „Ordonnance du commerce" Colberts den Grund zu der neueren Kodifikation des Handelsrechtes. Vgl. Behrend, Lehrbuch des Handelsrechtes, §§ 8 und 9.

geschäfte" und der „Kaufleute".⁷) Anders nach dem neuen deutschen Handelsrechte. Das neue Handelsgesetzbuch für das Deutsche Reich gründet nämlich (§§ 1 bis 4) den Kaufmannscharakter nicht allein auf den Gegenstand des Unternehmens (Handelsgeschäfte), sondern auch auf die kaufmännische Art des Betriebes einer Unternehmung, mag diese welcher Art immer sein. Unbewegliche Gegenstände sind stillschweigend vom Handel ausgeschlossen; Art. 275 des früheren Handelsgesetzbuches wurde ausgeschaltet. Überhaupt kehrt das neue Handelsgesetzbuch für das Deutsche Reich zu dem Grundsatze zurück, daß das Handelsgewerbe sowohl, als das handelsmäßig betriebene Gewerbe den Ausgangspunkt des Handelsrechtes bilden. Absolute Handelsgeschäfte (Art. 271 H. G. B.) erkennt das neue Handelsgesetzbuch für das Deutsche Reich nicht mehr an. Vgl. § 1 dieses Gesetzes. Hiezu Strauß, Die Reform des deutschen Handelsrechtes (1899) S. 2; Staub, Supplement zum deutschen H. G. B. zn Art. 4, 271 und 272.

Das Handelsgesetzbuch und die zu demselben nachträglich erlassenen Gesetze enthalten nicht bloß Vorschriften über Handelsgeschäfte und Kaufleute (Einzelkaufleute und Handelsgesellschaften), sondern auch über eine ganze Reihe anderer, hiemit zusammenhängender Gegenstände, so beispielsweise über Handlungsgehilfen, über Börsen, Lagerhäuser usw. Was immer durch die Handelsgesetzgebung geregelt erscheint, wird Handelssache genannt. Vgl. § 6 Anm. 63. Um vieles weiter ist der Begriff des „Verkehrsrechtes", dessen äußere Begrenzung einigermaßen daran erkennbar ist, daß für die in den Rahmens desselben fallenden Angelegenheiten die Handelsgerichte zuständig sind. (§ 51 J. N.).⁷ᵃ)

---

⁷) Lediglich Art. 307 H. G. B., der von Papieren handelt, die auf den Inhaber lauten, ist allgemeinen Charakters und findet auch dann Anwendung, wenn ein Handelsgeschäft nicht vorliegt, und dem Veräußerer oder Verpfänder des Papieres Kaufmannseigenschaft nicht zukommt. Vgl. Thöl, Das Handelsrecht, § 11 a und 12; Goldschmidt, Handelsrecht, I. Bd. § 41.

⁷ᵃ) So fallen insbesondere das Urheberrecht und das Patentrecht vorzugsweise in den Kreis des Verkehrsrechtes. Manche Schriftsteller, wie Grünhut, Pollitzer und andere betrachten das Wechselrecht als zum Handelsrechte gehörig; Pollitzer, Das österreichische Handelsrecht, § 3 S. 6 flg., auch das Versicherungs= und das Seerecht. Richtig dagegen Górski, Zarys prawa handl. austr., I. § 2, der weder das Versicherungsrecht (scil. im Ganzen) noch das Wechselrecht zum Handelsrechte zählt. Vgl. auch Herrmann, Sborník ved právn. I S. 187. Bei Bedachtnahme auf die den Handelsgerichten vorbehaltene Kompetenz (§ 51 J. N.) können allerdings diese Spezialrechte, dann das Muster= und Markenrecht, sowie das Urheber= und das Patentrecht als zu den „Handelssachen" und zu dem Handelsrechte im weiteren Sinne, das ist zu dem Verkehrsrechte gehörig angesehen werden. — Das Versicherungsrecht, insoweit es die wechselseitige Versicherung betrifft, gehört dem gemeinen Rechte an. — Um die Verallgemeinerung des Mobiliarrechtes bemühen sich, wie in der Zeitschrift „Právník" 1902 S. 186, beziehungsweise den „Annales de droit commercial et industriel", Jahrg. 1901 Nr. 5 ausgeführt wird, gegenwärtig besonders Professor K. Thaller in Paris und Professor Vivante in Italien. Nach einer gleichfalls in den erwähnten Annales de droit com. et ind. enthaltenen Mitteilung des Professors Valery ist das Bestreben hervorragender Männer in England, wo bisher ein besonderes Handelsgesetzbuch nicht besteht, auf Einführung eines für England und dessen Kolonien gemeinsamen Handelsgesetzbuches: law

§ 2.
Entwicklung des Handelsrechtes in Österreich.
1. Vor der Einführung des allgemeinen Handelsgesetzbuches.

Die Quellen des Handelsrechtes fließen in den österreichischen Ländern recht spärlich, und auch dies erst seit nicht allzu ferner Zeit. Zu den allgemeinen Gründen, die im Mittelalter der raschen Entfaltung eines besonderen Handelsrechtes im Wege standen, gesellte sich in Österreich noch der Umstand, daß Handel und Gewerbe nur allmählich, und dies vorwiegend nur in wenigen Städten und Bezirken, sich entwickelten. Hieraus erklärt sich einerseits die partikuläre, ja geradezu lokale Bedeutung und Geltung der älteren Handelsverordnungen, andrerseits die geringe Fruchtbarkeit der Handelsgesetzgebung.

Als Quellen des Handelsrechtes kommen zunächst die Handelsgewohnheiten, die in den Stadtrechten zugunsten der Kaufleute festgesetzten Sonderrechte, dann jene Vorrechte in Betracht, welche den Innungen der Kaufleute mittels besonderer Privilegien gewährt wurden. Besondere Beachtung verdienen die der Stadt Bozen durch die Erzherzogin Claudia im Jahre 1635 verliehenen, später öfter erweiterten Marktstatuten, sodann die Wechselordnungen vom 10. September 1717 für Niederösterreich und vom 20. Mai 1720 für die innerösterreichischen Länder mit Einschluß der Städte Triest und Fiume, hauptsächlich aber die erneuerte Wechselordnung vom 1. Oktober 1763 für die böhmischen, nieder- und innerösterreichischen Erblande aus dem Grunde, weil diese Gesetze auch viele Vorschriften handelsrechtlicher Natur enthalten. (Vergl. namentlich die Art. 7, 8, 28, 29, 40 bis 48 der Wechselordnung aus dem Jahre 1763). Die zuletzt gedachte Wechselordnung vom 1. Oktober 1763 wurde im Jahre 1765 in italienischer Übersetzung in Triest und im Küstenlande, im Jahre 1775 in lateinischer Übersetzung in Ostgalizien, im Jahre 1797 in Westgalizien, im Jahre 1771 mittels königlichen Reskriptes (im Jahre 1792 auch mittels Beschlusses des Landtages) in Siebenbürgen und im Jahre 1785 auch in einem Teile der Militärgrenze eingeführt. Aus dem gleichen Grunde gebührt den Fallitenordnungen (Konkursordnungen) vom 18. August 1734 für die Erzherzogtümer Österreich, vom 16. Dezember 1747 für die Steiermark und vom 19. Jänner 1758 für das Küstenland Erwähnung.[3])

---

merchant gerichtet. — Im Deutschen Reiche wurde eine ganze Reihe von Vorschriften des Obligationenrechtes aus dem früheren Handelsgesetzbuche in das neue bürgerliche Gesetzbuch übertragen. — Wie Górski a. a. O. anführt, wurde auch in Amerika die Frage der Kodifikation des Handelsrechtes aufgeworfen. Die Amerikaner sind jedoch einer Festlegung des Rechtes nicht geneigt, indem sie befürchten, daß hiedurch dessen Entwicklung beeinträchtigt würde.

[3]) Vgl. Fischer-Ellinger, Lehrbuch des österr. Handelsrechtes (4. Aufl. von H. Blodig, 1860 § 10, ferner Domin von Petrushevecz, Neuere österreichische Rechtsgeschichte (1869), S. 81, 83, 261—269 und 359. In Nordtirol erlangte die Wechselordnung vom 1. Oktober 1763 gewohnheitsrechtliche Geltung.

Bevor das Handelsgesetzbuch vom 17. Dezember 1862 in den österreichischen Ländern in Kraft trat, d. i. vor dem 1. Juli 1863, unterschied man in der österreichisch-ungarischen Monarchie drei Gebiete des Handelsrechtes:

I. Das Gebiet des französischen Rechtes, welches während der französischen Herrschaft zu Beginn des 18. Jahrhunderts in dem damaligen Königreich Italien (im Jahre 1808) und im Herzogtume Warschau (im Jahre 1809) eingeführt wurde und auch nach dem Ende der französischen Herrschaft in Dalmatien, Südtirol und im Gebiete Krakau Geltung behielt.[9])

II. Das Gebiet des ungarischen Handels-(Kredit-)Gesetzes, welches auf Grund des Beschlusses des ungarischen Reichstages aus den Jahren 1839 bis 1840 in Ungarn, sowie im Königreiche Kroatien-Slawonien Geltung erlangte.[10]) Art. XV handelt vom Wechselrechte, Art. XVI von den Kaufleuten, Art. XVIII von den Erwerbsgesellschaften, Art. XIX von den Handelsgremien, Art. XX von den Frachtführern und Art. XXII vom kaufmännischen Konkurse. Wesentliche Änderungen enthalten die Gesetzartikel VI und VII aus den Jahren 1843/44 und die Gesetze vom 23. Juli 1861.[11])

III. Das die übrigen österreichischen Länder umfassende Gebiet, zu welchem insbesondere die diesseits der Leitha gelegenen Länder, dann Siebenbürgen und die Militärgrenze gehörten. In diesen Ländern bestand eine Kodifikation des Handelsrechtes nicht, sondern es gab nur verschiedene Vorschriften und Handelsgesetze, durch welche jedoch nur ein minder bedeutender Teil der Handelsverhältnisse in mehr weniger angemessener Weise geregelt wurde.[12]) Die wichtigsten diesbezüglichen Gesetze waren in Österreich folgende:

a) Das Vereinsgesetz vom 26. November 1852, R. G. Bl. Nr. 253, das Gesetz über die Wiener Börse vom 11. Juli 1854, R. G. Bl.

---

[9]) Der Code de commerce wurde in Italien in italienischer Übersetzung als „Codice di commercio di terra e mare", und im Herzogtume Warschau in polnischer Übersetzung kundgemacht. Vgl. Fischer-Ellinger a. a. O. Der Code de commerce enthält im 1. Buche das Handels und das Wechselrecht, im 2. Buche das Seerecht, im 3. Buche das Konkursrecht und im 4. Buche das Verfahren in Handelsrechtssachen.

[10]) Die Änderungen, welche seit dem Jahre 1849 infolge der Einführung der österreichischen Gesetzgebung in diesem Gebiete eintraten, verloren im Jahre 1861 in Ungarn (nicht aber in Kroatien) auf Grund der Beschlüsse der Judex-Kurialkonferenz aus demselben Jahre wieder ihre Geltung.

[11]) Vgl. Blodig, Zeitschrift für Handelsrecht, Bd. V S. 446 ff.; Goldschmidt, Univers. G. d. H., S. 11 und die „Einstweilige Norm für die Gerichtspflege in Ungarn" usw. aus dem Jahre 1861.

[12]) Zu diesem Gebiete gehören auch zwei kleinere Bezirke, nämlich Bozen, wo die für diese Stadt am 15. September 1635 erlassenen Wechsel- und Marktstatuten in Geltung standen, und Salzburg, wo unter bayrischer Herrschaft die bayrische Wechsel- und Merkantilordnung vom 24. November 1785 eingeführt wurde. Zu vgl. noch Lastig, Entwicklungswege und Quellen des Handelsrechtes (1877), enthaltend die genuesischen und florentinischen Quellen des mittelalterlichen Handelsrechtes; hierzu Goldschmidt, Zeitschrift für Handelsrecht, Bd. 23 S. 310 flg.

Nr. 200, das Gesetz über Warenbörsen und Warensensale vom 26. Februar 1860, R. G. Bl. Nr. 58, und die (im wesentlichen übereinstimmenden) Gesetze über die Firmaprotokollierung und über Handelsgesellschaften aus dem Jahre 1853 für Tirol, aus dem Jahre 1855 für Siebenbürgen, aus dem Jahre 1857 für Galizien und das Großherzogtum Krakau, vom 18. September 1857, R. G. Bl. Nr. 168, für Böhmen, Mähren und Schlesien, und aus dem Jahre 1858 für die Militärgrenze.

b) Einzelne Paragraphe des allgemeinen bürgerlichen Gesetzbuches, insbesondere § 995 (über den Zinsfuß), §§ 1027 bis 1033 (über die Vertretung von Handelsleuten durch Bevollmächtigte, Diener und Lehrlinge), §§ 1203, 1204, 1207, 1214 bis 1216 (über Handelsgesellschaften) und §§ 1410 und 1430 (über die Zahlungsleistung an Handelsleute).

c) Die Art. 44 bis 45 der Wechselordnung vom 1. Oktober 1763 über das kaufmännische Pfand- und Retentionsrecht.

Hieraus geht hervor, daß jene Gegenstände, welche im vierten Buche des Handelsgesetzbuches vom 17. Dezember 1862 behandelt erscheinen, in der altösterreichischen Gesetzgebung nicht geregelt waren, ja daß ein namhafter Teil der in den ersten drei Büchern des Handelsgesetzbuches der gesetzlichen Regelung unterzogenen Materien überhaupt erst seit der Mitte des 18. Jahrhunderts durch besondere Handelsgesetze geordnet wurde.

Das lebhafte Bedürfnis der Praxis nach einem für alle österreichischen Länder gleichen, den fortschreitenden volkswirtschaftlichen Verhältnissen angemessenen Handelsrechte rief nach glücklich durchgeführter Unifikation des bürgerlichen Rechtes (im Jahre 1811) wiederholte Versuche einer ähnlichen einheitlichen Kodifikation des in diesen Ländern geltenden Handels- und Wechselrechtes hervor. Schon mit dem allerhöchsten Handschreiben vom 18. Februar 1809 wurde die Hofkommission in Justizsachen aufgefordert, einen Kommerzkodex auszuarbeiten, der in fünf Büchern enthalten sollte: das Handels-, Wechsel- und Seerecht, das Konkurs-(Falliten-)Verfahren und das Verfahren in Handelssachen. Referent war der Appellationsgerichtsrat Zimmerl. Allein bloß das erste und das zweite Buch (enthaltend das Handels und Wechselrecht) wurden von der Kommission ausgearbeitet.[13] Weder diesem ersten, noch einem neuen (zweiten) Entwurfe eines Handelsgesetzes, welcher von der im Jahre 1842 eingesetzten Hofkommission verfaßt wurde und im Jahre 1849 im Drucke erschien, wurde die allerhöchste Genehmigung zuteil. Im Jahre 1853 arbeitete das Handelsministerium einen neuen (dritten) Entwurf eines Handelsgesetzbuches aus, der im Justizministerium im Jahre 1855 einer Überarbeitung unterzogen und sodann dem Staatsrate zur Prüfung überwiesen wurde, aus dessen Beratungen er in wesentlich veränderter Gestalt hervorging. Dieses Elaborat bildete den vierten

---

[13] Vgl. die eingehenden Mitteilungen in den Materialien Pratobeveras: Bd. I, S. 210, Bd. II, S. 292, Bd. VIII, S. 483; Fischer (Blodig), S. 20 flg.; Stubenrauch, Handb. des österreichischen Handelsrechtes § 7.

Entwurf. Derselbe wurde im Jahre 1857 gedruckt. Der Entwurf eines österreichischen Seerechtes erschien im Jahre 1848 in Wien im Drucke.

Infolge der Bemühungen der deutschen Bundesstaaten, ein einheitliches Handelsrecht für alle Länder des ehemaligen Deutschen Bundes zu schaffen, fand es in Österreich von weiteren Kodifikationsversuchen sein Abkommen. Auf Antrag der bayrischen Regierung beschloß der Deutsche Bundestag am 17. April 1856, daß zum Zwecke der Ausarbeitung des Entwurfes eines allgemeinen Handelsgesetzbuches für alle zum deutschen Bunde gehörigen Länder in Nürnberg eine Kommission von Vertretern der deutschen Bundesstaaten gebildet werden solle. Schon am 15. Jänner 1857 eröffnete die Konferenz ihre Sitzungen in Nürnberg unter dem Vorsitze des österreichischen Vertreters Ritter von Raule.[14])

Den Beratungen wurde der preußische Entwurf zugrunde gelegt, doch sollte auf den österreichischen Entwurf Bedacht genommen werden.[15]) Die erste Lesung wurde am 1. Juli 1857 in der 98. Sitzung beendigt. Die zweite Lesung begann am 15. September 1857 und währte bis zum 3. März 1858. Zwischen der zweiten und der dritten Lesung hielt die Konferenz (in der Zeit vom 26. April 1858 bis zum 22. August 1860) in Hamburg ihre Beratungen über den Entwurf zur Kodifikation des Seerechtes ab. (Fünftes Buch des allgemeinen deutschen Handelsgesetzbuches von 1861). Die dritte Lesung (der ersten vier Bücher) begann am 19. November 1860, und beschränkte sich dem Antrage der österreichischen, preußischen und bayrischen Regierung, sowie dem Beschlusse der Mehrheit (?) der Konferenz entsprechend, ungeachtet des Protestes der Minderheit[16]) lediglich auf einen Teil der von den Regierungen zu dem Entwurfe zweiter Lesung unterbreiteten Verbesserungsanträge, ohne daß wesentliche Änderungen an den früher angenommenen leitenden Grund-

---

[14]) Dr. Raule, Präsident des Handelsgerichtes in Wien, geboren zu Schweinitz in Böhmen, war der Sohn armer böhmischer Eltern und gelangte durch Fleiß und Strebsamkeit zu hohen Ehren. Er starb im Jahre 1872. Ehrenpräsident der Konferenz zu Nürnberg war der bayerische Minister Ringelmann; als Referent fungierte der preußische Abgeordnete Bischoff. Die Mehrzahl der Bundesstaaten war bei der Konferenz vertreten, insbesondere: Österreich, Preußen, Bayern, Sachsen, Hannover, Württemberg, Baden, beide Hessen, Nassau, die beiden freien Städte usw.

[15]) Die österreichische Regierung legte eigentlich zwei Entwürfe vor: den dritten (gedruckten) sogenannten Ministerialentwurf aus dem Jahre 1855 und den sogenannten revidierten (ursprünglich lithographierten) vierten Entwurf aus dem Jahre 1857. Beide erscheinen abgedruckt im Beilagenbande zu den Protokollen der Nürnberger Konferenz.

[16]) „Die dritte Lesung der ersten vier Bücher ist aber eine unvollständige und ist es wider das Recht und den Willen einiger Regierungen", Thöl, Handelsr. (5. Aufl.) § 18, V. — Vgl. hierüber Thöl: Zur Geschichte des Entwurfes eines allgemeinen deutschen Handelsgesetzbuches 1861; Goldschmidt, Bd. I, § 23. An der Spitze der protestierenden Regierungen stand jene von Hannover (ihr Vertreter war Professor Thöl). Die Regierungen von Österreich, Preußen und Bayern begründeten ihr Vorgehen mit der Befürchtung, daß sonst die Feststellung des endgültigen Entwurfes in unabsehbare Ferne hinausgeschoben würde. Vgl. den Wortlaut der Noten bei Goldschmidt, Bd. I, § 23. Hierzu Hahn, Komm. zum allg. deutschen Handelsgesetzbuch, Bd. I, § 9.

sätzen zugelassen worden wären. Diese dritte Lesung, an welcher übrigens auch die Vertreter der protestierenden Regierungen teilnahmen, wurde am 11. März 1861 in der 588. Sitzung beendet. Mit dem Beschlusse des Deutschen Bundestages vom 31. Mai 1861 wurde der auf diese Weise ausgearbeitete Entwurf eines Handelsgesetzbuches den Bundesregierungen zur Annahme empfohlen.

Dieser Entwurf wurde — ebenso wie früher die Wechselordnung — zu Beginn der sechziger Jahre des 19. Jahrhunderts in fast allen deutschen Bundesstaaten[17]) — auch in solchen, welche die Nürnberger Konferenz nicht beschickt hatten — im Jahre 1862 in Österreich als Landesgesetz eingeführt. Durch das Gesetz vom 5. Juni 1869 erfolgte die Erhebung des Handelsgesetzbuches — gleichzeitig auch der Wechselordnung — zum Bundesgesetze für den norddeutschen Bund mit der Wirksamkeit vom 1. Jänner 1870. Nachdem am 18. Jänner 1871 das Deutsche Reich gegründet worden, wurde das Handelsgesetzbuch im Jahre 1871 auch für Württemberg, Baden und Südhessen, für Bayern, im Jahre 1872 für die Reichslande Elsaß und Lothringen und 1891 für Helgoland zum Reichsgesetze erhoben. Nach der Gründung des norddeutschen Bundes wurde für dessen ganzes Gebiet als oberstes Handelsgericht das Bundesoberhandelsgericht in Leipzig errichtet. Im Jahre 1871 wurde dasselbe als „Reichsoberhandelsgericht" zum höchsten Gerichte in Handelsrechtssachen für den ganzen Umfang des Deutschen Reiches und im Jahre 1879 als „Reichsgericht" zum höchsten Gerichtshofe des Deutschen Reiches überhaupt umgestaltet.

Am 1. Jänner 1900 trat im Deutschen Reiche das neue deutsche Handelsgesetzbuch vom 10. Mai 1897 in Geltung. Das erste Buch desselben enthält als Zugabe im siebenten Abschnitte (§§ 84 bis 92) Bestimmungen über Handelsagenten und im achten Abschnitte (§§ 93 bis 104) Vorschriften über (Privat-) Handelsmäkler. (Amtliche Handelsmäkler kennt das neue Handelsgesetzbuch nicht.) Die Bestimmungen desselben über Handlungsgehilfen und Handlungslehrlinge (sechster Abschnitt, §§ 59 bis 83) sind gegenüber dem früheren Rechte wesentlich geändert. Die Gewerbegehilfen werden aus dem Kreise der Handlungsgehilfen ausgeschieden. Das zweite Buch regelt die Handelsgesellschaften und die stille Gesellschaft (§§ 105 bis 342). Das Aktienrecht ist — namentlich auf Grund des deutschen Aktiengesetzes vom Jahre 1884 — wesentlich anders geregelt, als nach dem österreichischen Handelsgesetzbuche vom 17. Dezember 1862. Den Gegenstand des dritten Buches bilden die Handelsgeschäfte (§§ 343 bis 473). Dieses Buch enthält im fünften Abschnitte neue Bestimmungen (§§ 416 bis 424) über das Lagergeschäft. Als viertes Buch wurde unter dem Titel: „Seehandel" das Seerecht in das Handelsgesetzbuch aufgenommen.

---

[17]) In Preußen mit dem Einführungsgesetze vom 24. Juni 1861, in Bayern mit dem Einführungsgesetze vom 10. November 1861 usf. In Luxemburg wurde der Entwurf eines Handelsgesetzbuches nicht als Gesetz kundgemacht.

Die Protokolle der Nürnberger Konferenz redigierte deren Sekretär Lutz. Dieselben wurden zuerst in 1000 Exemplaren in Folio gedruckt. Mit den letzteren wurden die deutschen Regierungen wie die Konferenzmitglieder beteilt. Mit Genehmigung der Konferenz besorgte Sekretär Lutz auch eine (authentische) Ausgabe in Oktavformat. Die Bände I, II, III und IX enthalten die Protokolle der Nürnberger Handelskonferenz, die Bände IV bis VIII die Protokolle der Hamburger Konferenz, die den fünften das Seerecht behandelnden Teil des Handelsgesetzbuches ausarbeitete.

Das ursprünglich im fünften Buche des allgemeinen deutschen Handelsgesetzbuches (1861) enthaltene Seerecht wurde infolge der zwischen beiden Reichshälften bestehenden Meinungsverschiedenheiten in Österreich bisher nicht eingeführt. In Dalmatien wurde der während der französischen Herrschaft in italienischer Übersetzung eingeführte Code de commerce vom Jahre 1808 (1810) Buch II, welches das Seerecht enthält, nicht aufgehoben; ja es werden die seerechtlichen Bestimmungen desselben gewohnheitsmäßig auch im Triester Gebiet beobachtet. (Vgl. § 2 des Einf. Ges. zum H. G. B.). Das Gesetz vom 7. Mai 1859 R. G. Bl. Nr. 55 normiert die Registrierung der Seehandelsschiffe. (Vgl. hiezu die Min. Vbg. vom 1. Oktober 1879, R. G. Bl. Nr. 122).

Das deutsch-österreichische Handelsgesetzbuch (aus den Jahren 1861 bezieh. 1862) bildet auch die Grundlage des neuen ungarischen Handelsgesetzbuches aus dem Jahre 1875, welches in der Zeit vom Jahre 1873 bis zum Jahre 1875 ausgearbeitet wurde. Der Inhalt dieses Gesetzes wurde im wesentlichen dem österreichischen Handelsgesetzbuche entnommen; doch ist trotz der ziemlich raschen Fertigstellung desselben der Einfluß des neueren französischen, belgischen und italienischen Rechtes nicht zu verkennen. Das Institut der amtlichen Handelsmäkler (Art. 66 bis 84 des österreichischen H. G. B.), das Institut der Kommanditgesellschaft auf Aktien (Art. 173 bis 206 des österreichischen H. G. B.) und das Institut der stillen Gesellschaft (Art. 250 bis 365 des österreichischen H. G. B.) fanden im ungarischen Handelsgesetzbuch keine Aufnahme. Dagegen umfaßt dieses Gesetz Vorschriften über Erwerbs- und Wirtschaftsgenossenschaften (ihrem Wesen nach gleich dem österreichischen Gesetze über Erwerbs- und Wirtschaftsgenossenschaften vom 9. April 1873, R. G. Bl. Nr. 70 — allerdings mit gewissen Änderungen), sodann Vorschriften über öffentliche Lagerhäuser (§§ 453 bis 462), über das Versicherungsgeschäft (§§ 463 bis 514),[17a] über den Verlagsvertrag (§§ 515 bis 533) und über das (Privat-) Mäklergeschäft (§§ 534 flg.).[18] Mit

---

[17a] In Österreich besitzen wir über das Versicherungsgeschäft nur spärliche Normen. Die verwaltungsrechtliche Seite der Versicherungsanstalten wurde zuletzt mit der Ministerialverordnung vom 5. März 1896 Nr. 31 geregelt.

[18] Das ungarische Handelsgesetzbuch stellt sich sonach als eine vollständigere Kodifikation dar, als das österreichische Handelsgesetzbuch. Was jedoch die neu aufgenommenen Materien betrifft, wurden ernste Bedenken gegen die Angemessenheit

§ 2.

der Verordnung vom 1. Dezember 1875 erließ der ungarische Justizminister eine Instruktion zur Durchführung der Bestimmungen des Handelsgesetzbuches.

2. Nach Einführung der Handelsgesetzbücher.

Nach Einführung des allgemeinen deutschen Handelsgesetzbuches vom 17. Dezember 1862, R. G. Bl. Nr. 1 (wirksam seit 1863) in den österreichischen Ländern und des ungarischen Handelsgesetzbuches in den Ländern der ungarischen Krone (1875) sind in der österreichisch-ungarischen Monarchie bezüglich der Geltung des Handelsrechtes folgende Gebiete zu unterscheiden:

I. Die Länder, in welchen das neue Handelsgesetzbuch vom 17. Dezember 1862 Geltung erlangte. Dies sind die Länder diesseits der Leitha (Österreich), für welche das Handelsgesetzbuch am 1. Juli 1863 in Kraft trat. (In der Militärgrenze wurde wohl mit der Verordnung vom 14. Juni 1862, R. G. Bl. Nr. 66 das österreichische Handelsgesetzbuch eingeführt, doch mußte es bald dem ungarischen Handelsgesetzbuche weichen, dessen Geltung daselbst am 1. Jänner 1876 begann.)[18a]

II. Die Länder der ungarischen Krone, nämlich Ungarn mit Siebenbürgen, das Königreich Kroatien-Slawonien und die ehemalige Militärgrenze. In diesen Ländern wurde das neue ungarische Handelsgesetzbuch vom 16. Mai 1875 (Gesetzartikel XXXVII aus dem Jahre 1875) kundgemacht und trat mit dem 1. Jänner 1876 in Wirksamkeit. Seit dieser Zeit gilt in den Ländern der ungarischen Krone (mit Einschluß der ehemaligen Militärgrenze) das ungarische Handelsgesetzbuch, im Wesen somit fast das gleiche Recht, wie in den österreichischen Ländern, in welchen das deutsch-österreichische allgemeine Handelsgesetzbuch in Geltung steht.[18b]

---

dieser neuen Vorschriften vorgebracht; so insbesondere in Ansehung des Kapitels über das Versicherungsgeschäft. (Vgl. James Klang, das ungarische Handelsgesetz und das Versicherungswesen 1876.) Im ganzen ist die ungarische Bearbeitung des österreichischen Handelsgesetzbuches angemessen und ohne Zweifel den einfacheren wirtschaftlichen Verhältnissen Ungarns entsprechend. Eine Beurteilung des ungarischen Handelsgesetzbuches findet sich in der Zeitschrift für das gesamte Handelsrecht, Bd. XXI, S. 164 flg. und 421 flg. Zum ungarischen Handelsgesetzbuche verfaßte der Sektionsrat Julius von Schnierer einen Kommentar, der in autorisierter deutscher Übersetzung im Jahre 1877 in Budapest erschien. (Vgl. auch Právník 1877, S. 99).

[18a] In Dalmatien und im Küstenland gilt, wie bemerkt, für das Seerecht bisher der französische Code de commerce.

[18b] Bekanntlich steht in Kroatien und in der ehemaligen Militärgrenze (ebenso in Siebenbürgen) das österreichische bürgerliche Gesetzbuch noch in Kraft, da der Beschluß des ungarischen Reichstages aus dem Jahre 1861, mit welchem die österreichische Gesetzgebung beseitigt wurde, sich auf Ungarn, mit Ausschluß der sogenannten partes adnexae, beschränkte. (Das autonome Gesetzgebungsrecht des kroatischen Landtages erstreckt sich auch auf das gerichtliche Verfahren und auf die Strafgesetzgebung). Der von Professor Apathy verfaßte Entwurf des neuen

Hier mag erwähnt werden, daß am 1. Jänner 1877 auch die neue ungarische Wechselordnung aus dem Jahre 1876 für alle Länder der ungarischen Krone in Kraft trat. Auch dieses Gesetzeswerk stellt sich als eine durch Zusätze vermehrte Übersetzung der deutsch-österreichischen Wechselordnung dar. Am 1. November 1883 wurden das Handelsgesetzbuch und die Wechselordnung Österreich-Ungarns in ihren wesentlichen Teilen in Bosnien und in der Herzegowina eingeführt. (Die betreffende Bearbeitung der genannten Gesetze schließt sich an das ungarische Recht an.)

Das französische Handelsrecht besitzt sonach — vom Seerecht abgesehen — in Österreich nicht mehr Geltung.

§ 3.
Übersicht der Handelsgesetzgebung in den außerösterreichischen Ländern.

Auf keinem Rechtsgebiete zeigt sich die Gegenseitigkeit der wirtschaftlichen Interessen und das Bedürfnis eines klaren und möglichst einheitlichen Rechtes in so eindringlicher Weise, wie auf dem Gebiete des Wechsel- und Handelsrechtes. Eine vielleicht nicht allzu ferne Zukunft wird unzweifelhaft in bestimmten Zweigen des internationalen Verkehres zur Annahme gleichartiger Rechtsgrundsätze führen, und schon gegenwärtig zeigt sich das Bestreben nach möglichst gleichartiger Erstellung und gegenseitigem harmonischen Zusammenwirken der modernen, zugleich für den internationalen Verkehr bestimmten Anstalten und Rechtseinrichtungen der verschiedenen Staaten und Nationen.[19]) Wir erinnern bloß an die internationalen Post-, Telegraphen- und Eisenbahnverträge, an die internationalen Vereinbarungen über das Autorrecht usw. Es dürfte deshalb nicht unzweckmäßig sein, einen Blick auf die neueren Kodifikationen des Handelsrechtes in fremden Ländern zu werfen.

---

ungarischen Handelsgesetzbuches wurde in einer gemischten Kommission einer zweimaligen Lesung unterzogen, sodann im Jahre 1875 den beiden Häusern des ungarischen Reichstages vorgelegt und noch in demselben Jahre zum Gesetze erhoben (Gesetzesartikel 37 vom Jahre 1875). (Die Kommission bestand aus 28 Mitgliedern; ihre Beratungen währten vom 9. November 1873 bis zum 21. Dezember 1874.) Eine deutsche Übersetzung wurde unter der Überschrift: „Das ungarische Handelsgesetz für sämtliche Länder der Stephanskrone" im Jahre 1875 von Herich, Zvetenay und Steinacher veröffentlicht; vgl. auch R. Bausenwein: Das österreichische und ungarische Handelsrecht (1894).

[10]) Vgl. hiezu Cohn: Über international gleiches Recht 1879. Eine deutsche Übersetzung aller Handelsgesetze bietet nun in zweiter Auflage: Dr. Oskar Borchardt (Sohn), Die geltenden Handelsgesetze des Erdballes usw. mit Einleitung und Anmerkungen 2c. 1885, 1887 (Berlin), dann S. und O. Borchardt, Wechselgesetze 2c. Eine kurze Übersicht der Grundsätze der europäischen Wechselgesetze bietet u. A. Pavlíček in der Zeitschr. Právník, Jahrg. 1883, S. 384. Vgl. auch Goldschmidt, Zeitschr. für Handelsr., Bd. 28, S. 509. Hinzugetreten ist die seit 1903 in Geltung stehende neue russische Wechselordnung.

§ 3.

I. Den Vorrang behauptet hier der **französische** Code de commerce, der als Ganzes am 1. Jänner 1808 in Frankreich in Geltung trat. (4 Bücher, 648 Artikel.)²⁰) Von Wichtigkeit sind die späteren Zusätze im Bereiche des Gesellschaftsrechtes, namentlich die Gesetze vom 23. Mai 1863 und vom 24. Juli 1867 (Loi sur les sociétés).²¹) Dieses Gesetzbuch wurde teils in bloßer Übersetzung, teils nach Vornahme mehr oder weniger umfassender Änderungen in vielen anderen Ländern eingeführt, und diente dem überwiegenden Teile der späteren handelsrechtlichen Kodifikationen als Vorbild.

Insbesondere gelangte das **französische** Handelsrecht zur Zeit des ersten französischen Kaisertums nicht allein in den deutschen **Rheinlanden** (in Rheinpreußen, in der Pfalz, in Rheinhessen und in Baden), sondern auch in Luxemburg, im Königreiche Italien (Codice di commercio del regno d'Italia 1808), in **Polen** (1809), in **Belgien** (1808),²¹ᵃ) in **Holland** (1811) und in einigen Kantonen der **Schweiz** zur Einführung. Nach dem Muster des Code de commerce wurden ferner folgende Handelsgesetzbücher geschaffen: Das **spanische** (aus dem Jahre 1830), das **griechische** (aus dem Jahre 1835), das ältere und neuere **rumänische** (aus dem Jahre 1841, beziehungsweise 1887), das **serbische** (aus dem Jahre 1860),²²) das **ägyptische** (aus dem Jahre 1826), und andere vornehmlich außereuropäische Gesetze.²³) — Selbstständigeren Charakter besitzt der neue **spanische** Codigo di comm. aus dem Jahre 1885 (wirksam seit dem Jahre 1886).

In **Holland** gilt gegenwärtig das von dem französischen Vorbilde wesentlich abweichende Handelsgesetzbuch aus dem Jahre 1838, das 923 Artikel umfaßt.

---

²⁰) Der achte Titel des ersten Buches enthält das Wechselrecht. Vgl. Anmerkung 9. Ausführlichere Mitteilungen über fremdländisches Recht siehe bei Goldschmidt, H. R., Bd. I, §§ 11—14, ferner bei Thöl, H. R., § 6, Behrend, H. R. §§ 8, 9

²¹) Vgl. Randa, Právník 1866, S. 217 und Bürgl ebendaselbst 1869, S. 97, Zeitschr. für das gesamte Handelsr., Bd. XII, Beilage B.

²¹ᵃ) In Belgien wurde allerdings das erste Buch (enthaltend das Wechselrecht, das Recht der Handelsgesellschaften, das Versicherungsrecht usw.) durch spätere Gesetze (zwischen den Jahren 1867 und 1874) ersetzt. Ebenso trat an die Stelle des dritten Buches (Konkursrecht) ein Gesetz aus dem Jahre 1851, während der erste und der zweite Titel des vierten Buches (Zuständigkeit) durch Gesetze aus den Jahren 1869 und 1876 ersetzt wurden.

²²) Eine deutsche Übersetzung veröffentlichte Blodig im Jahre 1861 in Haimerls Vjschr., Bd. VI, S. 279.

²³) Die **französische** Gesetzgebung gelangte in einem Territorium mit einer Bevölkerung von etwa 240 Millionen Seelen zur Geltung. Vgl. Cohn a. a. St., ferner Bulletin de législation comparée, Jahrg. 1877, S. 175 und das vergleichende Werk: Ch. Lyon-Caen, Tableau des lois commerciales en vigueur dans les principaux États de l'Europe et de l'Amérique. 1876. (Hierzu Zeitschr. für Handelsrecht, Bd. 23, S. 314). Über das **französische** Handelsrecht vgl. die Schrift: Lyon-Caen und Renault: Précis de droit commercial. Paris 1879. (Hiezu Kritische Vjschr. 1879, S. 491). Neue Ausgabe 1888 bis 1890, Behrend, Lehrb. des Handelsrechtes, § 10.

In den obgenannten deutschen Ländern, sowie in den nunmehr zu Österreich gehörigen Ländern des ehemaligen Königreiches Italien trat an die Stelle des französischen Rechtes das allgemeine deutsche, beziehungsweise österreichische Handelsgesetzbuch.

II. Im Gebiete des gegenwärtig bestehenden Königreiches Italien trat an die Stelle früherer partikulärer, meist dem französischen Code de commerce nachgebildeter Handelsgesetzbücher (wie des sizilischen, des toskanischen, des sardinischen, des Gesetzbuches für den Kirchenstaat und anderer) zuerst das italienische Handelsgesetzbuch: Codice di commercio di Regno d'Italia vom 25. Juli 1865 (mit 732 Artikeln), welches von dem Handelsgesetzbuche des ehemaligen Königreiches Sardinien nicht wesentlich abwich. (Eine deutsche Übersetzung dieses Gesetzbuches besorgte Treves in Wien 1868.) Seit dem 1. Jänner 1883 ist jedoch das neue italienische Handelsgesetzbuch vom 31. Oktober 1882 in Wirksamkeit, das sich im wesentlichen an das deutsch-österreichische Handelsgesetzbuch aus den Jahren 1861, 1862 anschließt.

III. Größere Selbständigkeit besitzen: Das portugiesische Handelsgesetzbuch (aus den Jahren 1833, 1888, 1893), enthaltend in zwei Teilen das Handels- und das Seerecht, sodann das oben erwähnte neue spanische Handelsgesetzbuch vom 22. August 1885.[24])

IV. Das russische Handelsgesetzbuch im 11. Bande des „Svod" (mit 2589 Artikeln). Die erste Ausgabe desselben erschien im Jahre 1835, spätere Ausgaben sind aus den Jahren 1842 und 1857.[24a)] In Polen aber befindet sich bisher noch der Code de commerce in Geltung.

V. Das deutsch-österreichische Handelsgesetzbuch aus den Jahren 1861 bezieh. 1862 (mit 911 Artikeln) enthält in den ersten vier Büchern (mit 431 Artikeln) das Handelsrecht, während das fünfte (bisher in Österreich als Gesetz nicht eingeführte) Buch das Seerecht behandelt. (Das preußische Landrecht [aus dem Jahre 1794] regelte in dem achten Titel des zweiten Teiles [§§ 713—2464] ziemlich weitläufig das Wechselrecht und einige Materien des Handels- und des Seerechtes. Diese Vorschriften verloren schon durch die Einführung des allgemeinen deutschen Handelsgesetzbuches [1861] ihre Geltung.) Seit dem 1. Jänner 1900 ist im Deutschen Reiche das neue deutsche Handelsgesetzbuch vom 10. Mai 1897 (mit 905 Paragraphen) in Wirksamkeit. In den ersten drei Büchern desselben (§§ 1—473) ist das Handelsrecht, im vierten Buche das Seerecht enthalten. — Das deutsche Handelsgesetzbuch wurde bei der Schaffung des Handelsgesetzbuches für Japan aus dem Jahre 1890 als Vorbild verwendet. (Vgl. Zeitschrift f. H. R., Jahrg. 1899 S. 596 und Jahrg. 1901 S. 1 flg. [Rehme]).

---

[24]) Vgl. Grünhutsche Zeitschr., Jahrg. 1890, S. 593.
[24a]) Über den „Svod" vgl. auch die Abhandlung in der Zeitschr. Právník, Jahrg. 1871, S. 788 flg.; Dr. Waldemar Pfaff, Lehrb. des russischen Handelsrechtes, Petersburg 1865, Leuthold, Russische Rechtskunde 1888. Die russische Literatur siehe neuestens bei Kablec, Ruské právo (1904), Sonderabdruck aus dem Slovník.

VI. Das neue ungarische Handelsgesetzbuch, Ges. Art. 37, aus dem Jahre 1875 wurde auf Grundlage des deutsch-österreichischen Handelsgesetzbuches aus den Jahren 1861 und 1862 ausgearbeitet.

VII. In der Schweiz waren die Bestrebungen der Bundesregierung seit dem Jahre 1862 auf Schaffung eines allen Kantonen des Landes gemeinsamen Handelsgesetzbuches gerichtet. Professor Munzinger verfaßte einen vortrefflichen Entwurf, dessen Motive im Jahre 1865 im Drucke herausgegeben wurden. Ein neuer Entwurf „über das Obligationenrecht" (in welchem auch das Handels- und das Wechselrecht inbegriffen waren) erschien im Jahre 1877. Auf diesem Entwurfe beruht das Bundesgesetz über das Obligationenrecht vom 14. Juni 1881, welches am 1. Jänner 1883 in Wirksamkeit trat.[24b]) Es enthält auch das Wechselrecht und das Gesellschaftsrecht — wesentlich im Anschluß an das deutsche Handelsgesetzbuch.

VIII. Das bulgarische Handelsgesetzbuch aus dem Jahre 1897 erscheint als eine Nachbildung des österreichisch-ungarischen, rumänischen und italienischen Handelsgesetzbuches. Dasselbe ist seit dem Jahre 1898 in Geltung. (Vgl. Zeitschr. für Handelsrecht, Jahrg. 1899 S. 594.)

IX. Die Türkei besitzt ein Handelsgesetzbuch aus dem Jahre 1850, beziehungsweise 1860.

Von den süd- und mittelamerikanischen Staaten haben Brasilien (1850), Chile (1865) und Argentinien (1862) Handelsgesetzbücher nach französischem Vorbild.

Großbritannien, Dänemark, Schweden und Norwegen, sowie der überwiegende Teil der nordamerikanischen Staaten entbehren einer Kodifikation des Handelsrechtes; sie besitzen jedoch eine Reihe umfassender Spezialgesetze. Insbesondere bestehen in England mehrere Gesetze über Handelsgesellschaften, so beispielsweise die Gesetze vom 7. August 1862 und vom 20. August 1868. (Vgl. die Zeitschr. f. H. R., Bd. VII und XIII, Ergänzungsband; auch Randa in der Zeitschr. Právník 1866 S. 217).

§ 4.
Literatur des Handelsrechtes.[25])

Es hieße die dieser Darstellung gezogenen Grenzen und deren Ziel weit überschreiten, wollte hier auf die ältere Literatur, namentlich auf die für die Geschichte der Entwicklung des Handelsrechtes bedeutungsvolle italienische Literatur und Rechtsprechung Bedacht genommen

---

[24b]) Vgl. hierzu den Kommentar: Schweizer Obligationenrecht usw., herausgegeben unter Mitwirkung des Professors Fick von Professor Schneider. Zürich 1883 (2. Aufl.).

[25]) Eine eingehende Erörterung der einheimischen wie der fremdländischen Literatur des Handelsrechtes bietet Thöl, § 11 und noch vollständiger Goldschmidt, Bd. I, §§ 4—14 und § 32.

werden, welchen die ersten Keime des modernen Handelsrechtes entsproßten. Nur flüchtig seien als wichtigste Erscheinungen erwähnt: Tractatus de mercatura (erschien etwa um 1550—1555), von Benevenutus Straccha; Tractatus de commerciis e cambio (erschienen im Jahre 1618), von Sigismund Scaccia; Discursus legal. de commercio (erschienen im Jahre 1719) von J. M. L. Casaregis; ferner die Decisiones rotae Genuae de mercatura aus dem XV. Jahrhunderte und die Decisiones rotae Romanae aus dem XVI. Jahrhunderte. Vgl. hierüber Goldschmidt, Zeitschr. für Handelsrecht, Bd. X S. 468 flg.; desselben Handelsrechtes Bd. I §§ 5—8; Thöl, § 6; Endemann, Studien in der romanistisch-kanonistischen Wirtschafts- und Rechtslehre (1874); G. Lastig, Entwicklungswege und Quellen des Handelsrechtes (1877); vornehmlich aber Goldschmidt, Handelsrecht, I. Bd. (3. Aufl.) 1891, enthaltend die „Universalgeschichte des Handelsrechtes".

Nur bündig sei der neueren Literatur des deutsch-österreichischen Handelsrechtes gedacht.

Abgesehen von den Systemen des deutschen Privatrechtes, die fast durchgehends — allerdings häufig in ziemlich flüchtiger Weise — auch das Handels- und das Wechselrecht kurz behandeln, verdienen folgende der Literatur des allgemeinen deutschen Handelsrechtes angehörende Werke aus der Zeit vor Schaffung des allgemeinen deutschen Handelsgesetzbuches Beachtung:

G. Fr. v. Martens, Grundriß des Handelsrechtes (1797, in dritter Aufl. 1820); Bender, Grundsätze des deutschen Handelsrechtes (1824); Pöhls, Darstellung des gemeinen deutschen und Hamburger Handelsrechtes (1828); Heise, Handelsrecht (nach dessen Vorträgen aus den Jahren 1814 bis 1817, erschienen im Jahre 1858); C. H. L. Brinckmann, Lehrbuch des Handelsrechtes usw. (die ersten 27 Bogen erschienen in Heidelberg zwischen den Jahren 1853 und 1857), fortgesetzt von W. Endemann (1860); Heinrich Thöl, das Handelsrecht (als gemeines, in Deutschland geltendes Privatrecht usw.), I. Bd. (1851; in fünfter Aufl. 1875. Der zweite Band enthält das Wechselrecht.) Unter den genannten Werken nehmen jene von Brinckmann und Thöl den ersten Rang ein.

Aus der Literatur des österreichischen Handelsrechtes vor Einführung des Handelsgesetzbuches sind folgende Werke erwähnenswert:

Ignaz E. v. Sonnleithner, Leitfaden über das österreichische Handels- und Wechselrecht (vierte Aufl. 1827); Pauernfeindt, Handbuch der Handelsgesetze usw., 1836 (Supplement 1842); hauptsächlich Fischer, Lehrbuch des österreichischen Handelsrechtes usw. (Prag 1828); in zweiter und dritter Aufl. von Ellinger (1848), in vierter Aufl. von Blodig (1860) bearbeitet. Es ist dies das vollständigste Werk über das ältere österreichische Handelsrecht. M. v. Stubenrauch, Lehrbuch des österreichischen Privathandelsrechtes usw. (1859).[26] Das ungarische

---

[26] Über Sammlungen administrativer Gesetze und Verordnungen vgl. Stubenrauch, Handb. des Handelsrechtes (1863), S. 39. Sammlungen dieser

Handelsrecht behandelten: J. Wildner Edler v. Maithstein, Komm. der ungarischen Kreditgesetze (1841 bis 1842) und Ritter, Wechsel-, Handels- und Konkursrecht.

Literatur des Handelsgesetzbuches vom Jahre 1861/1862.[27])

I. Im Deutschen Reiche erschienene Werke:

a) Kommentare:

H. Makower und S. Mayer, Das allgemeine deutsche Handelsgesetzbuch usw. für den praktischen Gebrauch (1862, 11. Aufl. 1893, 12. Aufl. 1898 flg.).

R. Weinhagen, Das allgemeine deutsche Handelsgesetzbuch (1861).

R. v. Krämel, Das allgemeine deutsche Handelsgesetzbuch usw. (1862, 2. Aufl., 1869).

* Professor Fr. v. Hahn, Komm. zum allgemeinen deutschen Handelsgesetzbuche (1862, 2. Aufl. 1871 bis 1875, Bd. I., 3. Aufl. 1879; Bd. II, 2. Aufl. 1883. Die 4. Aufl. gedieh bloß bis Art. 172. Dieses Werk ist der vorzüglichste Komm. zum allgemeinen deutschen Handelsgesetzbuche).

E. F. Koch, Allgemeines deutsches Handelsgesetzbuch in Anmerkungen (1863, 2. Aufl. 1868).

* Dr. A. Anschütz und Freiherr v. Völderndorff, Komm. zum allgemeinen deutschen Handelsgesetzbuche (1867 bis 1874. Dieses Werk entspricht vornehmlich den Bedürfnissen der Praxis). Die 2. Aufl. wird von Ph. Allfeld besorgt.

Dr. Oskar Wächter, Das Handelsrecht nach dem allgemeinen deutschen Handelsgesetzbuche. (Leipzig 1866).

* Dr. Puchelt, Komm. zum allgemeinen deutschen Handelsgesetzbuche (Leipzig 1872). 2. Aufl. 1876, 4. Aufl. bearbeitet vom Reichsgerichtsrate Förtsch, 1892 bis 1894.

* Keyssner H., Allgemeines deutsches Handelsgesetzbuch (mit erläuternden Anmerkungen, 7. Aufl. 1872). Von demselben: Allgemeines deutsches Handelsgesetzbuch nach der Rechtsprechung und Wissenschaft erläutert, 1878. (Bei Zitierungen ist dieses Werk gemeint, wenn nicht das erstere ausdrücklich genannt wird).

* Staub H., Deutsches Handelsgesetzbuch (4. Aufl. 1869). Die 6. Aufl. hat bereits das neue Handelsgesetzbuch für das Deutsche Reich zum Gegenstande; 6. und 7. Aufl. 1900. Leider wurde Staub 1904 vorzeitig vom Tode ereilt.

Art und Kommentare rühren her von: Kopetz, Barth-Barthenheim und Kostetzky. Ferner ist zu erwähnen: „Handbuch für den politischen Verwaltungsdienst" von Ernst Mayrhofer (2. Aufl. 1859, 3. Aufl. 1875, 4. Aufl. 1881). Die im Jahre 1901 folgeweise erschienene 5. Auflage besorgte Graf Pace.

[27]) Aus der überaus großen Anzahl von Kommentaren können hier nur die wichtigsten angeführt werden. Die hervorragenderen werden durch ein Sternchen ersichtlich gemacht.

Kowalzig, Allgemeines deutsches Handelsgesetzbuch (erläutert vornehmlich aus den Entscheidungen des Reichsoberhandelsgerichtes, 1876). 2. Aufl., 1879.

* L. Gareis und O. Fuchsberger, Das allgemeine deutsche Handelsgesetzbuch und die sich daran anschließenden Reichsgesetze. Herausgegeben und erläutert. Berlin 1891.

Von Kommentaren zum neuen deutschen Handelsgesetzbuch außer Staub (6. und 7. Aufl.):

A. Düringer und M. Hachenburg (1901 flg.).

* K. Lehmann und V. Ring, Kommentar: Das (neue) deutsche Handelsgesetzbuch (1901).

Das Seerecht wird dargestellt von William Lewis, Das deutsche Seerecht, 1877.

b) Systematische Darstellung des Handelsrechtes.

In erster Linie ist hier zu nennen das zuletzt in 6. Auflage erschienene ausgezeichnete Werk von

* Thöl. Das Handelsrecht in Verbindung mit dem allgemeinen deutschen Handelsgesetzbuche (1862). Die 5. Auflage erschien im Jahre 1875, die sechste im Jahre 1880. Zitiert wird hier nach der 4. Auflage, wofern nicht eine andere bezeichnet ist.[27a])

Dr. Wilh. Endemann, Das deutsche Handelsrecht (1865, 2. Aufl. 1868, 3. Aufl. 1876, 4. Aufl. 1881 bis 1885).

W. Auerbach, Das neue Handelsgesetzbuch systematisch dargestellt (1863. Eine mehr volkstümliche Erläuterung des Gesetzes).

L. M. A. Gad, Handbuch des allgemeinen deutschen Handelsrechtes (1873. Nur das vierte Buch dieses Werkes erscheint als gründlichere Arbeit).

* Dr. L. Goldschmidt, Handbuch des Handelsrechtes.[28]) Die erste Abteilung des ersten Bandes enthält die geschichtlich-literarische Einleitung und die Grundlehren. (Die erste Auflage erschien im Jahre 1864. Nach derselben wird hier zitiert, wenn die zweite oder dritte Auflage nicht genannt ist.) Die zweite Auflage erschien im Jahre 1876. — Die dritte im Jahre 1891 erschienene Auflage enthält in der ersten Abteilung des ersten Bandes eine „Universalgeschichte des Handelsrechtes", d. i. eine Darstellung der geschichtlichen Entwicklung des Handelsrechtes. Die zweite Abteilung des ersten Bandes behandelt eingehend die Lehre von der Ware. (Eigenschaften der Ware. Besitz und Verfügung insbesondere durch Mittelpersonen, durch symbolische Tradition, besonders Konnossament. Eigentum. Pfand- und Retentionsrecht. Deckung. Geld.)

[27a]) Dieser hochverdiente Schriftsteller und Rechtslehrer starb im Jahre 1884.

[28]) Goldschmidt, der Begründer der „Zeitschrift für das gesamte Handelsrecht", war zuerst Professor der Rechte in Heidelberg, später Rat bei dem deutschen Reichsoberhandelsgerichte, sodann Professor der Rechte in Berlin. Er starb im Jahre 1897.

§ 4.

Dieses Werk ist die ausführlichste Darstellung des deutschen Handelsrechtes. Es überragt andere Werke nicht nur durch seine Gründlichkeit, sondern auch durch die vergleichende Heranziehung fremden Rechtes.

Das Gerippe für eine systematische Bearbeitung des Handelsrechtes mit einigen wertvollen Erörterungen bietet die Schrift L. Goldschmidts, System des Handelsrechtes im Grundriß, 1887 (5. Aufl. 1892).

* Prof. L. Gareis, Das deutsche Handelsrecht. (Eine gedrängte Darstellung.) 1880. (In 2. Aufl. 1888, in 4. Aufl. 1892.)

* Endemann, Handbuch des deutschen Handels-, See- und Wechselrechtes, unter Mitwirkung von Brunner, Cohn, Gareis, Grünhut, Klostermann, Koch, König, Kuntze, Laftig, Lewis, Primker, Reatz, Regelsberger, Schott, Schröder, Völderndorff, Wendt, Westerkampf, Wolf, 1881 bis 1885 (4 Bände).

* Prof. Dr. J. Fr. Behrend, Lehrbuch des Handelsrechtes, 1886 (2. Band 1892). In diesem Werke fehlt leider das 4. Buch.

Eine Übersicht über die neuere französische und englische Gesetzgebung auf dem Gebiete des Handelsrechtes gewährt Späing, Französisches und englisches Handelsrecht im Anschlusse an das allgemeine deutsche Handelsgesetzbuch (Berlin, 1888).

* Konrad Cosack, Lehrbuch des Handelsrechtes mit Einschluß des Seerechtes, 1888 (3. Aufl. 1895). Die im Jahre 1898 erschienene 4. Auflage wurde bereits auf Grund des neuen Handelsgesetzbuches für das Deutsche Reich vom 10. Mai 1897 umgearbeitet. Die 5. Auflage erschien im Jahre 1900.

J. Riesser, Zur Revision des Handelsgesetzbuches, 1887. (Beilage zur „Zeitschr. für das gesamte Handelsrecht", 33.)

II. Werke, die in Österreich-Ungarn erschienen.

Dr. Alex. Brix, Das österreichische Handelsgesetzbuch vom Standpunkte der österreichischen Gesetzgebung erläutert, Wien, 1864. (Trotz bedeutender Mängel ein brauchbares Buch).

Prof. Dr. Moritz v. Stubenrauch, Handb. des österr. Handelsrechtes, 1863. (Eine übereilte Arbeit.)

Blodig, Die vier ersten Bücher des Handelsgesetzbuches, 1865. (Enthält nur eine Zusammenstellung des Stoffes des österreichischen Handelsrechtes.)

* Prof. J. Blaschke, Erläuterung des Handelsgesetzbuches, zunächst für den Handels- und Gewerbestand, 1868. (Gedrängte und gemeinverständliche Darstellung. Zweite Aufl. 1871. Dritte Aufl. 1879.) Erschien in neuer Bearbeitung von Dr. A. Pitreich im Jahre 1896.

Dr. Richard Bausewein, Das österreichische und ungarische Handelsrecht in vergleichender Darstellung. (Leipzig und Wien, 1894. Hinreichend zur Einführung in das Studium des Handelsrechtes.)

* Dr. F. Pollitzer, Das österreichische Handelsrecht systematisch dargestellt. Wien, 1895.

* Raban Freih. v. Canstein, Lehrbuch des österreichischen Handelsrechtes. I. Bd. 1895, II. Bd. 1896.

* Kommentar zum allgemeinen deutschen Handelsgesetzbuche von Herm. Staub, Ausgabe für Österreich, bearbeitet von Dr. Oskar Pisko. Wien, bei Manz, 1902—1903.

A. Randa, Das österreichische Handelsrecht (Böhm). 3. Aufl. 1903. (Die ersten drei Bücher.)

Eine populäre Darstellung enthält das Werk von Johann Koloušek (böhmisch), Handels- und Gewerbegesetzgebung. (1896).

In polnischer Sprache erschien ein Grundriß des österreichischen Handelsrechtes I. von Górski, eine gedrängte, vorzügliche systematische Darstellung der ersten drei Bücher des Handelsgesetzbuches, 1890, 2. Aufl. 1900. (Eine ausführliche Anzeige von Prof. Dr. Herrmann v. Otavský erschien in der böhmischen Zeitschrift Sborník věd právních 1901.)

J. v. Schnierer, Kommentar zum ungarischen Handelsgesetzbuche, autorisierte Übersetzung. (Budapest, 1877). — Löw, Das ungar. Handelsgesetz (1902).

In kroatischer Sprache veröffentlichte Prof. Fr. Verbanič unter dem Titel „Trgovački zákon" (Agram, 1892) einen Kommentar zum **ungarischen Handelsgesetzbuche.**

Zeitschriften.

Im Deutschen Reiche erscheint in Erlangen seit dem Jahre 1858 die „Zeitschrift für das gesamte Handelsrecht", von welcher bis zum Jahre 1903 53 Bände erschienen. (Mit dem XVI. Bande begann eine neue Folge.) Ihr erster Herausgeber war L. Goldschmidt. Später traten als Mitherausgeber bei: (Malß), Prof. P. Laband, Fr. v. Hahn, H. Keyssner, E. Sachs, jüngst Pappenheim. Die hervorragende Bedeutung dieser Zeitschrift beruht namentlich darauf, daß sie die sowohl im Deutschen Reiche als im Auslande erscheinenden Handelsgesetze sowie Anzeigen der das Handelsrecht betreffenden Werke veröffentlicht.

Von Wichtigkeit ist auch die französische Zeitschrift Bulletin mensuel de la société de législation comparée. (Sie erscheint seit dem Jahre 1868 und bringt jährlich als Beilage einen Band außerfranzösischer Gesetze in französischer Übersetzung. (Annuaire etc.) Bis zum Jahre 1903 erschienen 32 Bände des Annuaire.

In Österreich besteht eine ausschließlich dem Handelsrechte gewidmete Zeitschrift nicht. Die österreichischen Zeitschriften rechtswissenschaftlichen Inhaltes enthalten Abhandlungen und gerichtliche Erkenntnisse aus allen Zweigen des Rechtes.

Folgende deutsche Zeitschriften behandeln neben dem Handelsrechte auch das Wechselrecht:

Archiv für deutsches Wechselrecht und (seit dem VI. Bde. auch) Handelsrecht. Leipzig 1851 bis 1875. Herausgeber Dr. Siebenhaar und seit dem Jahre 1870 Neue Folge, herausgegeben von Dr. v. Bernewitz (VI. Bd.). Diese Zeitschrift ist eingegangen.

§ 4.

Zentralorgan für das deutsche Handels- und Wechselrecht. Herausgeber G. Löhr, später Hartmann. Köln 1865 bis 1874.

Archiv für Theorie und Praxis des allgemeinen deutschen Handelsrechtes. Erster Herausgeber Appell.-Ger.-Vizepräs. F. B. Busch. Leipzig 1863 bis 1888. (Seit dem Jahre 1874 bildet dieses Archiv auch die Fortsetzung der eingegangenen Zeitschriften: „Zentralorgan für das Handelsrecht" und „Wochenschrift für Handels- und Wechselrecht" von Calm): Der Redaktion traten bei G. Keyser und H. Busch. Es erschienen 38 Bände. — Das Archiv für bürgerliches Recht, herausgegeben von Kohler und Ring seit 1888, berücksichtigt auch das Handelsrecht.

Sammlungen gerichtlicher Erkenntnisse.

Abgesehen von älteren Sammlungen handelsgerichtlicher Erkenntnisse gebührt in erster Linie der Sammlung von Entscheidungen des obersten deutschen Handelsgerichtes in Leipzig Erwähnung. Sie führt den Titel: * „Entscheidungen des Reichsoberhandelsgerichtes", herausgegeben von Räten des Gerichtshofes. 1871 bis 1880. Es erschienen 25 Bände. Aus den in letzteren enthaltenen Erkenntnissen verfaßte Otto Fuchsberger einen der Reihenfolge der Artikel des Handelsgesetzbuches sich anschließenden gedrängten Auszug. Jeder Entscheidung ist die Begründung in kurzer Fassung beigefügt. (O. Fuchsberger, Entscheidungen des Reichsoberhandelsgerichtes 1881, 1883.) — Seit dem Jahre 1880 erscheint eine Sammlung der Erkenntnisse des deutschen Reichsgerichtes unter dem Titel: * „Entscheidungen des Reichsgerichtes in Zivilsachen". (Bisher 47 Bände). Auch aus diesen Entscheidungen verfaßte Fuchsberger Auszüge, die in dem Supplement vom Jahre 1883 und 1891 enthalten sind. (O. Fuchsberger, Entscheidungen des Reichsgerichtes usw. I. Bd.: Das Handelsrecht. Zweite, mit Zusätzen versehene Auflage 1891.) An dieser Stelle sei noch erwähnt: Stegemann, Die Rechtsprechung des deutschen Oberhandelsgerichtes zu Leipzig. (Berlin bei Guttentag.)

In Österreich besteht eine umfassende Sammlung von Erkenntnissen des Obersten Gerichtshofes unter dem Titel:

„Sammlung von zivilrechtlichen Entscheidungen des k. k. Obersten Gerichtshofes." Dieselbe beschränkt sich nicht auf das Handelsrecht, sondern enthält auch Entscheidungen aus dem Gebiete des allgemeinen Privatrechtes sowie des gerichtlichen Verfahrens in und außer Streitsachen, des Konkurs- und Grundbuchsrechtes. Nur Erkenntnisse wechselrechtlichen Inhaltes sind ausgeschlossen. Diese Sammlung erscheint in Wien seit dem Jahre 1859. Die Herausgabe des ersten Bandes wurde von Jul. Glaser und Jos. Unger, die Herausgabe der folgenden 19 Bände von Glaser, Unger und Walther, und die Herausgabe der Bände 21 bis 25 von Unger, Walther und Pfaff besorgt. Nunmehr wird die Sammlung von Pfaff, Schey und Krupský fortgesetzt. Bis zum Jahre 1902 erschienen 37 Bände. Eine neue Folge (I, II, 1900) begann mit dem 35. Bande.

Seit dem Jahre 1868 erscheint eine private Zusammenstellung der Erkenntnisse des Obersten Gerichtshofes in Handelsrechtssachen: die von L. Adler und R. Clemens herausgegebene * „Sammlung von Entscheidungen zum Handelsgesetzbuche". Bis zum Jahre 1902 erschienen von dieser Sammlung 11 Bände mit 2148 Erkenntnissen.

Eine gedrängte Zusammenstellung oberstgerichtlicher Entscheidungen handelsrechtlichen Inhaltes bietet auch die 17. von Hasenöhrl besorgte Manzsche Ausgabe des Handelsgesetzbuches (1899).

Für Publikationen in Patentrechtssachen ist das seit dem Jahre 1900 erscheinende amtliche „Österreichische Patentblatt" bestimmt.

Eine Sammlung von Erkenntnissen versicherungsrechtlichen Inhaltes veranstaltete Alfred Pollaczek unter dem Titel: „Versicherungsrechtliche Entscheidungen des Obersten Gerichtshofes," 1892.

In ähnlicher Weise veröffentlichte Dr. Viktor Röll eine „Sammlung von eisenbahnrechtlichen Entscheidungen der österreichischen Gerichte". 2 Bände, 1879 bis 1888.

Das gesamte Gebiet des Zivil-, Handels-, Wechsel-, Prozeß-, Grundbuchs-, Konkurs-, Patentrechtes usw. umfaßt die von E. Links herausgegebene Sammlung: Die Rechtsprechung des k. k. Obersten Gerichtshofes usw., nebst einem Anhange: Die Entscheidungen des deutschen Reichsgerichtes in Handels- und Wechselsachen. (Von dieser Sammlung erschien im Jahre 1903 der 17. Bd.)

Endlich werden in der Zeitschrift „Österr. Gerichts-Zeitung", in einer Beilage zu dem vom k. k. Justizministerium seit dem Jahre 1885 herausgegebenen „Verordnungsblatte" und in Fachzeitschriften die in das Spruchrepertorium aufgenommenen prinzipiellen Erkenntnisse sowie die in das Judikatenbuch eingetragenen Entscheidungen des Obersten Gerichtshofes von Amts wegen veröffentlicht.[28a]

§ 5.
Quellen des österreichischen Handelsrechtes.

Die Quellen, aus denen die Erkenntnis des Handelsrechtes geschöpft wird, können teils als Hauptquellen, teils als Hilfs-(Subsidiar-)quellen bezeichnet werden.

[28a]) Das Judikatenbuch wird auf Grund der allerhöchsten Entschließung vom 3. Oktober 1854 beim Obersten Gerichtshofe geführt. Die Anlegung des Spruchrepertoriums wurde durch eine mit allerhöchster Entschließung vom 7. August 1872 genehmigte Instruktion des Präsidenten des Obersten Gerichtshofes verordnet. Diese beiden Institutionen sollen der Erhaltung einer einheitlichen Rechtsprechung dienen. Entscheidungen über streitige Rechtsfragen, die bei der Beratung Gegenstand einer näheren Erörterung waren, werden auf Auftrag in das Spruchrepertorium eingetragen. Beschließt ein Senat, von der im Spruchrepertorium eingetragenen Entscheidung einer Rechtsfrage abzugehen, oder fassen zwei Senate über eine Rechtsfrage widerstreitende Entscheidungen, so wird die Rechtsfrage vor einen verstärkten, aus 15 Mitgliedern des Obersten Gerichtshofes bestehenden Senat gebracht, dessen Entscheidung in der vorliegenden Sache als Norm zu dienen hat und in das Judikatenbuch eingetragen wird.

§ 5.

I. Als Hauptquellen, deren Bestimmungen in erster Linie die Erkenntnis des Handelsrechtes vermitteln, kommen nach Art. 1 H. G. B. und § 1 des Einf. Ges. zu demselben in Betracht:

1. Das allgemeine Handelsgesetzbuch vom 17. Dezember 1862, R. G. Bl. Nr. 1 für 1863.

2. Einzelne ältere Handelsgesetze, welche im Einführungsgesetze zum allgemeinen Handelsgesetzbuche (§§ 1 bis 5) ganz oder teilweise in Wirksamkeit erhalten wurden.[28b]

3. Jene Gesetze und Verordnungen, durch welche einzelnen Handelsinstituten, wie insbesondere der Österreichisch-ungarischen Bank, besondere Rechte (Privilegien) verliehen wurden, und deren fortdauernde Wirksamkeit in den Artikeln 5 und 312 H. G. B. anerkannt wird.

4. Spätere Gesetze und Verordnungen handelsrechtlichen Inhaltes, die als Nachträge zum allgemeinen Handelsgesetzbuche anzusehen sind. Zu diesen gehören: Die Verordnung des Staats- und Justizministeriums vom 28. Oktober 1865 R. G. Bl. Nr. 110 über die den Anstalten, welche Kreditgeschäfte betreiben, zukommenden Ausnahmen von den allgemeinen Justizgesetzen, das Gesetz über Erwerbs- und Wirtschaftsgenossenschaften vom 9. April 1873 R. G. Bl. Nr. 79, das Gesetz über das Urheberrecht an Werken der Literatur, Kunst usw., vom 26. Dezember 1895, R. G. Bl. Nr. 197,[28c] das Gesetz vom 6. Jänner 1890, R. G. Bl. Nr. 19, betreffend den Markenschutz, das Gesetz vom 11. Jänner 1897 R. G. Bl. Nr. 30, betreffend den Schutz von Erfindungen (Patentgesetz) und andere.

Aus dem Inhalte des Art. 1 H. G. B. und des § 1 Einf. Ges. geht hervor:

a) daß durch das Handelsgesetzbuch das gesamte ältere Recht insoweit außer Kraft gesetzt wurde, als dasselbe Gegenstände betrifft, die in ersterem geregelt erscheinen;[29]

b) daß das bis zur Einführung des Handelsgesetzbuches in Geltung gewesene Handelsrecht fortan nur in dem Maße zu gelten habe, als es ausdrücklich in Kraft erhalten wurde (so in den Artikeln 5, 82, 83, 308, 312, 349, 421 H. G. B., §§ 2 bis 5 Einf. Ges.) oder als dasselbe handelsrechtliche Verhältnisse zum Gegenstande hat, die im Handelsgesetz-

---

[28b]) Zu den bei Einführung des allgemeinen Handelsgesetzbuches teilweise in Wirksamkeit erhaltenen älteren Handelsgesetzen (vgl. § 28 Einf. Ges.) gehörten insbesondere: das Gesetz über die Wiener Geldbörse vom 11. Juli 1854 R. G. Bl. Nr. 200 und das Gesetz über die Warenbörse und Warensensale vom 28. Februar 1860, R. G. Bl. Nr. 58. Diese beiden Gesetze traten jedoch in Folge der Bestimmungen des Gesetzes vom 1. April 1874 R. G. Bl. Nr. 67 über die Organisierung der Börsen und durch das Gesetz über Handelsmäkler vom 4. April 1875, R. G. Bl. Nr. 68 insoweit außer Kraft, als sie Gegenstände betrafen, die durch die beiden letztgedachten Gesetze geregelt sind.

[28c]) Eine Übersicht über die neuere Literatur bezüglich des Urheberrechtes bietet Herrmann in der böhmischen Zeitschr. „Sbornik", Bd. II, S. 376 flg.

[29]) Mehr dürfte aus dem Inhalte des § 1 Einf. Ges., der allerdings weiter reicht als der Inhalt des Art. 1 H. G. B., nicht zu deduzieren sein.

buche eine Regelung nicht erfuhren. (Hierher gehört namentlich das Versicherungsrecht, §§ 1288 bis 1291 des a. b. G. B.);³⁰)

c) daß die Normen des Wechselrechtes (allgem. Wechselordnung) vom 25. Jänner 1850, R. G. Bl. Nr. 51 durch die Einführung des allgemeinen Handelsgesetzbuches unberührt blieben. (Art. 2 H. G. B.).

Die Erwägung, daß vermittels der Analogie bloß das im Gesetze verborgene Recht, jus latens zutage gefördert wird, führt zu dem Schlusse, daß den auf dem Wege der Analogie entwickelten Rechtsgrundsätzen vor den Hilfsquellen, insbesondere vor dem Gewohnheitsrechte und dem allgemeinen bürgerlichen Rechte der Vorzug gebührt. (So auch Staub-Pisko, Komm. z. H. G. B. S. 4 § 3).³¹)

Rücksichtlich der Interpretation der Bestimmungen des allgemeinen Handelsgesetzbuches gelten die allgemeinen Auslegungsregeln. (§§ 6 und 7 a. b. G. B.). Zweifellos bilden auch die Entwürfe zum Handelsgesetzbuche und die Begründungen (Motive) derselben sowie die Beratungsprotokolle der Nürnberger Konferenz ein sehr schätzbares und wichtiges, ja das vornehmste Hilfsmittel zur richtigen Auslegung des Gesetzes.³²)

Streitig ist, welches Gewicht dieser Erkenntnisquelle beizulegen sei. Während manche Schriftsteller die Ansicht geltend machen, es komme den Protokollen als Interpretationsmittel ein erheblicher Wert nicht zu, und zur Vorsicht bei Benützung derselben mahnen,³³) wird von anderen die Meinung vertreten, es sei den Worten des Gesetzes jener Sinn

---

³⁰) Vgl. Goldschmidt, Bd. I, § 33; Blaschke-Pitreich, Komm., S. 5, § 5, insbesonders N. 2 und 3.

³¹) Vgl. auch Hahn, Bd. I, S. 10; Brix, Komm., S. 11; Goldschmidt, Handb., S. 370 ff.; Behrend, § 17; Anm. 4, Entsch. des R. O. H. G., Bd. XI, S. 417. — Eine einigermaßen abweichende Ansicht vertreten: Frey, Gerichtszeitung, 1865, Nr. 28 bis 30 und Fischer (Blodig), Lehrb., S. 34, welche dafür halten, daß dem Gewohnheitsrechte (nicht aber auch den Vorschriften des allgemeinen bürgerlichen Gesetzbuches) der Vorrang vor der analogen Anwendung der Bestimmungen des Handelsgesetzbuches zukomme. Frey beruft sich hauptsächlich darauf, daß die Handelsgewohnheiten und das Recht des Handelsgesetzbuches gegenüber dem bürgerlichen Rechte als Spezialrecht erscheinen und daß Art. 1 H. G. B. zunächst auf die Handelsgebräuche hinweist. Unbestimmt äußert sich Stubenrauch, Handb. des Handelsrechtes, S. 33.

³²) Es wurde bereits oben, S. 10, erwähnt, daß die der Nürnberger Konferenz vorgelegten Entwürfe und die Konferenzprotokolle amtlich veröffentlicht wurden.

³³) So hauptsächlich Thöl, Handelsrecht, § 11a, Busch, Archiv für Theorie und Praxis des Handelsrechtes, Bd. I, S. 6, 7. — Mit Recht sagt Thöl a. a. O. Anm. qu: „Die verschiedenen Gründe, welche einen Rechtssatz hervorgerufen, sind aus den .... Motiven der Gesetze mehr weniger vollständig ersichtlich. Die Benützung derselben zur Auslegung des Gesetzes geschieht fast durchwegs auf verkehrte Weise, welche im Wesen darauf hinausläuft, daß man die gesetzgebende Gewalt, deren Wille in dem Worte des Gesetzes publiziert wird, mit den einzelnen Verfassern des Gesetzes, welchen die Motive angehören, indentifiziert. Man übersieht, daß das Gesetz durch die Publikation sich vom Gesetzgeber losreißt und nunmehr durch den systematischen Zusammenhang, in welchem seine einzelnen Rechtssätze zueinander und zu dem bereits geltenden Rechte aufzufassen sind, so selbständig als der publizierte Wille der gesetzgebenden Gewalt heraustritt, daß der Wille und die Einsicht der eigentlichen Verfasser des Gesetzes gleichgültig wird. Auf dieser Selbständigkeit beruht es, daß das Gesetz einsichtiger

§ 5.

beizumessen, den die Nürnberger Konferenz mit denselben verband. (So insbesondere Goldschmidt, Handb. d. H. R. I, § 34, und Zeitschr. f. d. ges. H. R., X. Bd., S. 40 flg.) Dieser Schriftsteller erkennt wohl an, daß man in den Anschauungen der Kommission eine authentische Auslegung des Gesetzes nicht erblicken könne, und daß die Entwürfe und Protokolle lediglich den Charakter privater Arbeiten tragen, hält aber trotzdem dafür, daß durch die Kundmachung des Handelsgesetzbuches all das mit Gesetzeskraft ausgestattet wurde, was die Nürnberger Konferenz klar aussprach.[34]) Abgesehen von den in der N. 33 enthaltenen Ausführungen über die Bedeutung der Protokolle im allgemeinen, darf nicht unerwogen bleiben, daß als Gesetz nur dessen Wortlaut, nicht aber auch die Beweggründe seiner Verfasser (Kompilatoren) kundgemacht werden. Durch die Publikation löst sich das Gesetz von dem Willen der Verfasser des Entwurfes desselben los. In der Kundmachung desselben liegt, daß als Gesetz das und nur das zu gelten habe, was aus den Worten und

sein kann als der oder die Gesetzgeber. Überdies übersieht man, daß die Motive nicht getreu die Ansichten sämtlicher Mitglieder der Gesetzgebungskommissionen abspiegeln, weil nicht jedes einzelne Mitglied seine Gründe geltend macht, ... und weil nicht alle geltend gemachten Gründe vollständig protokolliert sind; daß die Motive zuweilen den Rechtssatz umstoßen, statt ihn zu rechtfertigen, daß die Motive für einen und denselben Rechtssatz sich nicht selten widersprechen" .... Insbesondere über die Protokolle der Nürnberger Konferenz bemerkt Thöl auf S. 68: „Übrigens sind die Motive nicht sämtlich protokolliert, weil über die Sitzungen, in welchen vom Plenum die von der Redaktionskommission vorgelegte Redaktion festgestellt wurde, kein Protokoll geführt worden ist; nur zuweilen ist es in betreff einzelner Punkte geschehen." — Die Worte Thöls können im Hinblicke auf die Benützung der Vorarbeiten zu den neueren, auf parlamentarischem Wege zustande gekommenen österreichischen Gesetzen nicht warm genug empfohlen werden. Vgl. auch Sohm in der Grünhutschen Zeitschr., Bd. I, S. 277. Dieser eifert wider die „Papierscherenliteratur, welche das Gesetz durch Motive und Kammerverhandlungen angeblich erläutert." — Die verschiedenen Ansichten der Schriftsteller führt Pfaff in dem Artikel: Über die Materialien des allgemeinen bürgerlichen Gesetzbuches" in der Grünhutschen Zeitschr., Bd. II, S. 2 flg. In ihrem „Kommentare zum allgemeinen bürgerlichen Gesetzbuche" schließen sich Pfaff-Hofmann im Wesen der Anschauung Hahns an. (Sie sagen S. 138 des Komm.: wir schätzen die Protokolle [zum allgemeinen bürgerlichen Gesetzbuche] etwas höher als Hahn, aber viel geringer als Goldschmidt). Vgl. hierzu: Reuterskiöld: Über Rechtsanslegung im römischen und schwedischen Prozesse (1899).

[34]) In der zweiten Ausgabe seines Werkes: Handb. des Handelsrechtes, Bd. I, S. 314, drückt sich Goldschmidt zwar in der Form vorsichtiger, in der Sache jedoch in gleicher Weise aus. Seiner Anschauung traten bei: Brinz, Bd. I, S. 120, und im Wesen A. Menger: System des österreichischen Zivilprozeßrechtes, Bd. I, S. 113. Mit Recht weisen dagegen Pfaff-Hofmann, I, S. 188 auf das systematische Element der Auslegung hin mit den Worten: „Die Sanktionierung .... eines Gesetzes setzt ein System das dahin ruhender Kräfte in Bewegung und es würde mehr als menschliche Voraussicht dazu gehören, sollte der Gesetzgeber im vorhinein ganz genau wissen, wie diese Kräfte (d. i. die Rechtssätze) im Leben und untereinander gegenseitig eingreifen werden. Überdies sind die Verfasser lange nicht seine besten Kenner!" Vgl. auch Bd. I, S. 250. — Nicht zu billigen ist die Ansicht (Bülow, Gesetz und Richteramt), daß der Richter bei der Interpretation sich an das Gesetz nicht zu binden brauche.

dem Sinne des authentischen Gesetzestextes in Zusammenhang mit dem sonst geltenden Gesamtrecht hervorgeht. Dies ergibt sich aus den Vorschriften der §§ 6 und 7 des a. b. G. B. — Allerdings muß als selbstverständlich angesehen werden, daß zur Erkenntnis des wahren Sinnes eines Gesetzes auch die Vorarbeiten der gesetzgebenden Körper und der von denselben eingesetzten Kommissionen vorzügliche Dienste leisten können. Aber es darf deshalb den Protokollen und ähnlichen gesetzgeberischen Vorarbeiten keine wesentlich andere Bedeutung beigemessen werden als den sonstigen der Interpretation eines Gesetzes dienenden Erkenntnisquellen. (Vgl. auch Thöl, Handelsrecht § 11 und Hahn, Komm. zum H. G. B. 2. Aufl., Einleitung § 19.) [35]) Demgemäß erscheint eine besondere Anleitung zur Verwertung der Konferenzprotokolle bei der Interpretation des Gesetzes vollständig entbehrlich. [36]) Nur in einer Richtung wird die Absicht der Konferenz als maßgebend und entscheidend anzusehen sein, nämlich dann, wenn es sich darum handelt, den Sinn, in welchem ein bestimmtes Wort des Gesetzestextes gebraucht wurde, festzustellen. [37])

---

[35]) Der gleichen Anschauung sind: Górski, Zarys pr. handl., § 7; Herrmann in der Zeitschr. "Sborník", Bd. I, S. 188; Canstein, Lehrb. des Handelsrechtes, Bd. I, S. 12; Pollitzer, Handelsrecht, § 6; Blaschke-Pitreich, S. 9. Vgl. auch die N. 33 dieses Paragraphen. Unrichtig ist namentlich die Ansicht Goldschmidts (Zeitschr. für das gesamte Handelsrecht, Bd. X, S. 45), es hätten die Regierungen, weil sie bei Annahme des Nürnberger Entwurfes ihren eigenen Willen (wohl richtig: ihre Motive) nicht kundgaben, sich hierdurch den Willen (wohl richtig: die Motive) der Nürnberger Konferenz angeeignet. Goldschmidt identifiziert hier offensichtlich den Willen des Gesetzgebers (das Gesetz) mit dessen Beweggründen.

[36]) Vgl. Hahn, Komm., S. LIII. Dieser erklärt mit Recht folgende Anschauungen für unrichtig: 1. Es gelte ein bestimmter Rechtssatz, der in das Gesetz nicht Aufnahme fand, deshalb nicht, weil ihn die Konferenz für irrig erklärte; 2. Ein bestimmter Rechtssatz habe aus dem Grunde Geltung, weil die Konferenz ihn für selbstverständlich erklärte; 3. Ein bestimmter im Gesetze ausgesprochener Rechtssatz habe nur in dem Sinne und in dem Umfange Geltung, den die Konferenz ihm beimaß. (Die Sätze 2 und 3 vertritt Goldschmidt in der zweiten Aufl. seines Handb. des Handelsrechtes, § 34, S. 314 und 315.) So war beispielsweise die Konferenz der Meinung, daß Aktiengesellschaften einen Prokuristen nicht bestellen können (Protokolle, S. 1063, 1064). Nun schließt aber der Wortlaut des Art. 234 H. G. B. die Bestellung eines Prokuristen für eine Aktiengesellschaft keineswegs aus. Da ferner die diesbezüglichen Beweggründe der Konferenz — es seien bisher von Aktienvereinen Prokuristen nicht bestellt worden, und setze die Bestellung eines Prokuristen einen Prinzipal „von unbeschränkter Willensfähigkeit" voraus — ganz haltlos, beziw. unrichtig sind, so unterliegt es keinem Zweifel, daß auch Aktiengesellschaften Prokuristen bestellen können. Vgl. Hahn, Komm., S. 651 (2. Aufl.). Die rechtliche Möglichkeit der Bestellung von Prokuristen ist selbst rücksichtlich der Erwerbs- und Wirtschaftsgenossenschaften ausdrücklich anerkannt in der Min. Vdg. vom 14. Mai 1873, R. G. Bl. Nr. 71, § 8.

[37]) Vgl. Goldschmidt, Handb., § 34, S. 314 (2. Aufl.). — Anderer Ansicht ist allerdings Hahn, Komm. zum Handelsgesetzbuch, S. LIII; allein gerade in dieser Beziehung gibt es kein besseres und verläßlicheres Interpretationsmittel. Vgl. auch § 655 a. b. G. B. Ein Beispiel bietet das Wort „böslich" in den Art. 396, Abs. 4 und 427 H. G. B. Dieses Wort hat nach

§ 5.

II. **Hilfsquellen**, die zur Anwendung zu gelangen haben, wenn es in den Handelsgesetzen an anwendbaren Bestimmungen fehlt, sind nach Art. 1 H. G. B. folgende:
1. in erster Reihe das **Gewohnheitsrecht**,
2. sodann die Normen des **allgemeinen bürgerlichen Gesetzbuches** (Art. 1 H. G. B.).[38])

Ad 1. Vom Gewohnheitsrechte darf nur dann Gebrauch gemacht werden, wenn die Handelsgesetze eine einschlägige Bestimmung (somit auch eine Bestimmung dispositiver Natur) nicht enthalten (praeter legem).[39]) — Dem Gewohnheitsrechte kommt sonach gegenüber dem Handelsgesetzbuche derogative Kraft nicht zu; es besitzt vielmehr nur subsidiäre Geltung. Argum. Art. 1 H. G. B. Damit wird die Bildung von Rechtsgewohnheiten contra legem hintangehalten.[40]) (Das neue Handelsgesetzbuch für das Deutsche Reich erwähnt das Gewohnheitsrecht nicht. Es ist deshalb streitig, ob und in welchem Maße im Geltungsgebiete dieses Gesetzbuches

---

der Absicht der Konferenz nicht bloß die Bedeutung von „böser Vorsatz", sondern bedeutet auch „grobes Verschulden" (grobe Nachlässigkeit, luxuria). (Protokolle, S. 5112 bis 5115, 5123: magna culpa dolus est.) Vgl. Hahn, Komm., Bd. II, S. 448. Richtig sind die Entsch. des Obersten Gerichtshofes in der Zeitschr. „Gerichtshalle", 1871, Nr. 58, und in der Zeitschr. „Juristische Blätter", 1872, Nr. 13; unrichtig dagegen das Erkenntnis in der „Ger. Ztg.", 1872, Nr. 83.

[38]) Darüber, daß das „Naturrecht" (§ 7 a. b. G. B.), welches manche österreichische Schriftsteller als Hilfsquelle des Rechtes anführten, in Wahrheit eine Rechtsquelle nicht ist, vgl. Unger, System des österreichischen bürgerlichen Rechtes Bd. I, S. 67 flg.

[39]) Daß das Handelsgesetzbuch im Art. 1 mit dem Worte „Handelsgebräuche" in Wahrheit das Gewohnheitsrecht (consuetudo) und nicht bloße tatsächliche Gebräuche (Usancen) bezeichnen will, kann — trotz der Unklarheit der in dieser Rücksicht in der Konferenz vorgebrachten Anschauungen (Protokolle, S. 10 bis 13) — mit Grund nicht bezweifelt werden. Vgl. die Entsch. des Reichsoberhandelsgerichtes, Bd. VI, S. 370, Bd. VIII, S. 256, Bd. XVI, S. 215; Entsch. des Reichsgerichtes, Bd. XXIII, S. 100; Goldschmidt, Handb., I, §§ 35, 36; Laband in der Zeitschr. für Handelsrecht, Bd. XVII, S. 446 flg.; Hahn, Komm., Bd. I, S. 10, 11; Frey, a. a. St., Nr. 28; Behrend, Lehrb., § 18, N. 1. — Andrer Meinung sind: Brix, Komm. zum allgemeinen deutschen Handelsgesetzbuche, S. 9; Gerber, Juristische Abhandlungen, II, S. 437, und Zoll, Jahrb. für Dogmatik, Bd. XIII, S. 358. Letzterer hält dafür, es hätten nach Art. 1 H. G. B. soweit es an einer gesetzlichen Bestimmung mangelt, Rechtsgewohnheiten und bloße Übungen in gleicher Weise zur Anwendung zu kommen. Irrig ist die Ansicht Zolls, es habe die Konferenz beschlossen, daß das Wort „Handelsgebräuche" als Bezeichnung sowohl für Rechtsgewohnheiten als für bloße Usancen dienen solle. Vgl. dagegen Hahn, Komm., S. 10 (2. Aufl.). — Beispiele eines Handelsgewohnheitsrechtes bietet die Entsch. bei Adl.-Clem. Nr. 1737; amtliche Sammlung Nr. 364.

[40]) Vgl. die Konferenzprotokolle, S. 884 flg.; Goldschmidt, Handb., Bd. I, § 36, S. 18; Frey, a. a. O., S. 112; Hahn, Komm., Bd. I zu Art. 1. Andrer Meinung sind: Thöl, Das Handelsrecht, S. 65, 67, Anm. n und teilweise Brix, Das österreichische Handelsrecht, S. 11, der bei dispositiven Bestimmungen des Gesetzes der Rechtsgewohnheit derogative Kraft beimißt. Dagegen richtig die Ausführungen Freys, a. a. O.; ferner Staub-Pisko, Komm. zum Handelsgesetzbuch, S. 5; Bolze, Die Praxis des Reichsgerichtes in Zivilsachen, Bd. VIII, Nr. 2; Adl.-Clem., Nr. 1603, 1657.

die Wirksamkeit von Rechtsgewohnheiten anzuerkennen sei). Vgl. Staub, Supplem. zu Art. 1 und Strauß, Die Reform d. deutsch. H. R. (1899) S. 15.

Bezüglich des Wesens, der Entstehung und des Beweises von Rechtsgewohnheiten gelten für das Handelsrecht die gleichen Grundsätze, wie nach dem allgemeinen bürgerlichen Rechte. Da in dieser Hinsicht im österreichischen Rechte besondere Vorschriften nicht bestehen, kann für die Aufstellung bestimmter Regeln nur die Natur der Sache maßgebend sein. Die Untersuchung der letzteren führt zu jenen Ergebnissen, die auf dem Gebiete des gemeinen Rechtes fast allgemeine Anerkennung fanden.[41] Soll von Gewohnheitsrecht gesprochen werden können, so ist nach dem Wesen des letzteren erforderlich: einerseits, daß im Volke oder in zunächst maßgebenden Kreisen desselben die Überzeugung von der Notwendigkeit der Beobachtung einer gewissen Rechtsregel herrsche (sogenannte opinio necessitatis), andrerseits, daß die Beobachtung dieses Rechtssatzes eine ständige sei.[42]

Bei dem ethischen Charakter des Rechtes versteht es sich von selbst, daß Handelsgebräuche mit den herrschenden Sittlichkeitsbegriffen und mit der öffentlichen Ordnung nicht im Widerspruche stehen dürfen.[43] Das Handelsgewohnheitsrecht kann allgemein gelten; es kann aber auch ein partikuläres, ja selbst bloß örtliches sein.[44]

Aus der rechtlichen Natur des Gewohnheitsrechtes ergeben sich nachstehende Folgerungen:

1. Der Richter muß das Gewohnheitsrecht selbst dann zur Anwendung bringen, wenn die Parteien sich auf dasselbe nicht berufen. Es

---

[41] Mit Unrecht nimmt Frey in dem sonst vorzüglichen Aufsatz a. a. O., Nr. 29 an, es gelte in dieser Beziehung das gemeine deutsche Recht. Letzteres ist überhaupt in Österreich ohne Geltung. Vgl. Art. IV des Kundmachungspatentes zum allgemeinen bürgerlichen Gesetzbuche. Art. 1 des H. G. B. weist nicht auf das deutsche, sondern auf das österreichische bürgerliche Recht hin. Daß der österreichische Jurist, welcher das Wesen der Rechtseinrichtungen erfassen will, das Studium des gemeinen Rechtes eifrig pflegen muß, ändert an der Sache nichts.

[42] Bezüglich des Gewohnheitsrechtes überhaupt vgl. Unger, System des österreichischen Privatrechtes, § 5; über Handelsgewohnheitsrecht vorzüglich Goldschmidt, Handb., I, § 35, der mit Recht bemerkt: "Es gibt kein ungeübtes Gewohnheitsrecht." Die wiederholte Beobachtung eines bestimmten Grundsatzes ist nicht bloß die äußere Erscheinung eines bestehenden Rechtsprinzipes, sondern zugleich ein Mitfaktor seiner Entstehung. Vgl. Windscheid, Pandekten, § 15, S. 2; Unger, System, Bd. I, S. 37; Staub-Pisko, S. 5, § 5; Entsch. des Reichsoberhandelsgerichtes, Bd. XI, S. 23; Entsch. des Reichsgerichtes, Bd. XX, S. 304. — Blaschke-Pitreich, Handelsgesetz (4.), § 6, wollen neben dem Gewohnheitsrecht und der Usance noch eine „dritte Art von Handelsgebräuchen" unterscheiden, nämlich solche, welche eine Dispositivnorm vertreten oder letzterer vorangestellt werden, z. B. Art. 57, 61, 80 u. a. Allein in diesen Fällen beruft sich das Gesetz zumeist auf die Usance, wie denn auch Blaschke § 7, N. 6 hier von der „Inkorporierung der Usance in das Gesetz" spricht. Vgl. näheres in N. 59.

[43] Es ist dies das Erfordernis der sogenannten Rationabilität. Vgl. Goldschmidt a. a. O., N. 34.

[44] In dem letztgedachten Falle spricht man oft von einer „Platzusance". In noch engerer Begrenzung ist auch eine Börsenusance, Marktusance usw. möglich. Vgl. auch § 16 der Vdg. vom 31. März 1855, R. G. Bl. Nr. 85.

§ 5.

gilt hier, da es sich um Recht handelt, der Grundsatz: Jura novit curia.

2. Ist dem Richter das Gewohnheitsrecht, auf welches eine Partei sich beruft, nicht bekannt, so ist es allerdings zunächst Sache der letzteren, das Vorhandensein einer solchen Rechtsgewohnheit darzutun. Für den diesfälligen Beweis sind jedoch nicht die Grundsätze des gerichtlichen Verfahrens über den Beweis streitiger Tatsachen maßgebend, denn es steht nicht die Existenz einer Tatsache, sondern der Bestand eines Rechtsgrundsatzes in Frage.[45]) Eben deshalb ist es auch Pflicht des Richters, sich von Amts wegen von dem Bestehen einer Rechtsgewohnheit Kenntnis zu verschaffen, selbst wenn die Partei den Versuch nicht unternahm, die Existenz der letzteren zu erweisen. Vgl. §§ 271 und 272 Z. P. O.[46]) Auf welche Art dieser Beweis herzustellen und ob eine Rechtsgewohnheit für erwiesen anzusehen sei, hat der Richter unter sorgfältiger Berücksichtigung der Sachlage nach freier Überzeugung zu beurteilen. (Vgl. § 272 Z. P. O.) Die Beweismittel, deren sich das Gericht zur Erforschung des Bestandes einer Rechtsgewohnheit bedienen kann, sind: Einvernahme von sachverständigen Zeugen,[47]) die Bestätigung einer Usance durch das Parere des Ausschusses einer kaufmännischen Genossenschaft (Gremium), insbesondere durch die Erklärung einer Handels- oder einer Börsekammer,[48]) unter Umständen die übereinstimmende Äußerung

---

[45]) Vgl. Frey a. a. O., S. 116. Für das gemeine Recht wird dies allgemein anerkannt. Vgl. auch Unger, System, Bd. I, § 5. In der Praxis neigten sich die älteren Juristen der Anschauung zu, es bestehe kein Unterschied zwischen dem Beweise einer Rechtsgewohnheit und dem Beweise tatsächlicher Verhältnisse. Diese Ansicht beruht auf der unrichtigen Auffassung der älteren Doktrin, die in der Rechtsgewohnheit das geistige Moment (Zweckmoment, Rechtsüberzeugung) verkannte, und in derselben eine bloße tatsächliche Übung erblickte. Von diesem Gesichtspunkte geht auch Haimerl aus: Magazin, Bd. VII, S. 40, ferner Brix, Komm., S. 10 und St. Neumann im „Právník", Bd. V, S. 7 und 48. Vgl. dagegen die Ausführungen Randa's ebendaselbst, S. 31; Till, Prawo pryw., I, S. 72 flg.; Tilsch, Právník, Jahrg. 1898, S. 167 flg. und desselben „Einfluß der Zivilprozeßgesetze auf das materielle Recht", § 10; Frey, a. a. O.; Goldschmidt, a. a. O., N. 45; Windscheid, Pandekten, § 15. Nach der Anschauung, welche den Bestand einer Rechtsgewohnheit einer sonstigen beweisbedürftigen Tatsache gleichstellt, wäre für das Obwalten eines Gewohnheitsrechtes auch der Beweis durch eidliche Einvernahme der Parteien zugelassen. Es müßte ferner eine Rechtsgewohnheit, auch wenn die Existenz der letzteren bereits einmal oder wiederholt bewiesen wurde, in jedem Rechtsstreite, in welchem sie in Frage kommt, stets aufs neue dargetan werden. Nunmehr sind durch die Bestimmung des § 271 Z. P. O. alle Zweifel beseitigt. Vgl. Staub-Pisko, Komm., S. 6, § 7; Blaschke-Pitreich, Komm., S. 21.

[46]) Vgl. Frey, a. a. O., S. 121; Goldschmidt, Handb., § 35, N. 38: „Der Richter soll auch die Usance kennen"; Keller, Pandekten, S. 11. Verfehlt sind die älteren Entsch. Nr. 205 u. 842 bei Adl.=Clem., die durch die Norm des § 271 Z. P. O. jede Bedeutung verloren.

[47]) Diese gestaltet sich hier nicht zum Sachverständigenbeweise. Vgl. Goldschmidt, Handb., I, S. 48.

[48]) Nach dem Gesetze über die Handelskammern vom 29. Juni 1868 R. G. Bl. Nr. 85, § 2, lit. B. c. erteilen die Handelskammern Zeugnisse über Handelsusancen. Allerdings erscheint es zweifelhaft, ob damit Rechtsgewohn-

von Schriftstellern,⁴⁹) gerichtliche Erkenntnisse, die sich auf vorgängige Feststellung des Vorhandenseins einer Rechtsgewohnheit gründen,⁵⁰) mitunter sogar Rechtssprüchwörter usw. Dagegen ist das Beweismittel der eidlichen Parteieneinvernahme ausgeschlossen.⁵¹)

Von dem Handelsgewohnheitsrechte sind die bloßen Geschäftsgebräuche (Übungen, Usancen) streng zu unterscheiden. Das unterscheidende Merkmal der letzteren liegt darin, daß bei ihnen die Überzeugung von der rechtlichen Notwendigkeit eines bestimmten Verhaltens fehlt, bezieh. daß es sich bei denselben überhaupt nicht um die Beobachtung einer Rechtsregel handelt.⁵²) Es bedarf nicht erst besonderer Erwähnung, daß derartige Geschäftsgebräuche (Usancen) als Rechtsquelle nicht anzusehen sind,⁵³) wenngleich sie ein wichtiges Interpretationsmittel zur Erforschung des Willens der Parteien nach den in der Kaufmannswelt herrschenden Anschauungen bilden. (Argum. Art. 279 H. G. B.)

---

heiten oder bloße Geschäftsgebräuche gemeint sind. Dies übersieht die Entsch. Nr. 842 bei Adl.-Clem. Nach § 364 Z. P. O. kann das Gericht, wofern es sich um geschäftliche Gebräuche handelt, auch ohne Einvernahme von Sachverständigen entscheiden, soweit die eigene Kenntnis der Richter (hauptsächlich der fachmännischen Laienrichter) hinreicht. Von dieser Vorschrift kann ohne weiteres in Ansehung des Gewohnheitsrechtes analoger Gebrauch gemacht werden. Vgl. R. Pollak, Zur Lehre von der Stoffsammlung, S. 5.

⁴⁹) Allerdings ist es dem Ermessen des Richters anheimgestellt, ob er das Zeugnis von Schriftstellern an sich für ausreichend erachtet. — Auch das Parere kaufmännischer Körperschaften kann in dem Sinne lauten, daß eine bestimmte Rechtsregel als bindend anerkannt werde. Vgl. Goldschmidt, Handb., I, S. 13, § 35; Stubenrauch, Komm., S. 33.

⁵⁰) Offenbar zuweitgehend erscheint die bezüglich der Konsulargerichtsbarkeit in der Türkei erlassene Min. Vdg. vom 31. März 1855, R. G. Bl. Nr. 58, soweit sie im § 14 den Nachweis verlangt, „das derselbe Rechtssatz in mehreren gleichartigen Fällen und zu verschiedenen Zeiten von den österreichischen Konsulargerichten . . . . als Norm angenommen wurde. Dieser Beweis kann nur durch die Gerichtsakten oder durch ein Amtszeugnis . . . . erbracht werden". Wie sollte denn da der Beweis für neues Gewohnheitsrecht hergestellt werden?

⁵¹) Vgl. auch Goldschmidt und Frey a. a. O. Daß der Richter die Beweise nach freiem Ermessen zu würdigen habe, erkannte bereits Haimerl in Wagners Zeitschr. für Rechtsgelehrsamkeit, 1843, Bd. I, S. 13 an.

⁵²) Die Gesetzgebung hält leider nicht an bestimmten Ausdrücken zur Bezeichnung des Gewohnheitsrechtes einerseits und bloßer Gebräuche andrerseits fest, sondern bedient sich promiscue der Worte: Gebrauch, Übung, Gewohnheit. Ja selbst die Mitglieder der Konferenz waren sich nicht immer der vollen Tragweite des von ihnen angewendeten Ausdruckes bewußt. Vgl. Goldschmidt, Handb., Bd. I, § 36, N. 7 bis 9; insbesondere Laband, Zeitschr. für das gesamte Handelsrecht, Bd. XVII, S. 466 flg., 500 flg. — Manchmal erscheint als Gegenstand der Übung nicht eine Rechtshandlung, sondern ein bloßes tatsächliches Verhalten. So beispielsweise, so weit es sich um die Führung von Rechnungen und Handelsbüchern, um die Veröffentlichung gewisser Tatsachen usw. handelt. Vgl. Goldschmidt, Handb., I, § 35, S. 233.

⁵³) Zweckmäßig wäre es, wenn zur Bezeichnung bloßer Usancen der Ausdruck „Geschäftsgebrauch" im Gegensatze zu dem Ausdrucke „Handelsgebrauch", der das Gewohnheitsrecht in Handelssachen bezeichnet, verwendet würde. Vgl. Hahn, Komm., S. 11, N. 26. So unterscheidet richtig das Erk. des Obersten Gerichtshofes vom 4. Jänner 1878, Ger. Ztg. 1878 Nr. 8, indem es erklärt, es könne die Entsch. von Rechtsfragen nicht auf Grund bloßer Gebräuche erfolgen.

§ 5.

Usance im Sinne des Art. 279 H. G. B. („im Handelsverkehre geltende Gewohnheiten und Gebräuche") ist die übliche Auslegung unvollständiger oder unklarer Willensäußerungen vertragschließender Parteien in der Handelswelt, und sonach der gewöhnlich vorausgesetzte (präsumtive) Inhalt von Verträgen einer bestimmten Art. Die Unterwerfung unter die Usance (unter den Verkehrswillen) ist latenter Bestandteil der Vereinbarung.[54]) Die Kundmachungen der Börseleitung können an sich nicht als Usance betrachtet werden; es muß die Übung hinzutreten. Vgl. hierzu die Entsch. Nr. 540 bei Abl.-Clem.

Soll von einer Usance Gebrauch gemacht werden, so wird vorausgesetzt:

a) Die Kenntnis des Geschäftsgebrauches. (Anders allerdings bei dem Gewohnheitsrechte.)[55]) Unkenntnis des Gebrauches bleibt nur dann außer Betracht, wenn die andere Partei mit Grund annehmen konnte, daß dem Kontrahenten der betreffende Gebrauch bekannt sei (§§ 872 bis 876 a. b. G. B.). Vgl. auch die Entsch. Nr. 1535 bei Abl.-Clem.[56])

---

[54]) Vgl. Laband, Zeitschr. für das gesamte Handelsrecht, XVII, S. 490 flg.; Behrend, Lehrb., § 18; Pfaff-Hofmann, Komm. zum allgemeinen bürgerlichen Gesetzbuche, I, S. 249; Unger, System, Bd. I, S. 40; Herrmann im Sbornik, Jahrg. I, S. 188. Ein Beispiel für eine solche Unterwerfung unter den Verkehrswillen bietet die etwa an einem Orte herrschende Sitte, daß der Wohnungszins vorausbezahlt oder das Angeld nicht zurückgestellt wird. Ungeachtet die Redaktoren des allgemeinen bürgerlichen Gesetzbuches bei der Textierung des § 10 a. b. G. B. sowohl das Gewohnheitsrecht als bloße Übungen (Pfaff-Hofmann, Bd. I, S. 247) vor Augen gehabt haben dürften, ist dennoch unter dem Worte „Gewohnheiten" im § 10 b. G. B. lediglich das Gewohnheitsrecht (anders Pfaff-Hofmann, a. a. O.) und zwar schon aus dem Grunde zu verstehen, weil die Redaktoren selbst diese beiden Begriffe nicht mit der erforderlichen Genauigkeit unterschieden. Vgl. die in der N. 57 angeführte Entsch. So entspricht es beispielsweise bei dem Kaufe von Wertpapieren dem präsumierten Willen der Parteien, daß außer dem Börsenpreise auch die Zinsen (oder die Dividende) pro rata temporis et quanti ersetzt werden. (Diese Usance wurde an der Prager und der Wiener Börse mit dem 1. Jänner 1874 aufgehoben, im Jahre 1876 wieder eingeführt, im Jahre 1877 von neuem aufgehoben und später abermals eingeführt.) Usancemäßig gewährt der Buchhändler seinen Abnehmern für ein ganzes Jahr Kredit und betrachtet alle jene Bücher als von letzteren gekauft, die bis zum Ende des Jahres nicht zurückgestellt wurden. Daß bei derartigen Gebräuchen eine rechtliche Überzeugung (opinio necessitatis) nicht obwaltet, ist offenbar.

[55]) Vgl. Ehrlich, Stillschweigende Willenserklärung, S. 40, wiewohl er auf S. 39 die entgegengesetzte Ansicht zu vertreten scheint. — Joll, Jahrb. für Dogmatik, XIII, S. 459, hält dafür, daß die Kenntnis des Geschäftsgebrauches immer gleichgültig sei, weil Art. 1 des H. G. B. auch auf die Usance sich berufe. Allein unzweifelhaft ist im Art. 1 H. G. B. nur die Rechtsgewohnheit gemeint. Vgl. N. 38. Der Konferenzbeschluß, mit welchem die Aufnahme des Wortes „Handelsgewohnheitsrecht" in den Art. 1 abgelehnt wurde, beruht auf anderen Gründen. Vgl. Hahn, Komm., I, S. 10, 11.

[56]) Vgl. Laband, Zeitschr. für das gesamte Handelsrecht, Bd. XVII, S. 467; Regelsberger, Pandekten, S. 111; Cosack, Lehrb., § 23; Bausenwein, § 9 R. Richtig bemerkt Kohler in der „Kritischen Vjschr.", Bd. XXI, S. 493: Die Usance kommt zur Anwendung, weil der Verkehr die Partei-

b) Daß die gesetzliche Bestimmung, bei deren Anwendung die Usance beobachtet werden soll, den Charakter einer dispositiven (den Willen der Parteien ergänzenden) Norm besitze.⁵⁷) (Anders beim Gewohnheitsrecht. Vgl. Art. 1 H. G. B.).⁵⁸) Gegenüber einer Gesetzesbestimmung von zwingender Natur (lex cogens) kann auch die Usance nicht Beachtung finden. Vgl. hierzu die Entsch. 1789 bei Adler-Clem; ferner Anm. 57.

In Ansehung der Beweisführung über den Bestand geschäftlicher Gebräuche bestimmt § 364 Z. P. O., es könne das Handelsgericht in Fällen, in welchen das Bestehen von geschäftlichen Gebräuchen in Frage kommt, ohne Zuziehung von Sachverständigen entscheiden, wenn die eigene Fachkunde oder das eigene Wissen der Richter diese Zuziehung überflüssig macht. Vgl. hierzu N. 48.

Es kann übrigens einem Zweifel nicht unterliegen, daß die Usance im Laufe der Zeit zur Rechtsgewohnheit werden kann, wenn zur bloßen Übung die Überzeugung handeltreibender Kreise von der Notwendigkeit der Beobachtung der in diesem Gebrauche zur Erscheinung kommenden Rechtsregel hinzutritt.⁵⁹)

---

erklärung im Sinne der Usance auslegt; die Wirkung der Usance erstreckt sich nicht auf das Erklärenwollen, sondern auf den Erklärungseffekt; unerheblich ist also, wenn der Erklärende sich über gewisse Punkte keine Vorstellung gemacht hat. (Anders Danz, Jahrb. für Dogmatik, Bd. 38, S. 373 flg.) Deshalb erkannte das Oberlandesgericht in Wien mit Entsch. vom 1. Februar 1882 (Notariatszeitung, 1882, Nr. 30), es müsse in Wien ungeachtet der Bestimmungen der §§ 1100 und 1102 des a. b. G. B. der Mietzins vorhinein bezahlt werden, weil jedermann den in Wien herrschenden Gebrauch (nämlich, daß der Mietzins vorhinein bezahlt werde) kenne und nach § 863 a. b. G. B. anzunehmen sei, es habe sich auch der beklagte Mieter diesem Gebrauche unterworfen. Auch das bürgerliche Gesetzbuch für das Deutsche Reich legt besonderes Gewicht auf die „Verkehrssitte" und „Treu und Glauben" im Verkehre. Vgl. §§ 151, 157 und 242 B. G. B. und Staub-Pisko, Art. 1 § 10a.

⁵⁷) Vgl. Laband a. a. O. S. 482 und Zoll, Jahrb. für Dogmatik, XIII, S. 456; anders Goldschmidt, Handb., I, S. 258, 259 und Gerber a. a. O. S. 436. In der zweiten Ausgabe aber schließen sich Goldschmidt, S. 363 und Hahn, Komm., Bd. II S. 81 der im Texte vertretenen Ansicht an. Zutreffend bemerkt Zoll a. a. O.: „Wo es sich um die Supplierung eines solchen Willens handelt, wird allerdings die lex dispositiva vorgehen . . . . Anders bei der bloßen Auslegung (des erklärten Willens)." In dem hier dargestellten Sinne faßte auch der Oberste Gerichtshof in der Entsch. vom 18. April 1879 Nr. 2663 (Právník, 1870, S. 333 flg.) den Begriff des bloßen Geschäftsgebrauches im Gegensatze zu dem Handelsgebrauche (Art. 1 H. G. B.) auf. Er wies mit Recht darauf hin, daß die bei einem großen Teile der Kaufleute Prags herrschende Übung, ihren Handlungsreisenden ein Neujahrsgeschenk im Betrage des Monatsgehaltes zu verabreichen, zwar nicht eine Rechtsgewohnheit (Handelsgebrauch), wohl aber in jener Kategorie von Kaufleuten, zu welcher der Beklagte gehört, Geschäftsgebrauch (Art. 279 H. G. B.) sei, daß der Beklagte letzteren kannte und daß er sich demselben stillschweigend dadurch unterwarf, daß er ihn in früheren Jahren beobachtete.

⁵⁸) Vgl. Laband a. a. O. S. 501 flg. Denn das Gewohnheitsrecht derogiert den Normen des Gesetzes nicht, mögen dieselben auch bloß dispositiver Natur sein.

⁵⁹) Vgl. Goldschmidt, Handb., I, S. 235; Zoll, a. a. O. S. 454; Canstein, Lehrb. des österreichischen Handelsrechtes, I, S. 15, 16, wo es jedoch nur lauten sollte: „kann zum Gewohnheitsrechte erstarken". Wenn die

§ 5.

(Nach dem neuen Handelsgesetzbuche für das Deutsche Reich [§ 346] ist auf Usancen nur im Rechtsverkehre unter Kaufleuten Rücksicht zu nehmen.)

Die Reihenfolge, in welcher die angeführten Quellen des Handelsrechtes zur Anwendung zu gelangen haben, ist somit (auch nach § 1 des ungarischen H. G. B.) folgende:

I. In erster Linie haben die in den Handelsgesetzen niedergelegten Vorschriften und die auf dem Wege der Analogie aus den letzteren gewonnenen Rechtsgrundsätze zur Richtschnur zu dienen, es wäre denn, daß das Gesetz selbst zunächst auf das Gewohnheitsrecht hinwiese.[60])

II. In zweiter Linie ist das Gewohnheitsrecht als Erkenntnisquelle des Rechtes heranzuziehen.

III. Erst in letzter Linie ist auf die Vorschriften des allgemeinen bürgerlichen Rechtes zurückzugehen.

Im Art. 1 des H. G. B. wurde sonach dem Gewohnheitsrechte eine weit umfassendere Geltung eingeräumt, als im § 10 des a. b. G. B.[61]) Dies gilt nicht allein in Ansehung jener Handelsinstitutionen, die im Handelsgesetzbuche eingehende Regelung erfuhren, sondern auch für den ganzen Umkreis der übrigen Handelssachen, rücksichtlich welcher das Handelsgesetzbuch besondere Normen nicht enthält, wie beispielsweise für das Gebiet des Versicherungsrechtes.

Usance nicht Rechtsverhältnisse betrifft, kann sie sich allerdings niemals zum Gewohnheitsrechte entwickeln. Zoll, a. a. O. S. 451 bis 454, 457, hält die beiden Fälle nicht scharf genug auseinander. Das Handelsgesetzbuch weist an vielen Stellen auf den „Handelsgebrauch" oder den „Ortsgebrauch" hin. So beispielsweise in den Art. 57, 326, 334, 346, 351, 352, 370 usw. Vgl. Staub-Pisko, I S. 6 flg. § 8; Pollitzer, § 2, S. 7; Hermann a. a. O. gegen Gorski, Bd. I, S. 27, Abs. 2. Ob das Gesetzbuch im einzelnen Falle Rechtsgewohnheit (Gewohnheitsrecht) oder Usance meint, ist im Wesen quaestio interpretationis. Als Auslegungsregel ist festzuhalten:

a) Wo immer das Gesetz eine dispositive (subsidiäre) Norm aufstellt, insbesondere wo zuvörderst auf die Vereinbarung der Parteien hingewiesen wird, hat der Gesetzgeber den bloßen Gebrauch (die Usance) vor Augen. Vgl. beispielsweise die Art. 57, 326, 334, 339, 342, 346, 352, 369, 370, 394.

b) Wo jedoch das Handelsgesetzbuch neben den besonderen Gesetzen (Landesgesetzen) vom Handelsgebrauche spricht, ist das Gewohnheitsrecht gemeint. Vgl. beispielsweise die Art. 82, 83, 349.

[60]) Vgl. Laband a. a. O. S. 501 flg. Auch in diesen Fällen kann die „Usance" zur Geltung kommen. Im Art. 331 H. G. B. wollte die Nürnberger Konferenz eine Abänderung der für die Zeitberechnung in den Art. 328 bis 330 H. G. B. aufgestellten Normen, soweit sie die Liquidationstermine der Börsengeschäfte betreffen, nur den Börsenordnungen einräumen.

[61]) Die Ansicht Zolls a. a. O. S. 451, es habe nach § 10 des a. b. G. B. die Unterscheidung zwischen Rechtsgewohnheit und bloßem Gebrauche deshalb nicht praktische Bedeutung, weil beide lediglich als Mittel zur Interpretation des Parteiwillens dienen können, wäre nur dann zutreffend, wenn die Rechtsgewohnheit stets nur eine Auslegungsregel enthielte; anderenfalls gelten die obigen Ausführungen. Vgl. Unger, System I, S. 40, 41, N. 34. — Übrigens wird von den zeitgenössischen Juristen vorherrschend die Anschauung vertreten, daß bei Kodifikationen dem Gewohnheitsrechte keine derogierende Kraft einzuräumen, sondern lediglich dessen Entwicklung praeter legem anzuerkennen sei. Vgl. hierüber Zoll a. a. O. S. 419, 424.

§ 6.
Von den Handelsgeschäften.

Zwei Grundbegriffe beherrschen das im Handelsgesetzbuche vom 17. Dezember 1862 geregelte Rechtsgebiet: der Begriff des Handelsgeschäftes und der des Kaufmanns. Nicht ohne Grund wurde bereits früher hervorgehoben, das Handelsgesetzbuch (1862) sei ein Gesetz der Handelsgeschäfte und der Kaufleute.[62] Es ist deshalb angezeigt, diese beiden grundlegenden Begriffe einer eingehenden Erörterung zu unterziehen.

Nach Maßgabe des Art. 4 H. G. B. ist als „Kaufmann" im Sinne des Handelsgesetzbuches derjenige anzusehen, der gewerbemäßig „Handelsgeschäfte" betreibt. Da nun der Begriff „Handelsgeschäfte" einen Bestandteil der Definition des Begriffes „Kaufmann" bildet, wird sich die Erörterung in erster Linie mit den „Handelsgeschäften" zu befassen haben. Hierbei ist daran festzuhalten, daß von den Handelsgeschäften die „Handelssachen" wohl zu unterscheiden sind. Gegenüber dem Begriffe der Handelsgeschäfte ist der Begriff der Handelssachen der bei weitem umfassendere. Handelsgeschäfte sind ausschließlich die in den Artikeln 271 bis 273 des H. G. B. als solche erklärten Rechtsgeschäfte; zu den Handelssachen dagegen gehören außer den letzteren auch alle rechtsbedeutsamen tatsächlichen Verhältnisse, welche die Normen des Handelsgesetzbuches in den Bereich ihrer Regelung ziehen, wie: Firmensachen, Markenrecht, Handelsgesellschaften, Dienstverhältnisse des Handelspersonals usw.[63]

Nach dem Vorbilde des französischen Code de commerce enthält das österreichische Handelsgesetzbuch keine allgemeine Definition der Begriffe „Handelsgeschäft" und „Handelsgewerbe", sondern begnügt sich

---

[62] Vgl. Thöl: Das Handelsrecht, S. 82. Nur wenige Gesetzesbestimmungen sehen von der Voraussetzung, daß es sich um Handelsgeschäfte oder um einen Kaufmann handelt, ab. Beispielsweise Art. 307 H. G. B.

[63] Das Gesetzbuch hält diese beiden Begriffe konsequent auseinander, wiewohl eine Definition der „Handelssachen" sich in demselben nicht vorfindet. Letzteres geschah mit Absicht im Hinblicke auf die alte Erfahrungsregel: Omnis definitio in jure periculosa. Eine Übersicht der wichtigsten „Handelssachen" bieten § 51 J. N. und § 39 des Einf. Ges. zum H. G. B. Vgl. dazu: Neumann, 3. P. O., S. 1171 flg.; Schuster-Bonnot, 3. P. O., § 8, N. 2 flg.; Ott, Řízení soudní, I S. 96 flg.; Pantuček: O organ. a přísl. S. 307 flg.; H. Horten: Die Jurisdiktionsnorm und ihr Einf. Ges. zu § 51 J. N. Die Bedeutung dieser Unterscheidung erhellt aus der Vergleichung einiger Gesetzesbestimmungen, so z. B.: Nach Art. 1 des H. G. B. kommt dieses in allen Handelssachen zur Anwendung. Nach Art. 34 liefern ordnungsmäßig geführte Handelsbücher bei allen Streitigkeiten über Handelssachen unter Kaufleuten einen unvollständigen Beweis; dazu §§ 19, 20 Einf. Ges. Dagegen ist die Anwendbarkeit der Vorschriften des vierten Buches auf Handelsgeschäfte beschränkt. Dies erkennen alle Schriftsteller an. Auch die Konferenzprotokolle, S. 5058, weisen klar darauf hin. Dessen ungeachtet behauptet Stubenrauch (H. des Handelsrechtes S. 96) wörtlich: „Diese Beweiskraft ist den Handelsbüchern nur in Handelssachen eingeräumt (Art. 34): Objekte des Beweises sind mithin nur Handelssachen im Sinne der Art. 271 bis 273." Vgl. noch § 295 3. P. O.

damit, in den Art. 271 bis 273 jene Rechtsgeschäfte einzeln anzuführen, die als Handelsgeschäfte anzusehen sind.[64]) Das Gesetz unterscheidet zwei Kategorien von Handelsgeschäften. Es erklärt nämlich als Handelsgeschäfte:

I. Solche Rechtsgeschäfte, die an und für sich und ohne Rücksicht darauf, ob sie von einem Kaufmanne betrieben werden oder von einer Person, die nicht Kaufmann ist und ob sie gewerbemäßig oder nur vereinzelt abgeschlossen werden, stets als „Handelsgeschäfte" zu betrachten sind (Art. 271 H. G. B.). Dies sind die sogenannten **absoluten** oder **objektiven Handelsgeschäfte**.

II. Andrerseits solche Rechtsgeschäfte, die nur unter gewissen Voraussetzungen als Handelsgeschäfte anerkannt werden, und zwar:

a) wenn sie gewerbemäßig betrieben oder zwar einzeln, jedoch von einem Kaufmanne im Betriebe seines gewöhnlich auf andere Geschäfte gerichteten Handelsgewerbes vorgenommen werden (Art. 272 H. G. B.);

b) überdies werden alle einzelnen Geschäfte eines Kaufmannes, welche zum Betriebe seines Handelsgewerbes gehören, als Handelsgeschäfte erklärt (Art. 273 H. G. B.). Die Rechtsgeschäfte dieser zweiten Kategorie (lit. a und b) werden **relative** oder **subjektive Handelsgeschäfte** genannt. Dasselbe gilt auch nach dem ungarischen Handelsgesetzbuche aus dem Jahre 1875, §§ 358 flg.

Die in den Art. 271 und 272 H. G. B. (hier unter I. und II. lit. a) angeführten Handelsgeschäfte werden mit Recht als „**Handelsgrundgeschäfte**" bezeichnet, weil der gewerbemäßige Betrieb derselben die Kaufmannseigenschaft begründet (Art. 4 H. G. B.).[65]) (Das neue Handelsgesetzbuch für das Deutsche Reich [in Kraft seit dem 1. Jänner 1900] kennt absolute Handelsgeschäfte nicht mehr. Dieselben sind in die Kategorie der gewerbemäßigen [relativen] Handelsgeschäfte eingereiht. §§ 1 und 343 des deutschen H. G. B. Diesen Gesetzesbestimmungen zufolge ist nach deutschem Handelsrechte ein „Handelsgeschäft" nicht vorhanden, wofern nicht wenigstens einem vertragschließenden Teile die Kaufmannseigenschaft zukommt.)

Ad I. Absolute (objektive) Handelsgeschäfte.

Die erste Klasse der Handelsgeschäfte bilden die sogenannten absoluten Handelsgeschäfte, das sind Rechtshandlungen (durchwegs Verträge),

---

[64]) Vgl. Code de comm. IV, Art. 632 und 633. Es sind dies Rechtsgeschäfte, die entweder in Spekulationsabsicht abgeschlossen werden oder den Charakter besonderer Beweglichkeit und Raschheit, die eben das Handelsgewerbe auszeichnen, an sich tragen. Von dem gleichen Gesichtspunkte gehen die Handelsgesetzbücher Italiens, Hollands und anderen Staaten aus, während die ältere österreichische und preußische Gesetzgebung eine nähere Bestimmung des Begriffes der Handelsgeschäfte überhaupt nicht enthielten. Im allgemeinen charakterisierten die österreichischen Schriftsteller den Handel als gewerbemäßig betriebenen Umsatz beweglicher Sachen in unveränderter Gestalt.

[65]) Vgl. Piętak, Kdo ma być pocz. za kupca? (1871); Hasenöhrl, Österreichisches Obligationenrecht, I. Bd., §§ 4 bis 7; Behrend, I., § 22, 26 bis 31; Canstein, Lehrb. des Handelsrechts, § 10; Gorski, § 16; Staub-Pisko, Komm., S. 14.

die stets und unbedingt, ohne Rücksicht auf die Person, von welcher und auf die Art, in welcher sie vorgenommen werden, als Handelsgeschäfte zu betrachten sind. (Es ist somit gleichgültig, ob ein Kaufmann oder Nichtkaufmann diese Geschäfte unternimmt, ob sie gewerbemäßig, d. i.: zur Erzielung eines dauernden Erwerbes oder bloß gelegentlich, vereinzelt betrieben werden.) Die Absicht, aus dem betreffenden Rechtsgeschäfte Gewinn zu ziehen, bildet den naturgemäßen Beweggrund für die Vornahme desselben.[66]) Diese Handelsgeschäfte können deshalb „Spekulationshandelsgeschäfte" genannt werden. Im Art. 271 H. G. B. werden als Geschäfte dieser Art taxativ angeführt:

1. **Der Kauf oder die anderweitige entgeltliche**[67]) **Anschaffung von Waren**, d. i. von beweglichen Sachen oder von Wertpapieren, die für den Handelsverkehr bestimmt sind, in der Absicht, dieselben weiter zu veräußern (d. i. wieder auf andere zu übertragen), wobei es keinen Unterschied macht, ob diese Gegenstände in ihrer ursprünglichen Gestalt (in Natur) oder nach einer Bearbeitung oder Verarbeitung weiter veräußert werden sollen.[68]) (Art. 271 Z. 1 H. G. B.). Unter „Anschaffung" ist jener Vertrag zu verstehen, vermöge dessen fremde, d. i. anderen Personen gehörige Gegenstände zu

---

[66]) Der in der Nürnberger Konferenz gestellte Antrag, daß im Art. 271 Abs. 1 hinzugefügt werde, es müsse die Absicht des Anschaffenden auf die Erzielung eines Gewinnes gerichtet sein, wurde in der Erwägung verworfen, es verstehe sich diese Absicht von selbst. Protokolle S. 1259. Goldschmidt, I. Bd., S. 428, und 2. Ausg., S. 410, 454, 12, 563, gegen Hahn, Komm., II. Bd., S. 17 bis 21. Hierzu Behrend, Lehrb., § 26, S. 22; Staub-Pisko, Komm., S. 15; Mataja, Grundriß des Gewerberechtes, S. 6.

[67]) Richtig Hasenöhrl, Das österreichische Obligationenrecht, § 4, S. 50 flg.; Staub-Pisko, Komm., S. 2, II. Bd.; Lehmann-Ring, I., S. 17.

[68]) Die Stilisierung des Art. 271, 1., H. G. B.: „Der Kauf ... von Waren oder anderen beweglichen Sachen" ist nicht richtig; denn die „anderen Sachen" sind eben auch „Waren". Jede Sache ist Ware, sobald sie zum Objekte des Güterumsatzes geworden. Thöl a. a. O. S. 88 und Brix, H. G. B., S. 270. Bei der Nürnberger Konferenz wurde diese Tautologie mit der Erwägung gerechtfertigt, es sei wünschenswert, daß das Gesetz sich einer populären Diktion bediene. Protokolle S. 1289. Allerdings ein sonderbarer Beweggrund bei einem Gesetzbuche, das offenbar für Rechtskundige geschaffen wurde. Die unrichtige Textierung des Art. 271, 1 gab zu einem Mißverständnisse Anlaß. Gad, Handb. des allg. deutschen Handelsrechts, S. 9, folgert aus dem Umstande, daß das Gesetz Waren und andere bewegliche Sachen neben einander anführt, es seien beispielsweise alte Schränke, die ein Trödler in verschiedenen Haushaltungen ankauft, nicht Gegenstand eines Spekulationskaufes. — Das neue deutsche und italienische Handelsgesetzbuch fassen den Begriff der Handelsgeschäfte viel weiter auf, indem sie rücksichtlich der Objekte des Handels einen Unterschied zwischen beweglichen und unbeweglichen Sachen nicht machen. In der neueren belgischen und französischen Doktrin zeigt sich allgemein das Bestreben, diesen Unterschied ganz zu beseitigen. Vgl. Behrend, Lehrb. des Handelsrechts, § 31. Bewegliche Sachen liegen auch dann vor, wenn es sich um den Kauf loszutrennender Bestandteile des Grundes und Bodens handelt (Staub-Pisko, Komm., II. Bd., S. 5, § 8; Behrend, § 26, N. 3; Canstein, I, S. 103; Pollitzer, Immobiliarverkehr, S. 103; Blaschke-Pitreich, S. 292). Früchte auf dem Halme und Holz auf dem Stamme zum Fällen werden daher wie bewegliche Sachen behandelt.

§ 6.

eigen gemacht werden sollen; kurz: Anschaffung ist derivative Erwerbung durch Rechtsgeschäft (Vertrag). Dahin gehört hauptsächlich: Kauf, Tausch, Werklieferungsvertrag (l. c. operis), Annahme an Zahlungsstatt, Vergleich u. s. f. (Ob an der angeschafften Sache das Eigentum im einzelnen Falle wirklich erworben wird, kommt nicht in Betracht.) Hierdurch ist die Urproduktion, insbesonders die Gewinnung der Erzeugnisse des Erdbodens und die Zueignung herrenloser Tiere (durch den Betrieb der Landwirtschaft, der Jagd, der Fischerei, des Bergbaues) aus dem Bereiche der Handelsgeschäfte vollständig ausgeschlossen, da die Erwerbung hier nicht durch Vertragsschluß vor sich geht. Der Großgrundbesitzer, welcher aus der durch Eigenbau gewonnenen Zuckerrübe in seiner Fabrik Zucker erzeugt, der Bergwerksbesitzer, der aus eigenen Gruben Minerale fördert und in Hüttenwerken verarbeitet, nehmen nicht Handelsgeschäfte vor. Vgl. Konferenzprotokolle S. 1291 bis 1292. In diesem Sinne erkannte der Oberste Gerichtshof richtig in den Entsch. Nr. 8, 25, 307, 409, 1350, 1417, 1493 u. a. Slg. Adl.-Clem., daß die Gewinnung der Kohle durch Bergbau usw. nicht Anschaffung sei. Vgl. auch die Entsch. des Obersten Gerichtshofes in den Juristischen Blättern 1888, Nr. 41. Unrichtig sind die älteren, in entgegengesetztem Sinne lautenden Entsch. Nr. 6, 18, 19, 24 derselben Sammlung und die Entsch. in der „Gerichtshalle" 1864 Nr. 6, 82, 99.[69])

Zu den „beweglichen" Sachen des Art. 271 Z. 1 gehören nicht: Rechte, insbesondere Forderungen, Urheber- und Patentrechte, Gesellschaftsanteile, Bezugsrechte auf Aktien u. s. f. (vgl. Nr. 579 Adl.-Cl., Goldschmidt, § 47, Nr. 19; Behrend, § 26, Nr. 2; Staub-Pisko, II, S. 5). Neben den beweglichen Sachen werden solche Wertpapiere genannt, welche für den Handel bestimmt sind, z. B. Aktien, Prioritäten usw.; dahin gehören jedoch nicht z. B. Sparkassebüchel der österreichischen gemäß dem Sparkassenregulativ vom Jahre 1844 errichteten Sparkassen, trotzdem sie im Sinne des § 14 dieses Regulativs als Inhaberpapiere anzusehen sind. (Derlei Büchel anderer Anstalten sind

---

[69]) Das ungarische Handelsgesetzbuch (§ 259, Z. 4) zählt allerdings derartige Anschaffungen, wenn sie in einem den Umfang handwerksmäßigen Betriebes übersteigenden Maße vorgenommen werden, zu den relativen Handelsgeschäften. Vgl. N. 93. — Nach Schebek, Das Handelsregister nach dem allg. H. G. B. (Gutachten der Handelskammer in Prag, I. Bd., 1866, S. 11, 69, II. Bd., S. 1 flg., 1872) vertrat die Prager Handelskammer die irrige Anschauung, es sei unter dem Worte „Anschaffung" auch die eigene Erzeugung zu begreifen, vorausgesetzt, daß dieselbe „in einer anderen Unternehmung desselben Besitzers" stattfinde. Im wirtschaftlichen Leben seien „nicht die Individuen die eigentlichen Verkehrswesen, sondern die Unternehmungen," und das Wesen der Tätigkeit der letzteren bleibe sich gleich, „ob jede Unternehmung eine einzige Person oder ob sie mehrere Personen zu Eigentümern habe." Allein es ist ganz unzulässig, Unternehmungen als selbständige Persönlichkeiten, als eine Art juristischer Personen anzusehen. Jene Anschauung ist daher rechtlich unhaltbar. Der angebliche Beweis ad absurdum rücksichtlich mehrerer Unternehmungen desselben Besitzers ist hinfällig, wenn erwogen wird, daß es ganz gleichgültig ist, ob die Ware in einem einzigen Etablissement oder in mehreren Fabriken verarbeitet wird (Art. 271, 1, H. G. B.).

Legitimationspapiere; vgl. Randa, Eigent. I, S. 354, Nr. 42.) Sachgesamtheiten sind an sich nicht ausgeschlossen, z. B. Warenlager, Bibliotheken, die behufs Weiterveräußerung in Bausch und Bogen gekauft werden.

Die Grundform dieser Art von Handelsgeschäften ist der Spekulationskauf. Ein solcher liegt nicht nur dann vor, wenn ein Kaufmann Handelsware anschafft, sondern auch, wenn ein Handwerker oder ein Fabrikant Rohstoffe kauft, um sie einer Bearbeitung oder Verarbeitung zu unterziehen und sohin die Produkte dieser Tätigkeit als Fabrikat oder Halbfabrikat weiter zu veräußern. Ob durch die Verarbeitung oder Bearbeitung das Wesen der Sache eine Änderung erfährt oder nicht, ist unentscheidend.[70]) Hierbei muß im Auge behalten werden, daß nach Art. 271, 1 H. G. B., insoweit es sich um den Spekulationskauf handelt, der Umfang der industriellen Unternehmung ohne Bedeutung ist und daß nach Art. 4 H. G. B. als Kaufmann jedermann anzusehen ist, der im eigenen Namen gewerbemäßig „Handelsgeschäfte" betreibt. Der Schuhmacher, welcher Leder (Nr. 786, Adl.-Clem.), der Schneider, welcher Tuch, der Goldarbeiter, welcher Edelmetalle, der Bäcker, welcher Mehl, der Gastwirt, welcher Fleisch[71]) zur Herstellung der betreffenden

---

[70]) Hieraus ergibt sich, daß der Begriff der Handelsgeschäfte nach seiner Umschreibung im Art. 271, 1 H. G. B. viel umfassender ist, als nach der landläufigen und allgemein üblichen Auffassung. Denn der gewöhnliche Sprachgebrauch, wie nicht minder die ältere österreichische Handelsgesetzgebung versteht unter dem Worte „Handelsgeschäfte" bloß den Umsatz beweglicher Gegenstände in wesentlich unveränderter Gestalt. Diese Erweiterung des Begriffs erfolgte nach dem Vorbilde aller neueren Handelsgesetzgebungen, namentlich im Hinblicke auf die ausgedehnten industriellen Unternehmungen der neueren Zeit, deren Geschäfte durchaus kaufmännischer Natur sind.

[71]) Anders die im „Právník" 1872 S. 685, abgedruckte Entscheidung des Obersten Gerichtshofes. Nach derselben betreibe der Gastwirt nicht ein Handelsgeschäft, sondern ein „Gewerbegeschäft". Als ob der Handel nicht ein Gewerbe wäre! Ähnlich auch Nr. 122, 1049, 1733, 1836 Adl.-Clem., in welchen der Gastwirt entgegen der richtigen Ansicht der Untergerichte sogar als „Handwerker" angesehen wird! Richtig dagegen ist die Entsch. des Obersten Gerichtshofes vom 1. Mai 1872, Nr. 3878. Ger. Ztg. 1872, Nr. 95. (Vgl. ähnliche Fälle in den Nr. 193, 214 Adl.-Clem und jüngst die Entsch. Nr. 512 der Nowakschen Sammlung, Entsch. des Obersten Gerichtshofes in Zivilsachen N. F. IV.) In der zitierten Entsch. Nr. 95 Ger. Ztg. 1872 wird der Ankauf von Essenzen zur Liförerzeugung als Handelsgeschäft erklärt und ausgeführt: „Im Sinne des Art. 271, 1 H. G. B. ist der Verkauf des Produktes identisch mit der Weiterveräußerung des zur Herstellung desselben angeschafften und verwendeten Rohmateriales und kommt es in dieser Beziehung weder auf die äußere Form, noch auf die innere Beschaffenheit des gewonnenen Erzeugnisses, noch auf dessen Namen an. Die Anschaffung von Kartoffeln durch Spirituserzeuger, von Hopfen durch den Bierbrauer sind Handelsgeschäfte nach Art. 271, 1 H. G. B., obgleich man weder den Spiritus „verarbeitete Kartoffel", noch das Bier „verarbeiteten Hopfen" nennt . . . . . Unentscheidend ist das quantitative (geringe) Verhältnis, in welchem ätherische Öle dem verdünnten Spiritus beigemengt werden. Beiderlei Flüssigkeiten erscheinen hier als Rohstoffe des Produktes Likör." — Auch der Müller, der Korn ankauft, um es als Mehl wieder zu veräußern, nimmt ein Handelsgeschäft vor. (Anders die Entsch. Nr. 132, Sammlung Adl.-Clem.) Vgl. auch Anschütz-Völderndorff, Komm., III. Bd., S. 17, Goldschmidt,

§ 6.

Erzeugnisse: Schuhe, Kleider, Schmuck, Gebäck, Nahrungsmittel, anschafft, nimmt ebenso Handelsgeschäfte nach Art. 271, 1 vor, wie der Eigentümer einer Zuckerfabrik, welcher Zuckerrübe, der Eigentümer einer Dampfmühle, welcher Getreide, der Besitzer einer Maschinenfabrik, welcher Eisen oder andere Metalle, oder ein Bierbrauer, welcher Gerste, Malz oder Hopfen ankauft.[72]) Ja selbst dann, wenn jemand, der weder Handel noch Gewerbe betreibt, gelegentlich, vielleicht ein einziges Mal in seinem Leben bewegliche Sachen oder Wertpapiere kauft oder auf andere Weise anschafft, um dieselben wieder zu veräußern, ist dies ein Handelsgeschäft im Sinne des Art. 271, 1 H. G. B. Dagegen kann bei dem Ankaufe von Waren für den eigenen Bedarf, für das eigene Hauswesen, von Handelsgeschäften nicht die Rede sein. Im Wesen gleichlautend Ziffer 1 und 3, § 258 des ungarischen H. G. B., nur mit der Abweichung, daß unter der Ziffer 3 der Kauf und die anderweitige Anschaffung von Wertpapieren, Aktien oder anderen für den Handelsverkehr bestimmten Wertpapieren selbst in dem Falle für absolute Handelsgeschäfte erklärt werden, „wenn die Anschaffung nicht in der Absicht, dieselben weiter zu veräußern, erfolgt ist." (Vgl. N. 73.)

Handelsgeschäfte nimmt nur derjenige vor, der bewegliche Sachen oder für den Verkehr bestimmte Wertpapiere in der Absicht anschafft, dieselben wieder zu veräußern, d. i. deren Eigentum auf andere zu übertragen.[73]) Unter den Begriff der Veräußerung fällt nicht jener des

---

Handb., § 47, S. 32. Dieser bemerkt, in der deutschen Praxis habe sich die richtige Auffassung schon lange eingewurzelt, während die österreichische Praxis schwanke. Seit den Siebzigerjahren befindet sich auch die letztere — mit geringen Ausnahmen — auf dem richtigen Wege.

[72]) Mit Unrecht erkannte der Oberste Gerichtshof mit Entsch. vom 12. Oktober 1866 („Gerichtshalle" 1867, Nr. 38), der Ankauf des Hopfens von Seite eines Bräuers sei nicht ein Handelsgeschäft, weil bei der Biererzeugung die Substanz der angeschafften Ware sich ändert. Zutreffend sind die Entscheidungen des deutschen Reichsoberhandelsgerichtes bei Busch, Archiv für Theorie und Praxis des Handelsrechtes, Bd. I., S. 534, Bd. III, S. 50, 361, Bd. IV., S. 251 und andere. Vgl. Frey, „Gerichtshalle" 1867, S. 229. Richtig sind die Entscheidungen des Obersten Gerichtshofes in der Sammlung Adl.-Clem. Nr. 174 (Mehlankauf durch einen Bäcker), 214 (Hopfenankauf durch einen Bräuer), dann Nr. 251 und 419; verfehlt dagegen die Entsch. Nr. 132 (N. 71) und 255 derselben Sammlung (Fleischankauf durch einen Gastwirt). Siehe Frey, „Gerichtshalle" 1867, Nr. 51 u. 52, Hasenöhrl, Obl. R., § 4, S. 49, Canstein, Handelsrecht, § 10, S. 101, 102, Gorski, § 16, bes. S. 87 flg. Im Sinne der Textausführung sind der Schuhmacher, Schneider, Goldarbeiter, Bäcker, Fleischhauer, da sie gewerbemäßig die im Art. 271, 1 bezieh. im Art. 272, 1 bezeichneten Handelsgeschäfte betreiben, allerdings Kaufleute, wenn auch unter Umständen bloß Minderkaufleute. Vgl. Staub-Pisko, II, S. 7, § 15. Werden Stoffe zu dem Zwecke angeschafft, damit sie in Vereinigung mit selbstgewonnenen Bodenprodukten verarbeitet und sodann veräußert werden, so liegt in dieser Anschaffung ein Handelsgeschäft und der Inhaber der Unternehmung wird durch den gewerbemäßigen Ankauf solcher Stoffe zum Kaufmann. Vgl. Behrend, Lehrb., § 26, S. 8 und Entsch. Nr. 874, Sammlung Adl.-Clem. So z. B. eine Bergbaugewerkschaft, die gleichzeitig angekauftes Eisen verarbeitet. Vgl. § 2 Berggef.

[73]) Zu den für den Handelsverkehr bestimmten Wertpapieren (Art. 271, 1, H. G. B. gehören beispielsweise alle Wertpapiere, die einen Gegenstand des Börse-

Verleihens. (Protokolle S. 1289.) Hieraus folgt, daß der Ankauf von Büchern für Leihbibliotheken, die Anschaffung von Säcken oder die Fabrikation von Waggons zum Zwecke des Verleihens derselben als Handelsgeschäfte nicht angesehen werden können, da die angeschafften Bücher, bezieh. Säcke oder Waggons nicht weiter veräußert werden.[74]) Es bedarf nicht besonderer Hervorhebung, daß die Veräußerung auf entgeltliche Weise erfolgen muß. Geschieht der Ankauf einer Sache in der Absicht, mit derselben ein Geschenk zu machen, so liegt selbstverständlich ein Handelsgeschäft nicht vor.

Damit dem Ankaufe beweglicher Sachen der Charakter eines Handelsgeschäftes zukomme, muß die hierbei ins Auge gefaßte Veräußerung derselben so geartet sein, daß dieselben im Zeitpunkte der letzteren rechtlich noch die Eigenschaft beweglicher Gegenstände besitzen. Erfolgt die Eigentumsübertragung in der Weise, daß die beweglichen Sachen bereits vorher zu einem integrierenden Bestandteile einer unbeweglichen Sache wurden oder gleichzeitig hierzu gemacht werden, so erscheint die Anschaffung derselben nicht als Handelsgeschäft im Sinne des Art. 271, 1 H. G. B. Ein Beispiel bietet die Verwendung des angekauften Baumaterials zu Bauten. Das Rechtsgeschäft, auf Grund dessen die Verwendung durch den Bauunternehmer stattfindet, ist ein Werkvertrag; § 1151 a. b. G. B. (Locatio conductio operis immobilis.)[74a]) Eine Veräußerung im Sinne

---

handels bilden, ferner kaufmännische Anweisungen und Verpflichtungsscheine, Wechsel, Lagerscheine (Warrants), Ladescheine, Konnossemente der Seeschiffer (vgl. Art. 301 und 302 H. G. B.), nicht aber Einlagebücher der öffentlichen Sparkassen (Regulativ vom 26. September 1844, Z. 832). Im Gesetze vom 3. Mai 1868, R. G. Bl. Nr. 36, heißt es wohl: „Sparkassebüchel ... und andere zum Verkehr bestimmte Papiere"; allein das Wort „andere" beruht auf einem offenbaren Redaktionsfehler. Die Sparkassebücheln der Banken und Vorschußkassen sind nicht Wert-, sondern Legitimationspapiere (vgl. Randa, Eigentum, I, S. 354, Nr. 42. Versatzettel sind bloße Kontrollpapiere). Vgl. dazu Hasenöhrl, Österreichisches Obl. R., § 4, S. 29, Hahn, Komm., II, S. 5. Nach § 258 Z. 3 des ungarischen H. G. B. ist der Kauf für den Handelsverkehr bestimmter Wertpapiere selbst in dem Falle ein Handelsgeschäft, wenn die Anschaffung nicht in der Absicht, dieselben weiter zu veräußern, erfolgt ist.

[74]) Vgl. Górski, Zarys pr. h., § 11, Auerbach: Das neue Handelsgesetzbuch, S. 25, Briz, S. 273, Staub, Komm., S. 707, § 13. Anders nach dem französischen Code de commerce, Art. 632: La loi repute acte de commerce: Tout achat de marchandises pour les revendre .. où même pour en louer simplement l'usage. Nach dem preußischen Entwurfe eines Handelsgesetzbuches bildete auch die Anschaffung zum Zwecke der Verleihung ein Handelsgeschäft. Die Nürnberger Konferenz lehnte jedoch die Aufnahme einer diesbezüglichen Bestimmung ab.

[74a]) In diesem Sinne entscheidet ganz richtig die Rechtsprechung der deutschen Gerichte. Entsch. des Reichsoberhandelsgerichtes, XI, S. 329, XIV, S. 233 und Staub, Art. 271 § 17 (S. 708 der 5. Aufl.), Lehmann-Ring, I, § 1, S. 18. Die Judikatur der österreichischen Gerichte schwankt in diesem Punkte, indem sie sich überwiegend der entgegengesetzten Anschauung zuneigt. Vgl. die Entsch. bei Adl.=Clem., Nr. 1357, 1495, 1499, 1561, 1651, 1696, 1859, gegenüber den richtigen Entsch. Nr. 628, 919, 941, 1026, 1161, 1201, 1770, 1969 und anderen. Unrichtig ist die Argumentation (vgl. Nr. 1357 Adl.=Clem. und andere): die „Verbauung" sei eine „Veräußerung des Baumaterials". Liegt doch ein Werkvertrag vor! Irrig betrachtet hiernach die Mehrheit der österreichischen Gerichte den Bauunternehmer als

§ 6.

des Art. 271, 1 H. G. B. ließe sich nur dann annehmen, wenn der Bauunternehmer dem Bauherrn das genau spezialisierte Material zum Baue besonders verkaufen und in Rechnung stellen würde; denn dann geht das Material vermöge des constitutum possessorium schon vor der Verbauung in das Eigentum des Bauherrn über.[74b]) (De lege fer. dürfte sich die Anerkennung des Bau- und Eisenbahnunternehmers als Kaufmann allerdings empfehlen.) In keinem Falle können solche Verträge als Handelsgeschäfte angesehen werden, deren Objekte unbewegliche Gegenstände bilden. Dies spricht Art. 275 H. G. B. aus. Der Ankauf und Verkauf einer Warenhalle, die Miete eines Kaufmannsladens oder von Räumlichkeiten für eine Warenniederlage, die Übernahme der Herstellung eines Baues (opus) oder einzelner Teile eines solchen durch einen Baumeister, Zimmermann oder Dachdecker erscheinen, auch wenn letztere das erforderliche Material selbst liefern, nicht als Handelsgeschäfte, sondern als Rechtsgeschäfte, die im bürgerlichen Rechte ihre Regelung finden.[75])

Der oben hervorgehobene Grundsatz, daß die Anschaffung einer Ware nicht an sich ein Handelsgeschäft ist, sondern zu einem solchen erst durch die auf Weiterveräußerung gerichtete Absicht des Anschaffenden wird, führt zu der prozeßrechtlichen Frage, wem der Beweis obliege, daß eine Anschaffung in dieser Absicht erfolgt sei? Offenbar jener Partei, welche das Vorhandensein eines Handelsgeschäftes behauptet, da eine Abweichung von der Regel des allgemeinen bürgerlichen Rechtes nicht zu

---

Kaufmann auf Grund des Art. 271, Z. 1, ja in manchen Fällen sogar auf Grund des Art. 272, Z. 1, H. G. B. Vgl. beispielsweise die Entsch. bei Abl.-Clem. 1035, 1387 und 1357, wo behauptet wird: „... bewegliche Sachen ... gelangen durch den Bau zur Veräußerung...; selbst wenn der Baumeister die Baumaterialien selber bestellt, ... erhält dessen Tätigkeit die Eigenschaft .... eines Handelsgeschäftes nach Art. 272, 1, H. G. B., wenn sie über den Umfang des Handwerkes hinausgeht." Es ist unzweifelhaft verfehlt, die Verbauung von Ziegeln usw. als Bearbeitung oder Verarbeitung derselben aufzufassen. Daß diese irrige Auffassung noch nicht überwunden ist, zeigt eine neuerliche Entscheidung des mährisch-schlesischen Oberlandesgerichtes in Brünn vom 13. November 1903, Z. $\frac{R\,II\,112/3}{9}$, mit welcher die Eintragung der Firma eines Bauunternehmers in das Handelsregister in der Erwägung bewilligt wurde, „daß der gewerbemäßige Betrieb von Bauunternehmungen schon seiner Qualität nach über den Umfang eines Handwerkes hinausgeht, überdies inhaltlich der von der Handels- und Gewerbekammer eingeholten Information Rekurrent in vielen Fällen die für Bauarbeiten erforderlichen Materialien auf eigene Rechnung anschafft und daß demnach im Sinne des Art. 272, Z. 1, H. G. B. die von ihm betriebenen Geschäfte als Handelsgeschäfte anzusehen sind, zumal das entscheidende Moment nicht in der Bearbeitung beweglicher Sachen, sondern in der Übernahme deren Bearbeitung oder Verarbeitung für andere liegt ....".

[74b]) So das Reichsoberhandelsgericht, Bd. XIII, S. 343, Behrend, § 31. Hingegen Pollitzer, Immobiliarverkehr, S. 100, Anb. A., Staub-Pisko, II, S. 8.

[75]) Denn der Vertrag über die Herstellung eines Baues, eines Dachstuhles usw. ist ein Vertrag über ein unbewegliches Opus. Die beweglichen Stoffe werden nicht als solche, sondern als Bestandteile eines unbeweglichen Ganzen Gegenstand der Veräußerung. Vgl. § 1151 a. b. G. B., Anschütz-Völderndorff, III, S. 12. In diesem Sinne lautet auch die Entsch. des Obersten Gerichtshofes vom 24. August 1888, Nr. 10031, Juristische Blätter 1888, Nr. 41. Vgl. hierzu: Krčmář, Der Lohnvertrag (böhmisch), 1902, § 5, S. 8.

vermuten ist.⁷⁶) Ob diese Absicht Verwirklichung findet oder nicht, ist gleichgültig. ⁷⁷) Der Spekulationskauf behält den Charakter eines Handelsgeschäftes, mag auch der Käufer die angeschaffte Sache später für den eigenen Bedarf verwenden. ⁷⁸)

Der Kauf oder die sonstige Anschaffung einer Sache, welche bloß als Zubehör oder Mittel zur Verfertigung oder Ausstattung anderer beweglicher Gegenstände dient, mögen letztere auch zur Veräußerung bestimmt sein, kann nicht als absolutes Handelsgeschäft im Sinne des Art. 271, 1, angesehen werden. Dies gilt namentlich für den Fall, wenn die angeschaffte Sache zu einem Bestandteile (ungenau Zubehör genannt) einer anderen Sache wird⁷⁹) oder bei der Herstellung der Hauptsache in dieser aufgeht und hierdurch für die äußere Wahrnehmung verschwindet. Anschaffungen dieser Art sind: der Ankauf von Zwirn, Seide, Knöpfen und anderen sogenannten „Zubehörs" für die Erzeugnisse des Schneiderhandwerkes, der Ankauf von Kohlen oder Brennholz für eine Fabrik, von

---

⁷⁶) Staub-Pisko, Bd. II, S. 5, § 11. Der Regel nach sind eben privatrechtliche Handlungen nach den Grundsätzen des gemeinen (bürgerlichen) Rechtes zu beurteilen. Wer behauptet, es seien bei Beurteilung eines Falles die Normen des Handelsrechtes zur Anwendung zu bringen, muß das Vorhandensein der Voraussetzungen hierfür beweisen. Bestreitet sonach der Beklagte in einem Rechtsstreite, daß das Rechtsgeschäft, auf welches der Klageanspruch sich gründet, ein Handelsgeschäft und daß das Handelsgericht zur Entscheidung zuständig sei, so liegt dem Kläger ob, den Beweis für diese Behauptung zu erbringen. Hierzu kann er sich aller nach der Zivilprozeßordnung zulässigen Beweismittel bedienen. Vgl. die Entsch. Nr. 35, 469, 470, 1043, 1754, Adl.-Clem.

⁷⁷) Die Ansicht Thöls, Das Handelsrecht, S. 92, es müsse der Verkäufer von der Wiederveräußerungsabsicht des Käufers Kenntnis besitzen, läßt sich nicht begründen. Richtig bemerkt Goldschmidt, Handb., I, S. 422: Die Erkennbarkeit genügt; das Wissen des Veräußerers ist nicht erforderlich. Vgl. auch Hasenöhrl, Österreichisches Obl. R., § 4, N. 36. Anderer Ansicht ist Gad, Handb. des Handelsrechtes, S. 9, N. 17. In der Entsch. des Obersten Gerichtshofes vom 25. November 1873, Nr. 10.992 („Gerichtshalle" 1874, Nr. 5 und Sammlung Adl.-Clem. Nr. 469 und 470) wird aus der Menge und der Natur der Ware sowie aus der Vereinbarung über den Lieferungsort (es wurden 50, bezieh. 100 Stück Aktien einer bestimmten Bank verkauft, die an der Börse zu liefern waren) gefolgert, es habe der Käufer die Absicht gehabt, die angekaufte Ware weiter zu veräußern. Anders wurde in Nr. 478 derselben Sammlung entschieden. In den Motiven zum preußischen Entwurfe eines Handelsgesetzbuches wird in dieser Hinsicht bemerkt: „Es versteht sich von selbst, daß jene Absicht beim Abschlusse des Geschäftes äußerlich erkennbar geworden sein muß, um das Geschäft zum Handelsgeschäft zu machen."

⁷⁸) Der Ankauf von Losen von Seite eines Kollekteurs wird in der Regel ein Handelsgeschäft sein. A. 274. Vgl. Goldschmidt, Handb., S. 353, Behrend, Lehrb., § 26, N. 12a.

⁷⁹) Vgl. Goldschmidt, Handb., I, S. 419, Anschütz-Völderndorff, Komm., III, S. 9, Hahn, Komm., II, S. 23 (2. Aufl.). Deshalb ist der Ankauf von Lack oder Farbe auf Seite eines Anstreichers oder von Schmierfett zur Verarbeitung der Häute auf Seite eines Gerbers nicht ein absolutes Handelsgeschäft. Vgl. die Entsch. des Obersten Gerichtshofes in der „Ger. Ztg." 1874, Nr. 75 sowie die Entsch. Nr. 300, 390, 779, 855, 992, 998, 1324, 1388, 1397 der Sammlung Adl.-Clem. (Anders die Entsch. Nr. 328 und 851 derselben Sammlung und Hasenöhrl, Österreichisches Obl. R., § 4, N. 53.) Der Ankauf von Fässern durch einen Bräuer bildet nicht ein absolutes Handelsgeschäft, weil eine Weiterveräußerung der Fässer nicht beabsichtigt wird.

§ 6.

Chemikalien für einen Photographen, des Lackes für einen Lackierer, des Leimes für einen Buchbinder, des Stoffes zur Herstellung der Glasur für einen Töpfer, der Ankauf von Pech zum Verpichen der Fässer für einen Bräuer, oder endlich von Farben für eine Färberei. Vgl. die Entsch. bei Adl.-Clem. 251, 300, 390, 464, 230, 885, 1548, 1643, 1686; unrichtig jedoch die Entsch. Nr. 1904 (betreffend den Ankauf von Farben durch einen Färber.) Vgl. die überaus zahlreichen, richtigen Entscheidungen der deutschen Rechtsprechung bei Staub, Komm. zu Art. 271, § 14. Ein solcher Ankauf kann aber allerdings nach Art. 273 H. G. B. ein relatives Handelsgeschäft sein.

Nur die mit der Absicht der Weiterveräußerung erfolgte Anschaffung einer Ware wird vom Handelsgesetzbuche im Art. 271, Z. 1 für ein absolutes Handelsgeschäft erklärt.[80]) Die tatsächliche Veräußerung der zum Zwecke der Weiterveräußerung gekauften Ware bildet nicht ein absolutes, sondern lediglich ein relatives Handelsgeschäft, d. h. sie wird nur dann zum Handelsgeschäfte, wenn sie von einem Kaufmanne (nicht aber von einem Handwerker) im Betriebe seines Handelsgewerbes vorgenommen wird. (Vgl. Art. 273 H. G., 1. und 3. Abs.)[80a]) Wenn daher beispielsweise ein Kaufmann gelegentlich einen Wechsel in der Absicht kauft, ihn später wieder zu veräußern, dann ist wohl der Kauf, nicht aber der spätere Verkauf des Wechsels ein Handelsgeschäft. Anders verhält es sich (nach Art. 273 H. G. B.), wenn ein Bankier oder ein Wechsler ein derartiges Geschäft vornimmt.

Im ungarischen Handelsgesetzbuche entsprechen die Abs. 1 und 3 des § 258 inhaltlich bis auf die bereits erwähnte Abweichung vollständig der Ziffer 1 des Art. 271 des österreichischen H. G. B.

Trotz der geänderten Fassung stimmt im Wesen und praktischen Erfolge der § 1 Abs. 1 des neuen deutschen Handelsgesetzbuches, welcher übrigens die Nr. 1 und 2 des Art. 271 des H. G. B. vereinigt, mit dem bisherigen Rechte überein.

Außer dem Spekulationskaufe gehören nach dem Handelsgesetzbuche zu den absoluten Handelsgeschäften:

---

[80]) Die Entsch. des Obersten Gerichtshofes vom 18. Juni 1873, Nr. 5272 (Mitteilungen des deutschen Juristenvereines 1884, S. 30) erklärt die Gründung einer Aktiengesellschaft für ein Handelsgeschäft im Sinne des Art. 271, Z. 1 H. G. B., weil die Absicht der Gründer auf den Vertrieb der emittierten Aktien gerichtet sei. (Ebenso erkannte das Oberlandesgericht in Prag als zweite Instanz.) Allein dies läßt sich nicht so allgemein behaupten. Aktien werden doch von den Gründern nicht „angeschafft", d. i. von Dritten erworben. Nur ein relatives Handelsgeschäft im Sinne der Art. 272, 2 oder 273 kann hier vorliegen. Merkwürdig ist die Ansicht Gads, Handb., S. 8, N. 13: „Daß Diebstahl an Waren kein Handelsgeschäft darstellt, ist einleuchtend; weniger vielleicht, daß es dennoch ein Handelsgeschäft ist, wenn jemand die Ware, z. B. das Bild für sich stehlen läßt, um sie zu verkaufen(!)"

[80a]) Vgl. Hahn, Komm., ad Art. 271, Behrend, Lehrb., § 26, N. 13, 17, Gorski, Zarys p. h., § 11, Staub-Pisko, Komm., II, S. 6, §§ 12, 13. Anders Goldschmidt, Handb., § 48, N. 12. Vgl. N. 88.

2. Die Übernahme einer Lieferung von beweglichen Sachen oder für den Handelsverkehr bestimmten Wertpapieren, welche der Übernehmer zu diesem Zwecke anschafft.[81]) (Art. 271 Z. 2.) Hier wirft sich zunächst die Frage auf, was unter „Lieferung" zu verstehen sei. Im allgemeinen bürgerlichen Gesetzbuche ist dieser Ausdruck nicht gebräuchlich.[82]) Der Lieferungsvertrag ist ein Kaufvertrag (vgl. Art. 338 H. G. B.), dessen Besonderheit (spezifische Differenz) nicht darin besteht, daß als Objekte desselben der Regel nach vertretbare Sachen (res fungibiles)[83]) erscheinen, sondern vielmehr darin, daß der Verkäufer im Zeitpunkte des Abschlusses des Kaufvertrages sich im Besitze der verkauften Sache nicht befindet, sondern sie, um den Vertrag erfüllen zu können, erst anschaffen muß. Hieraus folgt, daß die vermöge eines Lieferungsvertrages gekaufte Sache, die der Übernehmer der Lieferung noch anzuschaffen hat, nicht sogleich beim Vertragsabschlusse, sondern erst später zu übergeben und zu übernehmen ist.[84]) Gleichgültig ist, ob die Lieferung der Ware noch

---

[81]) Die Objekte des Handelsgeschäftes nach Art. 271, Ziffer 2 sind dieselben, wie des Handelsgeschäftes nach Art. 271, Ziffer 1. Im Wesen gleichlautend mit Ziffer 2 des Art. 271 H. G. B. ist die Ziffer 2 des § 258 des ungarischen Handelsgesetzbuches. Das neue Handelsgesetzbuch für das Deutsche Reich führt den Spekulationsverkauf (das Lieferungsgeschäft) nicht mehr besonders an, sondern erklärt nur im § 1, Z. 1 den Gewerbebetrieb der „Anschaffung und Weiterveräußerung von beweglichen Sachen oder Wertpapieren" als Handelsgewerbe. Auf die zeitliche Priorität der Anschaffung oder Veräußerung kommt nichts an. Die Fälle, Z. 1 und 2 des Art. 271 H. G. B. sind sohin vereinigt. Vgl. Lehmann-Ring, I, S. 18, § 41.

[82]) § 1163 a. b. G. B. spricht wohl von „Lieferanten", allein unverkennbar wird hier dieses Wort in einem ganz anderen Sinne gebraucht, als im Art. 271, Ziffer 2 H. G. B. Unrichtig ist auch die im preußischen Landrechte, § 981, I, 11, enthaltene Definition: „Wer sich verpflichtet, einem anderen eine bestimmte Sache für einen bestimmten Preis zu verschaffen, wird ein Lieferant genannt." Vgl. hingegen schon Brinkmann, Lehrb. des Handelsrechtes, § 189.

[83]) Aus dem Wortlaute des Art. 338 H. G. B.: „Nach den Bestimmungen über den Kauf ist auch ein Handelsgeschäft zu beurteilen, dessen Gegenstand in der Lieferung einer Quantität vertretbarer Sachen gegen einen bestimmten Preis besteht," läßt sich wohl das Gegenteil des im Texte Gesagten nicht deduzieren; denn durch den Inhalt dieses Artikels sollte offenbar nicht eine Begriffsbestimmung der Lieferungsverträge geboten, sondern lediglich eine bestimmte Art derselben besonders hervorgehoben werden. Den Antrag, es mögen nur vertretbare Sachen als zulässiger Gegenstand eines Lieferungsvertrages erklärt werden, lehnte die Nürnberger Konferenz ab. Protokolle, S. 1285 bis 1288. Vgl. Staub-Pisko, Komm., II, S. 10, § 22.

[84]) Ebenso Thöl, S. 92, Goldschmidt, S. 434 bis 437, N. 1 und 9, Auerbach, S. 20, Hahn, Komm., S. 20, Anschütz-Völderndorff, III, S. 19, Hasenöhrl, § 4, S. 62, 63, Behrend, § 26, Staub-Pisko, II, S. 9, § 19. Die Festsetzung einer bestimmten Frist ist allerdings nicht erforderlich. Vgl. auch Grünhut, Zeitschr. für das Privat- und öffentl. Recht, Bd. III, S. 192. Nach der Absicht der Nürnberger Konferenz setzt das Wesen des Lieferungsvertrages unzweifelhaft voraus, daß der Übernehmer der Lieferung im Zeitpunkte des Vertragsabschlusses die zu liefernden Gegenstände nicht besitze. Das Wort „erst", welches sich in den ersten preußischen Entwurfe vor dem Worte „anschafft" befand, wurde wohl bei der Redigierung des zweiten Entwurfes weggelassen. Auch der Antrag, es habe die betreffende Stelle des Art. 271 zu lauten: „anschaffen

am Tage des Vertragsabschlusses oder (wie üblich) an einem späteren Tage bewerkstelligt werden soll.⁸⁵) Erfahrungsgemäß wird fast stets nur das letzterwähnte Moment (spätere Erfüllung) maßgebend sein, da eine Kontrolle darüber, ob die gelieferten Waren — ganz oder zum Teil — bereits früher im Besitze des Verkäufers waren oder nicht, tatsächlich fast nie durchführbar ist. (Darum legt auch § 1 Z. 1 des neuen deutschen Handelsgesetzbuches auf diesen Umstand kein Gewicht; vgl. N. 81.) Deshalb ist es begreiflich, daß auch die Praxis kein Gewicht darauf legt, ob die Erwerbung des Gegenstandes der Lieferung vor oder nach Übernahme derselben erfolgte. (Entsch. Nr. 1371 bei Abl.-Clem. und die Entsch. Prävnik, 1879 S. 47.)

Differenzgeschäfte sind sonach nicht als Handelsgeschäfte anzusehen, weil der Wille der Parteien nicht auf wirkliche Lieferung, sondern

---

will", wurde von der Konferenz ohne Angabe eines Grundes abgelehnt (Protokoll S. 1263, 1289). (Canstein, Lehrb. des Handelsrechtes, § 10, S. 109, vertritt deshalb die Anschauung, es sei gleichgültig, ob der Übernehmer der Lieferung die veräußerte Ware besitze oder nicht.) Allein schon die Fassung der Gesetzesstelle: „zu diesem Zwecke (scil. der Lieferung) anschafft" weist auf die Voraussetzung hin, daß der Übernehmer der Lieferung die Gegenstände der letzteren zur Zeit des Abschlusses des Vertrages noch nicht besitze. Auch die Motive zu dem preußischen Entwurfe (S. 104) und nicht minder die Mitglieder der Konferenz gingen von dieser Anschauung aus. (Protokoll S. 518, 523 flg.) Der Parallelismus zwischen dem Spekulationskaufe (Art. 271, Z. 1) und dem Spekulationsverkaufe (Art. 271, Z. 2) spricht für die Richtigkeit der hier vertretenen Ansicht. Bei dem Spekulationskaufe wird zuerst gekauft und sodann veräußert; bei dem Spekulationsverkaufe erfolgt zuerst die Veräußerung und sodann der Ankauf. Nach der entgegengesetzten Ansicht erschiene die Lieferung als Realisierungsverkauf, welcher lediglich ein relatives Handelsgeschäft bildet (Art. 273). Vgl. Goldschmidt, a. a. O., Hasenöhrl, a. a. O. Der Wortlaut des Gesetzes ist allerdings nicht geeignet, jeden Zweifel auszuschließen. (Vgl. Goldschmidt, § 48, in fine, S. 438.) In jedem Falle ist es schwierig darzutun, daß der Übernehmer einer Lieferung die zu liefernden Gegenstände bereits besaß, bezieh. beim Vertragsabschlusse noch nicht besaß. Es genügt, wenn er weder das Bewußtsein, noch die Absicht hatte, bloß eine bestimmte, bereits angeschaffte Ware zu veräußern (Lieferung à decouvert, ungedeckte L.). Vgl. Behrend, S. 112. Die entgegengesetzte Ansicht, daß das Lieferungsgeschäft nicht voraussetzt, daß der Übernehmer der Lieferung den Gegenstand erst (nach dem Vertragsabschlusse) anschaffen wolle, vertreten: Canstein, a. a. O., Briz, S. 273, Stubenrauch, S. 253, Krawel, S. 329, Koch, ad Art. 271, Nr. 6. Dieselbe Anschauung wurde von mir im Prävnik" 1864, S. 10, vertreten. Hierbei stützte ich mich auf § 13 des Gesetzes über die Wiener Börse vom 11. Juli 1854, R. G. Bl. Nr. 200, welcher den Unterschied zwischen Tages- und Liefergeschäften einzig in dem Umstande erblickte, daß die Erfüllung der letzteren an einem späteren Tage zu geschehen hat. Dieses Argument wurde infolge der durch das Gesetz vom 30. Juni 1868 R. G. Bl. Nr. 86 bewirkten Aufhebung des § 13 lit. c, hinfällig. Vgl. auch Abl.-Clem. Nr. 1371, 1382 und 1454. Keine Lieferung war im Falle 1499 gegeben.

⁸⁵) Vgl. Thöl, S. 92: „Der Unterschied liegt nämlich in einer den Umständen nach verschiedenen Zeit und die genauere Fixierung derselben ist im einzelnen Falle nach dem Grunde zu machen." Ungenau und unpraktisch ist die Definition Brinkmanns, Lehrb. des Handelsrechtes, S. 359. Nicht zutreffend ist die Darstellung Stubenrauchs, Handelsrecht, S. 353, dessen den Lieferungsvertrag betreffende Behauptung auf Seite 354 gewiß unrichtig ist.

lediglich auf Bezahlung der Kursdifferenz gerichtet ist.[86]) — Ein unerläßliches Erfordernis des Lieferungsgeschäftes besteht darin, daß der Übernehmer der Lieferung die zu liefernde Sache von einer anderen Person kaufe oder sonst anschaffe. (Adl.-Clem. Nr. 1371.) Dies ergibt sich aus den Worten des Art. 271 Z. 2: „welche der Übernehmer zu diesem Zwecke anschafft." Von einem Lieferungsvertrage kann somit nicht die Rede sein, wenn der Übernehmer der Lieferung die zu liefernde Sache aus eigenem oder gepachtetem Grund und Boden gewinnt. Jene Lieferungsverträge, die von Landwirten, Bergwerksbesitzern, Jagdpächtern usw. bezüglich der Lieferung von Getreide, Kohlen, Wild und anderen Urprodukten abgeschlossen werden, sind daher als Handelsgeschäfte im Sinne des Art. 271 Z. 2 H. G. B. nicht anzusehen.[87])

Die Worte des Gesetzes: „welche der Übernehmer zu diesem Zwecke anschafft" sind nicht dahin zu verstehen, als ob die anzuschaffende Sache identisch oder auch nur gleichartig sein müsse mit jener, zu deren Lieferung der Übernehmer sich verpflichtete. Vielmehr umfassen die angeführten Gesetzesworte auch den Fall, daß der Übernehmer einer Lieferung die Rohprodukte zur Gewinnung der zu liefernden Waren anschafft, und letztere durch Bearbeitung oder Verarbeitung des durch Kauf erworbenen Rohmateriales herstellt. Der Fabriksbesitzer, welcher Zucker „auf Zeit" verkauft, und die zur Erzeugung des letzteren erforderliche Zuckerrübe von Dritten anschafft, schließt ein Lieferungsgeschäft. Daß er den angeschafften Stoff in wesentlich veränderter Form (als Industrieerzeugnis) veräußert, ändert den Charakter des Geschäftes nicht. Es folgt dies aus dem Inhalte der Ziffer 1 des Art. 271, auf welche in dem Abs. 2 desselben Artikels ausdrücklich Bezug genommen wird.

---

[86]) Bei Rechtsstreitigkeiten aus Börsegeschäften (§ 12, Börsegesetz) ist die Einwendung, daß dem Anspruche ein als Wette oder Spiel zu beurteilendes Differenzgeschäft zugrunde liege, nicht zulässig (§ 13, Ges. vom 1. April 1875 R. G. Bl. Nr. 67). Näheres hierüber bei Canstein, Handelsrecht, Bd. II, S. 130, der jedoch mit Unrecht das Differenzgeschäft als Wette erklärt. Im Gesetze wird das Differenzgeschäft bloß der Wette gleichgestellt. (Anders Grünhut in Endemanns Handb. des Handelsrechtes, Bd. III, S. 10, 11, der das Differenzgeschäft als Kauf mit Rückkauf unter der Vereinbarung gegenseitiger Kompensation bezeichnet.) Hierüber jüngst Randa: „Differenzgeschäft und Terminhandel" in der „Wiener Abendpost", 1902, Nr. 123 (auch in besonderem Abdrucke). Das Termingeschäft pflegt wenigstens seinem Effekte nach ein Differenzgeschäft zu sein.

[87]) Richtig erkannte der Oberste Gerichtshof mit Entsch. vom 26. November 1872 Nr. 11.310 („Gerichtshalle" 1873, Nr. 14, vgl. auch die Entsch. Nr. 214 und 409, Sammlung Adl.-Clem.) infolge einer außerordentlichen Revision, die Kohlenlieferung von Seite des Besitzers eines Kohlenbergwerkes sei kein Handelsgeschäft. In der Konferenz wurde folgende Stilisierung des Art. 271 Ziffer 2, beantragt: „Lieferung von Waren . . . . welche der Verkäufer zu diesem Zwecke anschafft, selbst produziert oder fabriziert", weil es an einem rechtlichen Grunde dafür fehle, das Lieferungsgeschäft auf solche Gegenstände zu beschränken, die der Übernehmer der Lieferung erst kaufen muß. Dieser Antrag wurde von der Mehrheit mit der Begründung abgelehnt, daß im Falle der Annahme desselben der Begriff des Lieferungsgeschäftes eine allzu große Ausdehnung erfahren würde. Vgl. Protokoll S. 517.

§ 6.

Anders wäre das Geschäft zu beurteilen, wenn der Fabrikant das Rohmaterial aus eigenem oder gepachtetem Grund und Boden gewinnen würde; denn Gewinnung durch Urproduktion ist nicht Anschaffung. (Vgl. Staub-Pisko, Komm., II, S. 3, § 5.)

Der Lieferungsvertrag ist nur auf Seite des Übernehmers einer Lieferung ein absolutes Handelsgeschäft; die Kaufverträge dagegen, mittels deren der Übernehmer der Lieferung die zu liefernden Waren anschafft (Deckungs-, Realisierungskäufe), sind als absolute Handelsgeschäfte nicht zu betrachten. Sie erscheinen vielmehr bloß beim Vorhandensein der Voraussetzungen des Art. 273 H. G. B. als Handelsgeschäfte, somit nur dann, wenn sie zum Betriebe des Handelsgewerbes des Übernehmers der Lieferung gehören. Entgegengesetzter, unzweifelhaft irriger Ansicht ist Goldschmidt, Handb., § 48, S. 439 (577 der zweiten Aufl.), welcher behauptet, die Veräußerung im Sinne des Art. 271 Z. 1 bezeichne den dinglichen Vertrag (Tradition), der vom Übernehmer der Lieferung erst nach dem Verkaufe vorgenommen wird. Allein das Wort „veräußern" bezeichnet nicht den dinglichen Vertrag (die Tradition), sondern den obligatorischen Vertrag, wie dies aus dem Wortlaute des Art. 306 H. G. B.: „Wenn Waren .... veräußert und übergeben worden sind," klar erhellt.[88]

3. Das dritte absolute Handelsgeschäft bildet die Übernahme einer Versicherung gegen feste Prämie. Gleichgültig ist, welche Objekte die Versicherung zum Gegenstande hat, ob bewegliche oder unbewegliche Gegenstände (beispielsweise Versicherungen von Immobilien gegen Schäden durch Elementarereignisse). Gleichgültig sind ferner die Gefahren, auf die sich die Versicherung bezieht. (Entsch. des R. O. H. G., V. Bd. S. 322. — Art. 271 Ziff. 3 H. G. B.) Allein nur auf Seite des Versicherers ist der Versicherungsvertrag ein Handelsgeschäft, nicht auch auf Seite des Versicherten. Dies folgt aus den Worten: „Die Übernahme" im Art. 271, Ziff. 3, H. G. B. Die Prämie ist der dem Versicherer für die Übernahme einer bestimmten Gefahr zu bezahlende Preis. (§ 1288 a. b. G. B.[89]

---

[88]) Dieses Argument wird gewöhnlich übersehen. Vgl. Hahn, S. 20 und 26, Anschütz-Völderndorff, III, S. 21, 22, Behrend, § 26, N. 17, ferner Thöl, S. 93 (5. Aufl., S. 116 bis 118), Staub-Pisko, II, S. 6, § 12, Gorski, § 11, v. Herrmann, Sbornik, II, S. 188. Auch Grünhut, Zeitschr. für Privat- und öffentl. Recht, III, S. 190, bemerkt: „Der Realisierungskauf (infolge eines Druckfehlers, den Goldschmidt, S. 439, N. 12, nicht bemerkte, heißt es daselbst: „Realisierungsverkauf"), überhaupt die Anschaffung, durch welche die Spekulation realisiert wird, ist kein Handelsgeschäft." Anderer Ansicht ist Canstein, § 10, S. 106, 110 flg.

[89]) Die Gefahren, deren Folgen der Versicherer auf sich nimmt, können verschiedenartig sein: Tod, Krankheit, Alter des Menschen; Zerstörung beweglicher oder unbeweglicher Gegenstände (durch Feuer oder sonstige Elementarereignisse); Verlust infolge Uneinbringlichkeit von Forderungen wegen Zahlungsunfähigkeit eines Schuldners; ferner Zufälle, denen eine auf dem Transporte befindliche Ware ausgesetzt ist usw. Die versicherte Summe stellt entweder den Schadenersatzbetrag oder ein sonstiges (willkürlich festgesetztes) Geldinteresse dar. Der Betrag der auszuzahlenden Versicherungssumme kann entweder ziffermäßig bestimmt sein (so bei der Lebensversicherung) oder es kann die Bemessung der endgültigen Höhe derselben einer späteren Ermittlung überlassen werden. (So regelmäßig bei der Versicherung

Daß die auf Vorschriften des öffentlichen Rechtes sich gründende Zwangsversicherung der Arbeitnehmer und Gewerbsleute gegen Unfall und Krankheit kein Handelsgeschäft ist, liegt auf der Hand.

Nur eine ziffermäßig bestimmte (fixe) Prämie hat das Gesetz im Art. 271 Ziff. 3 vor Augen, nicht aber jenen (wohl auch „Prämie" genannten) Beitrag von unbestimmter Höhe, den die Mitglieder wechselseitiger Versicherungsgesellschaften entrichten. Denn die „Prämie", die bei diesen Versicherungsanstalten im vorhinein gezahlt wird, hat lediglich die Natur eines provisorischen Beitrages, dessen wirkliche Höhe erst am Ende des Verwaltungsjahres nach dem Umfange des gesamten eingetretenen Schadens (durch Verteilung der Schadenssumme auf alle Beteiligten) ermittelt wird.

Die Geschäfte der auf Wechselseitigkeit beruhenden Versicherungsanstalten sind demnach nicht als Handelsgeschäfte anzusehen. Bei ihnen

gegen Elementarschäden, bei welcher deshalb eine mehrfache Versicherung bei verschiedenen Anstalten nur insoweit von Geltung ist, als die Versicherungssumme den Betrag des wirklich eingetretenen Schadens nicht übersteigt. Vgl. die §§ 470, 471 des ungarischen H.G.B. „Die Versicherungssumme kann den vollen Wert des Versicherungsgegenstandes nicht übersteigen." Vgl. Endemann, Das Handelsrecht, § 174, von Lichtenfels, Fragen des Binnenversicherungsrechtes (Wien, 1870), S. 11, Blaschke-Pitreich, Erläuterung des H.G.B., § 164, S. 272, Goldschmidt, Zeitschr. für Handelsrecht, Bd. 23, S. 179 flg., Canstein, Lehrb. des Handelsrechtes, I, S. 112, Staub-Pisko, Bd. II, S. 11, §§ 24, 25. Letztere bemerken mit Recht, daß das Wesen der Prämienversicherung nicht gerade in der absoluten Bestimmtheit der Gegenleistung liege. Die außerordentlich häufige Vertragsbestimmung, daß die Prämie dadurch geringer wird, daß der Versicherte am Reingewinn des Versicherers teilnimmt, ändere an der Natur der Prämienversicherung nichts. Durch dergleichen Bonifikationen wird die Versicherung noch nicht zur gegenseitigen! Steinbach, Die Stellung der Versicherung im Privatrechte, 1883, (historisch-dogmatische Abhandlung), verweist mit Recht auf die besondere Wichtigkeit der Versicherungsverträge für das soziale Gebiet. Siehe auch Ehrenberg, Versicherungsrecht (1893), S. 53 flg., Herrmann, im Prävnik 1894, S. 28 flg. — Streitig ist die Beantwortung der Frage, ob die Lebensversicherung zu den Versicherungsverträgen gehöre. Im Hinblick auf die Bestimmung des § 1289 a. b. G. B. und den diesbezüglichen Inhalt der Beratungsprotokolle muß angenommen werden, daß die Vorschrift des § 1288 a. b. G. B. nach der Meinung der Redaktoren auf die Lebensversicherung sich nicht erstreckt; vgl. Pfaff, in der Grünhutschen Zeitschr., Bd. II, S. 258. Als selbständiger aleatorischer (gewagter) Vertrag wird letztere betrachtet von Endemann, Das deutsche Handelsrecht, §§ 174, 176, Hinrichs in Goldschmidts Zeitschr. für das gesamte Handelsrecht, Bd. 20, S. 370 flg., 382, Thöl, § 310, Steinbach, S. 26, Winternitz in den Mitteilungen des Prager deutschen Juristenvereines, 1880, S. 9 flg.; dies deshalb, weil die Auszahlung einer bestimmten Geldsumme (keineswegs Ersatz des Schadens) vereinbart und der Nachweis des Interesses des Begünstigten nicht gefordert wird, sonach eine vielfache Versicherung derselben Person möglich sei. Allein die Bestimmtheit der Versicherungssumme erklärt sich damit, daß die Höhe des durch den Tod eines Menschen hervorgerufenen Schadens nicht genau schätzbar ist. Das Interesse der Kontrahenten ist nach §§ 1019, 1287 a. b. G. B. kein wesentliches Erfordernis des Vertrages und es bleibt auch im praktischen Leben außer Betracht. Dies ist die herrschende Ansicht in Literatur und Gesetzgebung. Jedenfalls fällt auch die Lebensversicherung unter die Cynosur des Art. 271, Z. 3, H.G.B. Vgl. Behrend, S. 113, Canstein, I, S. 112, Krainz-Ehrenzweig, § 389, Pollitzer, S. 454, Lehmann-Ring, I, S. 23. (Anders Thöl, a. a. O.)

§ 6.

fehlt es an der für Handelsgeschäfte charakteristischen Absicht, einen Gewinn zu erzielen; es fehlt das Moment der Spekulation. Es wurde wohl bei der Nürnberger Konferenz beantragt, daß auch die Geschäfte der auf Wechselseitigkeit beruhenden Versicherungsanstalten für absolute Handelsgeschäfte erklärt werden; dieser Antrag fand jedoch nicht Zustimmung. Prot. S. 5056 flg., dazu Entsch. des deutschen Reichsoberhandelsgerichtes Bd. IV, S. 201.[90]) In diesem Sinne richtig das Judikat Nr. 110 (vom 30. März 1881)[90a], ebenso die Entscheidungen des Obersten Gerichtshofes Nr. 805, 868, 882 und 970 Slg. Abl.-Clem., ferner die Entsch. vom 7. September 1876, Nr. 10.329 Jur. Bl. 1876, Nr. 50 und die Entsch. des R. O. H. G., IV Bd., S. 199, des R. G., XIV. Bd., S. 238. In anderem Sinne dagegen die Entsch.: Slg. Abl.-Clem. Nr. 2, 192, 805 und „Ger. Halle", 1875, Nr. 64.[91])

[90]) Daß in der Übernahme einer Versicherung von Seite einer auf Wechselseitigkeit beruhenden Versicherungsanstalt ein Handelsgeschäft nicht liege, wird allgemein anerkannt. Vgl. insbesondere Goldschmidt, I, S. 443, Canstein, S. 112, Anschütz-Völderndorff, III, S. 23, Hasenöhrl, Obl. R., S. 64, Götze in der Ger. Ztg., 1874, Nr. 6, Górski, § 11, Staub-Pisko, Art. 271, § 24, Bd. II, S. 10. Das holländische Handelsgesetzbuch zählt im Art. 4, Punkt 10, auch die Übernahme von Versicherungen durch Anstalten, die auf Wechselseitigkeit beruhen, zu den Handelsgeschäften; ebenso das italienische Handelsgesetzbuch (§ 3, Z. 20) und dies aus Verkehrsgründen mit Recht. Vgl. Gad, S. 10, Goldschmidt a. a. O. und Bausenwein, Das österr. und ungar. Handelsrecht, S. 128. Auch das ungarische Handelsgesetzbuch (§ 258, Z. 4) führt gleich dem holländischen die wechselseitige Versicherung unter den Handelsgeschäften an. Das deutsche Reichsgesetz vom 12. Mai 1901, § 16, bestimmt, daß die Normen des ersten und dritten Buches des Handelsgesetzbuches (ausgenommen die §§ 1 bis 7) auch rücksichtlich der auf Wechselseitigkeit beruhenden Versicherungsgesellschaften zur Anwendung zu kommen haben. Thöl, §§ 35 und 310, rechnet die Versicherung unbeweglicher Gegenstände ebensowenig zu den absoluten Handelsgeschäften, als die Lebensversicherung. Gegen diese offensichtlich verfehlte Anschauung vgl. Goldschmidt, I, § 59, N. 30 (2. Aufl.), Hasenöhrl, S. 64, Gareis, Handelsrecht (4. Aufl.), S. 53, 57, Górski, Zarys § 11, Herrmann, a. a. O., Canstein, S. 114.

[90a]) Im Judikate Nr. 110 heißt es: „Die Übernahme einer rein wechselseitigen Versicherung ist kein Handelsgeschäft. Rein wechselseitige Versicherungsgesellschaften sind keine Handelsgesellschaften; denn es fehlt die fixe Prämie im Sinne des § 1288, es fehlt die Spekulationsabsicht. Schon die Stellung des § 1288 (Glücksverträge) zeigt, daß auch das bürgerliche Gesetzbuch wie das Handelsgesetzbuch den Assekuranzvertrag als Spekulationsvertrag auffaßt." Diese Anschauung findet eine Stütze in der Min. Vbg. vom 5. März 1896 R. G. B. Nr. 31, insbesondere in den §§ 29 flg., deren Bestimmungen dafür Sorge tragen, daß die wechselseitigen Versicherungsanstalten nicht den Charakter von Erwerbsgenossenschaften annehmen.

[91]) Die auf Wechselseitigkeit beruhenden Versicherungsgesellschaften „Praha" und „Slavia" in Prag wurden in einer Entscheidung des böhmischen Oberlandesgerichtes (Právník 1878, S. 20, 246) hauptsächlich deshalb für Handelsgesellschaften erklärt, weil die Mitglieder derselben statutenmäßig Anspruch auf einen Anteil am Reingewinne besitzen und zur Deckung der Schäden nur in außerordentlichen Fällen einen — die Prämie übersteigenden — Beitrag zu leisten haben. Allein die Gewinnbeteiligung ist in Wahrheit nur eine Reduktion der Prämie, und der Umstand, daß die Mitglieder nur „in außerordentlichen Fällen" zur üblichen Prämie eine Zuzahlung leisten müssen, beweist nur, daß diese übliche Prämie den regelmäßigen (gewöhnlichen) Verhältnissen angemessen ist. Das Hauptgewicht ist

Das Gesetz bezeichnet ferner als absolute Handelsgeschäfte:

4. Die Übernahme der Beförderung von Gütern oder Reisenden zur See und das Darlehen gegen Verbodmung (Art. 271 Z. 4, H. G. B.).[92]) Auch bei diesen Handelsgeschäften ist es gleichgültig, wer sie unternimmt, und ob sie gewerbsmäßig oder nur vereinzelt abgeschlossen werden. Es ist zu beachten, daß nur die Übernahme der Beförderung von Gütern und Personen zur See ein absolutes Handelsgeschäft bildet, die Übernahme der Beförderung von Personen und Gütern zu Lande, auf Flüssen und Binnenseen (Binnengewässern, vgl. Art. 390 H. G. B.), ist nicht ein absolutes, sondern beim Vorhandensein der Voraussetzungen des Art. 272 Z. 3 oder des Art. 273 ein relatives Handelsgeschäft. Hiermit stimmt überein das ungarische H. G. B., § 258, Z. 5; auch das neue deutsche H. G. B. § 1 Z. 5, welches jedoch auch die Geschäfte der Schleppschiffahrtsunternehmer zu den Handelsgewerben zählt.

5. Schließlich werden durch das Gesetz vom 1. April 1875, R. G. Bl. Nr. 67, (§ 14) alle Börsegeschäfte für absolute Handelsgeschäfte erklärt. Als Börsegeschäfte sind jene Geschäfte zu betrachten, die im öffentlichen Börselokale, in der festgesetzten Börsezeit über solche Verkehrsgegenstände geschlossen werden, die an der betreffenden Börse zum Objekte von Geschäften gemacht und amtlich, d. i. im Kursblatte (Preisliste) notiert werden dürfen. (§ 12 Börsegef.) Bei der Entscheidung von Rechtsstreitigkeiten aus Börsegeschäften ist die Einwendung, daß dem Anspruche ein als Wette oder Spiel zu beurteilendes Differenzgeschäft zugrunde liege, unstatthaft. (§ 13 Börsegef.)

Der zweite Entwurf eines Handelsgesetzbuches, der von der österreichischen Regierung der Nürnberger Konferenz vorgelegt worden, führte unter den absoluten Handelsgeschäften auch jene Rechtshandlungen an, die in der allgemeinen Wechselordnung ihre Regelung erfahren. Allein die Konferenz eliminierte mit Recht den betreffenden Satz, denn das Wechselrecht umfaßt allgemeine Normen für Verbindlichkeiten einer

---

auf die Beantwortung der Frage zu legen, ob eine solche „außerordentliche" Zuzahlung lediglich von der Gesellschaft oder von den Mitgliedern selbst geleistet werden müsse. Im ersten Falle liegt eine handeltreibende Anstalt, im zweiten Falle dagegen eine wechselseitige Versicherungsgesellschaft vor. Richtig erkannte der Verwaltungsgerichtshof, die „Slavia" sei ein auf Wechselseitigkeit beruhender Versicherungsverein. In anderem Sinne lauten die Entscheidungen in den Fällen Nr. 805 und 882, Slg. Adl.-Clem.

[92]) Diese Verträge finden ihre Regelung im Seerechte. Der Bodmereivertrag ist ein Darlehensvertrag, den der Schiffer unter Verpfändung des Schiffes, der Fracht und der Ladung desselben oder auch nur eines dieser Gegenstände mit der Beschränkung abschließt, daß der Gläubiger sich wegen seiner Befriedigung nur an das Pfandobjekt halten könne. Vgl. Art. 680 des fünften, in Österreich bisher als Gesetz nicht kundgemachten Buches des deutschen H. G. B. aus dem Jahre 1861. (Nunmehr § 682 des vierten Buches.) Das neue deutsche H. G. B. führt den Bodmereivertrag nicht mehr unter den Handelsgrundgeschäften an und läßt die Vorschriften über den Bodmereivertrag (viertes Buch, 6. Abschnitt) auch dann Anwendung finden, wenn der Schiffer zugleich Miteigentümer oder Alleineigentümer des Schiffes oder der Ladung oder beider ist (§ 699).

besonderen Art, die nicht ausschließlich als zum Gebiete des Handelsrechtes gehörig bezeichnet werden können. Vgl. Art. 2 H. G. B.

Ad II. Relative (subjektive) Handelsgeschäfte.

Relative Handelsgeschäfte sind solche Rechtsgeschäfte, welche nur bei dem Vorhandensein bestimmter Voraussetzungen als Handelsgeschäfte angesehen werden. Diese Voraussetzungen beruhen entweder

a) auf dem gewerbemäßigen Betriebe gewisser Geschäfte oder auf der Kaufmannseigenschaft desjenigen, der dieselben vornimmt (Art. 272 H. G. B.)[93]), oder

b) auf der Zugehörigkeit der Geschäfte zu dem Handelsgewerbe desjenigen, der sie unternimmt. (Art. 273 H. G. B.)[94])

Ad a) Gewisse Verträge sind nach dem Gesetze als Handelsgeschäfte anzusehen, wofern sie entweder 1. jemand gewerbemäßig, d. i. als Quelle ständigen Erwerbes schließt, oder 2. wofern sie ein Kaufmann wenn auch vereinzelt, im Betriebe seines gewöhnlich auf andere Geschäfte gerichteten Handelsgewerbes eingeht. (Erster und letzter Satz des Art. 272 H. G. B. Übereinstimmend Eingang und Schluß des § 259 des ungar. H. G. B.)[95])

Zu dieser Kategorie von Verträgen gehören die im Art. 272 H. G. B., unter Ziffer 1 bis 5 angeführten Rechtsgeschäfte, nämlich:

1. Die Übernahme der Bearbeitung oder Verarbeitung beweglicher Sachen für andere, wenn der Gewerbebetrieb des Übernehmers über den Umfang des handwerksmäßigen Betriebes hinausgeht. Art. 272 Z. 1. (Im Wesen gleichlautend § 1 Abs. 2 des deutschen H. G. B. und § 259 Z. 1 des ungarischen H. G. B.) Der Unterschied zwischen dieser Bestimmung und jener der Ziffer 1 des Art. 271 besteht darin, daß letztere die auf Erwerbung des Eigentumes an beweglichen Sachen gerichtete Absicht zum Zwecke der Weiterveräußerung derselben erfordert, während die Bestimmung des Art. 272, Ziffer 1, von der Voraussetzung ausgeht, daß bewegliche Gegenstände

---

[93]) Das ungarische H. G. B. (§ 259, Z. 4 und 6) zählt zweckmäßigerweise zu den relativen Handels- (grund-) geschäften außer den im Art. 272 des österr. H.G.B. angeführten Handelsgeschäften noch: die Geschäfte der öffentlichen Lagerhäuser, sodann die Geschäfte jener Produzenten, welche ihre eigenen Produkte bearbeiten oder verarbeiten, und die Geschäfte des Montangewerbes, sofern diese Gewerbszweige den Umfang des Kleingewerbes übersteigen.

[94]) Die unter a) charakterisierten Handelsgeschäfte werden auch relative Handelsgrundgeschäfte genannt — im Gegensatze zu den absoluten Handelsgrundgeschäften des Art. 271 H.G.B. und zu den akzessorischen relativen Handelsgeschäften des Art. 273 H. G. B. Grünhut, Zeitschr. für Privat- und öffentliches Recht, III S. 193 bezeichnet die Handelsgeschäfte des Art. 273 als „konnexe Handelsgeschäfte". Einer anderen Terminologie bedient sich wieder Thöl, § 27. Ihm tritt Grünhut a. a. O. entgegen.

[95]) In dem erstgedachten Falle gründet sich der Charakter der Geschäfte als Handelsgeschäfte auf die Art der Vornahme bestimmter Rechtshandlungen, im zweiten Falle auf die persönliche Eigenschaft des Handelnden als Kaufmannes.

dem Übernehmer bloß zur Bearbeitung oder Verarbeitung übergeben werden und daher zurückzustellen sind. Der Unternehmer leistet hier gewerbemäßig ein Werk (opus) gegen Entlohnung; vorausgesetzt wird allerdings Betrieb im großen, somit daß das Unternehmen den Umfang handwerksmäßigen Betriebes übersteigt. (Locatio cond. operis. Großbetrieb von Werkverträgen über zur Bearbeitung übergebene körperliche bewegliche Sachen.)[96]) Zu dieser Art von Geschäften gehören die Geschäfte der Färbereien, Bleichen, Stoffdruckereien, Appreturanstalten, Dampfwäschereien, Buchbindereien, Anstreichergeschäfte usw.[97]) Daß die gewerbliche Tätigkeit von Bauunternehmern als „Bearbeitung oder Verarbeitung ihnen zu diesem Zwecke übergebener beweglicher Sachen" nicht betrachtet werden könne, wurde bereits oben N. 74 ausgeführt.

Hier wirft sich die Frage auf: Wo sind die Grenzen zwischen Handwerk und Fabriksbetrieb? Die Mitglieder der Konferenz waren sich der Schwierigkeit dieser Distinktion bewußt, beschlossen aber, die Entscheidung im einzelnen Falle dem Ermessen des Richters zu überlassen. Letzterer wird zu diesem Behufe die Ausdehnung der Arbeitsräume, die Anzahl der im Betriebe beschäftigten Personen, die etwaige Verwendung mechanischer Kräfte und die Art der Arbeitsleistung des Gewerbeinhabers in Erwägung zu ziehen haben.

Nach dem Just. Min. Erlasse vom 8. Februar 1864, R. G. Bl. Nr. 803, kann der Richter, um die Natur und den Umfang eines gewerblichen Betriebes zu erforschen, sich an die Handels- und Gewerbekammer, in deren Sprengel letzterer liegt, um die nötige Auskunft wenden. Jedenfalls wird gefordert werden müssen, daß der Gewerbebetrieb (Art. 272 Ziffer 1 und 5, H. G. B.), wofern er als über den Umfang handwerksmäßigen Betriebes hinausgehend gelten soll, in seiner Ein-

---

[96]) Sog. Lohnhandwerker im Gegensatze zu den Kaufhandwerkern (Canstein). Ein Schneider z. B., der für eigene Rechnung Stoffe anschafft und aus denselben sowohl bestellte wie nichtbestellte Kleidungsstücke anfertigt (vgl. § 1158 a. b. G. B.), schließt absolute Handelsgeschäfte im Sinne des Art. 271 Z. 1 H. G. B. Ein Schneider aber, der lediglich aus den ihm übergebenen Stoffen Kleidungsstücke herstellt, arbeitet für Lohn (§ 1151 a. b. G. B.) und erscheinen diese Werkverträge nur dann als Handelsgeschäfte im Sinne des Art. 272, Z. 1, wenn er sein Gewerbe über den Umfang eines gewöhnlichen handwerksmäßigen Betriebes ausdehnt. Hiernach ist die Frage nach der Kaufmannsqualität eines Schneiders zu beantworten. Vgl. Art. 4 H. G. B., dazu Hasenöhrl, § 5, S. 68, Canstein, § 12, Gorski, § 16, ebenso nach dem deutschen und ungarischen H. G. B. § 1, Z. 2, bezieh. § 259, Z. 1. Vgl. Lehmann-Ring, I, S. 22.

[97]) Auch hier tritt das charakteristische Kennzeichen der Handelsgeschäfte hervor: die Spekulation und die Gütervermittlung zwischen dem Erzeuger und dem Konsumenten. Die in den Werkstätten der obgedachten Etablissements beschäftigten Arbeiter erscheinen als Produzenten, die Produkte ihrer Arbeit als Ware, die Abnehmer der letzteren als Konsumenten und der Inhaber des Unternehmens als Kaufmann. Wenn bei dem Betriebe von Geschäften nach Art. 272 Z. 1, der Inhaber des Gewerbes im Wesen nur die eigene Arbeitskraft, wenn auch unter Mithilfe mehrerer Gehilfen, einsetzt, so kann von einem „Handelsgeschäfte" nicht die Rede sein.

§ 6.

richtung und Leitung kaufmännischen Grundsätzen entspreche.⁹⁸) Der Höhe der vom Ertrage des Gewerbes vorgeschriebenen Erwerbsteuer kann an sich maßgebende Bedeutung nicht eingeräumt werden, wenngleich der Betrag derselben in der Praxis regelmäßig als Grundlage für die Beurteilung der Frage dienen dürfte. Vgl. dazu Slg. Abl.-Cl. Nr. 705, 716. Blaschke-Pitreich, Komm., S. 278. Staub-Pisko, II, 16, § 6.⁹⁹)

2. Die Bankier- und Geldwechslergeschäfte. (Art. 272 Abs. 2 H. G. B.). — Diese (relativen) Handelsgeschäfte umfassen alle jene Rechtsgeschäfte, die den Umlauf von Geld und Wertpapieren sowie die Kreditgewährung vermitteln oder fördern.¹⁰⁰) Solche Geschäfte sind beispielsweise: Die Geldumwechslung, das Diskontieren von Wechseln und anderen indossablen Papieren¹⁰¹), das Inkasso, die Auszahlung von Geldern für fremde Rechnung, die Wechselgeschäfte in ihren mannigfachen Formen, der Verkehr mit Schecks und Giroanweisungen, die gewerbemäßige Gewährung verzinslicher Darlehen, gleichviel ob das Darlehen ohne Pfandbestellung oder gegen Verpfändung von Kreditpapieren, Edelmetall oder Handelswaren (Lombardgeschäft,

---

⁹⁸) Staub, Komm., 5. Aufl., S. 21, § 5 zu Art. 10: „Ein mehr als handwerksmäßiger Betrieb liegt dann vor, wenn derselbe seiner Erheblichkeit wegen kaufmännisch organisiert ist". Vgl. auch Gorski, § 12.

⁹⁹) Vgl. Frey, Gerichtshalle, 1864, Nr. 68 bis 70, und Gerichtshalle, 1867, Nr. 21 und 52, ferner Anschütz-Völderndorff, III, S. 37. — Die durch die kaiserliche Verordnung vom 11. Juli 1898 R. G. Bl. Nr. 124 (in Abänderung des § 7 Einf. Ges. zum H. G. B.) festgestellten Erwerbsteuersätze, bei deren Erreichung der zur Entrichtung dieser Steuer verpflichtete Handeltreibende die Eigenschaft eines Vollkaufmannes erlangt, sind so niedrig, daß nur bei kleinen Betrieben die Höhe der vorgeschriebenen Erwerbsteuer unterhalb der Ziffern der kaiserlichen Verordnung sich bewegt. Schon Canstein, § 12 S. 141 bemerkt, es sei behufs Qualifikation der Betriebsart auf die in dem Min. Erl. vom 18. Juli 1883 Z. 22.037 enthaltene Unterweisung Bedacht zu nehmen. Der letzteren zufolge sind als fabriksmäßig betriebene Unternehmungen in gewerbepolizeilicher Beziehung solche Gewerbunternehmungen anzusehen, in welchen die Herstellung oder Verarbeitung von gewerblichen Verkehrsgegenständen in geschlossenen Werkstätten unter Beteiligung einer gewöhnlich die Zahl von 20 übersteigenden, außerhalb ihrer Wohnung beschäftigten Anzahl von gewerblichen Hilfspersonen erfolgt, wobei die Benützung von Maschinen und Hilfsmittel und die Anwendung eines arbeitsteiligen Verfahrens die Regel bildet und bei denen der Gewerbeunternehmer wohl das Unternehmen leitet, jedoch an der manuellen Arbeitsleistung nicht teilnimmt. Mit dem Text wesentlich übereinstimmend: Stubenrauch, S. 358, und Brix, S. 276; ferner Klier: O zápisech do obchodního rejstříku (Prag 1892) § 7, der mit Recht darauf hinweist, daß § 7 des Einf. Ges. zum H. G. B. die Kaufmannseigenschaft bereits voraussetze. — Das neue Handelsgesetzbuch für das Deutsche Reich überläßt es den Landesregierungen, Bestimmungen zu erlassen, durch welche die Grenze des Kleingewerbes auf der Grundlage der nach dem Geschäftsumfange bemessenen Steuerpflicht oder in Ermangelung einer solchen Besteuerung nach anderen Merkmalen näher festgesetzt wird (§ 3, Absatz 3).

¹⁰⁰) Vgl. Goldschmidt, I, § 53, Anschütz-Völderndorff, S. 33, und Thöl, S. 86. Da die Geldumwechslung auch zu den Geschäften des Bankiers gehört, bedurfte es der besonderen Anführung der Geldwechslergeschäfte im Gesetze nicht.

¹⁰¹) Diskonto ist der Ankauf indossabler Papiere, bei dem vom Kaufpreise ein Betrag in Abzug gebracht wird, welcher dem bis zur Fälligkeit des Papieres erwachsenden Zinsenbetrage und einer Provision entspricht.

Warrantgeschäft), oder gegen Bestellung von Hypotheken erfolgt; ferner die Übernahme von Depots (in Barem oder in Wertgegenständen), die Anlage von fremden Kapitalien, das Kontokorrentgeschäft, der Handel mit Wertpapieren, Geld und Promessen, die kommissionsweise Besorgung des Ein- und Verkaufes von Wertpapieren, das Reportgeschäft oder Kostgeschäft (Darlehen gegen Verpfändung von Wertpapieren, wobei der Bankier nur verpflichtet ist, ebensoviel Papiere gleicher Gattung rückzustellen — Gattungspfand)[101a], das Giroeffektendepotgeschäft[101b], der An- und Verkauf von Wertpapieren für eigene Rechnung (Properspekulationsgeschäfte), die Vermittlung von Anlehen und in Verbindung damit die Emmission von Teilschuldverschreibungen, die Mitwirkung bei der Gründung von Aktiengesellschaften und die damit im Zusammenhange stehenden Kreditgeschäfte (Emission und Übernahme von Aktien), das Depositengeschäft, die Entgegennahme verzinslicher und unverzinslicher Einlagen[102] usw. Wird auch nur eine einzige Art der hier beispielsweise angeführten Geschäfte gewerbemäßig betrieben, so bildet jeder einzelne Geschäftsabschluß ein Handelsgeschäft im Sinne des Handelsgesetzbuches. Die Geldwechslergeschäfte im engeren Sinne

---

[101a] Vgl. Ofner, Zeitschr. für Handelsrecht, 37, S. 438 flg., auch § 161, ungarisches Handelsgesetz. Anders faßt das deutsche Reichsgericht, XIX, S. 29, das Reportgeschäft auf. (Barkauf mit gleichzeitigem Verkauf auf Zeit zu höherem Preise [Report]); vgl. auch Blaschke-Pitreich, S. 275, Bezecny, Gerichtshalle, 1871, Nr. 72.

[101b] Der Bankier hält hierbei eine bestimmte Anzahl von Wertpapieren einer gewissen Art zu jederzeitigen Verfügung der Kunden. Vgl. Staub-Pisko, II, S. 17.

[102] Im Girokontogeschäfte werden bei dem Bankier Gelder gegen Verzinsung eingelegt. Der Einleger kann nach Vereinbarung, ohne daß es einer Kündigung bedürfte, über seine Einlage mittels Bankanweisungen (cheques, engl. checks) frei verfügen. Zu diesem Ende erhält der Einleger (Kontoinhaber) eine bestimmte Anzahl von Blanketten (Anweisungen, Schecks), die in Buchform zusammengeheftet und mit einer sogenannten „Juxta" (einem den Inhalt [Text] der Anweisung wiederholenden Seitenblatte) versehen sind. Die Blankette und deren Juxten sind mit einer fortlaufenden Serien- und Nummernbezeichnung versehen. Will der Kontoinhaber von der Anweisung Gebrauch machen, so trennt er ein Scheckblatt von dem Hefte ab und füllt das Blankett mit der Zahl der erforderlichen Summe, mit dem Datum und seiner Unterschrift aus. Der kaufm. Scheck kann „an Order" (Art. 301 H. G. B.) ausgestellt werden und ist dann indossierbar. Literatur über den Scheck: Pavlíček: Směnka a chek, 1884, Funk, Juristische Blätter, 1878, Nr. 6, Koch, über Giroverkehr und . . . . Schecks, 1878 Cohn, Zeitschr. für vergleichende Rechtswissenschaft, I S. 177 flg., Hanausek, Der Scheck im Giroverkehr der österreichisch-ungarischen Bank, Juristische Blätter, 1889 Nr. 20 flg. und die eingehendste vergleichende Schrift Pavlíčeks: Der Scheck, 1898, sowie dessen noch umfassendere, in den Publikationen der böhmischen Akademie für Wissenschaft und Kunst erschienene Schrift: Šek, 1902.

Das Schweizer Obligationenrecht enthält in den §§ 830 bis 837 zweckmäßige Vorschriften über den Scheck. Letzterer wird auch von dem österreichischen Gebührengesetze vom 29. Februar 1864, R. G. Bl. Nr. 20, im § 7 (bei Tarifpost 60, Gebührengesetz) erwähnt. Über „Laufende Rechnung" (conto corrente) vgl. Randa, O náhradě škody (6. Aufl.), S. 112. Die Bankiergeschäfte werden ausführlich erörtert von Canstein, Handelsrecht, § 12. Vgl. auch Blaschke-Pitreich, S. 279 flg., Staub-Pisko, II, S. 16, 17.

beschränken sich auf den Handel mit Münzen und Papiergeld im Tausch- und Kaufwege. (Gewerbe mit dieser Beschränkung kommen jedoch gegenwärtig nur mehr selten vor.) Fast alle in Österreich bestehenden Sparkassen und Vorschußkassen betreiben einzelne der obgedachten Bankiergeschäfte, woraus folgt, daß die für Kaufleute geltenden Bestimmungen des Handelsgesetzbuches auch auf sie Anwendung finden, wie z. B. die Normen der Art. 301, 310. Vgl. Art. 4 und 5 H. G. B. Der Umfang des Gewerbes kommt hier nicht in Betracht. Auch nach § 1 Abs. 4 des neuen deutschen Handelsgesetzbuches und nach § 259 Ziff. 2 des ungarischen Handelsgesetzbuches sind „die Bank- und Geldwechslergeschäfte" bei gewerbemäßigem Betriebe als Handelsgeschäfte anzusehen.

Relative Handelsgeschäfte sind ferner:

3. Die Geschäfte des Kommissionärs (Art. 360 H. G. B.), des Spediteurs (Art. 379) und des Frachtführers (Art. 390) ohne Rücksicht auf den Umfang des Gewerbebetriebes;[103] ferner die Geschäfte der für den Transport von Personen bestimmten Anstalten, Art. 272, Ziff. 3 H. G. B. Während bei der Güterverfrachtung der Umfang des Betriebes, selbst wenn dieser noch so gering ist, rücksichtlich des Charakters der Geschäfte als Handelsgeschäfte belanglos bleibt, gilt im Sinne des Gesetzes die Personenbeförderung nur dann als Handelsgeschäft, wenn der Betrieb derselben in ausgedehnterem Maße erfolgt. Dies ist der Sinn der Gesetzesworte im Art. 272 Z. 3: „der für den Transport von Personen bestimmten Anstalten." (Prot. S. 1294.) Als Anstalten dieser Art sind anzusehen: Stellwagen-, Omnibus-, Pferdebahn-, Dampfschiff- und Eisenbahnunternehmungen. Die Geschäfte der beiden letztgenannten Unternehmungen bilden auch insoferne Handelsgeschäfte, als sie die gewerbemäßige Verfrachtung von Waren zum Gegenstande haben. Die Geschäfte der Besitzer von Fiakern und Droschken lassen sich unter die Bestimmung des Art. 272 Ziff. 3 H. G. B. nicht subsumieren, wohl aber die Geschäfte der Fuhrwerker, die sich mit der Warenverfrachtung befassen. (Die Besitzer von Fiakern, die gelegentlich auch Güter, insbesondere Gepäck der Reisenden befördern, werden hierdurch nicht zu Frachtführern.) Streitig ist die Lösung der Frage, ob die Geschäfte der Dienstmännerinstitute zu

---

[103] Kommissionär ist derjenige, welcher gewerbemäßig in eigenem Namen für fremde Rechnung Handelsgeschäfte schließt. Art. 360 H. G. B. Die Vereinbarungen, zu deren Abschlusse der Kommissionär beauftragt ist, müssen daher Handelsgeschäfte sein. Vgl. Goldschmidt, § 54, N. 3 (2. Aufl.). Dadurch, daß der Kommissionär nicht im Namen seines Kommittenten, sondern im eigenen Namen das Handelsgeschäft schließt, unterscheidet sich der Kommissionsvertrag nach Art. 360 H. G. B. von dem Bevollmächtigungsvertrage im Sinne des § 1002 a. b. G. B. Eine besondere Art (species) des Kommissionsvertrages ist der Speditionsvertrag. Spediteur ist nämlich derjenige, der gewerbemäßig in eigenem Namen für fremde Rechnung Güterversendungen durch Frachtführer oder Schiffer zu besorgen übernimmt (Art. 379 H. G. B.). Frachtführer ist derjenige, welcher gewerbemäßig den Transport von Gütern zu Lande oder auf Flüssen und Binnengewässern ausführt. Art. 390 (die Übernahme eines Transportes zur See ist ein absolutes Handelsgeschäft im Sinne des Art. 271, Z. 4 H. G. B.).

den im Art. 272, Z. 3, angeführten Handelsgeschäften gehören. Die Antwort muß wohl verneinend lauten, denn schon nach dem gewöhnlichen Sprachgebrauche erscheint es unzulässig, unter „Frachtführer" auch den Boten zu verstehen.[104] — Schiffer, die sich nur mit der Personenbeförderung beschäftigen, sind gleichfalls nicht Kaufleute, es wäre denn, daß sie — wie z. B. Dampffährenbesitzer — ihr Gewerbe in ausgedehntem Maße betreiben. (Art. 272, Z. 3.) Dagegen sind Frachtschiffer nach eben dieser Gesetzesstelle in jedem Falle Kaufleute. — Bei der Beförderung zur See (Art. 271, Z. 4) besteht dieser Unterschied zwischen dem Personen- und dem Frachtentransporte nicht. — Mit Art. 272, Z. 3 H. G. B. stimmen § 1, Z. 5 des deutschen und § 259, Z. 3 des ungarischen Handelsgesetzbuches überein; nur erklärt das deutsche Handelsgesetzbuch die Schleppschiffahrt (Fortbewegung des Objekts ohne Verwahrungspflicht) unbedingt für ein Handelsgewerbe. (Vgl. Lehmann-Ring, I, S. 26.)

4. Nach der Bestimmung des Art. 272, Z. 4, gehören zu den relativen Handelsgeschäften die Vermittlung oder die Abschließung von Handelsgeschäften für andere Personen; jedoch mit Ausschluß der amtlichen Geschäfte der Handelsmäkler.[105] Als Handelsgeschäfte im Sinne des Art. 272, Z. 4, sind daher nur zu betrachten die Geschäfte der Privathandelsmäkler,[106] der Privathandelsagenten

---

[104] Wohl aber Lokalfuhrwerker (R. O. H. G. XXII 196). Übereinstimmend Staub-Pisko, II, Art. 272, §§ 10 bis 12, Behrend, § 27, Hasenöhrl, I, S. 76, Kräwell, S. 533 flg., und der Entwurf eines deutschen Handelsgesetzbuches aus dem Jahre 1849, der sich an der entsprechenden Stelle des Wortes „Fuhrmann" bediente. Anderer Ansicht sind Hahn, I, ad Art. 272, S. 411, Anschütz-Völderndorff, III, S. 427. Allein die Motive zu dem preußischen Entwurfe eines Handelsgesetzbuches bemerken richtig: „Schon dem Wortsinne nach gehören bloße Fußboten nicht zu den Frachtführern." Ohne Grund wendet Hahn, a. a. O., ein, das Wort „Frachtführer" sei ein technischer Ausdruck des Handelsgesetzbuches und es sei deshalb unstatthaft, sich auf den gebräuchlichen Sinn dieses Wortes zu berufen. Vgl. jedoch § 6 des a. b. G. B. Auerbach, a. a. O., S. 24, will wenigstens in den Geschäften jener Personen, welche die Güterbeförderung mittels Handwagen (Karren) betreiben, Handelsgeschäfte im Sinne des Art. 272 Z. 3 erblicken. Unbestimmt drückt sich Goldschmidt, § 54, S. 614 flg., aus: „Es ist mindestens zweifelhaft, ob dahin zu rechnen ist: Viehtreiber . . . . . Vorspannleistung . . . , endlich die durch eigene Körperkraft . . . . bewirkte Fortschaffung durch Fußboten, Lastträger, Dienstmänner." Goldschmidts Berufung auf Verkehrssitte und Verkehrsbedürfnis kann hier wohl nicht Billigung finden.

[105] Der Grund dieser Bestimmung liegt darin, daß es mit der amtlichen Stellung öffentlicher Handelsmäkler unvereinbar erscheint, ihre amtliche Tätigkeit als Handelsgewerbe zu betrachten. Vgl. Art. 69 H. G. B., Gesetz vom 4. April 1875, R. G. Bl. Nr. 68. Allerdings ist der Grund bloß formaler Natur. Die Vermittlung von anderen als Handelsgeschäften, wie beispielsweise von Miet- oder Gesindeverträgen bildet sonach nicht ein Handelsgeschäft. Vgl. Anschütz-Völderndorff, S. 40. Ebensowenig das Geschäft des Hypothekenmäklers. Staub-Pisko, II, S. 19, Bolze, Die Praxis des Reichsgerichtes, XIV, Nr. 262.

[106] Nur an Orten und in Bezirken, in welchen amtliche Börsensensale nicht bestehen, können nach § 55 des Gesetzes vom 26. Februar 1860, R. G. Bl. Nr. 58, Privatsensale ihr Gewerbe erlaubterweise betreiben. Diese Bestimmung ist durch § 7 des Gesetzes vom 1. April 1875 R. G. Bl. Nr. 67, betreffend die Organisierung

§ 6.

(gemeiniglich schlechthin Agenten genannt, vgl. § 1, Z. 7 des deutschen Handelsgesetzbuches), dann der Unternehmer von Versteigerungen und der selbständigen Handelsreisenden. Unter den Begriff der Vermittlung von Handelsgeschäften fällt jedoch nicht die bloße Erteilung von Auskünften über die Kreditwürdigkeit von Kaufleuten. (Auskunftsbureau.) Vgl. Entsch. Nr. 1288, Abl.-Cl. Das Vermittlungs- oder Stellvertretungsgeschäft ist Handelsgeschäft im Sinne des Art. 272 Z. 4, nur auf Seite des Vermittlers oder Stellvertreters. — Dem ungarischen Handelsgesetzbuche und dem neuen Handelsgesetzbuche für das Deutsche Reich ist das Institut amtlicher Handelsmäkler unbekannt; vgl. § 259, Ziff. 7 des ungarischen, beziehungsweise § 1 Ziff. 7 des deutschen Handelsgesetzbuches. Das deutsche Handelsgesetzbuch erweiterte den Begriff des Handelsmäklers dadurch, daß es die gewerbliche Tätigkeit jedes Vermittlers von Verträgen über „Gegenstände des Handelsverkehrs" als ein Handelsgewerbe erklärt, z. B. jene der Schiffs- und Versicherungsmäkler; die Erweiterung war geboten durch die Beseitigung der absoluten Handelsgeschäfte. Gegenstände des Handelsverkehrs sind nicht: Grundstücke. § 93, Abs. 2, H. G. B. (Vgl. Lehmann-Ring, I, S. 28 flg.)

Art. 272, Z. 5, erklärt ferner für relative Handelsgeschäfte:

5. Die Verlagsgeschäfte sowie die sonstigen Geschäfte des Buch- und Kunsthandels; Art. 272 Z. 5. Zu den Verlagsgeschäften gehören nicht nur die Verlagsverträge zwischen Verleger und Schriftsteller, sondern auch die Vervielfältigungsverträge zwischen Verleger und Drucker, sowie die auf die Verbreitung der Druckschrift abzielenden Verträge, z. B. durch Austräger, Agenten, Sortimentsbuchhändler usw. Auch der Zeitungsverlag gehört hierher. Zu den „sonstigen Geschäften des Buch- und Kunsthandels" sind zu zählen die Geschäfte der Sortimentsbuchhändler, der sogenannte Zeitungsdebit der Postanstalten (Kombination der Vermittlung des Abonnements auf Zeitungen mit der Beförderung derselben an die Abonnenten), die Kolportage, die buchhändlerische Kommission u. s. f.[107])

---

der Börsen, nicht aufgehoben worden. Unter die Bestimmung des Art. 272 Z. 4, fallen die Vermittlungsgeschäfte jener Börseagenten, deren Befugnisse durch § 19 des Börsegesetzes vom 1. April 1875 aufrecht erhalten wurden. (Vgl. § 26 Einf. Ges., Staub=Pisko, II, S. 20.) Neue Börseagentenbefugnisse dürfen jedoch nach § 19 l. c. nicht mehr verliehen werden. Übrigens ist der Mangel der Berechtigung zum Betriebe von Handelsgeschäften ohne Einfluß auf die Qualifikation der letzteren. (Art. 276.)

[107]) Verlagsvertrag im engeren Sinne ist jener Vertrag, vermöge dessen der Urheber eines literarischen oder künstlerischen Werkes einem andern das ausschließliche Recht der Veröffentlichung, der Vervielfältigung und des Vertriebes des Werkes überläßt. § 1164 a. b. G. B. und Gesetz vom 26. Dezember 1895, R. G. Bl. Nr. 197, §§ 16 flg. Durch diese Übertragung ist jedoch der Inhalt des Urheberrechtes nicht erschöpft. Vgl. Frankl, Jur. Vjschr., 1892, 4. Heft; Mitteis, Liter.-art. Urheberrecht, S. 25; Abámek, O právu aut., S. 20 flg. Der Vertrag über den Verlag eines Schriftwerkes ist nicht das einzige Verlagsgeschäft, denn auch die auf die Vervielfältigung und den Vertrieb von Schriftwerken gerichteten Verträge gehören zu den Verlagsgeschäften. Nicht minder sind der Zeitungsverlag und die mit demselben zusammenhängenden Geschäfte, sowie die Entgegennahme von

Sodann sind relative Handelsgeschäfte:

6. Die Geschäfte der Buchdruckereien, diese jedoch nur dann, wenn der Betrieb des Buchdruckergewerbes die Grenzen handwerksmäßigen Betriebes übersteigt. Im Sinne des Art. 272 Z. 5, wird der Charakter relativer Handelsgeschäfte auch den Geschäften der Stein-, Holzschnitt- und Stahldruckereien, sowie der Anstalten für Galvanoplastik und für Lichtdruck oder Photographie beizumessen sein. So auch Stubenrauch, Gerichtszeitung 1864, Nr. 3; Goldschmidt, § 56, 3; Anschütz-Völderndorff, S. 43; Behrend, § 27, N. 32; Lehmann-Ring, I, S. 30; Staub-Pisko, II, S. 21, § 23. Der § 1, Z. 8 und 9 des deutschen und der § 259 Z. 5 des ungar. H.G.B. stimmen mit Art. 272 Z. 5 des österr. H. G. B. überein.[108])

An die Handelsgeschäfte des Art. 272 H. G. B. reihen sich auf Grund des Gesetzes vom 28. April 1889 R. G. Bl. Nr. 64, § 6 an:

7. Die zum Geschäftsbetriebe gehörenden Geschäfte der öffentlichen Lagerhäuser.[108a])

Die im vorstehenden unter 1 bis 6 (Art. 272 Ziff. 1 bis 5) angeführten Rechtshandlungen erlangen nur dann die Eigenschaft von Handelsgeschäften, wenn sie entweder gewerbemäßig betrieben, oder zwar vereinzelt, jedoch von einem Kaufmanne im Betriebe seines gewöhnlich auf andere Geschäfte gerichteten Handelsgewerbes unternommen werden. (Arg. erster und letzter Absatz des Art. 272; ferner zu vgl. die Art. 378, 388 und 420 H. G. B.)

Subskriptionen auf ein literarisches oder künstlerisches Werk als Verlagsgeschäfte zu betrachten. So auch Staub-Pisko, Bd. II, S. 20, 21, Lehmann-Ring, I, S. 29. — Die Bestimmung des Art. 272 Z. 5, erstreckt sich auf alle Arten des Handels mit Büchern und anderen Druckerzeugnissen ohne Rücksicht auf den Umfang des Gewerbebetriebes, somit auch auf die Geschäfte der Antiquariate, keineswegs aber auf jene der Leihbibliotheken. Das Geschäft des Verlegers hat den Vertrieb der ganzen Auflage eines Schriftwerkes zum Gegenstande (Großhandel), während der Buchhandel sich mit dem Absatze (Vertriebe) einzelner Exemplare befaßt (Detailhandel). Vgl. Behrend, § 27, N.. 5.

[108]) Das ungarische Handelsgesetzbuch führt im § 259 Z. 4 und 6, außer den im Art. 272 österr. H. G. B. genannten Rechtsgeschäften als relative Handelsgeschäfte noch an: a) die Geschäfte der öffentlichen Lagerhäuser; b) die Geschäfte jener Produzenten, welche ihre eigenen Produkte bearbeiten oder verarbeiten; und c) die Geschäfte des Montangewerbes, sofern diese (unter b und c genannten) Gewerbszweige den Umfang des Kleingewerbes übersteigen. Hiermit übereinstimmend das Handelsgesetzbuch für Bosnien, § 283.

[108a]) Nach den §§ 1 und 343 des H. G. B. für das Deutsche Reich sind auch die Geschäfte der „Lagerhalter" überhaupt (nicht bloß die Geschäfte der öffentlichen Lagerhäuser) Handelsgeschäfte. Ferner führt § 343 des deutschen H. G. B., wie bemerkt, auch die Geschäfte der Schleppschiffsunternehmer unter den Handelsgeschäften an. Da nach § 2 des eben gedachten Gesetzes jedes gewerbliche Unternehmen, das nach Art und Umfang einen in kaufmännischer Weise eingerichteten Geschäftsbetrieb erfordert, als Handelsgewerbe im Sinne des Handelsgesetzbuches für das Deutsche Reich gilt, sofern die Firma des Unternehmers in das Handelsregister eingetragen wurde, können alle Rechtshandlungen, welche in den Umkreis gewerblicher Tätigkeit fallen, den Charakter von Handelsgrundgeschäften annehmen. Vgl. Staub, Supplement, S. 136; Strauß, S. 2 flg., Lehmann-Ring, I S. 30 flg.

§ 6.

Die Eigenschaft oder die Gültigkeit eines Handelsgeschäftes wird dadurch nicht ausgeschlossen, daß einer Person wegen ihres Amtes oder Standes oder aus gewerbepolizeilichen oder anderen Gründen untersagt ist, Handel zu treiben oder Handelsgeschäfte zu schließen. (Art. 276.) Falls sonach beispielsweise ein (amtlicher) Handelsmäkler (Art. 66 flg., H. G. B.), ein Richter oder ein Advokat gewerbemäßig, d. i. in einer auf ständigen Erwerb gerichteten Tätigkeit Wechsel diskontiert oder gegen Verpfändung von Wertpapieren Darlehen gewährt, so schließt er allerdings „Handelsgeschäfte". Das Gleiche gilt von einem öff. Beamten, der gewerbemäßig den Abschluß von Handelsgeschäften vermittelt. Diese Personen betreiben dann eben gewerbemäßig Bankiergeschäfte, beziehentl. die Vermittlung von Handelsgeschäften. (Art. 272 Ziff. 2 und 4.) Anders wäre die Sache zu beurteilen, wenn die erwähnten Rechtshandlungen von den genannten Personen nur vereinzelt oder gelegentlich vorgenommen würden.

Nach dem letzten Satze des Art. 272 läge hingegen ein Handelsgeschäft dann vor, wenn beispielsweise ein Buchhändler zwar nicht gewerbemäßig, sondern nur vereinzelt, jedoch im Betrieb seines Buchhändlergewerbes einen Wechsel diskontieren, den Abschluß eines Handelsgeschäftes vermitteln, oder gegen Verpfändung von Wertpapieren Gelddarlehen gewähren, ja selbst wenn er ein derartiges Rechtsgeschäft nur ein einziges Mal vornehmen würde. Der Grund hierfür liegt darin, daß es sich hier um einen kaufmännischen Betrieb handelt, welcher an sich schon der Rechtshandlung den Charakter eines Handelsgeschäftes aufprägt. Es genügt sohin, wenn der Handelnde das Rechtsgeschäft als Kaufmann im Betriebe seines Handelsgewerbes vornahm.[109])

Es erübrigt noch die Erörterung der zweiten Kategorie relativer Handelsgeschäfte, nämlich der akzessorischen Handelsgeschäfte. Es sind dies jene Rechtshandlungen, die unter der im Art. 273 H. G. B. normierten Voraussetzung den Charakter von Handelsgeschäften erlangen.

Ad b). Art. 273 erklärt für Handelsgeschäfte alle einzelnen Geschäfte eines Kaufmannes, welche zum Betriebe seines Handelsgewerbes gehören. Festzuhalten ist, daß die Kaufmannsqualität durch den im eigenen Namen erfolgenden gewerbemäßigen Betrieb der in den Art. 271 Z. 1 bis 4 und Art. 272 Z. 1 bis 5 angeführten Handelsgeschäfte in der dort erwähnten Art erworben wird.[109a])

---

[109]) Diese wesentliche Voraussetzung wurde von vielen übersehen, wiewohl dieselbe im Art. 272 durch die Worte: „im Betriebe" festgestellt wird. Wenn beispielsweise ein Kaufmann seinem Freunde, der infolge von Familienereignissen Geld benötigt, einen gewissen Betrag gegen Pfand darleiht, so bildet dies nicht ein Handelsgeschäft im Sinne des Art. 272. Es darf eben nicht übersehen werden, daß Art. 272 sich der Worte: „im Betriebe", Art. 273 aber der Worte: „zum Betriebe ... gehören" bedient.

[109a]) Nach dem Handelsgesetzbuche für das Deutsche Reich (§ 2) gilt jedes registrierte gewerbliche Unternehmen, das nach Art und Umfang einen in kaufmännischer Weise eingerichteten Geschäftsbetrieb erfordert, als Handelsgewerbe.

Als zum Betriebe eines Handelsgewerbes gehörig führt das Gesetz (Art. 273 Abs. 2) folgende Rechtsgeschäfte an: die gewerbliche Weiterveräußerung der zu diesem Zwecke angeschafften Waren sowie die Anschaffung von Geräten, Material und anderen beweglichen Sachen, welche bei dem Betriebe des Gewerbes unmittelbar benützt oder verbraucht werden sollen. Verkauft sonach der Buchhändler Bücher, der Bankier Wechsel, der Drogist Materialwaren, der Galanteriewarenhändler diesbezügliche Gegenstände, der Kolonialwarenhändler Tee, Kaffee, Zucker u. dgl., so nehmen diese Personen „Handelsgeschäfte" vor. Kauft ferner beispielsweise ein Fabriksbesitzer (Art. 271 Z. 1) Maschinen, Kohlen oder anderes Heizmaterial, Beleuchtungsstoffe oder Werkzeuge zu Fabrikationszwecken, oder kauft der Buchhändler oder der Gemischtwarenhändler oder der Bankier Handlungsbücher, Regale, Tische und andere Gerätschaften für den Laden, nimmt ein solcher Kaufmann zum Geschäftsbetrieb Darlehen auf, schließt er rücksichtlich seiner Waren einen Versicherungsvertrag ab, macht er Wechselgeschäfte (durch Ausstellung, Akzeptation von Wechseln usw.), so sind die betreffenden Kauf- und sonstigen Verträge als Handelsgeschäfte zu betrachten.[110])

Ob irgend eine Rechtshandlung zum Gewerbebetriebe eines Kaufmannes gehört oder nicht, ist Tatfrage. Es ist aber stets im Auge zu behalten, daß Art. 273 die Zugehörigkeit der betreffenden Rechtshandlungen zu dem Betriebe eben jenes Handelsgewerbes erfordert, welches der Kaufmann betreibt. Um dieses Erfordernis zum Ausdruck zu bringen, bedient sich das Gesetz im Art. 273 der Worte: „seines (nicht eines) Handelsgewerbes."[110a])

Bei der Beantwortung der Frage, ob irgendeine Rechtshandlung zu dem Gewerbebetriebe gehöre, ist auf die in dem Art. 274 H. G. B. aufgestellte wichtige Rechtsvermutung Bedacht zu nehmen, vermöge welcher die von einem Kaufmanne geschlossenen Verträge im Zweifel als zum Betriebe des Handelsgewerbes gehörig gelten. Von dieser Rechtsvermutung ist nur beim Auftauchen eines Zweifels Gebrauch zu machen. Der Beweis des Gegenteiles ist nicht ausgeschlossen.[111]) — Rück-

---

(Ausgeschlossen sind die land- und forstwirtschaftlichen Betriebe, § 3.) Nach § 343 l. c. sind alle Geschäfte eines Kaufmannes, die zum Betriebe seines Handelsgewerbes gehören, Handelsgeschäfte.

[110]) Somit auch die Aufnahme von Handlungsgehilfen, sowie der Abschluß eines Gesellschaftsvertrages. Vgl. die Entsch. des deutschen R. O. H. G., Bd. VI, S. 197; ferner Gad, S. 11; Stubenrauch, S. 347; Behrend, § 28; Canstein, § 13, S. 171. Anderer Ansicht ist Brix, S. 279.

[110a]) Wenn z. B. ein Schnittwarenhändler im Betriebe seines Gewerbes einen Warentransport übernahm und zu diesem Zwecke Pferde anschaffte, so ist wohl der Frachtvertrag (Art. 272), nicht aber der Ankauf der Pferde für ein Handelsgeschäft zu halten. Anders wäre zu entscheiden, falls ein Frachtführer Pferde anschafft.

[111]) Diese Rechtsvermutung wird bei der Entscheidung über die Zuständigkeit eines Handelsgerichtes von besonderer Wichtigkeit. Rechtsstreitigkeiten, welche aus den in den Art. 271 bis 273 H. G. B. angeführten Handelsgeschäften hervorgehen, gehören vor die Handelsgerichte, wenn die Klage gegen eine Handelsgesellschaft oder einen Kaufmann, deren Firma im Handelsregister erscheint, oder gegen eine registrierte

§ 6.

sichtlich der von einem Kaufmanne gezeichneten Schuldscheine stellt derselbe Artikel (274) im zweiten Absatze die Norm auf, daß dieselben als im Betriebe des Handelsgewerbes gezeichnet gelten, sofern aus dem Inhalte derselben das Gegenteil sich nicht ergibt (praesumptio juris et de jure).

Aus der vorstehenden Darstellung ergibt sich, daß jene Verträge, mittels welcher die Kaufleute ihre Waren an die Konsumenten veräußern (sogenannter Kleinverkauf, Detailverkauf) zu den Handelsgeschäften gehören und demzufolge nach den Grundsätzen des Handelsgesetzbuches (nicht aber nach den Vorschriften des allgemeinen bürgerlichen Gesetzbuches) beurteilt werden müssen. Art. 277 H. G. B. stellt deshalb auch die Regel auf, daß bei jedem Geschäfte, welches auf der Seite eines der Kontrahenten ein Handelsgeschäft ist, die Bestimmungen des vierten Buches des Handelsgesetzbuches in Beziehung auf beide Kontrahenten gleichmäßig anzuwenden sind (sofern nicht aus den Gesetzesnormen selbst sich ergibt, daß sie nur auf denjenigen von beiden Kontrahenten sich beziehen, auf dessen Seite das Geschäft ein Handelsgeschäft ist, z. B. nach Art. 280 H. G. B.). Die vom Publikum in den Kaufmannsläden vorgenommenen Käufe (also der größte Teil der täglich zum Abschlusse gelangenden Verträge) fallen sonach in das Gebiet des Handelsrechtes.

Die Bestimmung des ersten Absatzes des Art. 273, daß die im Betriebe eines Handelsgewerbes erfolgenden gewerblichen Weiterveräußerungen als Handelsgeschäfte anzusehen seien, gilt nach dem dritten Absatze des Art. 273 für jene Weiterveräußerungen nicht, die von Handwerkern in Ausübung ihres Handwerksbetriebes vorgenommen werden. Die gewerblichen Weiterveräußerungen der Handwerker sind somit nicht Handelsgeschäfte, sondern Verträge des bürgerlichen Rechtes. Ob der Handwerker die Gegenstände, die er gewerbemäßig zur Veräußerung bringt, bereits fertig anschaffte oder selbst herstellte, kommt nicht in Betracht (Protokoll S. 1424).[112]) (In das neue Handelsgesetz-

―――――――

Erwerbs- und Wirtschaftsgenossenschaft gerichtet ist und das Geschäft auf Seite des Beklagten ein Handelsgeschäft ist. Klagt also beispielsweise der Prager Großhändler A. einen in Prag wohnhaften registrierten Gemischtwarenhändler wegen Bezahlung des Kaufpreises von 1200 K für verkaufte Schnittware, verkauften Kaffee, Zucker, Öl usw., so kann er die Klage bei dem Handelsgerichte in Prag überreichen, ohne erst anführen oder dartun zu müssen, es habe der Beklagte diese Gegenstände in der Absicht, sie weiter zu veräußern, angekauft. Das Vorhandensein dieser Absicht wird nach Art. 274 insolange vermutet, als das Gegenteil hiervon nicht erwiesen ist. Etwas anderes würde gelten, wenn ein Buchhändler, ein Spediteur usw. Waren der angeführten Art angekauft hätte. Vgl. §§ 51 und 52 J. N.

[112]) Nach § 37 der Gew. Odg. vom 15. März 1883, R. G. Bl. Nr. 39, findet eine Beschränkung der Gewerbetreibenden auf den Verkauf der selbstgefertigten Waren nicht statt. Selbst wenn sonach beispielsweise ein Schuhmacher, Schneider oder Riemer fremde Erzeugnisse in seinem Laden veräußert, kann hierbei von der Vornahme von Handelsgeschäften nicht gesprochen werden. Anderer Meinung Canstein, § 10, S. 107, der übrigens richtig bemerkt, es seien die Verkäufe der Kaufhandwerker (271 Z. 1) ebenso ... wie die der Lohnhandwerker (272 Z. 2) in gleicher Weise zu beurteilen. Gleichgültig ist, ob der Verkauf in der Werkstätte oder im offenen Laden erfolgt. Mit Unrecht behauptet Brix, S. 279, daß im letzteren Falle die Verkäufe als Handelsgeschäfte anzusehen seien.

buch für das Deutsche Reich wurde mit gutem Grunde eine dem dritten Absatze des Art. 273 entsprechende Bestimmung nicht aufgenommen).

Es wurde bereits erwähnt, daß die in den Artikeln 271, 272 H. G. B. namhaft gemachten Rechtsgeschäfte deshalb die Bezeichnung: „Handelsgrundgeschäfte" führen, weil durch den gewerbemäßigen Betrieb derselben die Kaufmannseigenschaft begründet wird (Art. 4 H. G. B.). Im Gegensatze zu diesen Geschäften werden die akzessorischen Handelsgeschäfte des Art. 273 Realisations- und Hilfsgeschäfte genannt. (Einigermaßen abweichend Behrend, § 22.)

Verträge über unbewegliche Gegenstände bilden niemals Handelsgeschäfte, und zwar selbst dann nicht, wenn sie zum Betriebe eines Handelsgewerbes gehören, wie beispielsweise die Miete eines Ladens oder eines Warenmagazins. Art. 275.[112a]) (Das deutsche Handelsgesetzbuch hat zwar keine dem Art. 275 entsprechende Bestimmung; trotzdem gilt im Wesen auch nach deutschem Recht, welches nur den „Handelsverkehr" im Auge hat, derselbe Grundsatz. Vgl. § 1 und § 93, Abs. 2; dazu Lehmann-Ring, I, S. 19 flg.)

§ 7.
Die Voraussetzungen und Wirkungen der Kaufmannsqualität nach dem Handelsgesetzbuche.

Die tiefgreifende Bedeutung des Begriffes „Kaufmann" äußert sich in dreifacher Richtung:

1. Derselbe findet Verwertung bei der Feststellung der Bedingungen, unter welchen gewisse Geschäfte zu Handelsgeschäften werden. Denn einerseits erscheinen die im Art. 272 unter Ziff. 1 bis 5 angeführten Rechtshandlungen nur dann als Handelsgeschäfte, wenn sie gewerbemäßig betrieben, oder wenn sie — sei es auch vereinzelt — von einem Kaufmanne in seinem Gewerbebetriebe vorgenommen werden; anderseits erklärt das Gesetz im Art. 273 alle einzelnen Geschäfte eines Kaufmannes, welche zum Betriebe seines Handelsgewerbes gehören, für Handelsgeschäfte. Hier wird sonach die Qualität gewisser Rechtshandlungen als Handelsgeschäfte dadurch bedingt, daß sie von einem Kaufmanne vorgenommen werden.

2. Viele Bestimmungen des Handelsgesetzbuches betreffen ausschließlich Kaufleute und deren Rechtsverhältnisse.[113]) So die Vor-

---

[112a]) Vgl. z. B. Adl.-Clem., Nr. 1029 (Verträge über den Bau eines Handlungshauses), Nr. 1507 (Miete einer Geschäftsräumlichkeit). Hierzu Pollitzer, Das Verhalten des allgemeinen Handelsgesetzbuches zum Immobiliarverkehr (1884), S. 132 flg., ferner Adl.-Clem., Nr. 1192; Entsch. des Obersten Gerichtshofes vom 13. Jänner 1884, Nr. 14828 in Nr. 27 des Just. Min. V. Bl.: Miete eines Ladens.

[113]) Daß die Normen des Handelsgesetzbuches über die Firmen, die Handelsbücher und die Prokura nach § 7 Einf. Ges. zum H. G. B. nur auf Kaufleute mit höherer Erwerbsteuerleistung Anwendung zu finden haben, soll später ausgeführt werden.

§ 7.

schriften über das Handelsregister (Art. 12 bis 14), über die Firma (Art. 15 bis 27), über Handelsbücher (Art. 28 bis 40), über Prokuristen und andere Handlungsbevollmächtigte (Art. 41 bis 56), über Handlungsgehilfen (Art. 57 bis 65), über die stille Gesellschaft (Art. 250), über die Zahlung von Zinsen und Provision (Art. 289 bis 292), über die von einem Kaufmanne erteilte Vollmacht (Art. 297), über kaufmännische Anweisungen und Verpflichtungsscheine (Art. 301 bis 305), über die Erwerbung des Eigentumes und des Pfandrechtes an Handelsware (Art. 306 bis 308), über das besondere kaufmännische Pfandrecht (Art. 309 bis 311), über das Retentionsrecht (Art. 313 bis 315), und über die Äußerungspflicht (Art. 323). In diesem Zusammenhange sind auch die Bestimmungen der Art. 378, 388 und 420 zu erwähnen, nach welchen die Vorschriften des Handelsgesetzbuches über das Kommissions-, Speditions- und Frachtgeschäft auch dann zur Anwendung kommen, wenn ein Kaufmann, dessen gewöhnlicher Handelsbetrieb nicht in Kommissions-, Speditions-, oder Frachtgeschäften besteht, ein einzelnes Geschäft dieser Art abschließt.

3. Die Kaufleute genießen bestimmte Rechte und Begünstigungen; sie haben aber auch gewisse Verpflichtungen, von welchen andere Personen nicht berührt werden.[114])

Die Rechte und Begünstigungen, welche den Kaufleuten zukommen, sind im einzelnen:

a) ausschließlich für sie besteht die Institution der Handelsregister, Art. 12;

b) das Recht auf eine bestimmte Firma kommt nur Kaufleuten zu, Art. 20;

c) nur ein Kaufmann ist berechtigt einen Prokuristen zu bestellen, Art. 41;

d) ordnungsmäßig geführte Handelsbücher der Kaufleute liefern bei Streitigkeiten über Handelssachen in der Regel einen unvollständigen Beweis, Art. 34, §§ 19, 20 Einf. Ges. (Diese Vorschriften wurden durch die im ersten Absatze des § 295 Z. P. O. enthaltene Bestimmung in Kraft erhalten);

e) die Rechtsverhältnisse der Gesellschaften zum Betriebe von Handelsgeschäften unterliegen den Vorschriften des zweiten und dritten Buches des Handelsgesetzbuches;

f) Kaufleute besitzen in bestimmten Fällen kraft des Gesetzes einen Anspruch auf Provision und Zinsen, Art. 290 bis 292;

g) sie allein sind befugt, Anweisungen und Verpflichtungsscheine auszustellen, deren Geltung durch Angabe eines Verpflichtungsgrundes nicht bedingt ist, und die gleich Wechseln durch Indossament übertragen werden können, wenn sie an Order lauten, Art. 301 und 303;

---

[114]) Dies alles gilt auch von Handelsgesellschaften sowie von solchen Genossenschaften, die Handelsgeschäfte betreiben. Vgl. Art. 5 H. G. B. und § 13 des Gesetzes vom 9. April 1873, R. G. Bl. Nr. 70, über Erwerbs- und Wirtschaftsgenossenschaften.

h) einem Kaufmanne steht unter gewissen Voraussetzungen das besondere Recht zu, beim Verzuge des Schuldners alsogleich den gerichtlichen Verkauf des ihm für eine Geschäftsforderung schriftlich bestellten Faustpfandes zu erwirken, ohne daß es einer Klage gegen den Schuldner bedarf. Der Kaufmann kann sogar, falls dies schriftlich vereinbart wurde, die Pfandsache auch ohne gerichtliches Verfahren öffentlich oder, wenn der verpfändete Gegenstand einen Marktpreis oder Börsenpreis hat, selbst nicht öffentlich (aus freier Hand) veräußern lassen, Art. 310, 311 H. G. B.;

i) lediglich einem Kaufmanne steht als Gläubiger beim Vorhandensein bestimmter Voraussetzungen das Zurückbehaltungsrecht zu. Er ist befugt, wenn ihn der Schuldner nicht rechtzeitig in anderer Weise sichert, im Wege der Klage gegen den letzteren den Verkauf der zurückbehaltenen Gegenstände zu beantragen und sich aus dem Erlöse derselben vor den anderen Gläubigern des Schuldners zu befriedigen, Art. 313 bis 315 H. G. B.;

k) Kaufleute, welche Kommissions-, Speditions- oder Frachtgeschäfte betreiben, besitzen ein gesetzliches Pfandrecht an dem Kommissions-, beziehungsw. Frachtgute in Ansehung aller aus den betreffenden Handelsgeschäften für sie erwachsenden Forderungen, Art. 374, 375, 382, 409 bis 412 H. G. B.

Den Kaufleuten liegen insbesondere folgende Verpflichtungen ob:

aa) die Verpflichtung, bestimmte ihr Handelsgewerbe betreffende Tatsachen, wie: ihre Firma, die Erteilung und das Erlöschen der Prokura, sowie gewisse die Handelsgesellschaften (Buch II) betreffenden Umstände behufs Eintragung in das Handelsregister anzumelden. Art. 12 H. G. B. Die Gattin eines Kaufmannes ist berechtigt, die Eintragung der für sie durch Ehepakte begründeten Vermögensrechte in das Handelsregister zu erwirken, § 16 Einf. Ges.;

bb) die Verpflichtung, bei dem Beginne des Gewerbebetriebes ein Inventar und eine Bilanz ihres Vermögens zu errichten und diese Akte alljährlich zu erneuern, Art. 29 H. G. B.;

cc) die Pflicht, Bücher zu führen, aus welchen ihre Handelsgeschäfte und die Lage ihres Vermögens vollständig zu ersehen sind, Art. 28 bis 33 H. G. B.;

dd) die Pflicht, die empfangenen Handelsbriefe aufzubewahren sowie Abschriften (Abdrücke) der abgesandten Handelsbriefe zurückzubehalten und nebst den Inventaren und Handelsbüchern durch einen Zeitraum von zehn Jahren aufzubewahren, Art. 28, 33 H. G. B.;

ee) wenn zwischen dem Kaufmanne, welchem ein Auftrag gegeben wird, und dem Auftraggeber eine Geschäftsverbindung besteht oder sich derselbe gegen letzteren zur Ausrichtung solcher Aufträge erbot, so ist er zu einer Antwort ohne Zögern verpflichtet, widrigens sein Schweigen als Übernahme des Auftrages gilt, Art. 323 H. G. B.[115])

---

[115]) Auftrag, d. i. eine Offerte zu einem Mandats-, speziell Kommissionsvertrage.

§ 7.

Die unter lit. a) b) c) und e) angeführten Berechtigungen sowie die unter lit. aa) bis dd) gedachten Verpflichtungen sind nur für Vollkaufleute (§ 7 Einf. Ges., kaif. Vdg. vom 11. Juli 1898 R. G. Bl. Nr. 124) begründet; dies wird später des näheren ausgeführt werden.[115a]

Aus dem Vorstehenden ist die weitreichende Bedeutung des Kaufmannsbegriffes ersichtlich. Eine Definition dieses Begriffes gibt Art. 4 H. G. B., welcher erklärt: „Als Kaufmann im Sinne dieses Gesetzbuches ist anzusehen, wer gewerbemäßig Handelsgeschäfte betreibt." Diese Begriffsbestimmung ist jedoch nach zwei Richtungen hin mangelhaft: 1. Zunächst bewegt sie sich im falschen Kreise (circulus vitiosus), da eben bestimmte Rechtshandlungen nur dann als Handelsgeschäfte gelten, wenn sie von einem Kaufmanne vorgenommen werden. Im Art. 4 wird der Begriff „Handelsgeschäfte" zur Erklärung des Begriffes „Kaufmann" verwendet, während in den Art. 272 (Schlußsatz) und 273 H. G. B. der Begriff „Kaufmann" zur Begriffsstimmung gewisser Handelsgeschäfte herangezogen wird. 2. Eine weitere Ungenauigkeit der Begriffsbestimmung des Art 4 besteht darin, daß derselben ein wesentliches Merkmal der Kaufmannseigenschaft mangelt, nämlich der Hinweis auf den Betrieb eines Handelsgewerbes im eigenen Namen. Denn auch Prokuristen und andere Handlungsbevollmächtigte betreiben gewerbemäßig Handelsgeschäfte; trotzdem sind sie nicht Kaufleute, weil ihr Geschäftsbetrieb im Namen eines anderen (in „fremdem" Namen) erfolgt.[116])

Hiernach ist der Kaufmannsbegriff folgendermaßen zu fassen:

Als Kaufmann im Sinne des Handelsgesetzbuches ist derjenige anzusehen, der im eigenen Namen gewerbemäßig eines jener Handelsgeschäfte betreibt, die im Art. 271 Ziff. 1 bis 4 und im Art. 272 unter Ziff. 1 bis 5 angeführt erscheinen.[116a]) Im einzelnen wird sonach zum Begriffe eines Kaufmannes erfordert:

[115a]) Bemerkt sei, daß Rechtsstreitigkeiten aus Handelsgeschäften (Art. 271 bis 273) vor das Handelsgericht gehören, wenn die Rechtshandlung, auf welche der Klageanspruch sich stützt, auf Seite des Beklagten ein Handelsgeschäft, und dieser ein registrierter Kaufmann (eine Handelsgesellschaft oder eine registrierte Genossenschaft) ist (§§ 51, 52 J. N.), ferner, daß das Recht, den Konkurs mittels Zwangsausgleiches zu beendigen, auf den Fall beschränkt ist, daß die Firma des Gemeinschuldners (durch zwei Jahre) im Handelsregister eingetragen war. Vgl. § 207 K. O.; Canstein, Handelsrecht, § 15; Rud. Pollak, Konkursrecht, S. 191 flg.; Wolf, Jur. Bl., 1901, Nr. 35.

[116]) Vgl. Art. 6 H. G. B., Thöl, S. 86, Hahn, Komm., S. 9; Goldschmidt, Handb., § 42, 2, Canstein, Handelsrecht, §§ 14, 15, Staub-Pisko, I, S. 14, § 1. Darauf, ob jemand das Geschäft für eigene oder für fremde Rechnung führt, kommt es nicht an, wofern er nur das Gewerbe im eigenen Namen betreibt. Art. 360 H. G. B. — In die Bestimmung des ungar. H. G. B. wurden die Worte: „im eigenem Namen" bereits aufgenommen. Irrigerweise zählt Brix, S. 16, auch den Verwalter des einem Minderjährigen gehörigen Handelsunternehmens zu den Kaufleuten. Derjenige ist nicht Kaufmann, für dessen Rechnung die Geschäfte abgeschlossen werden, wenn dies nicht in seinem Namen geschieht. Vgl. Staub-Pisko, I, S. 14, § 1.

[116a]) Über den Begriff „Kaufmann" nach dem neuen deutschen Handelsgesetzbuche vgl. Cosack (4. Aufl.), § 7. — In einem besonderen Sinne bedient

1. Daß jemand in eigenem Namen, sei es für eigene Rechnung, sei es für Rechnung eines anderen Handelsgeschäfte betreibe (vgl. N. 116). Es ist nicht unerläßlich, daß der Kaufmann persönlich im Handelsbetriebe sich betätige; vielmehr kann er sich hierin durch einen Prokuristen oder sonstigen Handelsbevollmächtigten vertreten lassen. Es ist auch nicht notwendig, daß der Inhaber des Handelsunternehmens im rechtlichen Sinne handlungsfähig sei. Auch ein Minderjähriger, der etwa im Erbwege ein Handelsunternehmen erwarb und in dessen Namen das letztere fortgeführt wird, gilt nach dem Gesetze als Kaufmann. Allerdings muß ihm ein gesetzlicher Vertreter zur Seite stehen (Vater, Vormund, Kurator), dem es obliegt, dem Handlungsunfähigen im Handelsbetriebe wie in allen anderen vermögensrechtlichen Belangen zu vertreten.[117]) — Ist ein Handelsgewerbe verpachtet, so erscheint nicht der Verpächter, sondern der Pächter als Kaufmann.

Streitig ist die Beantwortung der Frage, ob der Gesellschafter einer Handelsgesellschaft (insbesondere der offene Gesellschafter, bezieh. Kommanditist) als Kaufmann zu betrachten sei.[118]) In dem einen Punkte stimmen fast alle Meinungen überein, daß der Kommanditist als Kaufmann nicht angesehen werden könne, weil er zur Führung der Geschäfte der Gesellschaft weder berechtigt noch verpflichtet ist. Arg. Art. 158 H. G. B. und § 16, letzter Satz des Einf. Ges.[119]) — Es wird jedoch auch in Zweifel gezogen, ob der öffentliche Gesellschafter einer

---

sich § 88, Abs. 2 der J. N. des Wortes: „Handelsgewerbe". Die Min. Vdg. vom 3. Dezember 1897 R. G. Bl. Nr. 280, zählt „zu den Personen, welche ein Handelsgewerbe betreiben": 1. Kaufleute mit registrierter Firma; 2. Handeltreibende im Sinne des § 1 Gew. Ddg., d. i. Inhaber von Handelsgewerben im engeren Sinne und fabriksmäßig betriebenen Unternehmungen. Vgl. hierzu Ott, Soudní řád, I, S. 143. — Staub-Pisko, I, S. 21 flg. Auf den Kaufmannsbegriff nach Art. 4 H. G. B. verweist § 14 des Gesetzes vom 28. Mai 1881, R. G. Bl. Nr. 47, betreffend Abhilfe wider unredliche Vorgänge bei Kreditgeschäften. Wo die Anwendbarkeit eines Gesetzes auf Kaufleute mit registrierter Firma beschränkt ist, wie im § 6 des Anfechtungsgesetzes, kann gleichfalls nur der im Handelsgesetzbuche gegebene Kaufmannsbegriff in Betracht kommen. Vgl. Staub-Pisko, I, S. 13.

[117]) Unbegründet ist die Behauptung Gab', S. 14, der unmündige Besitzer einer Handelsunternehmung sei nicht Kaufmann. — Das im § 2, Gew. Ddg., für den selbständigen Betrieb eines jeden Gewerbes aufgestellte Erfordernis, daß der Unternehmer in der Regel sein Vermögen selbst zu verwalten berechtigt sei, steht der im Texte ausgedrückten Anschauung nicht entgegen, denn von der Bestimmung des Art. 11 H. G. B. abgesehen, gestattet auch die Gewerbeordnung, § 2 Abs. 2 und § 16 den Betrieb eines Gewerbes durch Stellvertreter (Geschäftsführer).

[118]) Über diese Kontroverse vgl. Canstein in der Zeitschr. für das gesammte Handelsrecht, Bd. XX, S. 84; Goldschmidt, Handb., § 43 ad 2; Hahn, Komm., I, S. 19 (S. 10 der 1. Aufl.). Daß der stille Gesellschafter nicht Kaufmann im Sinne des Handelsgesetzbuches ist, folgt schon aus dem Umstande, daß er bloß an dem Betriebe des Handelsgewerbes eines andern (des Hauptgesellschafters) mit einer Vermögenseinlage beteiligt ist. Art. 250 H. G. B.

[119]) Völderndorff und Canstein, a. a. O., berufen sich auf die Art. 150, 185, 227 H. G. B., Goldschmidt a. a. O. (S. 469 der 2. Aufl.) auf Art. 17 H. G. B. — Hahn, Komm., I, S. 20 und Lehmann-Ring, I, § 1, Nr. 13, erklären sogar den Kommanditisten für einen Kaufmann.

§ 7.

Handelsgesellschaft als Kaufmann zu gelten habe. Von der Erwägung ausgehend, daß der öffentliche Gesellschafter nicht lediglich im eigenen Namen, sondern im Namen aller Gesellschafter Handelsgeschäfte schließt, werden demselben die Rechte und Pflichten eines Kaufmannes insofern zuzuerkennen sein, als er im Namen, bezieh. unter der Firma der Gesellschaft handelt. (Art. 5, 6, 30, 85 H. G. B. und § 16 Einf. Ges. in fine). In diesem Sinne erklärt die Entsch. des Obersten Gerichtshofes vom 2. Dezember 1896 (Ger. Ztg. für 1897, Nr. 15; Jur. Bl. 1897, Nr. 8) die Anfechtungsklage (§ 6 des Gesetzes vom 16. März 1884 Z. 36) gegen den offenen Gesellschafter einer registrierten Handelsgesellschaft für zulässig. Vgl. auch Adl.-Clem. Nr. 1927, 1935, 1974, 1977. Diese Entscheidungen berufen sich auf Art. 6 Abs. 3, H. G. B., erklären jedoch ganz allgemein, daß der öffentliche Gesellschafter Kaufmann sei.[120]) Übrigens stellt das Handelsgesetzbuch im Art. 5 die Handelsgesellschaften den Kaufleuten gleich, und es gelten daher die in Ansehung der letzteren gegebenen Vorschriften auch in betreff der Handelsgesellschaften.

2. Das zweite Erfordernis der Kaufmannseigenschaft besteht in der Gewerbemäßigkeit des Handelsbetriebes; letzterer muß nämlich so gestaltet sein, daß er die Quelle ständigen Erwerbes bilden soll. Der Wille des Handelnden ist somit schon primär und von vornherein auf eine ganze Reihe zusammenhängender Handelsgeschäfte gerichtet.[121])

---

[120]) Mit der hier vertretenen Ansicht stimmen überein: Endemann, Handelsrecht, S. 67 (65), Stubenrauch, S. 42, Hahn, Komm., I, S. 10 (1. Aufl.), Brix, S. 10, Lehmann-Ring, I, § 1, Nr. 13, Staub, § 1, Nr. 8, Herrmann, Sbornik, II, S. 189 und 190. — Etwas abweichend vertreten Goldschmidt, Handb., S. 333., Hahn, I, S. 20 (2. Aufl.), Anschütz-Völderndorff, I, S. 47, Auerbach, S. 28, Canstein l. c, Behrend, S. 105, auch Górski, § 18, und die Entsch. des deutschen Reichsoberhandelsgerichtes, III, S. 434 (vgl. jedoch die Entsch. Bd. XIV, S. 281) die Anschauung, daß die öffentlichen Gesellschafter neben der Gesellschaft, der sie angehören, als Kaufleute zu betrachten sind. Indes bedeutet die „offene Gesellschaft" nicht mehr und nicht weniger als — die öffentlichen (persönlich haftenden) Gesellschafter; sie steht nicht neben den Gesellschaftern, sondern besteht aus ihnen. Die Norm des Art. 5 Abs. 1 hat wesentlichen Inhalt bei den Aktiengesellschaften; bei den übrigen Gesellschaften betrifft sie im Grunde nur die unter der Firma derselben vereinten offenen Gesellschafter. Die eben bekämpfte Ansicht führt zu Inkonsequenzen, denen weder Goldschmidt noch Canstein auszuweichen vermag. Nicht entscheidend sind die §§ 196 und 240 K. O. Nicht klar drückt sich Thöl, § 38, S. 132, aus: „er (der socius) ist Kaufmann, aber nur im Zusammenhange mit der Firma — aber nicht Einzelkaufmann." Ähnlich Grünhut, Zeitschr., III, S. 190, dazu Staub-Pisko, Komm., I, S. 14, Pollitzer, S. 146.

[121]) Vgl. Staub-Pisko, I S. 15, § 2, Goldschmidt, Handb., S. 458, Anm. 15, Canstein, I., S. 188, Mataja, Grundriß des Gewerberechtes, S. 6; Adl.-Clem. 1739; ferner die Entsch. des deutschen Reichsgerichtes, III, S. 405; Hahn, S. 9, der zutreffend darauf hinweist, es sei das Merkmal gewerbemäßigen Betriebes nicht allein in der Absicht gelegen, einen Gewinn zu erzielen, oder in der Absicht, sich durch den Geschäftsbetrieb den Unterhalt zu verschaffen. Es kann ja der Kaufmann den für seinen Unterhalt notwendigen Aufwand aus anderen Quellen schöpfen.

3. Das dritte Erfordernis endlich geht dahin, daß eines der in den Artikeln 271, 272 H. G. B. angeführten Handelsgeschäfte betrieben werde. Es genügt sonach der gewerbemäßige Betrieb auch nur eines einzigen der in diesen Gesetzesartikeln genannten Handelsgeschäfte.[121a]

Im allgemeinen ist wohl der Umfang des Handelsbetriebes für das Dasein der Kaufmannsqualität gleichgültig; allein drei Ausnahmen sind zu verzeichnen:

a) insoweit es sich um die Bearbeitung oder Verarbeitung beweglicher Sachen für andere (Art. 272, Z. 1), oder

b) um den Personentransport (Art. 272, Z. 3: „Anstalten"), oder

c) um die Geschäfte der Druckereien handelt (Art. 272, Z. 5).

In diesen drei Fällen — und zwar lediglich in diesen Fällen — liegt ein Handelsgewerbe nur dann vor, wenn die Art des Betriebes den Umfang eines handwerksmäßig betriebenen Gewerbes übersteigt, somit als Großbetrieb sich darstellt.

Unerheblich ist, ob der Betrieb eines bestimmten Handelsgewerbes die einzige und ausschließliche Beschäftigung eines Kaufmannes, oder bloß dessen Nebenbeschäftigung bildet. Ebenso kommt es nicht darauf an, ob derjenige, der Handelsgeschäfte betreibt, hierzu seinem Stande nach befugt ist oder nicht. Art. 276 und 11 H. G. B. (Vgl. Goldschmidt, Handbuch, § 44, 3 und 45). Demgemäß gilt beispielsweise ein Beamter, der gewerbemäßig die Geschäfte eines Vermittlers von Handelsgeschäften betreibt, ebenso als Kaufmann im Sinne des Handelsgesetzbuches, wie ein Advokat, der sich gewerbemäßig mit der Eskomptierung von Wechseln beschäftigt.

(Wesentlich abweichend von dem österreichischen Rechte sind die Normen des neuen Handgesetzbuches für das Deutsche Reich §§ 1, 2, 3. Nach § 1 ist Kaufmann im Sinne dieses Gesetzbuches, wer ein Handelsgewerbe betreibt. Als Handelsgewerbe gilt jeder Gewerbebetrieb, welcher eine der im § 1 unter Ziffer 1 bis 9 bezeichneten Arten von Geschäften (Handelsgrundgeschäfte, vgl. hiermit die hier zusammengefaßten Art. 271 und 272 des österreichischen Handelsgesetzbuches) zum Gegenstande hat. Kaufmann ist aber auch derjenige, der irgendein gewerbliches Unternehmen betreibt, das nach Art und Umfang einen in kaufmännischer Weise eingerichteten Geschäftsbetrieb erfordert, sofern die Firma des Unternehmers in das Handelsregister eingetragen wurde. Die Eintragung zu erwirken, ist der Unternehmer nach den hierfür geltenden Vorschriften verpflichtet (§ 2). Land- und Forstwirte, die ein kaufmännisch eingerichtetes Nebengewerbe betreiben, z. B. Brennereien, Sägemühlen, Obstdarren, Essigfabriken usw. sind berechtigt, aber nicht verpflichtet, die Eintragung ihrer Firma in das Handelsregister zu verlangen (§ 3). Hiernach sind für das Geltungsgebiet des deutschen Handelsgesetzbuches drei Kategorien von Kaufleuten zu unterscheiden:

[121a] Zu den Handelsgrundgeschäften der Art. 271, 272 H. G. B. traten, wie bereits oben bemerkt, die Börsegeschäfte und die zum Geschäftsbetriebe gehörenden Geschäfte der öffentlichen Lagerhäuser.

§ 7.

1. Kaufleute auf Grund gewerbemäßigen Betriebes von Handelsgeschäften; 2. Kaufleute auf Grund kaufmännischer Einrichtung ihres Gewerbebetriebes und 3. Forst- und Landwirte, die ein in kaufmännischer Weise eingerichtetes, in innerer Verbindung mit ihrem Betriebe stehendes Nebengewerbe betreiben, wofern sie von dem Rechte, die Eintragung ihrer Firma in das Handelsregister zu erwirken, Gebrauch machen, also Kaufleute zu sein wünschen.)

Es darf nicht außer acht gelassen werden, daß die im Art. 4 H. G. B. gegebene Begriffsbestimmung des „Kaufmannes" nur die Aufgabe hat, den Zwecken des Handelsgesetzbuches zu dienen. Der genannte Artikel stellt deshalb nur fest, wer nach dem Handelsgesetzbuche als Kaufmann anzusehen sei. Die durch die Vorschriften der Gewerbeordnung für die Erlangung der Kaufmannsqualität festgesetzten Erfordernisse läßt Art. 4 H. G. B. unberührt. Aus diesem Grunde erklärt Art. 11 H. G. B., es werde durch die Landesgesetze, welche in gewerbepolizeilicher oder gewerbesteuerlicher Beziehung Erfordernisse zur Begründung der Eigenschaft eines Kaufmannes oder besonderer Klassen von Kaufleuten aufstellen, die Anwendung der Bestimmungen des Handelsgesetzbuches nicht ausgeschlossen und es werden ebenso jene Gesetze (nämlich die Steuer- und Gewerbegesetze) durch das Handelsgesetzbuch nicht berührt.[122]) Es kann sonach jemand im Sinne

---

[122]) Die vom gewerblichen Standpunkte aus nach den Verwaltungsgesetzen zum Betriebe eines Gewerbes notwendigen Erfordernisse werden vornehmlich in der Gewerbeordnung vom 15. März 1883 R. G. Bl. Nr. 39 normiert. Letztere trat in dieser Richtung an die Stelle der Gewerbeordnung vom 20. Dezember 1859 R. G. Bl. Nr. 227. Nach § 1 der G. O. vom 15. März 1883 sind die Gewerbe entweder freie oder handwerksmäßige oder konzessionierte Gewerbe, je nachdem sie auf bloße Anmeldung oder auf Grund eines Befähigungsnachweises oder endlich nur auf Grund einer besonderen behördlichen Bewilligung betrieben werden dürfen (§ 14, 15 G. O.). Alle Gewerbe, die nicht als handwerksmäßige oder konzessionierte erklärt werden, sind freie Gewerbe. (§ 1 G. O.) Zum selbständigen Betriebe eines Gewerbes wird in der Regel erfordert, daß der Unternehmer sein Vermögen selbst zu verwalten berechtigt sei. Für Rechnung von Personen, denen die freie Verwaltung ihres Vermögens nicht eingeräumt ist, können Gewerbe nur mit Zustimmung ihrer gesetzlichen Vertreter und des zuständigen Gerichtes durch einen geeigneten Stellvertreter (Geschäftsführer) oder Pächter betrieben werden (§ 2). Das Geschlecht begründet in bezug auf die Zulassung zum Gewerbebetriebe einen Unterschied nicht (§ 2). Juristische Personen können unter den gleichen Bedingungen wie einzelne Individuen Gewerbe betreiben, müssen aber einen geeigneten Stellvertreter (Geschäftsführer) bestellen (§ 3). Der gleichzeitige Betrieb mehrerer Gewerbe ist erlaubt. — Folgenden Personen ist es nicht gestattet, ein Gewerbe zu betreiben:

a) Geistlichen, welche bereits die höheren Weihen empfingen, und Ordensmitgliedern, welche die feierlichen Gelübde ablegten, nach den Grundsätzen des Kirchenrechtes. Vgl. cap. 6. X. 3. 50. (Für Rabbiner besteht ein derartiges Verbot nicht.)

b) Militärpersonen, mit Ausnahme der dauernd Beurlaubten, der Reserve- und der Landwehrmänner. (Aus den zahlreichen, nicht immer klaren Vorschriften vgl. das Ges. vom 23. Mai 1871 R. G. Bl. Nr. 45, § 14; sodann § 18 der Instruktion vom 6. September 1871 L. G. Bl. für Böhmen.)

der Bestimmungen des Handelsgesetzbuches Kaufmann sein, wiewohl er nach den Vorschriften der Gewerbeordnung als solcher nicht zu betrachten ist. So beispielsweise ein Buchhändler, der die erforderliche behördliche Bewilligung (Konzession) nicht besitzt (§ 15 Ziffer 1 G.O.) oder der Inhaber einer nichtkonzessionierten Pfandleihanstalt (§ 15 Ziffer 13 G. O., Gesetz vom 23. März 1885 R. G. Bl. Nr. 48, § 485 St. G.). Selbst solchen Personen, denen der Betrieb eines Gewerbes überhaupt verboten ist, wie Notaren, Geistlichen, Militärpersonen u. a. kommt Kaufmannsqualität im Sinne des Handelsgesetzbuches zu, wenn sie Geschäfte der in den Art. 271 und 272 H. G. B. bezeichneten Art (gewerbemäßig) betreiben. Umgekehrt ist es möglich, daß jemand auf Grund der Normen der Gewerbeordnung Kaufmann ist, ohne nach den Bestimmungen des Handelsgesetzbuches als solcher betrachtet werden zu können; wie beispielsweise eine Ehefrau, die ohne Einwilligung ihres Gatten gewerbemäßig Handelsgeschäfte schließt.[123]

---

c) den amtlichen Handelsmäklern (Sensalen) nach Art. 69, Ziff. 1 H. G. B., Ges. vom 4. April 1875 Nr. 68.

d) Den Staats- und Landes- (Bezirks- und städtischen) Beamten ist nach der a. h. Entschl. vom 16. Juli 1834 (Polit. Ges. Slg. Bd. 63, S. 359) eine Nebenbeschäftigung nur unter der Bedingung gestattet, daß sie nicht Anlaß zur Parteilichkeit gebe, daß sie mit der äußeren Ehre des Amtes nicht im Widerspruche stehe und die Zeit des Beamten nicht zum Abbruche sorgsamer Erfüllung der Dienstpflichten in Anspruch nehme.

e) Rücksichtlich der Lehrer an öffentlichen Schulen gelten ähnliche Vorschriften. Vgl. § 35 des Landesges. für Böhmen vom 19. Dezember 1875 L. G. Bl. Nr. 86.

f) Den öffentlichen Notaren ist der Betrieb von Handelsgeschäften untersagt, welche mit der Würde des Standes nicht im Einklange stehen, oder das Vertrauen in ihre Unparteilichkeit erschüttern (§ 7 der Notariatsord. vom 25. Juli 1871 R. G. Bl. Nr. 75.)

g) Auch den Advokaten ist der Betrieb solcher Beschäftigungen, welche dem Ansehen des Advokatenstandes zuwiderlaufen, nicht gestattet (§ 20 der Advokatenord. vom 6. Juli 1868 R. G. Bl. Nr. 96).

h) Andere Beschränkungen enthält § 5 der G. O., mit welchem die Bestimmungen des § 6 der Strafgesetznovelle vom 15. November 1867, R. G. Bl. Nr. 131, zu vergleichen sind.

Ungarische Unternehmungen dürfen auf österreichischem Gebiete Sparkassegeschäfte nicht betreiben. Ges. vom 27. Juni 1878, R. G. Bl. Nr. 63, § 10.

Türkische Untertanen besitzen auf Grund von Staatsverträgen (Art. XIV des Karlowitzer Friedensvertrages vom 26. Jänner 1699, Art. XIII des Passarowitzer Friedens 1718, Handels- und Schiffahrtsvertrag vom Jahre 1718, Belgrader Friedensvertrag vom Jahre 1739 und Szistower Friedensvertrag vom Jahre 1791, Handelsvertrag vom Jahre 1862, Art. 42 und laut des Hofkammerdekretes vom 28. Juli 1806 über bloße Anmeldung das Recht, auf Grund eines von der türkischen Obrigkeit ausgestellten Erlaubnisscheines in Österreich den Großhandel mit türkischen Waren zu betreiben und sind von der Pflicht zur Entrichtung österreichischer Steuern befreit. (Vgl. §§ 4 und 7 Einf. Ges.) In Ansehung der Firma, der Prokura, der Handelsbücher und der Handelsgesellschaften sind sie dem österreichischen Handelsgesetzbuche unterworfen. (Vgl. § 7 Einf. Ges.)

[123]) Vgl. Art. 7 H. G. B. Durch die Bestimmung des § 2 der Gewerbeordnung: „Das Geschlecht begründet in bezug auf die Zulassung zum Gewerbebetriebe keinen Unterschied", werden die Grundsätze des Handelsgesetzbuches nicht

Nicht nur physische, sondern auch juristische Personen, insbesondere Staat, Gemeinden, Vereine, Korporationen (§ 26 b. G. B.) können Kaufleute sein. Gesellschaften zum Handelsbetriebe sind zwar nicht Gesamtpersönlichkeiten[124]), allein nach Art. 5 H. G. B. gelten die in betreff der Kaufleute gegebenen Bestimmungen in gleicher Weise in betreff der Handelsgesellschaften, insbesondere der Aktiengesellschaften, bei welchen der Gegenstand des Unternehmens in Handelsgeschäften besteht. (Dazu vgl. N. 120).

In betreff der rechtlichen Möglichkeit des Betriebes eines Handelsgewerbes macht das Geschlecht keinen Unterschied (Art. 9 H. G. B.). Doch kann eine Ehefrau ohne ausdrückliche oder stillschweigende Einwilligung ihres Gatten nicht Handelsfrau sein (Artikel 7 H. G. B.[125]). Die mangelnde Einwilligung des Ehemannes kann durch den Ausspruch des Richters ersetzt werden, wenn aus der amtlich zu pflegenden Verhandlung sich ergibt, daß durch den Handelsbetrieb der Ehefrau die (persönlichen sowie die Vermögens-) Rechte des Ehemannes einer Gefährdung nicht ausgesetzt werden (§ 6 Einf. Ges.)[126]) Zur Erteilung

---

beeinflußt, wie dies aus der Norm des Art. 11 H. G. B. unzweifelhaft erhellt; desgleichen sind für den Begriff des „Handelsmannes" im Sinne des § 486, Abs. 2 St. G., die Bestimmungen des Handelsrechtes maßgebend (Entsch. des O. G. H. als Kassationshofes Nr. 912 Sammlung, Finger, Strafrecht, II S. 252), nicht minder für den Begriff des „Kaufmannes" im Sinne des § 246 K. O.; vgl. Rudolf Pollat, Konkursrecht, S. 130.

[124]) Vgl. Konferenzprotokolle, S. 539. Die Fassung des Art. 5 H. G. B. wurde von der Konferenz deshalb gewählt, damit die Besorgnis ausgeschlossen werde, als ob hiemit die juristische Persönlichkeit der Handelsgesellschaft anerkannt würde. Vgl. Protokolle 1259, 1260. (Abweichend lautet § 6 des neuen deutschen Handelsgesetzbuches, dessen zweiter Absatz sich speziell auf Aktiengesellschaften, Aktienkommanditen, Gesellschaften mit beschränkter Haftung und Wirtschaftsgenossenschaften bezieht. Vgl. Lehmann-Ring, I, zu § 6.)

[125]) Diese Bestimmung besitzt auch für den Fall Geltung, als die Eheleute geschieden sind; denn das Gesetz macht in dieser Hinsicht keinen Unterschied. Vgl. Stubenrauch, S. 44, Ullmann, Mitteilungen des Prager Juristenvereines, 1869 Nr. 3. Von der gleichen Anschauung ging auch der Regierungsentwurf zu § 6 Einf. Ges. aus, indem er die Supplierung der Einwilligung des Gatten durch Richterspruch auf den Fall der Ehescheidung (von Tisch und Bett) einschränken wollte. Der Ausschuß des Abgeordnetenhauses lehnte jedoch diese Einschränkung ab. Vgl. auch Staub-Pisko, I, S. 28, Pollitzer, S. 53, Blaschke-Pitreich, S. 17. Nach § 6 des ungarischen H. G. B. im Zusammenhange mit dem Gesetzartikel VIII aus dem Jahre 1872 (Gewerbegesetz) kann die Ehefrau auch ohne Einwilligung ihres Gatten Handelsgeschäfte betreiben. Desgleichen nach dem neuen Handelsgesetzbuche für das Deutsche Reich, da nach bürgerlichem Rechte das Mundium des Ehemannes nicht mehr besteht. (§ 1399, b. b. G. B.) (Das österreichische Handelsrecht gab überflüssigerweise den gleichen Grundsatz des älteren österreichischen Handelsrechtes preis und nahm die Bestimmung des Art. 7, Abs. 1 (diesen letzten Rest des unserem bürgerlichen Rechte fremden, deutschrechtlichen Mundiums) ohne Bedenken an. Vgl. dazu Lehmann-Ring, I, S. 10. Im Falle der Wiederaufhebung des Art. 7 müßte allerdings auch Art. 8, Abs. 2, geändert werden.

[126]) Eine solche Gefährdung kann allerdings vorhanden sein; denn nach Art. 8 H. G. B. haftet eine Ehefrau, welche Handelsfrau ist, für die Handelsschulden mit ihrem ganzen Vermögen, ohne Rücksicht auf die Verwaltungsrechte und den Nießbrauch oder die sonstigen an diesem Vermögen durch die Ehe begründeten Rechte des Ehemannes. Es haftet auch das

dieser Einwilligung ist nicht das Handelsgericht, sondern jenes Gericht zuständig, das für den Bezirk, in welchem der Wohnsitz des Gatten liegt, die allgemeine Gerichtsbarkeit ausübt.[126a]). Betreibt eine Ehefrau ohne Einwilligung ihres Gatten und ohne daß diese Einwilligung vom Gerichte suppliert worden wäre, gewerbemäßig Handelsgeschäfte, so kann sie im Sinne des Handelsgesetzbuches als Handelsfrau nicht angesehen werden. Eine solche Frau genießt weder die Rechte und Begünstigungen, noch obliegen ihr die Pflichten, welche sonst nach den Vorschriften des Handelsgesetzbuches Kaufleuten zukommen. Die Bestimmung des Art. 8 H. G. B. findet in diesem Falle keine Anwendung und es bleiben die an dem Vermögen der Ehefrau durch die Ehe begründeten Rechte des Ehemannes in Ansehung der Handelsgläubiger der ersteren unberührt. Die Einwilligung des Mannes ist im Zweifel nicht für unwiderruflich zu halten. (Vgl. die Entsch. des R. O. H. G., I, S. 315). Aus den Worten: „kann nicht Handelsfrau sein" im Art. 7 H. G. B. muß gefolgert werden, daß mit dem Widerrufe der Einwilligung des Gatten dessen Ehefrau aufhört, Handelsfrau zu sein. Etwas anderes würde nur dann gelten, wenn die Einwilligung auf Grund eines beide Teile verpflichtenden Vertrages erteilt worden wäre. Die Ehefrau bedarf auch dann, wenn sie als öffentliche Gesellschafterin an einem Handelsunternehmen sich beteiligen will, der Einwilligung ihres Gatten. Arg. Art. 8 H. G. B., § 16 Einf. Ges. letzter Absatz und hierzu N. 120. (Vgl. Hahn, S. 34. Anderer Meinung Stubenrauch, S. 43). Auf die Kommanditistin bezieht sich Art. 7 nicht. (Nach

gemeinschaftliche Vermögen, soweit Gütergemeinschaft besteht. Aus dieser Vorschrift folgt, daß die Handelsgläubiger einer Ehefrau auch auf jenes Vermögen greifen können, welches letztere ihrem Ehegatten ausdrücklich oder stillschweigend zur Verwaltung überließ (die Verwaltung kommt bis zum Widerrufe dem Fruchtnießungsrechte nahe, §§ 1238 bis 1241 a. b. G. B.) und daß sie nicht minder das Heiratsgut zu ihrer Befriedigung heranziehen können, mag nun dem Ehegatten das Eigentum oder lediglich ein Fruchtnießungsrecht an den als Heiratsgut hingegebenen Gegenständen zustehen (§§ 1227, 1228 a. b. G. B.). Es muß somit das Heiratsgut in die Konkursmasse der Ehefrau einbezogen werden, worin unzweifelhaft eine Änderung der im § 1261 a. b. G. B. aufgestellten Regel: „Verfällt die Gattin mit ihrem Vermögen in den Konkurs, so bleiben die Ehepakte unverändert", zu erblicken ist. Besteht zwischen der Handelsfrau und ihrem Gatten eine auch nur teilweise Gütergemeinschaft, so müssen alle Handelsschulden der ersteren von dem gemeinsamen Vermögen in Abzug gebracht werden (anders nach der Bestimmung des § 1235 a. b. G. B.). Die Handelsgläubiger der Ehefrau sind sogar befugt, auch beim Obwalten des im § 1236 a. b. G. B. normierten Rechtsverhältnisses aus dem gemeinsamen unbeweglichen Gute ihre Befriedigung zu suchen, wenngleich der Ehegatte als Miteigentümer im Grundbuche eingetragen ist. Der letzte Satz im Art. 8 H. G. B., beginnend mit den Worten: „Ob zugleich . . . .", wurde lediglich im Hinblicke auf das französische Recht in das Gesetz aufgenommen.

[126a]) Gegen Górski, § 18, vgl. Herrmann im Sbornik, II S. 189, der mit Recht auch bei den Handelsgerichten in Wien, Prag und Triest eine Ausnahme rücksichtlich der Zuständigkeit nicht anerkennt. Wenn die Ehegatten getrennt leben, ist zur Erteilung der Einwilligung das Bezirksgericht des Wohnortes der um richterliche Konsenssupplierung ansuchenden Ehegattin zuständig (vgl. § 70 J. N.). Vgl. Staub-Pisko, S. 28.

§ 7.

ungarischem Recht bedarf die Ehefrau der Einwilligung ihres Ehegatten zum Betrieb eines Handelsgewerbes nicht. Vgl. Bausenwein, S. 24.)

Kontrovers ist die Beantwortung der Frage, ob die Firma einer Handelsgeschäfte betreibenden Ehefrau in das Handelsregister eingetragen werden dürfe, ohne daß durch eine in beglaubigter Form errichtete Urkunde der Nachweis über die Erteilung der Einwilligung des Ehegatten erbracht würde. Dieser urkundliche Nachweis erscheint unerläßlich; denn sobald auf Grund einer bestimmten Willenserklärung irgend ein Rechtsakt in das Handelsregister eingetragen werden soll, muß die Erklärung entweder persönlich (mündlich) zu Protokoll gegeben, oder schriftlich in gerichtlich oder notariell beglaubigter Form vorgebracht werden.[127]) Vgl. §§ 10 und 17 Einf. Ges. zum H. G. B. Durch die Einwilligung des Ehegatten zum Handelsbetriebe seiner Gattin ist die Eigenschaft der letzteren als Handelsfrau nicht weniger bedingt, als durch die eigene Erklärung der Ehegattin, unter einer bestimmten Firma Handelsgeschäfte betreiben zu wollen. Selbstverständlich würde es einer schriftlichen Erklärung des Ehegatten dann nicht bedürfen, wenn derselbe mit seiner Gattin zum Zwecke der Anmeldung der Firma der letzteren bei dem Gerichte erscheint.

Die in dem zweiten Absatze des Art. 6, in dem ersten Absatze des Art. 8 und im Art. 9 H. G. B. enthaltenen Bestimmungen entbehren für Österreich der praktischen Bedeutung. Nach § 52 Einf. Ges. finden auf Handelsfrauen, deren Unternehmungen schon vor dem Beginne der Wirksamkeit des Handelsgesetzbuches (1. Juli 1863) bestanden, die Normen des Art. 7 und 8 H. G. B. keine Anwendung.

Unter den juristischen Personen, die gewerbemäßig Handelsgeschäfte betreiben können, nehmen naturgemäß Staat und Gemeinde eine hervorragende Stellung ein. Hier wirft sich die Frage auf, ob auch der Staat und die Gemeinde, insoweit sie Handelsgeschäfte betreiben, den Normen des Handelsgesetzes unterworfen sind. So kann der Staat Eigentümer von Banken, Eisenbahnen, Vorschußkassen und Transportanstalten (Postanstalten usw.) sein. In der Natur des Staates oder der Gemeinde kann ein Hindernis für den Betrieb von Handelsgeschäften

---

[127]) Anderer Ansicht sind: Ullmann, Mitteilungen des Prager deutschen Juristenvereines, 1869 Nr. 3, Dr. M. H. in der Ger. Ztg., 1872 Nr. 15, Behrend, I S. 176, Staub-Pisko, I S. 29. Mit der im Text vertretenen Anschauung stimmt überein Hahn, I S. 34. (Die Tatsache der Konsenserteilung wird allerdings in das Handelsregister nicht eingetragen.) Die entgegengesetzte Ansicht erscheint auch vom legislativen Standpunkt aus nicht unbedenklich. So insbesondere wenn es sich im Falle eines kaufmännischen Konkurses um die Rechte der Gläubiger handelt. Vgl. hierüber den obgedachten Artikel in der Ger. Ztg. 1872 Nr. 16, 17. Widerruft der Ehegatte die erteilte Einwilligung, so muß er dies allerdings in einer für dritte Personen leicht erkennbaren Art tun. Vgl. Protokolle S. 889. Hiedurch allein ist jedoch für die Sicherheit der Rechte dritter Personen nicht hinlänglich Vorsorge getroffen. Offenbar ist der Ehegatte berechtigt, auf die Löschung der Firma seiner Ehegattin aus dem Handelsregister zu dringen. Bezüglich der Wirkungen der unterlassenen Löschung sind die Grundsätze der Art. 25 und 46 maßgebend. Dazu vgl. Behrend, I, S. 177 flg., bezüglich der Ehefrau als öffentliche Gesellschafterin Frankl, Konkurs der off. Handelsgesellschaft, S. 29.

nicht erblickt werden, vorausgesetzt, daß der Zweck, oder mindestens einer der Zwecke der Unternehmung auf ständigen Erwerb gerichtet ist. Die Art der Verwendung des Ertrages ist gleichgültig; insbesondere kommt nichts darauf an, ob derselbe zur Deckung des Staats-, bezieh. Gemeindeaufwandes, oder zu wohltätigen Zwecken verwendet wird.

Wofern jedoch der Zweck der Unternehmung in der Erfüllung öffentlichrechtlicher Pflichten oder in der Verfolgung ethischer oder gemeinnütziger Ziele besteht, liegt ein Handelsunternehmen nicht vor, mag auch der Betrieb der Unternehmung mit Gewinn verbunden sein. Darum können Staats- oder Gemeinde-Speiseanstalten, -Pfandleihanstalten, Werkstätten in Strafhäusern, und ähnliche staatliche Werkstätten, die Ausübung des Münzregales und die auf Grund des Gesetzes vom 16. Juli 1892 R. G. Bl. Nr. 202 errichteten Hilfskassen als Handelsunternehmungen nicht betrachtet werden, — wohl aber staatliche oder Gemeinde-Gasanstalten, -Banken, (Art. 5.) -Sparkassen, Staatseisenbahnen und Postanstalten (Art. 421 H. G. B.), staatliche Munitions-, Waffen- und Papierfabriken usw.[128]) — Eine Handelsunternehmung hört nicht auf eine solche zu sein, wenn sie sich auch im Besitze einer Kongregation, eines Kapitels, einer Krankenanstalt, oder eines sonstigen gemeinnützigen Institutes befindet. Auch die öffentlichen (Gemeinde-) Sparkassen (als juristische Personen) erscheinen als kaufmännische Unternehmungen, obgleich sie nach dem Hofdekrete vom 26. September 1844, Nr. 832 (Regulativ § 12), einen bestimmten Teil des Reingewinnes zu wohltätigen oder gemeinnützigen örtlichen Zwecken zu widmen haben. Denn nicht die Art der Verwendung des Gewinnes sondern der Umstand, daß der Geschäftsbetrieb auch auf Erzielung eines Reinertrages gerichtet ist, bildet den springenden Punkt. (In diesem Sinne entschied auch das Judikat des Obersten Gerichtshofes Nr. 84, Entsch. vom 31. Dezember 1873, Z. 12.095.) Nach der entgegengesetzten Auffassung könnte der Staat, eine Gemeinde, eine wissenschaftliche oder kirchliche Korporation oder Anstalt, in deren Besitze und Betriebe Fabriksetablissements oder kaufmännische Unternehmungen sich befinden, niemals einem Kaufmann gleichgeachtet werden.[129])

---

[128]) So im Wesen auch Goldschmidt, I, § 44, der jedoch unbegründeterweise in der N. 12 auch staatliche und städtische Sparkassen, ebenso Staatseisenbahnen und Postanstalten, insoweit der Staat das Eisenbahn- und Postregal besitzt, aus dem Kreise der Handelsunternehmungen ausschließt. Allein das Regalrecht des Staates kommt hier nicht in Betracht.

[129]) Zutreffend bemerkt die Entsch. des O. G. H. in der Ger. Ztg. 1872, Nr. 70, mittels welcher die Sparkasse in Iglau zur Eintragung ihrer Firma in das Handelsregister verhalten wurde: „daß bei Sparkassegeschäften (Bankgeschäften), beziehungsweise der Vermittlung zwischen dem Kapitalisten und dem Geldbedürftigen) ein Gewinn angestrebt wird, entscheidet allein. Hieran ändert nichts, daß der Gewinn zu wohltätigen Zwecken verwendet wird. Ein Spitalfonds, welcher z. B. eine Zuckerfabrik in Betrieb setzt, ist Kaufmann". (In entgegengesetztem Sinne Entsch. Nr. 1117, 1369, 1823, Adl.-Clem., ferner die Entsch. vom 9. November 1887, Z. 12.478, Prävnit 1888 S. 9; richtig dagegen die Entsch. Nr. 117, 388 und 477 [Judikat Nr. 84], Slg. Adl.-Clem.) Vgl. auch Hasenöhrl, § 5, S. 18.

In Ansehung der öffentlichen (Staats-)Banken enthält Art. 5 H. G. B. in seinem zweiten Absatze die ausdrückliche Vorschrift, daß die in betreff der Kaufleute gegebenen Bestimmungen auch in betreff der öffentlichen Banken in den Grenzen ihres Handelsbetriebes gelten, unbeschadet der für sie bestehenden besonderen Verordnungen.[180]) In gleicher Weise erklärt Art. 421 H. G. B., daß die Normen des fünften Titels des vierten Buches des Handelsgesetzbuches auch auf die mit dem Staate als Eigentümer der Postanstalten abgeschlossenen Frachtgeschäfte insoweit zu gelten haben, als nicht durch besondere Gesetze und Verordnungen für diese Anstalten ein anderes bestimmt ist.

Es folgt hieraus, daß der Staat, insoweit er Handelsgeschäfte betreibt, den Grundsätzen des Handelsgesetzbuches unterworfen ist, allerdings mit einer einzigen, im § 8 Einf. Ges. statuierten Ausnahme. Nach dieser Norm bleibt es der Bestimmung im Verordnungswege überlassen, inwiefern Unternehmungen des Staates in das Handelsregister einzutragen, und daher den Bestimmungen des Handelsgesetzbuches über die Firmen, die Handelsbücher und die Prokura zu unterziehen seien.[181])

Unter Bedachtnahme auf die einzelnen Arten der in den Art. 271 und 272 angeführten Handelsgeschäfte sind sonach als **Kaufleute** namentlich zu bezeichnen:

a) **Handelsleute** im engeren und gewöhnlichen Sinne des Wortes, welche Waren ankaufen oder auf andere Weise anschaffen, um sie in wesentlich unveränderter Gestalt wieder zu veräußern. Gleichgültig ist hierbei, ob der Handel im großen oder im kleinen betrieben wird. Es gehören daher zu den Kaufleuten auch Krämer, Höcker, Trödler, Hausierer, Marktfieranten, Trafikanten (Zeitungsverschleiß), Antiquare, Milchhändler (Nr. 1093, Slg. Adl.-Clem.) usw.; selbst Konsumvereine, insofern sie auch an Personen, die nicht Mitglieder sind, Waren absetzen. Auf die Warengattung kommt es in dieser Rücksicht nicht an. Vgl. Art. 271, Z. 1 und Art. 10. (Ungenau ist daher die Entsch. Nr. 874, Slg. Adl.-Clem.) Auch Buchhändler sind schon nach Art. 271 Z. 1, Kaufleute; überdies auch im Sinne des Art. 272 Z. 5;

b) **Fabrikanten**, wofern sie angekaufte oder sonst angeschaffte Rohware oder Halbfabrikate zu fertiger Ware bearbeiten oder verarbeiten, wie beispielsweise die Besitzer von Fabriken zur Erzeugung von Leinen- oder Baumwollwaren, von Chemikalien, von Eisenwaren (wenn sie Eisen nicht durch Bergbau gewinnen),[181a]) von Maschinen jeder Art, von

---

[180]) So ist z. B. die österreichisch-ungarische Bank nicht verpflichtet, die Eintragung ihrer Firma in das Handelsregister zu erwirken. Vgl. das Ges. vom 21. Mai 1887 R. G. Bl. Nr. 51 (Art. 91 der Statuten) und die kais. Vdg. vom 21. September 1899, R. G. Bl. Nr. 176, Art. 38.

[181]) Rücksichtlich dieser Ausnahmsbestimmung gilt die bekannte Rechtsregel: Exceptio firmat regulam in casibus non exceptis. Stubenrauch, S. 47, ist der entgegengesetzten Anschauung und beruft sich mit Unrecht auf die Konferenzprotokolle; der betreffende Inhalt der letzteren lautet jedoch im Sinne der obigen Textausführung.

[181a]) Ein Hüttenbesitzer ist dann Kaufmann, wenn er angeschaffte Rohprodukte verarbeitet.

Spirituosen, Glaswaren, Filzwaren, von Gas usw.,¹³²) ebenso Zuckerbäcker, Apotheker, Bräuer und Gastwirte; ebenso Kürschner, Klempner, Sattler, Schuster, Schneider (in der Regel), Tischler usw. Art. 271, Z. 1 und Art. 10.¹³³) Denn alle diese Gewerbetreibenden kaufen Stoffe an, um sie, allerdings nach Vornahme einer Bearbeitung oder Verarbeitung, oder einer sonstigen Veränderung an andere zu veräußern. Sie nehmen sonach Handelsgeschäfte im Sinne des Art. 271, Z. 1, H. G. B. vor. Ein Fabrikant wird aber dann als Kaufmann nicht angesehen werden können, wenn er Naturprodukte, die er aus eigenem oder gepachtetem Grunde und Boden gewann, verarbeitet, so z. B. ein Gutsbesitzer, der aus eigenem oder gepachtetem Grunde bezogene Zuckerrübe in seiner Zuckerfabrik verarbeitet. Denn zum Wesen der im Art. 271, Z. 1 genannten Handelsgeschäfte gehört der durch den Unternehmer erfolgte Ankauf oder die anderweitige Anschaffung der Stoffe von anderen Personen. Deshalb ist den Besitzern von Ziegeleien und Kalkbrüchen, Schamotte- und Porzellanfabriken Kaufmannsqualität nicht zuzuerkennen, sofern sie das zur Herstellung der Ziegel erforderliche Material bezieh. die Kalksteine, Schamotte- oder Porzellanerde aus eigenem oder gepachtetem Grunde und Boden gewinnen.¹³⁴) Es darf aber nicht übersehen werden, daß die sogenannte

---

¹³²) Manche Schriftsteller unterscheiden zwischen Fabriken und solchen gewerblichen Unternehmungen, in welchen die dem Unternehmer zu diesem Behufe übergebenen (also nicht vom Unternehmer gekaufte oder anderweitig angeschaffte) Stoffe einer Bearbeitung oder Verarbeitung unterzogen werden, in denen sonach um Lohn gearbeitet wird, z. B. Bleichen, Färbereien u. dgl. Unternehmungen dieser Art werden Manufakturen genannt. Die von ihnen betriebenen Geschäfte fallen unter die Bestimmung des Art. 272, Z. 1, H. G. B.

¹³³) Die Kaufmannseigenschaft der Apotheker wird anerkannt in den Entsch. des O. G. H.: Ger. Halle 1871 Nr. 83, Ger. Ztg. 1884 Nr. 81 und Nr. 332, 1160, 1201, 1524 und 1870. Slg. Abl.-Clem. (in entgegengesetztem Sinne Nr. 143 dieser Slg.) Vgl. auch Gorski, § 16, Hasenöhrl, § 4, Anm. 48, Staub-Pisko zu a. 272, § 27. — Bräuern (auch Propinationsbräuern, Pächtern) erkannte der O. G. H. Kaufmannseigenschaft zu in den Entsch. vom 1. Mai 1872 Ger. Ztg. 1872, Nr. 96, dann Nr. 7, 28, 538, 566, 1236, 1414 Slg. Abl.-Clem. (vgl. Anm. 72); ebenso Gutsbesitzern, die auf Grund des Propinationsrechtes die Bierbrauerei betreiben, in den Entsch. vom 10. Dezember 1878, Nr. 13.630, Slg. Abl.-Clem. Nr. 808, Ger. Ztg. 1879, Nr. 10, Staub-Pisko, a. a. O. — Daß Gastwirte Kaufleute seien, wird im Art. 10 H. G. B. ausdrücklich gesagt. Vgl. die Entsch. Nr. 122, 933, 1048, 1353, 1874, 1995 Slg. Abl.-Clem.; so auch Staub-Pisko, a. a. O., S. 222. (In entgegengesetztem Sinne lauten die Entsch. des O. G. H.: Slg. Abl.-Klem. 856, 1049, 1688, 1733, 1836, dann Právník 1872, S. 685.) Zu den Gastwirten werden auch die Inhaber von Kaffeehäusern und Kantinen gerechnet; vgl. Entsch. Nr. 82, 415 Slg. Abl.-Clem. Dagegen sind die Besitzer von „Hotel garnis" als Kaufleute nicht zu betrachten. Vgl. Blaschke-Pitreich, § 168. — Bauunternehmer können regelmäßig zu den Kaufleuten nicht gezählt werden. (Art. 275 H. G. B.) Irrtümlich ist daher die Entsch. des O. G. H. vom 13. März 1878, Z. 8085, im Právník 1878, S. 92. (Die erste und zweite Instanz hatten richtig entschieden.) Vgl. noch die Entsch., welche in den Anm. 74 a, 134 a und 136 angeführt werden. — Fleischhauer sind Kaufleute; Abl.-Clem. Nr. 22, 255, 343, 410.

¹³⁴) Vgl. die Entsch. Nr. 538, Slg. Abl.-Klem., ferner Entsch. in der Zeitschr. „Jur. Bl." 1888, Nr. 41; Goldschmidt, § 47, Anm. 33 und § 59; Staub-

§ 7.

Pachtung von Kalksteinbrüchen, bei welchen der sogenannte Pachtzins nach der Quantität des gewonnenen Materiales berechnet wird, in Wahrheit ein Kaufvertrag ist; der sogenannte Pächter erscheint dann allerdings als Kaufmann (der Pächter übernimmt hier nämlich — ähnlich wie der Käufer von Holz am Stamme — die Arbeit der Abtrennung auf seine Rechnung).

Eine im Sinne des Vorstehenden richtige Beurteilung fanden landwirtschaftliche Brennereien in der Entscheidung des Obersten Gerichtshofes, Slg. Abl.-Clem. Nr. 1493.

Die in neuerer Zeit zahlreich entstandenen Elektrizitätswerke, welche gewerbemäßig die elektrische Kraft (Energie) erzeugen und absetzen, können nicht als Handelsunternehmungen gelten. (Anders und richtiger nach dem neuen deutschen H. G. B. [§§ 1, 2], welches außer dem gewerbemäßigen Betrieb von Handelsgeschäften auch jede andere gewerbliche Unternehmung, welche nach Art und Umfang einen in kaufmännischer Weise eingerichteten Geschäftsbetrieb erfordert, sofern die Firma registriert ist, als Handelsgewerbe ansieht; zur Registrierung ist der Inhaber verpflichtet.) Bauunternehmer, Bergwerks- und Ziegeleibesitzer sind auch nach deutschem Recht als Kaufleute nicht anzusehen. Vgl. S. 62;

c) insofern die meisten Handwerker die Stoffe, die sie bearbeiten oder verarbeiten, selbst ankaufen oder anderweitig anschaffen, kann ihnen die Kaufmannsqualität nicht abgesprochen werden. Sie schaffen eben bewegliche Gegenstände gewerbemäßig in der Absicht an, dieselben nach geschehener Bearbeitung oder Verarbeitung weiter zu veräußern, schließen somit Handelsgeschäfte im Sinne des Art. 271 Z. 1 H. G. B. (Kaufhandwerker). Richtig anerkennt die Entsch. des O. G. H. vom 28. Jänner 1873 Ger. Halle 1873 Nr. 49, daß für die Kaufmannseigenschaft von Handwerkern dieser Art der größere oder geringere Umfang des Geschäftsbetriebes außer Betracht bleibt. (Vgl. Slg. Abl.-Clem. Nr. 415 und 786; anders Nr. 1165 derselben Slg.)

Handwerker, welche die von ihnen zu bearbeitenden Stoffe im eigenen Namen und auf eigene Rechnung anschaffen, verlieren die Kaufmannseigenschaft auch dann nicht, wenn sie nur auf Bestellung arbeiten. § 1155 a. b. G. B.

Zweifelhaft ist die Beurteilung von Fällen, wo bei einem Gewerbe gleichzeitig und einheitlich Verträge über unbewegliche und bewegliche

---

Pisko, a. a. O. (Unrichtig ist die Entsch. Nr. 979, Abl.-Clem.) Anders ist zu entscheiden, wenn der Besitzer einer Ziegelei oder Kalkbrennerei das Material zur Gewinnung der Ziegel, beziehungsweise des Kalkes durch Ankauf erwirbt. Vgl. Staub-Pisko, II, S. 4, Goldschmidt, H. B. § 59. Zum Fällen bestimmtes Stammholz wird als künftig bewegliche Sache behandelt; es wird daher durch gewerbemäßige Anschaffung solchen Holzes der Unternehmer zum Kaufmanne. Die Gewinnung von Naphtha, Kohlen und anderen Naturprodukten aus dem Erdinnern bildet kein Handelsgeschäft. Der Unternehmer dieser Urproduktion ist daher nicht Kaufmann. In dieser Hinsicht richtig ist die Entsch. Nr. 1441, Slg. Abl.-Clem., unrichtig dagegen die Entsch. Nr. 1327 derselben Sammlung, ein Unternehmen zur Naphthagewinnung betreffend.

Gegenstände geschlossen werden, wie beispielsweise bei dem Hotelpensionate. Da der Vertrag über die Pension (Gewährung der Wohnung und der Kost) als ein einheitlicher Rechtsakt sich darstellt, so wird, wenn in der Verköstigung die Hauptleistung, in der Gewährung der Wohnung aber nur die Nebenleistung des einen Vertragsteiles erblickt wird, ein Handelsgewerbe vorliegen (vgl. Anal. des § 1055 b. G. B.). Vgl. Pollitzer, Das Verhalten des Handelsgesetzbuches usw., S. 137 flg., Behrend, § 31, 4; ferner das Erk. des R. O. H. G., Bd. XI, S. 50, Bd. XX, S. 58, Bd. XXIII, S. 45.[134a]

d) Lieferanten, Art. 271, Z. 2, H. G. B.;

e) die Übernehmer von Versicherungen, namentlich alle Versicherungsanstalten mit Ausschluß der auf Wechselseitigkeit beruhenden Versicherungsunternehmungen. Art. 271, Z. 3. Erfolgt jedoch der Betrieb einer auf Wechselseitigkeit beruhenden Versicherungsanstalt mit der Tendenz, einen Gewinn zu erzielen, schließt eine solche Anstalt insbesondere Versicherungsverträge auch mit Personen ab, die nicht Mitglieder sind, so nimmt sie den Charakter eines Handelsunternehmens an. Vgl. die Entsch. Nr. 805, 868, 882, 910, 962, 970 Slg. Adl.-Clem. und das Judikat Nr. 90;

f) die Unternehmer von Gewerben, welche sich mit der Bearbeitung oder Verarbeitung von Gegenständen befassen, die von anderen Personen zu diesem Zwecke übergeben wurden, falls der Gewerbebetrieb die Grenzen des handwerksmäßigen Betriebes übersteigt. Art. 272 Z. 1 H. G. B. Die Art des Betriebes ist in jedem einzelnen Falle zu untersuchen und festzustellen. Bei dem Vorhandensein eines Großbetriebes sind als Kaufleute im Sinne des Art. 272 Z. 1 und Art. 4 H. G. B. anzusehen: Die Inhaber von Färbereien, Bleichen nnd Appreturanstalten, Dampfwaschanstalten, von Lohnmühlen[135] mit ausgedehnterem Betriebe, von größeren Buchbinder- und Tuchscheererunternehmungen. Dagegen ist die Kaufmannseigenschaft (der Regel nach) dem Bauunternehmer und Bauhandwerker[136] abzusprechen, es wäre denn, daß er die

---

[134a]) Die Kaufmannseigenschaft des Gastwirtes ergibt sich unzweifelhaft aus dem Wortlaut des Art. 271 Z. 1 und des Art. 10 H. G. B., beziehungsweise § 7 Einf. Ges. Dieselbe wird dessenungeachtet in der Entsch. des O. G. H. vom 6. Oktober 1893 Právník 1893 S. 785 mit der Motivierung in Abrede gestellt, der Gastwirt sei Handwerker. Vgl. N. 133.

[135]) Die Besitzer von Mühlen mit Dampfbetrieb werden regelmäßig zu den Fabrikanten gehören. Sofern sie das zum Vermahlen zu verwendende Getreide selbst anschaffen, sind sie selbst ohne Rücksicht auf den Umfang des Betriebes nach Art. 271 Z. 1 H. G. B. Kaufleute. Die Besitzer von Mühlen mit Wasserkraft dagegen verarbeiten der Regel nach nur jenes Getreide, welches ihnen von Parteien zum Vermahlen übergeben wurde. (Art. 272 Z. 1; Lohnmüller, Nr. 130 Adl.-Clem.; vgl. N. 72 und Goldschmidt, Handb., I, § 52, N. 10; Lehmann-Ring, I S. 22.)

[136]) Es handelt sich hier eben um unbewegliche Gegenstände. In dem in der „Ger. Halle" 1873 Nr. 48 angeführten Falle wies das Handelsgericht in Prag mit Recht das Begehren eines Baumeisters um Eintragung seiner Firma in das Handelsregister zurück, während die höheren Instanzen vorerst die Einholung eines

von ihm angeschafften Baumaterialien als bewegliche Sachen weiter veräußern würde. Verfehlt sind deshalb die Entsch. Nr. 1035, 1187, 1357, Slg. Abl.-Clem., die eben übersehen, daß das Baumaterial durch die Verwendung zum Baue ein integrierender Bestandteil einer **unbeweglichen Sache** wird. (Locatio cond. operis immobilis, vgl. Lehmann-Ring, I, S. 22.) Richtig ist die Entsch. Nr. 1201 derselben Slg.; vgl. hierzu die Ausführungen Note 74 a zu Art. 271 Absatz 1. Anders wenn der Handwerker nur Pertinenzen zum Hause liefert, z. B. mobile Sparherde usw. Es bedarf nicht besonderer Erwähnung, daß Inhaber von Theaterunternehmungen den Kaufleuten nicht beizuzählen sind;[137])

g) die **Bankiers, Geldwechsler, Diskonteure**, somit auch alle jene Anstalten und Gesellschaften, die sich mit Bankiergeschäften befassen. Art. 272 Z. 2 H. G. B. Zu den Anstalten dieser Art gehören insbesondere die österreichisch-ungarische Bank[138]), die Eskompteanstalten, die Hypothekenbanken, die Pfandleihinstitute, nahezu alle Sparkassen (denn sie eskomptieren statutenmäßig Wechsel und gewähren Darlehen gegen Verpfändung von Wertpapieren, vgl. Abl.-Clem. Nr. 117, 388, dagegen Nr. 1823, vgl. S. 74), in der Regel auch die Handwerker-Vorschußkassen, sodann Privatpersonen, die gewerbemäßig Gelder gegen Verzinsung darleihen (Entsch. Nr. 801 Abl.-Clem.) usw. Ob Baubanken als Handelsinstitute angesehen werden können, hängt von der Art ihrer Gesellschaftstätigkeit ab. Betreiben sie (wie wohl gewöhnlich) auch Kreditgeschäfte (Art. 272 Z. 2), so kann ihnen der Charakter von Handelsanstalten nicht abgesprochen werden;

h) die **Kommissionäre, Spediteure, Frachtführer und Frachtschiffer** ohne Rücksicht auf den Umfang des von ihnen betriebenen Gewerbes (Art. 272 Z. 3 und Art. 271 Z. 4), sonach der einfache Frachtfuhrmann und Frachtschiffer nicht weniger, als Eisenbahngesellschaften und Unternehmungen für den Dampfschiffahrtsbetrieb. Zu dieser Kategorie von Kaufleuten gehört auch der Staat als Eigentümer von Eisenbahnen und der

---

Gutachtens der Handelskammer verfügten. Unrichtige Entscheidungen im Prävnik 1885, S. 343 und Abl.-Clem. 1035, 1187, 1357. Mit der Begründung, „daß das entscheidende Moment nicht in der Erzeugung beweglicher Sachen, sondern in der Übernahme von solchen zur Verarbeitung liegt," wird der Einwand nicht widerlegt, daß die Bestimmung des Art. 272 Z. 1 sich auf unbewegliche Gegenstände nicht bezieht. — Ein Bauunternehmer kann jedoch Kaufmann sein, wenn er mit Baumaterialien Handelsgeschäfte im Sinne des Art. 271 Z. 1 oder Z. 2 betreibt, insbesondere, wenn er dieselben dem Bauherrn zu bestimmten Preisen liefert. Vgl. Behrend, § 28, z. bann das Erkenntnis des deutschen R. O. H. G., Bd. XIV, S. 23, Bd. XV, S. 72 (Bautischler). Verfehlt ist die Entsch. in dem Falle Nr. 877 Slg. Abl.-Clem. (Ankauf von Holz durch einen Baumeister; unentscheidend war der Umstand, daß das Holz später wieder aus dem Hause entfernt wurde.) Vgl. ferner Abl.-Clem. Nr. 1035, 1201, 1357, 1499; Krčmář, O smlouvě námezdní, S. 93 flg., S. 118 flg.; Staub-Piśko, II, S. 23, 24.

[137]) Dessenungeachtet beschloß das Handelsgericht in Wien die Eintragung der Firma einer gewissen Theater-Aktiengesellschaft in das Handelsregister. Mit vollem Rechte erklärte sich hiergegen Götze in der Ger. Ztg. 1874 Nr. 7.

[138]) Vgl. auch den Artikel Stubenrauchs in der Ger. Ztg. 1863, Nr. 138.

Frachtpostanstalt,¹³⁹) nicht aber in seiner Eigenschaft als Eigentümer der Telegraphen- (bezieh. Telephon-) Anstalten und der Briefpost;

i) die Besitzer der für die Beförderung von Personen zu Lande, auf Flüssen oder auf Binnenseen bestimmten Anstalten (Art. 272 3. 3), wie z. B. die Unternehmer von Omnibus- oder Stellwagenfahrten,¹⁴⁰) von Straßenbahnen usw. Durch das Wort „Anstalten" im Art. 272 Z. 3 wird für die Personenbeförderung das gesetzliche Erfordernis eines Großbetriebes zum Ausdrucke gebracht. Nicht jeder Besitzer von mehreren Droschken oder Fiakern ist sohin als Kaufmann anzusehen.

Selbstverständlich können aber auch Unternehmungen für den Personentransport, die einer Einzelperson gehören, zum Großbetriebe eingerichtet sein. Allgemeine Kriterien für die Beurteilung des Vorhandenseins eines Großbetriebes lassen sich nicht aufstellen. Es ist im einzelnen Falle zu untersuchen, ob Groß- oder Kleinbetrieb vorliege. Daß die Höhe der von dem Gewerbebetriebe zu entrichtenden Erwerbsteuer nicht schon an sich für die Entscheidung über den Charakter der Unternehmung maßgebend sei, wurde bereits an früherer Stelle (S. 52) dargelegt;¹⁴¹)

k) die nichtamtlichen (privaten) Handelsmäkler (Sensale). Art. 272 Z. 4, H. G. B. Zu dieser Gruppe von Kaufleuten gehören die privaten Börseagenten, deren Befugnisse nach § 19 des Ges. vom 1. April 1875 R. G. Bl. Nr. 67, betreffend die Organisierung der Börsen in Kraft blieben, (vgl. § 26 Einf. Ges.), sowie die selbständigen Handelsagenten, welche Geschäfte für ihre Kommittenten im eigenen Namen vermitteln, im Namen der letzteren aber abschließen. Für die Kaufmannseigenschaft der Handelsagenten ist es gleichgültig, ob sie an einem bestimmten Orte ihre gewerbliche Tätigkeit ausüben (Platzagenten), oder ob sie zum Zwecke der Vermittlung und des Abschlusses von Handelsgeschäften Parteien in

---

¹³⁹) Vgl. Thöl, § 30 und Goldschmidt, § 54. In der zweiten Aufl., S. 625 nimmt letzterer jedoch den entgegengesetzten Standpunkt ein mit der Begründung, es erfülle der Staat hierbei nur seine staatliche Pflicht. Allein das Postregal bildet nicht ein wesentliches Attribut der Staatshoheit. Es ist lediglich festzuhalten, daß es sich hier um die Beförderung von Frachtgut zu Lande oder zu Wasser handelt. — Den Dienstmannsinstituten kann der Kaufmannscharakter nicht zuerkannt werden. Über die Natur der Geschäfte derselben vgl. S. 55. — Das deutsche R. G. XX N. 12 erklärt auch Briefe als Fracht; vgl. Lehmann-Ring I S. 25.

¹⁴⁰) Die Beförderung von Personen zur See ist ohne Rücksicht auf den Umfang des Gewerbebetriebes ein Handelsgeschäft. Vgl. Art. 271 Z. 4. Die Unternehmungen öffentlicher Lagerhäuser sind, auch wenn sie sich auf die Verwahrung von Handelsgütern beschränken, nach dem Gesetze vom 28. April 1889 R. G. Bl. Nr. 64, als Handelsunternehmungen anzusehen. Desgleichen nach dem ungarischen H. G., § 259 3. 4. Dieser Charakter kommt den Lagerhausunternehmungen nach dem deutsch. H. G. B. § 1 in allen Fällen zu.

¹⁴¹) Vgl. Entsch. Nr. 28, Slg. Abl.-Clem. — Sind Bestattungsgesellschaften (Société des pompes funèbres, Pietas usw.) als Handelsgesellschaften zu betrachten? Insofern die Beförderung der die Leiche begleitenden Personen in ausgedehnterem Maße erfolgt, ist auf die vorstehende Frage bejahend zu antworten. Überdies betreiben die genannten Gesellschaften gewöhnlich auch Handelsgeschäfte im Sinne des Art. 271 Z. 1 H. G. B., wie z. B. den Verkauf von Särgen u. dgl. Der Umstand, daß die Personenbeförderung innerhalb desselben Ortes erfolgt, fällt nicht ins Gewicht.

§ 7.

verschiedenen Orten aufsuchen (selbständige Handlungsreisende).¹⁴²) Amtliche Handelsmäkler gelten nicht als Kaufleute. Art. 272 Abs. 4;¹⁴³) ihre amtliche Stellung bildet den Ausschließungsgrund für die Kaufmannseigenschaft. — Das Inseratengeschäft (Annoncenbureau) kann, insofern der Unternehmer sich darauf beschränkt, Ankündigungen (Inserate) für öffentliche Blätter zu sammeln und an letztere zu übermitteln, als kaufmännische Gewerbe nicht betrachtet werden. Agenten, welche nicht den Abschluß von Handelsgeschäften vermitteln, sind nicht Kaufleute, so z. B. Häuseragenten, Grundstückmäkler und Vermittler von Gesindeverträgen. (Anders wäre die gewerbemäßige Vermittlung von Dienstverträgen für Handlungsgehilfen zu beurteilen; vgl. Goldschmidt, Handbuch, § 55.) Beerdigungsanstalten können insoweit den Charakter von Handelsunternehmungen besitzen, als sie den Personentransport im Großen und die Lieferung verschiedener Gegenstände (Särge u. dgl.) besorgen. Vgl. hierzu die Min. Vbg. vom 30. Dezember 1885 R. G. Bl. Nr. 13 ex 1886;

l) die Verleger von Zeitungen,¹⁴³ᵃ) Druckschriften, Musikalien und Kunstgegenständen, sowie die Buch- und Kunsthändler, ebenso Kolporteure, Subskribentensammler (auf solche Gegenstände), und zwar ohne Rücksicht auf den Umfang ihres Gewerbebetriebes. (Art. 272 Z. 5) Auch das Zeitungsdebit der Postanstalten gehört hierher. Dagegen sind die Besitzer von Leihbibliotheken nicht Kaufleute;

m) die Eigentümer von Buchdruckereien, wenn ihr Gewerbebetrieb nach seiner Größe den Umfang handwerksmäßigen Betriebes übersteigt.

---

¹⁴²) Steht der Agent in einem Dienstverhältnisse zu dem Prinzipale, dann ist er nicht Kaufmann, sondern Handlungsgehilfe oder Handlungsbevollmächtigter im Sinne der Art. 46, 47 und 56 H. G. B. Hiernach ist im einzelnen Falle die Entscheidung zu treffen, ob der Agent einer Versicherungsgesellschaft oder einer Bank Kaufmann sei. Besorgt er Geschäfte für verschiedene Anstalten, so ist er gewöhnlich ein selbständiger Agent. — Die Bestimmung des Begriffes „Agent" ist in der Literatur sehr streitig. Von dem Vermittler unterscheidet sich der Agent hauptsächlich dadurch, daß er Handelsgeschäfte in fremdem Namen auch abschließt. Er ist Vollmachtsträger eines Handlungshauses oder mehrerer Handlungshäuser, steht jedoch nicht in einem Abhängigkeitsverhältnisse zu seinen Kommittenten. Durch den Abschluß von Geschäften im Namen eines anderen unterscheidet sich der Agent auch von dem Kommissionär (Art. 380 H. G. B.) Die Entlohnung für seine Tätigkeit besteht der Regel nach in einer festen (d. h. ihrer Höhe nach im vorhinein vereinbarten) Provision. Vgl. hierüber hauptsächlich Goldschmidt, § 55, Behrend, § 55, ferner § 13 Anm. 87 dieses Werkes und Staub-Pisko, §§ 14 bis 17 zu Art. 272 II. Bd. Gewerbsmäßige Vermittlung von „jüdischen Heiraten" kann selbstverständlich kein Handelsgeschäft bilden; vgl. § 879 b. G. B.

¹⁴³) Nach dem französischen Handelsrechte gelten selbst die behördlich bestellten Handelsmäkler als Kaufleute.

¹⁴³ᵃ) Vgl. Nr. 1061, Slg. Adl.-Clem. und die Entsch. des deutschen R. O. H. G. XIV S. 23; Gareis-Fuchsberger, S. 596 Nr. 27; Staub-Pisko, Art. 272 § 20 und II, S. 23. In entgegengesetztem Sinne entschied der österreichische Oberste Gerichtshof unter Nr. 1682 Adl.-Clem. aus kaum verständlichen Gründen. (Der registrierte Verleger N. N., zugleich Eigentümer und Redakteur einer Zeitung, ist allerdings nicht als „Redakteur", gewiß aber als Eigentümer, beziehw. Verleger der Zeitung als Kaufmann zu betrachten! Vgl. §§ 1164, 1165 a. b. G. B. und § 271 Z. 5 H. G. B.)

(Art. 272, Z. 5.) Unter der Voraussetzung eines ausgedehnten Geschäftsbetriebes kommt auch den Inhabern von Anstalten für Lithographie und Photographie Kaufmannseigenschaft zu. (So auch Goldschmidt, Handb., § 56, N. 25; Gareis-Fuchsberger, H. R., S. 597.)

An diesem Orte ist die wichtige Frage zu erörtern, ob die auf Selbsthilfe beruhenden Erwerbs- und Wirtschaftsgenossenschaften Handelsgeschäfte betreiben. Es sind dies Gesellschaften von nicht geschlossener Mitgliederzahl, welche die Förderung des Erwerbes oder der Wirtschaft ihrer Mitglieder mittels **gemeinschaftlichen Geschäftsbetriebes** oder mittels Kreditgewährung bezwecken, und bei welchen die Haftung der Mitglieder für die Schulden der Genossenschaft eine **persönliche und solidarische, aber nur subsidiäre**, und zwar entweder eine **unbeschränkte oder eine beschränkte** ist. In dem letztgedachten Falle haftet jedes Mitglied, sofern der Gesellschaftsvertrag nicht einen höheren Haftungsbetrag festsetzt, nicht nur mit seinem Geschäftsanteile, sondern auch noch mit einem weiteren Betrage in der Höhe desselben. Vereine dieser Art sind: Vorschuß- und Kreditvereine, Rohstoff- und Magazinvereine, Produktivgenossenschaften, Konsumvereine, Wohnungsgenossenschaften u. dgl.[144]) Die Besonderheit dieser Haftung bildet

---

[144]) Der Unterschied zwischen diesen Genossenschaften und den **offenen Handelsgesellschaften** (Art. 85 H. G. B.) besteht vornehmlich in folgendem: 1. In dem zulässigen Wechsel der Zahl der Mitglieder (§ 1 Genoss. Ges.: „Vereine von nicht geschlossener Mitgliederzahl"...., richtiger: „Mitgliedschaft"); 2. in der Subsidiarität der Haftung der Mitglieder für die Schulden der Genossenschaft (nämlich nur im Falle der Eröffnung des Konkurses über das Vermögen der Genossenschaft oder der Durchführung der kridamäßigen Liquidation [dazu Górski, I §§ 46 flg., Piętak, O towarzystwach usw., 1887]); 3. in dem Umstande, daß die Haftung der Mitglieder für die Schulden der Genossenschaft statutarisch auf einen bestimmten im voraus festgesetzten Betrag beschränkt werden kann. (Vgl. die §§ 1, 2, 53, 76 Genoss. Ges. vom 9. April 1873 R. G. Bl. Nr. 70, im Gegensatze zu den Art. 85 bis 88, 112 bis 123 H. G. B.). Krasnopolski, über Haftung aus genossenschaftlichen Verbindlichkeiten, 1875, und in Grünhuts Zeitschr. VIII, S. 54 flg., ferner Canstein, Handelsrecht, § 32, S. 611 behaupten, bei beschränkter Haftung finde eine persönliche Haftung der Genossenschaftsmitglieder überhaupt nicht statt; ebenso Piętak, S. 154, 166 flg., Górski a. a. O., S. 361, Note, S. 375 flg., 382 flg. Gegen diese Anschauung sprach sich schon Lemayer in der Ger. Ztg. 1869 Nr. 5 bis 7 aus; ebenso bemerkt Goldschmidt, Zeitschr. für Handelsrecht, 27 S. 114 N. 236, daß das österreichische Gesetz vom Jahre 1873 nach „Wortlaut und Absicht" der Gesetzesverfasser (ebenso wie das **ungarische Handelsgesetz**, §§ 225, 226, 231, 236) die direkte Haftung der Genossenschafter anerkennt. (Im bayrischen Genossenschaftsgesetz war die Frage streitig.) Vgl. auch die Ausschußberichte der beiden Häuser des Reichsrates, die ausdrücklich die persönliche Haftung der Genossenschafter, auch im Falle letztere beschränkt ist, anerkennen; dazu auch die §§ 2, 5, Z. 12, § 76 Genoss. Ges. und Górski, S. 386, N. 1. Daß die Mitglieder sowohl der Genossenschaften mit beschränkter, als der Genossenschaften mit unbeschränkter Haftung den Genossenschaftsgläubigern persönlich zu haften haben, wird auch richtig vom E. Stroß, Österreichisches Genossenschaftsrecht (1887) § 33, besonders S. 156, 163 flg. anerkannt. Derselbe erklärt allerdings — indem er die Genossenschaften als Korporationen betrachtet — diese Haftung der Mitglieder für eine besonders modifizierte Bürgschaft. — Von den **Aktiengesellschaften** unterscheiden sich die Genossenschaften insbesondere 1. da-

die oft übersehene Eigentümlichkeit dieser Genossenschaften! Die Gemeinschaftlichkeit des Geschäftsbetriebes ist, wie schon das vom Gesetze angeführte Beispiel der Konsum- und Wohnungsgenossenschaften zeigt, von untergeordneter Bedeutung. (Vgl. dazu Kavčič, Ger. Ztg. 1904, Nr. 32.)

Die Wichtigkeit der oben gestellten Frage erhellt aus der Bestimmung des § 13 des Gesetzes über Erwerbs- und Wirtschaftsgenossenschaften vom 9. April 1873 R. G. Bl. Nr. 70, welche lautet: „Für Genossenschaften, deren Unternehmen ganz oder teilweise Handelsgeschäfte zum Gegenstande hat, gelten, insoweit dieses Gesetz keine abweichenden Vorschriften enthält, die in betreff der Kaufleute gegebenen Bestimmungen des Handelsgesetzbuches." Es kommen sonach denjenigen Erwerbs- und Wirtschaftsgenossenschaften, welche Handelsgeschäfte betreiben, — und nur diesen Genossenschaften die Rechte und Pflichten eines Kaufmannes zu, während (zweckmäßigerweise) nach dem norddeutschen Bundesgesetze vom 4. Juli 1868 und nach den deutschen Reichsgesetzen, betreffend die Erwerbs- und Wirtschaftsgenossenschaften vom Jahre 1889 und von 1897, ebenso nach § 61 des ungar. H. G. B. die Genossenschaften stets den Handelsgesellschaften gleichgestellt werden. — Das Wesen der Genossenschaft wird dadurch nicht beeinträchtigt, daß sie ihre gewerbliche Tätigkeit auch auf Personen, die nicht Mitglieder sind, ausdehnt; denn auch der auf diese Weise erzielte Gewinn (Vorteil) kommt den Mitgliedern zustatten. (Vgl. § 13 Genoss. Ges., § 5 des Ges. vom 21. Mai 1873, R. G. Bl. Nr. 87, betreffend die den Erwerbs- und Wirtschaftsgenossenschaften zukommenden Gebührenbegünstigungen, dazu Randa: Zweifelhafte Fragen des Genossenschaftsgesetzes S. 9.) Das Gesetz will durch die oben erwähnte Umschreibung des Begriffes „Genossenschaft" nur darauf hinweisen, daß die Tätigkeit des Vereines nicht auf die Unterstützung dritter Person, sondern auf den Erwerb und die Wirtschaft der eigenen Mitglieder gerichtet sein muß. Hierbei darf die Tendenz „Förderung des Erwerbes und der Wirtschaft" der Mitglieder (§ 1 des Genoss. Ges.) nicht zu engherzig aufgefaßt werden, da es sich um eine

---

durch, daß das Grundkapital nicht mit einem bestimmten Betrage festgesetzt (Art. 210, Z. 4 H. G. B), sondern (nach der Anzahl der Mitglieder und der Geschäftsanteile) veränderlich ist (société à capital variable), 2. dadurch, daß die Mitglieder einer Genossenschaft für die Schulden der letzteren persönlich (sei es unbeschränkt oder beschränkt) haften. Vgl. §§ 2, 53, 70, 85 des Gesetzes vom 9. April 1873 R. G. Bl. Nr. 70 im Gegensatze zu Art. 207 H. G. B., gemäß welchem die Aktionäre persönlich nicht haften. Die Genossenschaften erscheinen sonach in einem gewissen Maße ebenso als Kapitalsassoziationen, wie die Aktiengesellschaften; sie gewähren jedoch ihren Gläubigern eine größere Sicherheit, weil ihre Mitglieder subsidiär (nämlich im Falle der Insuffizienz des Genossenschaftsvermögens) für die Schulden des Vereines, sei es beschränkt, sei es unbeschränkt, haften. Die auf Selbsthilfe beruhenden Genossenschaften erscheinen somit als ganz besondere Gebilde von Gesellschaften (sogenannten Kollektivgesellschaften). Vgl. auch Josef Dvořák: Společenstva výdělková a hospodářská (Prag, 1902). — über das deutsche Gesetz über Erwerbs- und Wirtschaftsgenossenschaften vom 1. Mai 1889 (bezieh. aus dem Jahre 1897) vgl. Parisius und Crüger (1901, 9. Aufl.), insbesondere S. 17 flg.

Gesellschaftsform handelt, durch welche hauptsächlich den weniger bemittelten Schichten der Bevölkerung durch solidarische Haftung „Gewinn und die Verbesserung ihrer gesellschaftlichen und häuslichen Lage", überhaupt ihrer ökonomischen Situation verschafft werden soll. (Bericht des Abgeordnetenhauses bei Kaserer, Materialien zu diesem Ges., S. 56, Kawčič, Ger. Ztg. 1904, Nr. 32.) Nicht zu billigen ist daher die Entsch. des O. G. H. (ohne Dat.) ebendaselbst, mit welcher über Rekurs der k. k. Finanzprokuratur gegen die untergerichtlichen Entscheidungen die Registrierung einer Wasserleitungsgenossenschaft, welche den Mitgliedern gesundes und billiges Wasser zuleiten sollte, nicht zuließ, „weil das Wasserwerk nicht den Erwerb der Mitglieder und ihre ökonomische Lage zu fördern vermöge"(?). Dagegen erklärt sich mit Recht Kawčič a. a. O. Sollte doch das zugeleitete Wasser dem häuslichen und gewerblichen Bedarf dienen!

Da das Vermögen der Genossenschaft den Mitgliedern gehört, kann dieselbe als juristische Person nicht angesehen werden. Für unsere Auffassung sprechen überdies nicht nur die Bestimmungen der §§ 1, 2 (persönliche Haftung der Mitglieder) und § 48 Genoss. Ges., gemäß welchen bei Auflösung einer Genossenschaft das Vermögen derselben nach Deckung der Schulden unter die Genossenschafter zu verteilen ist, sondern auch die Vorschriften der §§ 56, 57, 58, 59, Genoss. Ges., die ihrem Inhalte nach im wesentlichen mit den für offene und Kommanditgesellschaften geltenden Normen der Art. 119, 120, 121, 126, (169) H. G. B. übereinstimmen. Diese Gesetzesstellen beruhen auf dem Grundgedanken, daß die einzelnen Gesellschafter aktiv und passiv die Subjekte des Gesellschaftsvermögens sind. Es kann deshalb eine Genossenschaft ebensowenig, wie eine offene Handelsgesellschaft als Korporation mit unpersönlichem (d. h. nicht den jeweiligen Mitgliedern gehörigen) Vermögen angesehen werden. Nicht nur wird in den bezeichneten Paragraphen des Genossenschaftsgesetzes (§§ 56 bis 59) der „Anteil" des einzelnen Genossenschafters an dem Genossenschaftsvermögen anerkannt, auch die in diesen Gesetzesstellen aufgestellten Grundsätze (betreffend die Unterscheidung zwischen Genossenschaftsgläubigern einerseits und Privatgläubigern des einzelnen Genossenschafters andrerseits, die Beschränkung des Exekutionsrechtes der Privatgläubiger in Rücksicht auf das Genossenschaftsvermögen, der Ausschluß der Kompensation zwischen Forderungen der Genossenschaft und Privatforderungen des Genossenschaftsschuldners gegen den einzelnen Genossenschafter usw.) hätten weder Sinn noch rechtliche Bedeutung, wenn das Vermögen der Genossenschaft nicht auf gleiche Weise den Mitgliedern derselben gehören würde, wie das Vermögen einer offenen Handelsgesellschaft den Gesellschaften gehört. (Art. 91 H. G. B.) Selbst der Inhalt des zweiten Absatzes des § 55 Genoss. Ges., der von Stroß (Das österr. Genossenschaftsrecht, S. 100) gegen die hier vertretene Anschauung angeführt wird, dient der letzteren zur Stütze; denn es hätte nicht erst der gesetzlichen Erklärung bedurft, daß der ausgeschiedene Genossenschafter an den Reservefonds und an das sonst vorhandene Vermögen der Genossenschaft einen Anspruch nicht besitze, wenn dieses Vermögen nicht ein den Mitgliedern der Genossenschaft gemeinsames wäre. Über diese viel erörterte Frage vgl. einerseits: Randa im Archiv für Wechselrecht, XV, Právník 1866, S. 675 flg., Krasnopolski in der Grünhut'schen Zeitschr. VIII, S. 54, Bd. IX, S. 583, Lemayer in der Ger. Ztg. 1869, S. 18, Goldschmidt a. a. O. (für das österr. Recht), andrerseits als Verfechter abweichender Ansicht Canstein, I, § 32, Stroß a. a. O., §§ 22, 23 und für das deutsche Recht Sicherer, Die Genossenschaftsgesetzgebung in Deutschland (1872), S. 101 bis 120, Wilkens, Der juristische Charakter der Erwerbs- und Wirtschaftsgenossenschaften, 1873, Anschütz-Völderndorff, II §§ 1 bis 8, Stobbe, Privatrecht, § 60, Goldschmidt, Erwerbs- und Wirtschaftsgenossenschaften, S. 12 flg., 60 (Separatabdruck aus seiner Ztschr., B. 27), Gierke, Die Genossenschaftstheorie (1887).[144a]

Nach der Verschiedenheit des Gegenstandes der Tätigkeit der einzelnen Genossenschaften sind folgende Gruppen derselben zu unterscheiden:

I. Vorschuß- und Kreditvereine (Vorschußkassen), welche mittels gemeinsamer Haftung aller Mitglieder die Beschaffung der zum Gewerbe- oder Wirtschaftsbetriebe der letzteren erforderlichen Geldmittel bezwecken, betreiben Handelsgeschäfte (nämlich Bankiergeschäfte nach Art. 272, Z. 2, H. G. B.), es wäre denn, daß sich ihr Geschäftsbetrieb bloß auf die Mitglieder beschränken würde. Hierbei ist übrigens nicht zu übersehen, daß die Gewährung von Darlehen das Grundgeschäft der Vorschuß- kassen bildet. Dagegen bildet die Entgegennahme von Darlehen, bezieh. von verzinslichen Geldeinlagen Dritter nur ein Hilfsgeschäft dieser Kreditvereine im Sinne des Art. 273 H. G. B.[145] Nur dann, wenn die

---

[144a]) Gegen die Behauptung Goldschmidts, das Genossenschaftsvermögen sei nicht das Vermögen der Genossenschafter, sondern gehöre einem ideellen Ganzen, bestehend aus den derzeitigen und den künftigen Mitgliedern, ist einzuwenden, daß, wenn diese Anschauung richtig wäre, die derzeitigen Genossenschafter nicht befugt wären, wann immer die Vornahme der Liquidation zu beschließen und das Genossenschafts- vermögen untereinander zu verteilen. (§ 48 Genoss. Ges.) Vgl. auch Krasnopolski in der Grünhut'schen Zeitschr., Bd. IX, S. 583. — Die Einwendungen, die Stroß Genossenschaftsrecht, §§ 21 bis 23 erhebt, betreffen nur die gemeinrechtliche (römisch- rechtliche) societas, nicht aber die Assoziationsformen des heutigen Rechtes. — Daß auch bei einer Korporation das Vermögen der letzteren statutenmäßig den Mit- gliedern zufallen kann, ist wohl richtig, allein ipso jure erfolgt dies keineswegs. Vgl. auch § 760 a. b. G. B. — Krasnopolski in der Grünhutschen Zeitschr., VIII, S. 66 flg., betrachtet die Genossenschaften mit beschränkter Haftung als juristische Personen. Mit der im Texte vertretenen Ansicht stimmt Dvořák, Živn. společ. vfd. a. h., S. 37 überein.

[145]) In diesem Sinne lautet die Entsch. des Oberst. Gerichtsh. in der Ger. Ztg. 1869 Nr. 84. Vgl. auch die Entsch. Nr. 959 und 988 Abl.-Clem.; Goldschmidt, Bd. I, § 53, N. 13; Randa im Archiv für Wechselrecht, Bd. XV, S. 360; Sicherer, S. 128; Piętak, O towarzystwach, S. 88; Anschütz-Völderndorff, II, S. 27; Schulze-Delitzsch, Die Entwicklung des Genossenschaftswesens (1870), S. 260, Stroß, Genossenschaftsrecht, § 8. — Auch in dem Gesetze über die Personalsteuern vom 25. Oktober 1896, R. G. Bl. Nr. 220 § 85, wird aus- drücklich der Unterschied anerkannt zwischen Genossenschaften, welche ihren Geschäfts- betrieb auf Mitglieder beschränken (mögen sie auch von anderen Personen Geld- einlagen entgegennehmen, oder ihre Überschüsse bei öffentlichen Kreditinstituten an-

Entgegennahme verzinslicher Einlagen über den Geldbedarf der eigenen Mitglieder hinausgehen und die Einlagen fruchtbringend angelegt würden, dann lägen selbst bei Beschränkung auf die Mitglieder Handelsgeschäfte im Sinne des Art. 272 Z. 2, H. G. B. vor. Vgl. Nr. 801, Adl.-Clem. (So bei Verwendung dieses Überschusses zum Eskompte fremder Wechsel, oder bei Einrichtung einer Sparkassenabteilung usw.)

II. Konsumvereine, die den Zweck verfolgen, Artikel für den häuslichen Bedarf, insbesondere Nahrungsmittel (auch Kohlen, Beleuchtungsstoffe u. dgl.) durch gemeinsamen Einkauf im Großen, oder durch gemeinsame Erzeugung zu einem niedrigen Preise zu beschaffen, sind dann Handelsunternehmungen, wenn sie (wie dies gewöhnlich geschieht) nicht nur an Mitglieder, sondern auch an Personen, die außerhalb des Vereines stehen, Waren veräußern. Der Grund hierfür liegt darin, daß in dem ersteren Falle die Genossenschaftsmitglieder durch Vermittlung des Vorstandes als ihres Vertreters lediglich für den eigenen Bedarf Waren anschaffen, während in dem zweiten Falle die Anschaffung der Waren teilweise zum Zwecke der Weiterveräußerung an Dritte erfolgt, sich sonach als Handelsgeschäft im Sinne des Art. 271 Z. 1 H. G. B. darstellt.[146]

III. Rohstoffvereine, welche für gemeinsame Rechnung ihrer Mitglieder Rohmaterialien im Großen anschaffen, betreiben Handelsgeschäfte, wenn ihre Mitglieder Kaufhandwerker sind, welche Waren zur Weiterveräußerung anschaffen. Art. 271 Z. 1 H. G. B. Würden jedoch die Genossenschafter die angeschafften Stoffe bloß behufs hilfsweiser Verarbeitung übernehmen (Art. 272 Z. 1 H. G. B.), so könnte von einem Handelsgewerbe nicht gesprochen werden, weil die Anschaffung des sogenannten Zugehörs nicht ein Handelsgrundgeschäft, sondern ein akzessorisches Hilfsgeschäft im Sinne des Art. 273 H. G. B. bildet.[147] Gründen

---

legen) und Genossenschaften, welche sich statutenmäßig eine derartige Beschränkung nicht auferlegen. Die Genossenschaften der erstgenannten Kategorie genießen, wenn der von ihnen erzielte Reingewinn den Betrag von 600 K nicht übersteigt, sowohl bezüglich der Erwerb- als bezüglich der Einkommensteuer gewisse Begünstigungen, welche den Genossenschaften der zweitgedachten Art nicht gewährt sind.

[146] Vgl. Randa, a. a. O., S. 281; Goldschmidt, Handb. § 47, N. 30; Sicherer, S. 128; Piętak, O towarzystwach, S. 99; Anschütz-Völderndorff, S. 28; Stroß, § 8; Canstein, Handelsrecht, § 32, S. 613. Regelmäßig werden von Konsumvereinen auch an Parteien, die ihnen nicht als Mitglieder angehören, Waren veräußert, weil der rasche und häufige Umsatz der letzteren in erster Linie die Ertragsfähigkeit des Unternehmens bedingt. — Wird die Genossenschaft als juristische Person aufgefaßt, so müssen sowohl Vorschußkassen, als Konsumvereine in allen Fällen Kaufleuten gleichgeachtet werden und es ist deshalb vom Standpunkte Sicherers und Anschütz-Völderndorffs nicht folgerichtig, die obgedachte Unterscheidung zu machen.

[147] Behrend, § 26, N. 13. Soweit Piętak, a. a. O., (ähnlich wie bei Vorschußkassen) den kaufmännischen Charakter dieser Genossenschaften davon abhängig macht, ob dieselben auch an Nichtmitglieder Rohstoffe veräußern oder nicht, ist ihm beizupflichten. — Anschütz-Völderndorff erklären alle Handelsgesellschaften und Genossenschaften für juristische Personen und halten dafür, daß die aus Kaufhandwerkern (Art. 271, Z. 1 H. G. B.) bestehenden Rohstoffvereine Vermittlungsgeschäfte

somit Schreiner, Schuhmacher usw. einen Rohstoffverein, so wird diesem Kaufmannscharakter zuzuerkennen sein, weil die Genossenschafter unter Vermittlung der Genossenschaftsleitung Waren zum Behufe der Weiterveräußerung anschaffen. (Art. 271 Z. 1 H. G. B.) Ein Rohstoffverein von Lackierern, Buchbindern usw. wäre dagegen als kaufmännische Genossenschaft nicht anzuerkennen. (Art. 272 Z. 1.) Auch in der gewerblichen Tätigkeit von Handwerkergenossenschaften, welche für ihre Mitglieder den Ankauf von Gerätschaften, Maschinen u. dgl. besorgen, ist der Betrieb von Handelsgeschäften nicht zu erblicken. Dies ergibt sich aus den Bestimmungen der Art. 4 und 273 H. G. B.[148])

IV. Magazinvereine, deren Zweck darin besteht, gemeinsame Niederlagen zu errichten, und in diesen Verkaufsstätten die Erzeugnisse der Genossenschafter zur Veräußerung zu bringen, betreiben nicht Handelsgeschäfte, weil der Verkauf eigener Erzeugnisse nicht zu den Handelsgrundgeschäften der Art. 271, 272 H. G. B., gehört, sondern bloß ein Handelshilfsgeschäft nach Art. 273 H. G. B. bildet. Betrieb von Handelsgeschäften läge jedoch dann vor, wenn die Genossenschaft Warenlieferungen übernehmen würde. (Art. 271 Z. 5 H. G. B.)[149])

V. Produktivgenossenschaften (Produktivassoziationen), welche gemeinsame Erzeugung von Waren bezwecken, erscheinen dann als Handelsunternehmungen, wenn sie Handelsgeschäfte der im Art. 271 H. G. B. unter Z. 1 oder Z. 2 bezeichneten Art, in welchem Umfange immer, oder wenn sie Handelsgeschäfte der im Art. 272 Z. 1 oder Z. 5 H. G. B. gedachten Art in einem die Grenzen handwerksmäßigen Betriebes übersteigenden Maße gewerbemäßig ausführen. Den Charakter von Handelsunternehmungen besitzen somit die Produktivgenossenschaften der Schlosser, Mechaniker, Strumpfwirker, Schreiner usw., sodann unter der Voraussetzung des Vorhandenseins eines Großbetriebes die Genossenschaften von Färbern, Buchbindern, Tuchscherern, Buchdruckern usw., nicht aber Genossenschaften von Landwirten zum gemeinsamen Vertriebe von Milchprodukten (Käsereigenossenschaften).[150])

---

im Sinne des Art. 272 Z. 4 H. G. B., betreiben. Allein hier liegen nicht bloß Vermittlungsgeschäfte vor, sondern Kauf und Verkauf.

[148]) Vgl. Sicherer, S. 134. Anderer Meinung ist Stroß, S. 51.

[149]) Vgl. Randa im Archiv für Wechselrecht, XV, S. 383, im Ergebnisse auch Piętak, S. 96, 97, ferner Sicherer, S. 125, der aber ohne Grund unterscheidet, ob die Genossenschafter Handwerker oder Fabrikanten sind. Vgl. auch Goldschmidt, § 47, N. 52, der indes die im Texte erwähnte Unterscheidung nicht macht. Anderer Anschauung ist Stroß, l. c.

[150]) Vgl. auch Sicherer, S. 122, Goldschmidt, § 47, N. 52 und Behrend, § 26, N. 13, bei welchen sich allerdings die im Texte gemachte Unterscheidung nicht findet. Vgl. ferner Simáček, Zákon o svépomocných spolcích (1873) S. 138, Piętak, S. 97, 98, Stroß, S. 49, Dvořák, S. 20 flg. Werkgenossenschaften, welche lediglich zum gemeinschaftlichen Gebrauche der Mitglieder Maschinen anschaffen, schließen nicht Handelsgeschäfte. Vgl. Dvořák, S. 17 flg.

VI. Es bedarf nicht besonderer Erwähnung, daß Baugenossenschaften und Versicherungsgenossenschaften, die auf Gegenseitigkeit beruhen, Handelsgeschäfte nicht betreiben.¹⁵¹)

Seit dem Eintritte der Wirksamkeit des Gesetzes vom 9. April 1873, R. G. Bl. Nr. 70, können Genossenschaften lediglich auf Grund der Normen dieses Gesetzes errichtet werden.¹⁵²) Die vor dem Beginne der Wirksamkeit dieses Gesetzes errichteten Genossenschaften (Vereine), welche die im § 1 Genoss. Ges. bezeichneten Zwecke verfolgen, sind zwar nicht verpflichtet ihre Statuten den Normen des Genossenschaftsgesetzes anzupassen, es sind jedoch Änderungen der Statuten solcher Vereine nur zu dem Zwecke zulässig, um dieselben mit den Vorschriften des Gesetzes vom 9. April 1873 R. G. Bl. Nr. 70 in Übereinstimmung zu bringen (§ 91 Genoss. Ges.).¹⁵³) Zum Zwecke der Erleichterung der Gründung von Genossenschaften dieser Art, erließ das Handelsministerium im Jahre 1899 eine besondere Anleitung, welcher auch Muster für die hierbei anzufertigenden Urkunden beigefügt sind.¹⁵³ᵃ)

§ 8.
Vollkaufleute und Minderkaufleute.

Aus der bisherigen Darstellung geht hervor, daß der Begriff „Kaufmann" im Sinne des Art. 4 H. G. B. sich mit dem landläufigen Kaufmannsbegriffe nicht deckt, sondern umfassender ist als dieser, indem

---

¹⁵¹) Das ungarische Handelsgesetzbuch regelt das Genossenschaftswesen in den §§ 223 bis 257. Es erklärt gleichfalls sowohl die unbeschränkte, als die beschränkte Haftung für zulässig, beschränkt jedoch für den Fall, als die Statuten nichts anderes verfügen, die Haftung der Mitglieder einer mit beschränkter Haftung errichteten Genossenschaft auf die Höhe der von ihnen gezeichneten Geschäftsanteile (§ 231, 2. Abs.). Unter den Genossenschaften werden im § 223 des ungarischen Handelsgesetzbuches auch „die wechselseitigen Versicherungsgesellschaften" angeführt. Die Genossenschaften gehören zu den Handelsgesellschaften (§ 61 ungar. H. G. B.), sie besitzen daher stets Kaufmannsqualität (§ 3) ohne Rücksicht darauf, ob sie Handelsgeschäfte betreiben oder nicht. Ihre Statuten sind samt dem Namensverzeichnis der Mitglieder bei jenem Gerichtshofe, in dessen Sprengel die Genossenschaft ihren Sitz hat, behufs Eintragung in das Handelsfirmenregister anzumelden (§ 226). Ähnlich das Handelsgesetzbuch für Bosnien, §§ 245 flg., doch fordert dieses nebst der Registrierung der Genossenschaft überdies die Erwirkung einer Konzession.

¹⁵²) Anders im Deutschen Reiche, wo ein derartiger Zwang nicht besteht.

¹⁵³) Nur jenen Vereinen, welche als Erwerbs- und Wirtschaftsgenossenschaften im Sinne des Gesetzes vom 9. April 1873 R. G. Bl. Nr. 70 anzusehen sind, kommen bezüglich der Stempel und unmittelbaren Gebühren die in dem Gesetze vom 21. Mai 1873 R. G. Bl. Nr. 87 statuierten Begünstigungen zu.

¹⁵³ᵃ) Die nach den Normen des Gesetzes vom 9. April 1873 R. G. Bl. Nr. 70 gegründeten Genossenschaften erfreuen sich auch sonst bemerkenswerter Begünstigungen; dieselben bestehen namentlich: 1. in der Berücksichtigung bei der Vergebung von Lieferungen zu Militärzwecken, 2. in dem durch das Handelsministerium vermittelten Ankaufe, beziehentlich der leihweisen Überlassung von Maschinen zum Gewerbebetriebe, 3. in der Gewährung von Darlehen durch das Handelsministerium (für Böhmen auch durch den „Kaiser Franz Josef I.-Landes-Jubiläumskreditfonds" in Prag). Vgl. hierüber Dvořák, Živnost. spol., S. 22 flg.

§ 8.

er Klassen von Gewerbetreibenden in sich begreift, welchen die im Publikum herrschenden Anschauungen die Bezeichnung „Kaufleute" nicht zugestehen.

Im Hinblicke auf diese Ausdehnung des Kaufmannsbegriffes faßte die Nürnberger Konferenz den Beschluß, daß die Bestimmungen des Handelsgesetzbuches über die Firmen, die Handelsbücher, die Prokura und die Handelsgesellschaften auf Höker, Trödler, Hausierer und dergleichen Handelsleute von geringem Gewerbebetriebe, ferner auf Wirte, gewöhnliche Fuhrleute, gewöhnliche Schiffer und Personen, deren Gewerbe nicht über den Umfang des Handwerksbetriebes hinausgeht, nicht Anwendung zu finden haben. Die genauere Feststellung dieser Klassen von Kaufleuten wurde den Landesgesetzen überlassen. Der eben gedachte Konferenzbeschluß fand im Handelsgesetzbuche als Art. 10 seine Stelle.

Indem die österreichische Gesetzgebung von dem in dem Art. 10 H. G. B. zugunsten der ehemaligen deutschen Bundesstaaten aufgenommenen Vorbehalte Gebrauch machte, ordnete sie im § 7 Einf. Ges. zum H. G. B. an, daß die Bestimmungen des Handelsgesetzbuches über die Firmen, die Handelsbücher, die Prokura und die Handelsgesellschaften keine Anwendung haben sollen:

a) Auf Hausierer, mag der Betrag der ihnen vorgeschriebenen Erwerbsteuer welche Höhe immer erreichen;

b) auf solche Kaufleute, welche von dem Erwerbe aus ihrem Geschäftsbetriebe an einjähriger staatlicher Erwerbsteuer den in der kaiserlichen Verordnung vom 11. Juli 1898 R. G. Bl. Nr. 124 (nach der Einwohnerzahl des Ortes, in welchem der Sitz der Unternehmung sich befindet) festgesetzten Mindestbetrag nicht zu entrichten haben (oder welche einen Steuerbetrag in dieser Höhe auch dann nicht zu entrichten hätten, wenn sie nicht von der Pflicht zur Steuerleistung befreit wären).[154]) Wurde die Firma eines Kaufmannes in das Handelsregister

---

[154]) Wesentlich stimmt überein das ungarische Handelsgesetzbuch. Vgl. Bausenwein, S. 26. Der Ausschuß des Abgeordnetenhauses begründete die Bestimmung des § 7 Einf. Ges. mit dem Hinweise darauf, daß jene Klassen von Kaufleuten, welche eine Steuer von der in dieser Gesetzesstelle bemessenen Höhe zu entrichten haben, durchwegs solche Gewerbetreibende sind, bei welchen ein bestimmter Grad kaufmännischer Bildung und Gewandtheit sowie eine gewisse Bedeutung des Handelsunternehmens vorausgesetzt werden können. Die Bedeutung dieser Begründung unterschätzt Klier in seiner Schrift: O zápisech do rejstříku (1892). Vgl. N. 99 dieses Werkes. Laut Inhaltes der Ministerialerlässe vom 24. Mai 1871 Z. 5785 und vom 22. Dezember 1887 J. M. V. Bl. Nr. 1, für 1888, wurde den Steuerbehörden wiederholt eingeschärft, daß sie monatlich Verzeichnisse über die im § 7 Einf. Ges. zum H. G. B. bezeichneten Kaufleute an die Handelsgerichte einzusenden haben, ohne daß ihnen jedoch bei der Beantwortung der Frage, ob ein bestimmter Gewerbeunternehmer als Kaufmann im Sinne des Handelsgesetzbuches zu betrachten sei, irgendeine Ingerenz zukäme. Als Vollkaufleute im Sinne der kaiserlichen Verordnung vom 11. Juli 1898 erscheinen diejenigen Handeltreibenden, welche von dem Erwerbe aus ihrem Geschäftsbetriebe an einjähriger staatlicher Erwerbsteuer in Orten mit einer Bevölkerung von mehr als 100.000 Einwohnern wenigstens 120 K, in Orten mit einer Bevölkerung von mehr als 10.000 und

eingetragen, so haben nach § 9 Einf. Ges. nachträgliche Änderungen in der Höhe des von ihm zu entrichtenden Steuerbetrages auf die Anwendung der Bestimmungen des § 7 Einf. Ges., beziehung. der kaiserlichen Verordnung vom 11. Juli 1898 R. G. Bl. Nr. 124 keinen Einfluß. (Die Entsch. Nr. 1368 Slg. Adl.-Clem. ist daher verfehlt.)

Infolge dieser Anordnung sind die unter a) und b) bezeichneten Kaufleute in Rücksicht auf die Firma, die Prokura und die Handelsbücher der Rechte eines Kaufmannes nicht teilhaftig, aber auch befreit von den diesbezüglichen Pflichten eines Kaufmannes. Gesellschaften zum Betriebe des Hausierhandels, wie auch solche Gesellschaften, die von dem Betriebe des gesellschaftlichen Handelsunternehmens nicht mindestens den durch die kaiserliche Verordnung vom 11. Juli 1898, R. G. Bl. Nr. 124, festgesetzten Betrag an Erwerbsteuer zu entrichten haben, gelten nicht als Handelsgesellschaften, und unterliegen daher rücksichtlich der Regelung und Beurteilung ihrer Rechtsverhältnisse nicht den Normen des Handelsrechtes, sondern jenen des bürgerlichen Rechtes.[155]) Nur Aktiengesellschaften (auch Aktien-Kommanditgesellschaften) müssen in allen Fällen und ohne Rücksicht auf die Höhe der ihnen vorgeschriebenen Erwerbsteuer (§ 7 Einf. Ges.) in das Handelsregister eingetragen werden, weil bei der Aktien- (und Kommandit-Aktien-) Gesellschaft die Eintragung in das Handelsregister eine Bedingung ihres Rechtsbestandes bildet (Art. 178, 207, 210, 211 H. G. B.). Hiermit stimmen die Novellen

---

nicht über 100.000 Einwohnern wenigstens 80 K und in Orten mit einer Bevölkerung von nicht über 10.000 Einwohnern wenigstens 50 K zu entrichten haben, oder deren Geschäftsbetrieb nach seinem Umfange das erwähnte Steuerausmaß begründen würde, falls sie nicht von der Entrichtung der Steuer befreit wären. Anders sind die Bedingungen für die Qualität eines Vollkaufmannes im ungarischen Rechte geregelt. Im Anschlusse an Art. 10 des früheren deutschen Handelsgesetzbuches schließt § 5 des ungarischen H. G. B. nur Höker und Hausierer von den Rechten eines Vollkaufmanns völlig aus. Trödler, Wirte, gewöhnliche Fuhrleute, Schiffer und andere Gewerbetreibende dagegen werden zu Vollkaufleuten, wenn ihr Gewerbebetrieb über den Umfang des Kleingewerbes hinausgeht. Das neue Handelsgesetzbuch für das Deutsche Reich erklärt im § 4 die Landesregierungen für befugt, Bestimmungen zu erlassen, durch welche die Grenze des Kleingewerbes auf der Grundlage der nach dem Geschäftsumfange bemessenen Steuerpflicht oder in Ermanglung einer solchen Besteuerung nach anderen Merkmalen näher festgesetzt wird. Vgl. Staub-Pisko, I, S. 38flg., Canstein, Handelsrecht, I, S. 191, Blaschke-Pitreich, Komm., S. 19 flg.

[155]) Es sind dies die Bestimmungen des 27. Hauptstückes des a. b. G. B., §§ 1175 bis 1215. § 1216 a. b. G. B. schreibt vor, daß die in dem 27. Hauptstücke enthaltenen Anordnungen auch auf die Handlungsgesellschaften anzuwenden seien, insofern hier nicht besondere Vorschriften bestehen. Diese Bestimmung ist mit Rücksicht auf § 1 Einf. Ges. u. Art. 1 H. G. B., dann auf den Inhalt des zweiten und dritten Buches des Handelsgesetzbuches gegenstandslos. Vgl. Hahn, Komm. zu Art. 10, § 6, Behrend, S. 194, N. 16. Nur die offene Handelsgesellschaft, die Kommanditgesellschaft und die Aktiengesellschaft sind den Grundsätzen des Handelsgesetzbuches zufolge „Handels"gesellschaften. Die stille Gesellschaft, welche im dritten Buche (Art. 250 bis 265) des Handelsgesetzbuches geregelt erscheint, ist keine Handelsgesellschaft. Die Normen der Art. 250 bis 265 H. G. B. gelten daher für alle Kaufleute ohne Rücksicht auf die Höhe der von ihnen zu entrichtenden Erwerbsteuer. Vgl. auch Staub-Pisko, I, S. 42, Blaschke-Pitreich, S. 19.

§ 8.

zu dem deutschen Aktienrechte: Gesetz von 1870 und 1884, sowie das neue deutsche Handelsgesetzbuch von 1897 überein. Vgl. auch die Entsch. des O. G. H. vom 31. Dezember 1872 Ger. Halle 1873 Nr. 26).[156])

Die oben unter a) und b) angeführten Handelsleute sind sonach nicht befugt, sich einer Firma zu bedienen, sondern sie müssen ihr Gewerbe unter ihrem wahren (bürgerlichen) Vor- und Zunamen betreiben.[157]) Sie sind nicht berechtigt, die Prokura zu erteilen, können aber sonstige Handlungsbevollmächtigte bestellen. Sie haben nicht die Pflicht, Handelsbücher zu führen, Inventare und Bilanzen ihres Vermögens periodisch anzulegen, und die empfangenen Handelsbriefe aufzubewahren (Art. 28 bis 33 H. G. B.). Führen sie jedoch aus freien Stücken Handelsbücher, so liefern diese, vorausgesetzt, daß sie nach den Erfordernissen des Art. 32 H. G. B. und in solcher Weise geführt sind, daß der Stand der Geschäfte aus ihnen vollständig zu ersehen ist, gegen jedermann einen unvollständigen Beweis.

Die Beweiskraft der Handelsbücher solcher Kaufleute ist in allen Fällen auf die Dauer von einem Jahre und sechs Monaten seit der Entstehung der streitigen Forderung beschränkt, während die Beweiskraft der Handelsbücher jener Kaufleute, welche eine Erwerbsteuer mindestens in der durch die kaiserliche Verordnung vom 11. Juli 1898 R. G. Bl. Nr. 124 festgesetzten Höhe zu entrichten haben, anderen Kaufleuten gegenüber einer zeitlichen Begrenzung nicht unterliegt. §§ 19 und 20 Einf. Ges. und Art. 34 H. G. B.[158])

Hiernach sind somit unter den Kaufleuten und den Handelsgeschäfte betreibenden Gesellschaften zwei Kategorien zu unterscheiden:

I. Kaufleute und Handelsgesellschaften vollen Rechtes (Vollkaufleute), welchen eine Erwerbsteuer in der durch die kaiserliche Verordnung vom 11. Juli 1898 (je nach der Einwohnerzahl des Betriebsortes) festgesetzten Mindesthöhe vorgeschrieben wurde, unter Ausschluß der den Hausierhandel betreibenden Einzelkaufleute und Gesellschaften.[159])

---

[156]) Die den Aktiengesellschaften vorgeschriebenen Erwerbsteuerbeträge übersteigen übrigens weit die in der kaiserlichen Verordnung vom 11. Juli 1898, R. G. Bl. Nr. 124, enthaltenen Steuersätze.

[157]) Nach den Anordnungen der §§ 44, 46, 49, Ziffer 4, der Gewerbenovelle vom 15. März 1883 R. G. Bl. Nr. 39 macht sich derjenige Gewerbetreibende einer Übertretung schuldig, der (ohne hierzu durch die bereits erfolgte Eintragung seiner Firma in das Handelsregister berechtigt zu sein) zur äußeren Bezeichnung seiner Betriebsstätte oder Wohnung, in Zirkularen, öffentlichen Ankündigungen oder Preiskuranten sich nicht seines vollen Vor- und Zunamens bedient. Die Kaufleute dieser Kategorie sind von der Eintragung in das Handelsregister durchwegs ausgeschlossen.

[158]) Nach § 31 des ungarischen H. G. B. (vgl. § 16 dieses Gesetzbuches) liefern nur die ordnungsmäßig geführten Bücher eingetragener Kaufleute (vollen Rechtes) bei Streitigkeiten, die aus Handelsgeschäften entspringen, in der Regel einen unvollständigen Beweis. Diese Beweiskraft der Bücher erstreckt sich gegen Kaufleute auf einen Zeitraum von zehn, gegen Nichtkaufleute von zwei Jahren, von der Eintragung (!) der streitig gewordenen Forderung an gerechnet.

[159]) Die Frage, ob Handlungsreisende, welche an Agentiegebühr einen die im § 7 Einf. Ges. (bezieh. in der kaiserlichen Verordnung vom 11. Juli 1898)

Nur in Ansehung von Kaufleuten und Handelsgesellschaften vollen Rechtes dürfen Eintragungen in das Handelsregister vorgenommen werden. — Bemerkt sei, daß auch die besonderen Vorschriften der Konkursordnung über den kaufmännischen Konkurs lediglich auf den Konkurs von Handelsgesellschaften und solchen Kaufleuten, deren Firma im Handelsregister eingetragen ist, anwendbar sind (§ 191 Konk. Odg.).

II. Kaufleute und Handelsgesellschaften minderen Rechtes (Minderkaufleute), welche eine Erwerbsteuer unter der Höhe der in der kaiserlichen Verordnung vom 11. Juli 1898 bemessenen Mindestbeträge zu entrichten haben, sodann Hausierer und Gesellschaften zum Betriebe des Hausierhandels. — Abgesehen von den Bestimmungen über die Firma, die Prokura, die Handelsbücher und die Handelsgesellschaften besitzen sonst alle die Kaufleute betreffenden Normen des Handelsgesetzbuches für beide Kategorien von Kaufleuten gleiche Geltung.[160]

(Nach dem Rechte des neuen Handelsgesetzbuches für das Deutsche Reich wird die Grenze des Kleingewerbes auf der Grundlage der nach dem Geschäftsumfange bemessenen Steuerpflicht, in Ermanglung einer solchen Besteuerung nach anderen Merkmalen durch landesgesetzliche Bestimmungen festgesetzt. Die Vollkaufmannseigenschaft ist daher regelmäßig durch eine gewisse Höhe der Steuerleistung bedingt. Handwerker und Personen, deren Gewerbebetrieb über den Umfang des Kleingewerbes nicht hinausgeht, sind stets nur Minderkaufleute. [Vgl. Lehmann-Ring, I, S. 39 zu § 4, gegen die teilweise abweichende Ansicht Staubs zu § 4.] Durch eine Vereinigung zum Betriebe eines Handwerkes oder eines anderen, dem Kleingewerbe angehörigen Gewerbes kann eine offene Handelsgesellschaft oder eine Kommanditgesellschaft nicht begründet werden § 4 H. G. B. für das Deutsche Reich).

Die auf Selbsthilfe beruhenden Genossenschaften jeder Art müssen nach dem Ges. v. 9. April 1873 Z. 70 R. G. Bl., in das bei dem Handelsgerichte geführte besondere Genossenschaftsregister eingetragen werden, wobei die Höhe des der Genossenschaft vorgeschriebenen Erwerbsteuerbetrages ebenso gleichgültig ist, wie der Umstand, ob die Genossenschaft Handelsgeschäfte betreibt oder nicht. Die Eintragung in dieses Register bildet eine Bedingung des rechtlichen Bestandes der

---

enthaltenen Ansätze erreichenden oder übersteigenden Betrag zu entrichten haben, zur Anmeldung ihrer Firma behufs Eintragung derselben in das Handelsregister verpflichtet seien, wurde von dem Handelsgerichte in Wien verneinend beantwortet mit der Begründung, daß Handlungsreisende ständige Geschäftsräumlichkeiten nicht besitzen. Allein das Gesetz stellt das Erfordernis ständiger Geschäftsräumlichkeiten nirgends auf. Vgl. Staub-Pisko, I, Art. 19, § 2, Hahn, Komm., I, Art. 19, § 3, Puchelt, Komm. zum H. G. B., N. 4 zu Art. 19.

[160] Nach § 16 des ungarischen Handelsgesetzbuches kann ein Kaufmann, insolange die Eintragung seiner Firma in das Handelsfirmenregister nicht erfolgt ist, der in diesem Gesetze für Kaufleute festgestellten Rechte nicht teilhaftig werden. — Es ist nicht ausgeschlossen, daß ein Vollkaufmann bezüglich einer anderen selbständig betriebenen, niedriger besteuerten Unternehmung zugleich Minderkaufmann sei. Vgl. Staub-Pisko, Art. 10, § 6. Entgegengesetzter Meinung ist Canstein, Handelsrecht, I, S. 193.

§ 8.

Genossenschaft (§§ 2, 3, 7, 8 des zit. Ges.). Die Genossenschaftsfirma muß dem Gegenstande der Unternehmung entlehnt sein, die Bezeichnung „registrierte Genossenschaft", und je nach der Beschaffenheit der Haftung den Beisatz: „mit unbeschränkter Haftung" oder „mit beschränkter Haftung" enthalten (§ 4 G. G.). Die Genossenschaften müssen stets die erforderlichen Bücher führen. Den letzteren kommt, insofern sie nach Vorschrift des Handelsgesetzbuches geführt sind, zur Nachweisung der Forderungen der Genossenschaft aus den ihr gesetzlich gestatteten Geschäften auf die Dauer von einem Jahre und sechs Monaten Beweiskraft gegen jedermann zu. Erreicht die einer Genossenschaft vorgeschriebene Erwerbsteuer die in der kaiserlichen Verordnung vom 11. Juli 1898 R. G. Bl. Nr. 124 bemessene Höhe, so ist die Beweiskraft der Bücher einer solchen Genossenschaft gegenüber Vollkaufleuten einer zeitlichen Beschränkung nicht unterworfen. (Vgl. § 22 des zit. Ges., der sich ohne weitere Unterscheidung auf Art. 34 H. G. B. und die §§ 19 bis 22 des Einf.-Ges. zum Handelsgesetzbuch beruft.)[161]

Auf Grund der Bestimmung des § 13 Genoss. Ges. ist anzunehmen, daß Genossenschaften, welche Handelsgeschäfte betreiben, in dem Falle, als die ihnen vorgeschriebene Erwerbsteuer den betreffenden Satz der kaiserlichen Verordnung vom 11. Juli 1898, R. G. Bl. Nr. 124, erreicht, befugt sind, Prokuristen zu bestellen.[162] — Die in dem zweiten Buche

---

[161] Die Fassung des § 22 Einf. Ges. ist eine höchst unglückliche. Die Regierungsvorlage gewährte den Büchern der Genossenschaften eine ebensolche Beweiskraft, wie sie den Handelsbüchern von Kaufleuten gegenüber Kaufleuten nach dem Handelsgesetzbuche zukommt (Art. 34 H. G. B.). Allein die Kommission des Herrenhauses beantragte die Stilisierung des § 22 in seinem gegenwärtigen Wortlaute, indem sie unbegreiflicherweise dafür hielt, damit eine „Änderung zunächst nur redaktioneller Natur" vorzunehmen. Der Ausschuß des Abgeordnetenhauses empfahl, von der gleichen Meinung ausgehend, den Antrag der Herrenhauskommission zur Annahme. (Vgl. Kaserer, Österreichische Gesetze samt Materialien, Bd. VI, S. 152, 168, 174.) Tatsächlich wurde auch der § 22 in der von der Kommission des Herrenhauses beantragten Fassung angenommen. Die an der Regierungsvorlage vorgenommene Änderung war unverkennbar eine sachliche, und es muß nunmehr nach dem Wortlaute des § 22 unterschieden werden, ob eine Genossenschaft an Erwerbsteuer einen Betrag in der durch die kaiserliche Verordnung vom 11. Juli 1898 normierten Mindesthöhe zu entrichten habe oder nicht. Die Annahme der von der Herrenhauskommission beantragten „Änderung redaktioneller Natur" involvierte den weiteren Mißgriff, daß im § 22 Genoss. Ges. auch der § 21 des Einf. Ges. zum H. G. B. angeführt wird, wiewohl derselbe durch Art. IV G. B. G. vom 25. Juli 1871, R. G. Bl. Nr. 95, also lange vorher aufgehoben worden war. Die sonstigen Zweifel, zu denen die Fassung des § 22 Genoss. Ges. Anlaß gibt, mögen hier unerörtert bleiben. — Daß die in der Verordnung des Staats- und Justizministeriums vom 28. Oktober 1865 R. G. Bl. Nr. 110 für Anstalten, welche Kreditgeschäfte betreiben, statuierten „Ausnahmen von den allgemeinen Justizgesetzen" den Vorschußkassen gegenwärtig nicht zustatten kommen, folgt schon aus dem Umstande, daß die Genossenschaften der Aufsicht der Verwaltungsbehörden nicht mehr unterstehen. (Vgl. § 90 des Gesetzes vom 9. April 1873.) Verfehlt ist die Entsch. Nr. 787, Slg. Adl.-Clem.

[162] Die Min. Vbg. vom 14. Mai 1873 R. G. Bl. Nr. 71 erwähnt im § 8 ausdrücklich die Bestellung von Prokuristen von Seite der Genossenschaft.

des Handelsgesetzbuches, welches die Rechtsverhältnisse der Handelsgesellschaften regelt, enthaltenen Anordnungen haben für Genossenschaften keine Geltung. — Zur Vermeidung von Zweifeln und überflüssigen Unterscheidungen, sowie zur Erzielung der Rechtseinheit auf dem Gebiete des Genossenschaftswesens hätte es sich empfohlen, den im deutschen Reichsgesetze, betreffend die Erwerbs- und Wirtschaftsgenossenschaften vom Jahre 1889 und 1897 aufgestellten Grundsatz, daß die Genossenschaft „stets als Kaufmann gelte" auch hierlands zu rezipieren. (Vgl. hierüber Randa: Zweifelhafte Fragen des Genossenschaftsgesetzes, S. 5, 1873.)[162a]

§ 8 a.
Hauptniederlassung und Zweigniederlassung eines Handelsunternehmens.[163]

Mit dem Ausdrucke Handelsniederlassung (Etablissement) wird nicht nur das Handelsunternehmen selbst (vgl. Art. 22, 23, 41, H. G. B.: das Handelsgeschäft), sondern in der Regel auch der örtliche Mittelpunkt bezeichnet, von welchem aus das Handelsgewerbe betrieben und die kaufmännische Leitung des Ganzen besorgt wird. (Vgl. Art. 19, 21, 324, 325, 342 H. G. B., § 16 Einf.-Ges.)[163a] Die Handels-

---

Darüber, wie die Bestellung von Prokuristen sich mit der zulässigen Beschränkung der Befugnisse des Genossenschaftsvorstandes (§ 19 des Gesetzes vom 9. April 1873) vereinbaren lasse, vgl. Randa: Zweifelhafte Fragen des Genossenschaftsgesetzes, S. 7. Es erübrigt wohl nichts anderes, als die Ernennung des Prokuristen der Generalversammlung vorzubehalten. Vgl. auch Canstein, I, S. 627.

[162a] Nach dem ungar. Handelsgesetzbuche (§ 61) werden die Genossenschaften stets als Handelsgesellschaften angesehen. Ebenso nach § 65 H. G. B. für Bosnien.

[163] Das österreichische Gesetz vom 27. Juni 1878 R. G. Bl. Nr. 63 ordnet in näherer Ausführung des Art. XX des Gesetzes vom 27. Juni 1878, R. G. Bl. Nr. 62, über das Zoll- und Handelsbündnis mit den Ländern der ungarischen Krone) an, daß die in einem der beiden Ländergebiete gesetzmäßig errichteten Aktiengesellschaften (Kommanditgesellschaften auf Aktien), Versicherungsgesellschaften und Erwerbs- und Wirtschaftsgenossenschaften, welche in dem anderen Ländergebiete unter eigener Firma durch Zweigniederlassungen Geschäfte betreiben wollen, vor Beginn des Geschäftsbetriebes ihre Firma bei jenem Handelsgerichte eintragen lassen müssen, in dessen Sprengel sie eine Zweigniederlassung zu errichten beabsichtigen. Diese ist in das handelsgerichtliche Register auch dann aufzunehmen, wenn die Gesellschaft nicht Handelsgesch..fte betreibt (§ 1). Die Gesellschaft muß für jede Zweigniederlassung in dem anderen Ländergebiete einen Repräsentanten bestellen, welcher daselbst seinen ordentlichen Wohnsitz zu nehmen hat und mit der Befugnis versehen sein muß, die Gesellschaft in allen gerichtlichen und außergerichtlichen Angelegenheiten, die sich aus dem Geschäftsbetriebe dieser Zweigniederlassung ergeben, zu vertreten (§ 2). Behufs Erlangung der Eintragung in das Handelsregister ist die Gesellschaft verpflichtet, dem Gerichtshofe ihre Statuten in beglaubigter Ausfertigung vorzulegen und zugleich den Nachweis zu liefern, daß sie nach den Gesetzen ihres Landes rechtmäßig besteht. Sie hat ferner die Bestellung des obgedachten Vertreters zur Anmeldung zu bringen (§ 4, l. c.).

[163a] „Die Hauptniederlassung ist da, wo sich die merkantile Leitung des Geschäftsbetriebes befindet." Hahn, I, zu Art. 1, N. 21; Behrend, § 38, N. 6; Agricola in Siebenhaars Archiv, Bd. XII, S. 279 flg. — Man könnte daher bildlich von einem Geschäftsdomizile der Unternehmer sprechen.

§ 8 a.

niederlassung in diesem gebräuchlichen Wortsinne erlangt nur dann eine selbständige rechtliche Bedeutung, wenn sie an einem anderen Orte, als in dem Wohnorte (Domizile) des Inhabers des Unternehmens (Prinzipal) sich befindet. Die rechtlichen Folgen, die sich an den Bestand einer besonderen Niederlassung knüpfen, sind jedoch verschieden, je nachdem

a) der kaufmännische Mittelpunkt der Unternehmung sich an einem anderen Orte (im geographischen Sinne) befindet, als in dem Wohnorte des Inhabers der Unternehmung (vgl. Art. 19, 21, 324, 342 H. G. B.), oder

b) die kaufmännische Leitung des Unternehmens wohl in dem Wohnorte des Prinzipals, jedoch in einer von seiner Privatwohnung verschiedenen Räumlichkeit ihren Sitz hat. Unter dem Worte „Handelsniederlassung" in dem Art. 324 und 342 H. G. B. ist auch diese abgesonderte Geschäftsräumlichkeit zu verstehen.[163b] Für die Handelsniederlassung in dem zuletzt gedachten Sinne wird im Gegensatze zur Handelsniederlassung in dem oben unter a) dargelegten Sinne das Wort Geschäftslokal in Anwendung gebracht. Vgl. Art. 91 Wechsel-Odg. —

Ad a) Die rechtliche Bedeutung einer besonderen, nicht in dem Wohnorte des Prinzipals gelegenen Handelsniederlassung tritt sowohl auf dem Gebiete des Prozeßrechtes, als auf jenem des materiellen Rechtes hervor: 1. In streitigen Rechtssachen, die sich auf die Niederlassung beziehen, kann der Inhaber derselben bei dem Gerichte des Ortes geklagt werden, an dem sich die Niederlassung befindet.[163c] (§ 87 J. N.) — 2. Die Anmeldung der Firma behufs der Eintragung in das Handelsregister hat bei dem Handelsgerichte, in dessen Bezirk die Handelsniederlassung (bezieh. die Zweigniederlassung) sich befindet, zu erfolgen. (Art. 19, 21 H. G. B., § 16 Einf. Ges.) — 3. Wenn der Ort der Erfüllung eines Handelsgeschäftes weder im Vertrage bestimmt, noch nach der Natur des Geschäftes oder der Absicht der vertragschließenden Teile erkennbar ist, hat der Verpflichtete an dem Orte zu erfüllen, an welchem er zur Zeit des Vertragsabschlusses seine

---

[163b] Vgl. Hahn, Bd. II, S. 219; Behrend, § 38, N. 7; Staub-Pisko, I, S. 75; Blaschke-Pitreich, S. 36; Denzler, Die Stellung der Filiale .. im Privatr. (1902).

[163c] Vgl. Ott, Soudní řád, I, S. 138; Neumann, S. 1217 3. P. O.; Ullmann, Zivilprozeß, § 17. Die Zuständigkeit des Gerichtes, in dessen Bezirke die Zweigniederlassung liegt, ist dadurch bedingt, daß der in der Klage erhobene Anspruch auf den Geschäftsbetrieb eben dieser Zweigniederlassung sich bezieht, wenn auch das Rechtsgeschäft, auf welches der Klageanspruch gegründet wird, nicht im Geschäftsbetriebe der Zweigniederlassung abgeschlossen wurde. Vgl. die Entsch. des Reichsoberhandelsgerichtes, Bd. XVII, S. 67 („Die Zweigniederlassung begründet nur .... ein forum gestae administrationis"). Die Kontinuität des Betriebes bildet nicht eine wesentliche Voraussetzung des Vorhandenseins einer Zweigniederlassung. Es genügt auch ein periodischer Geschäftsbetrieb, wie z. B. bloß während der Sommersaison. Vgl. die Entsch. im Spruchrepertorium Nr. 97, dann in den Jur. Bl., 1888, Nr. 32; Ott, l. c. — Die österreichisch-ungarische Bank kann lediglich bei den Handelsgerichten in Wien und Budapest belangt werden. Vgl. dazu Staub-Pisko, I, S. 81, 82, 84; Fragenbeantwortung zu § 87 J. N. (Just. Min. Vdg. vom 3. Dezember 1897, Z. 25.801, J. M. V. Bl. Nr. 44); Neumann, Komm. zur Z. P. O., S. 1217; Horten, J. N., S. 282 flg.

Handelsniederlassung (oder in deren Ermanglung seinen Wohnsitz) hatte. (Art. 324, 325 H. G. B.) — 4. Die durch das Handelsgesetzbuch und die Wechselordnung zur Erhaltung gewisser Rechte vorgeschriebenen Rechtsakte, wie die Präsentation von kaufmännischen Anweisungen und Wechseln zur Annahme oder Zahlung, die Protesterhebung, die Abforderung eines Wechselduplikates usw. sind an dem Orte der Handelsniederlassung (oder in deren Ermanglung an dem Wohnorte) des Verpflichteten vorzunehmen. Vgl. die Art. 324, 325 H. G. B. (Zahlung „von indossablen oder auf Inhaber lautenden Papieren", ferner Art. 39 und 41 im Gegensatze zu Art. 43 der Wechsel-Odg.).

Ad b). Die örtliche Sonderung der Geschäftsräumlichkeit (Handelsniederlassung im engeren Sinne) von der Wohnung eines Kaufmannes innerhalb desselben Ortes (im geographischen Sinne) besitzt der Regel nach die gleiche rechtliche Bedeutung, wie die Verschiedenheit des Ortes, in welchem die Handelsniederlassung gelegen ist, von dem Wohnorte des Inhabers der letzteren. In der Praxis des kaufmännischen Lebens tritt diese rechtliche Bedeutung aus naheliegenden Gründen [168d] vornehmlich nach zwei Richtungen in Erscheinung: 1. Als Stätte für die Erfüllung von Handelsgeschäften gilt subsidiär die Geschäftsräumlichkeit des Verpflichteten. Art. 324, 325, 342 H. G. B. 2. In derselben sind auch die zur Ausübung oder Erhaltung gewisser Rechte erforderlichen Rechtsakte (Einsicht in die Bücher, Präsentation, Protesterhebung usw.) zu vollziehen. (Art. 105, 324, 325 und andere des H. G. B., Art. 91 Wechsel-Odg.) [168e]

Ein Kaufmann kann mehrere Unternehmungen besitzen, in welchen an verschiedenen Orten gleichartige Handelsgeschäfte ausgeführt werden. Befindet sich eine Unternehmung rücksichtlich der Leitung und Verwaltung der Geschäfte in einem gewissen Abhängigkeitsverhältnisse zu einer anderen Unternehmung, erscheint sie sohin als deren Nebenunternehmung, so wird die erstere als Hauptniederlassung, die letztere als Zweig-

---

[168d] Da in demselben Orte nicht verschiedene Handelsgerichte bestehen, ist für die Lösung der Frage nach der Zuständigkeit zur Registrierung der Firma (Art. 19 und 21, Abs. 1 H. G. B.) die Trennung des Geschäftslokales von der Wohnung des Kaufmannes innerhalb desselben Ortes bedeutungslos. — Daß die im zweiten Absatze des Art. 21 H. G. B rücksichtlich der Firma für eine Zweigniederlassung enthaltene Anordnung auf das bloße Geschäftslokal nicht Anwendung finden könne, liegt auf der Hand.

[168e] Hierfür spricht der Inhalt der Art. 105, 324 und 325 in Verbindung mit Art. 332 H. G. B. Letzterer ordnet an, daß die Erfüllung der Verbindlichkeit aus einem Handelsgeschäfte „während der gewöhnlichen Geschäftszeit" geleistet und angenommen werden müsse. Während dieser Zeit aber können der Kaufmann wie dessen Organe nicht in ihrer Privatwohnung, sondern regelmäßig nur in der Geschäftsräumlichkeit angetroffen werden. Es kann darum der Anschauung Behrends, S. 221, N. 7, nicht beigepflichtet werden, sofern er für eine ganze Reihe von Rechtsakten des Handels (Art. 310, 315, 343, Abs. 2; 347, Abs. 1; 348, Abs. 5; 349, Abs. 3; 354, 357, 361, 376, 377 H. G. B.) die Vornahme derselben auch an einem anderen Orte, als im Geschäftslokale für zulässig erklärt. Vgl. hierüber die Protokolle der Nürnberger Konferenz S. 549 und die Entsch. des R. O. H. G., Bd. XVII, S. 32 und Bd. XXI, S. 94.

§ 8a.

niederlassung, Sukkursale, auch Filiale oder Kommandite bezeichnet. Ihr kommt der Charakter einer Pertinenz der Hauptniederlassung zu.[163f]) Damit einer Handelsniederlassung die Eigenschaft einer Zweigniederlassung (eines Zweiggeschäftes) beigemessen werden könne, wird erfordert:

a) Daß sie dem Eigentümer der Hauptniederlassung gehöre.[163g]) Sein Wille bestimmt die Pertinenznatur des Zweiggeschäftes, d. i. den Zweck desselben, dem Geschäftsbetriebe der Hauptniederlassung zu dienen;

b) daß in dem Zweiggeschäfte von den für dasselbe bestimmten Organen die gleiche Art von Geschäften, wie in der Hauptunternehmung, nämlich dieselben Handelsgrundgeschäfte betrieben werden. Eine Zweigniederlassung kann daher nicht als vorhanden angenommen werden, wenn der Leiter derselben nicht selbst Handelsgeschäfte abschließt; dies ist z. B. der Fall bei Fabriken, für welche nicht deren Leiter den Ankauf des Rohmaterials vornimmt, sondern der Prinzipal oder eine mit der Besorgung des Ankaufes betraute Agentur. Als Zweigniederlassung können auch nicht betrachtet werden: Technische Bureaus, bloße Warenniederlagen, Exposituren zur Vornahme vorbereitender Arbeiten, Agenturen u. dgl.[163h])

Mit diesem Vorbehalte ist die Bestimmung des § 40 Abs. 1 der Novelle zur Gewerbeordnung vom 15. März 1883 R. G. Bl. Nr. 39, zur Anwendung zu bringen. Dieser Gesetzesstelle zufolge müssen Gewerbetreibende, welche außerhalb der Gemeinde ihres Standortes Zweigetablissements (Fabriken usw.) oder Niederlagen (zu welchen jedoch Magazine und andere nur zur Aufbewahrung von Waren dienende Lokalitäten nicht zu rechnen sind) errichten wollen, dieselben sowohl der

---

[163f]) Vgl. Lehmann-Ring, S. 58, Hahn zu Art. 21 H. G. B., Behrend, § 38, S. 222, Pollitzer, § 23, i. f., Blaschke-Pitreich, S. 36, Allfeld, Komm., S. 145. Vgl. auch die Entsch. des Verwaltungsgerichtshofes, Slg. Budwinski, Nr. 2478 und 4871, woselbst es heißt: „Aus dem sprachgebräuchlichen Sinne ,Zweigniederlassung', ,Zweigetablissement' geht hervor, daß das Gesetz bei solchen Niederlassungen einen regelmäßigen Geschäftsbetrieb mit den demselben entsprechenden Einrichtungen und weiter voraussetzt, daß dieser Geschäftsbetrieb ein abhängiger Teil der Hauptunternehmung sei und für Rechnung derselben erfolge".

[163g]) Deshalb ist es unzulässig, die einzelnen Etablissements als selbständige juristische Personen zu betrachten. Vgl. Hahn zu Art. 21, Behrend a. a. O., Entsch. des R. O. H. G., Bd. I Nr. 67.

[163h]) Vgl. Nr. 1151, 1271, 1706, Abl.-Clem. und die Entsch. des deutschen R. O. H. G., Bd. XIV, S. 125 und 403, Bd. XXII, S. 63, Staub-Pisko, II. Bd., S. 81, Blaschke-Pitreich, S. 36, N. 2, Allfeld, S. 145. Eine Zweigniederlassung liegt daher nicht vor, wenn der Leiter derselben lediglich gewisse Handelshilfsgeschäfte im Sinne des Art. 273 H. G. B., wie etwa den Ankauf von Kohlen für den Bedarf der Fabrik vornimmt. Nicht ganz zutreffend Hahn, I, S. 206 und Canstein, § 16, S. 209 flg.; örtliche Abteilungen sind nicht Pertinenzen (Zweigniederlassungen) eines Unternehmens. Agenturen von Versicherungsgesellschaften können, insofern sie nicht selbst Versicherungsverträge (behufs Versicherung gegen feste Prämie) abschließen, sondern bloß Versicherungsanträge sammeln, als Zweigniederlassungen ebensowenig gelten, wie die sogenannten „Nebenstellen" der Österreichisch-ungarischen Bank. Dagegen sind Filialen von Versicherungsanstalten (Art. 271, 8. 3) und Bankfilialen allerdings Zweigunternehmungen. Vgl. die Entsch. des R. O. H. G., XVII., Nr. 67, Gareis-Fuchsberger, S. 48, 68.

Gewerbebehörde, in deren Bezirke sie errichtet werden, als derjenigen, in deren Register die Hauptunternehmung eingetragen ist, anmelden und bei konzessionierten Gewerben eine besondere Konzession erwirken.[168aa]) (Vgl. die Entsch. des V. G. H. unter N. 163 f.)

c) **Räumliche Trennung** des Zweigetablissements von der Hauptniederlassung. Die Firma des Besitzers der Handelsunternehmung ist auch für die Zweigniederlassung bei dem für dieselbe zuständigen Handelsgerichte zum Zwecke der Eintragung in das Handelsregister zur Anmeldung zu bringen. Der Eintragung bei dem Handelsgerichte der Zweigniederlassung hat jedoch die Eintragung bei dem Handelsgerichte der Hauptniederlassung voranzugehen. (Art. 21, 86, 153, 212 H. G. B., § 11 der Vorschrift über das Handelsregister vom 9. März 1863, R. G. Bl. Nr. 27)[168bb]) Besteht an dem Orte oder in der Gemeinde, wo die Zweigniederlassung errichtet wird, bereits eine gleiche Firma, so muß für die Zweigniederlassung der Firma des Unternehmers ein Zusatz beigefügt werden, durch welchen letztere sich von jener bereits vorhandenen Firma deutlich unterscheidet (Art. 21 H. G. B.).[168cc]

d) Ungeachtet einer gewissen wirtschaftlichen Abhängigkeit des Zweigunternehmens von der Hauptniederlassung muß der Leiter des ersteren dritten Personen gegenüber **Selbständigkeit** besitzen, also befugt sein, selbständig Handelsgeschäfte abzuschließen.[168dd]) Darum kann bloßen

---

[168aa]) Hienach verordnete der Oberste Gerichtshof in den Entscheidungen Nr. 1151 und 1281 Slg. Adl.-Clem. einem Schafwollwaren- und einem Schamottewarenfabrikanten, welche an einem anderen Orte eine Spinnerei und eine Weberei bezieh. eine Schamottewarenfabrik errichtet hatten, mit Recht die Anmeldung ihrer Firma bei dem Handelsgerichte dieser Zweigniederlassungen, da die Leiter der letzteren zum Abschlusse der gewöhnlichen Handelsgeschäfte ermächtigt waren. — Die Errichtung eines bloßen Arbeitsetablissements bildet allerdings nicht den Gegenstand einer Registereintragung. Vgl. Staub-Pisko, I, S. 81 und Nr. 1380 Slg. Adl.-Clem.

[168bb]) Vgl. Právník, 1888 S. 238 flg., Staub-Pisko, I, S. 82, Schultze-Görlitz, Die Führung des Handelsregisters, S. 111, Adl.-Clem., Nr. 1372, 1527, 1830.

[168cc]) In diesem Falle muß sonach der Wortlaut der Firma der Zweigniederlassung von jenem der Firma der Hauptniederlassung abweichen. Aber auch in anderen Fällen ist eine Differenz zwischen der Firma des Hauptunternehmens und jener des Zweigunternehmens nicht gänzlich ausgeschlossen. Vgl. § 11 dieses Buches, Behrend, § 38, N. 18, 24, Staub-Pisko, § 2 zu Art. 21, Th. Cohn, Das Handels- und Genoss.-Reg., S. 59.

[168dd]) In der Entsch. des Obersten Gerichtshofes vom 4. Jänner 1888, Nr. 11.659, Jur. Bl. 1888, Nr. 32, wird in zutreffender Weise ausgeführt, es gehe aus dem Umstande, daß die Waggonfabrik in N. als Hauptunternehmung in Wien eine Niederlage besitze, in welcher Wagen verkauft, Zahlungen entgegengenommen und besondere Bücher geführt werden, hervor, daß die Wiener Niederlassung, wenn auch in beschränkterem Maße als die Hauptunternehmung, Handelsgeschäfte betreibe. Ähnlich lautet die Entsch. Nr. 1706 Adl.-Clem., rücksichtlich der Zweigniederlassung (nicht bloß Niederlage) einer Kanditenfabrik. Allerdings erscheint die beigefügte Begründung: „Unabhängigkeit der Leitung wird nicht erfordert" bedenklich, da die Verwaltung einer Zweigniederlassung eines gewissen Maßes von Unabhängigkeit nicht entbehren kann. Auch die preußische Min. Vbg. vom 5. Juli 1867 erblickt das unterscheidende Moment zwischen „Zweignieder-

§ 8a.

Agenturen der Charakter von Zweigniederlassungen nicht zuerkannt werden. Wohl aber erscheinen als Zweigniederlassungen solche Agentschaften von Versicherungsanstalten, welche selbständig Versicherungsverträge nach Art. 271 Z. 3 H. G. B. abschließen (Generalagenturen). — Wo es sich um bloße örtliche Abteilungen eines Unternehmens handelt, welches einen einheitlichen Organismus darstellt (z. B. bei Eisenbahnstationen), kann von dem Vorhandensein von Zweigniederlassungen nicht gesprochen werden. Vgl. Adl.-Clem. Nr. 257, 590; im entgegengesetzten Sinne Nr. 648. — Die gesamte wirtschaftliche Einrichtung einer Zweigniederlassung muß überhaupt so geartet sein, daß diese selbst nach der Auflösung des Hauptunternehmens fortbestehen und ihre Geschäfte fortführen könnte.[163ee]

Rücksichtlich der Zweigniederlassung gilt in analoger Weise alles das, was oben in Ansehung der Handelsunternehmung überhaupt dargelegt wurde. Die Zweigniederlassung begründet den Gerichtsstand des Geschäftsbetriebes (§ 87 J. N.), und es können diesbezüglich bei derselben jene Rechtsakte vorgenommen werden, die zur Erhaltung gewisser Rechte (aus Wechseln usw.) in dem Geschäftslokale des Verpflichteten zu vollziehen sind. (Vgl. N. 163c)[163ff]

---

lassung" und „Nebenniederlassung" in einer gewissen wirtschaftlichen Unabhängigkeit der ersteren. Staub-Pisko, I, S. 81, R. O. H. G., XIV, S. 403, Behrend, §§ 38 flg.

[163ee] In gleichem Sinne Behrend, S. 224, welcher bemerkt, daß Eisenbahnstationen eben deshalb, weil sie bei der Auflösung des Eisenbahnunternehmens nicht fortbestehen könnten, als Zweigniederlassungen nicht angesehen werden können. Eisenbahnstationen bilden nicht Zweigunternehmungen, sondern integrierende Bestandteile der Eisenbahnunternehmung, ohne welche der Eisenbahnbetrieb überhaupt unmöglich wäre. Auf andere Weise wird die gleiche Anschauung von dem deutschen R. O. H. G. in der Entsch. Bd. XIV, S. 125 mit den Worten begründet: „weil der Billetverkauf und die Annahme der Frachtgüter nach bestimmten Schematen (reglementsmäßig) erfolgt. Dieser Grund allein wäre kaum stichhältig. Zutreffender ist die Begründung Hahn's I S. 106: „Eine Eisenbahnstation schließt zwar ... Transportverträge ab, sie handelt aber so recht eigentlich als ein Glied des ganzen Organismus der Eisenbahnverwaltung, die ja nach dieser Richtung hin lediglich durch die Eisenbahnstation tätig sein kann." — Aus den gleichen Gründen kommt auch den Stationen von Schiffahrtsunternehmungen der Charakter von Zweigniederlassungen nicht zu. — Auch die Entsch. des R. O. H. G., XIV, S. 403 und des deutschen R. G. II S. 391, ferner Staub-Pisko, I, S. 81, betrachten Eisenbahnstationen nicht als Zweigniederlassungen, weil dieselben Teile des Hauptunternehmens, nicht Pertinenzen desselben seien. Dagegen können Eisenbahnbetriebsdirektionen allerdings als Zweigniederlassungen gelten. Vgl. Blaschke-Pitreich, S. 36, Staub-Pisko, I, S. 81.

[163ff] Im Rechtsverkehre gilt jener Ort als Sitz der Gesellschaft, beziehlich Genossenschaft, den diese auf Grundlage des Gesellschaftsvertrages (der Statuten) dem Handelsgerichte behufs Eintragung in das Handelsregister namhaft macht. (Art. 86, 151, 153, 175, 176, 209, 210 usw. H. G. B., §§ 5 und 6 Genoss.-Ges. vom 9. April 1873.) Darauf, ob die Handelsgesellschaft oder Genossenschaft an diesem Orte tatsächlich Handelsgeschäfte betreibt, kommt es nicht an. Vgl. Behrend, I, S. 225. Unzweifelhaft sind sowohl die Generalversammlung als auch der Vorstand einer Aktiengesellschaft — wofern die Statuten nicht eine entgegenstehende Bestimmung enthalten — berechtigt, wann immer Zweigniederlassungen zu errichten. Der Umstand, daß etwa die Statuten eine Bestimmung

Der örtliche Mittelpunkt für die Leitung der Geschäfte einer Handelsgesellschaft wird Sitz der Handelsgesellschaft genannt. In gleichem Sinne wird von dem Sitze einer Erwerbs- und Wirtschaftsgenossenschaft gesprochen. In rechtlicher Beziehung entspricht der Sitz einer Handelsgesellschaft oder Genossenschaft der Handelsniederlassung eines Einzelkaufmannes.[168gg]) Eine Handelsgesellschaft wie eine Erwerbs- und Wirtschaftsgenossenschaft kann nur einen einzigen Sitz haben. Errichten sie jedoch außerhalb ihres Sitzes noch andere Unternehmungen, so erscheinen diese durchwegs als Zweigniederlassungen. Für die letzteren muß die Firma der Handelsgesellschaft, beziehungsweise der Genossenschaft bei dem Handelsgerichte, in dessen Sprengel die Zweigniederlassung liegt, zur Eintragung in das Handels-, beziehungsweise Genossenschaftsregister angemeldet werden. (Art. 86, 153, 163, 179, 212 H. G. B., §§ 6 und 10 Genoss. Ges. vom 9. April 1873.)

Soweit nichts anderes bestimmt ist, sind die Eintragungen und die hierzu erforderlichen Anmeldungen bei dem Registergerichte, in dessen Bezirke die Zweigniederlassung ihren Sitz hat, in gleicher Weise wie bei dem Gerichte der Hauptniederlassung zu bewirken. (So auch § 13 des deutschen H. G. B.)

Die Eintragung der Firma einer Handelsgesellschaft bei dem Handelsgerichte der Zweigniederlassung kann jedoch erst stattfinden, wenn die Eintragung bei dem Handelsgerichte der Hauptniederlassung geschehen ist. (Art. 86, 151, 176, 210, 21 H. G. B.)

Eine wesentliche rechtliche Wirkung der Zugehörigkeit des Zweiggeschäftes zu dem Hauptunternehmen äußert sich darin, daß das gemeinsame Vermögen beider gegen die Exekutionsführung durch Privatgläubiger eines einzelnen Gesellschafters geschützt ist. (Art. 119, 121, 122, 126 H. G. B.) Im Falle einer Veräußerung des Hauptunternehmens teilt die Zweigniederlassung im Zweifel das Schicksal des letzteren. Vgl. auch Staub-Pisko, § 4 zu Art. 21.

§ 9.
Das Handels- und das Genossenschaftsregister.[164])

Die Handelsregister sind öffentliche Verzeichnisse, welche von den Handelsgerichten zu dem Zwecke geführt werden, damit in dieselben bestimmte rechtlich erhebliche Tatsachen bezüglich handeltreiben-

---

über die Errichtung von Zweigniederlassungen überhaupt nicht enthalten, würde der Gründung von Zweigunternehmungen nicht im Wege stehen. Vgl. die Entsch. des deutschen R. O. H. G., Bd. XXII, S. 63.

[168gg] Z. B. als Stätte der Präsentation von Wechseln, kaufmännischen Anweisungen usw. — Eine Klage gegen eine Handelsgesellschaft oder Genossenschaft kann stets bei dem für den Hauptsitz derselben zuständigen Gerichte angebracht werden. Der Exekution unterliegt stets das gesamte Vermögen des Kaufmannes, der Handelsgesellschaft, beziehungsweise Genossenschaft, ohne Rücksicht auf die geschäftliche Sonderung.

[164]) Das Handelsgesetzbuch bedient sich des Ausdruckes: Handelsregister (das ungarische Handelsgesetzbuch minder richtig der Bezeichnung: Handelsfirmenregister).

der Personen und Gesellschaften eingetragen, hierdurch in ständiger Evidenz erhalten und der allgemeinen Kenntnisnahme zugänglich gemacht werden. Vgl. Art. 12 und 13 H. G. B. und §§ 11 bis 18 Einf. Ges. Die Eintragungen in das Handelsregister sind von dem Handelsgerichte durch Anzeigen in öffentlichen Blättern kundzumachen. Die Wahl der zum Behufe dieser Bekanntmachung in voraus zu bestimmenden öffentlichen Blätter steht dem Chef der politischen Landesbehörde nach Anhörung der Äußerung des Handelsgerichtes zu und erfolgt für die Dauer eines Jahres. Vgl. Art. 13 und 14 H. G. B. und § 11 Einf. Ges.[165])

Gewisse rechtlich erhebliche Tatsachen müssen den Anordnungen des Handelsgesetzbuches zufolge in das Handelsregister eingetragen werden (obligatorische Eintragungen), während bezüglich anderer Tatsachen vom Gesetze die Eintragung lediglich gestattet ist (fakultative Eintragungen). Weiters führt das Gesetz auch solche Tatsachen an, die zwar nicht den Gegenstand einer Eintragung im engeren Sinne bilden, aber doch im Handelsregister „anzumerken" sind.

A. Tatsachen, deren Eintragung in das Handelsregister gesetzlich angeordnet ist, sind:

1. Die Firma eines Kaufmannes sowie jede Änderung und das Erlöschen derselben; ebenso der bürgerliche Name des Inhabers eines Handelsunternehmens und jede in der Person des Inhabers eintretende Änderung. Art. 19, 25 H. G. B.[165a])

---

während die älteren österreichischen Gesetze vom „Merkantilprotokolle" („Handelsprotokolle", „Handelsmatrik") sprechen. Über die geschichtliche Entwicklung des Handelsregisters vgl. Behrend, § 39, Endemann, I, S. 226 flg., Canstein, I, S. 343, Schimm, Jur. Bl. 1895, Nr. 21, Lastig, Florentiner Handelsregister (1883), Keyßner, Zeitschr. für Handelsrecht, S. 449, Bd. 25, Späing, Handelsregister und Firmenrecht (1884), Cohn, Handels= und Genossenschaftsregister (1902), Schultze=Görlitz, Führung des Handels= u. Musterregisters (1893). Die Mängel der Führung des Handelsregisters behandelt die Schrift von Dr. Vinz. Klier. — Anfänge des Handelsregisters finden sich in den italienischen Städten schon im 13. Jahrh. in den Verzeichnissen der zünftigen Kaufleute zu Kompetenzzwecken; im 15. Jahrh. trat die Verlautbarung durch die Zunft und später die Anmeldungspflicht hinzu. Vgl. dazu Ott, O vývoji řízení nespor. (1904) S. 30.

[165]) Die Bekanntmachung der Eintragungen in das Handelsregister mittels Anzeige in den öffentlichen Blättern ist, sofern das Handelsgesetzbuch nicht ein anderes bestimmt, durch die einmalige Einschaltung der Anzeige als vollzogen anzusehen (§ 11 Einf. Ges.); das Handelsgericht kann aber auch auf Wunsch der Partei eine wiederholte Einrückung bewilligen. Vgl. Staub, 5. Aufl., S. 30, § 5. Der Zweck des Handelsregisters ist sonach ein ähnlicher, wie jener der Grundbücher. — Rücksichtlich der die Führung des Handelsregisters betreffenden Amtshandlungen sind auch in höherer Instanz nur die Gerichtsbehörden zuständig. (§ 15 Einf. Ges.) — Die Führung des Handelsregisters ist allerdings eine Verwaltungsangelegenheit und könnte daher auch der Handels= und Gewerbekammer übertragen werden; aber Zweckmäßigkeitsgründe sprechen für die Kompetenz der Gerichte; anderer Ansicht Blaschke, Komm., § 25; die in den früheren Auflagen geübte Kritik wurde in der von Pitreich besorgten Ausgabe (1896), S. 23, weggelassen.

Von den Handelsregistern sind die Gewerberegister wohl zu unterscheiden, welche nach § 145 der Gewerbeordnung bei den Gewerbebehörden erster Instanz zu führen sind.

[165a]) Stellt ein Kaufmann den Handelsbetrieb gänzlich ein, so ist dessen Firma aus dem Handelsregister zu löschen, selbst wenn die Anzeige der Steuerbehörde,

2. Die Erteilung und das Erlöschen der Prokura.

3. Bestimmte erhebliche Tatsachen, welche Rechtsverhältnisse der Handelsgesellschaften (der offenen, Kommandit- und Aktiengesellschaften) betreffen und auf die Rechtsverhältnisse dieser Gesellschaften zu britten Personen einen Einfluß üben können, insbesondere:

a) Die Errichtung der Gesellschaft (Art. 86, 151 flg., 176, 179, 210, 212 H. G. B.);

b) die Firma und der Sitz der Gesellschaft, sowie jede in dieser Rücksicht eintretende Änderung (Art. 86, 87, 151, 155 H. G. B.);

c) bei der offenen und Kommanditgesellschaft die Namen der offenen Gesellschafter (Komplementäre) und Kommanditisten (nicht der Kommanditaktionäre), ferner die Art der Vertretung der Gesellschaft, beziehentlich die Namen der zur Vertretung berufenen Personen (Art. 86, 87, 150, 153, 228, 233 H. G. B.);

d) der Eintritt neuer öffentlicher Gesellschafter (Komplementäre) oder Kommanditisten in eine offene Handels- oder Kommanditgesellschaft, der Eintritt neuer öffentlicher Gesellschafter in eine Kommanditgesellschaft auf Aktien, sowie das Ausscheiden von persönlich haftenden Gesellschaftern, sowie von Kommanditisten einer offenen Handelsgesellschaft, beziehentlich einer Kommanditgesellschaft (Art. 87, 129, 170, 171 H. G. B.);[165b]

e) bei Aktiengesellschaften und Kommanditgesellschaften auf Aktien die im Gesetze bezeichneten wesentlichen Bestimmungen des Gesellschaftsvertrages (Statuten) und die etwa vorgenommenen Änderungen derselben (Art. 176, 198, 203, 210, 214, 248 H. G. B.);

f) die Auflösung einer Handelsgesellschaft (Art. 129, 171, 243, 247 H. G. B. und § 14 Einf. Ges.); endlich

g) die Bestellung und die Abberufung von Liquidatoren (Art. 135, 172, 205, 244 H. G. B. und § 56 Einf. Ges.).

4. Die Errichtung und die Auflösung von Zweigniederlassungen, beziehentlich die vorgenannten auf die Zweigniederlassung bezüglichen Daten. (Art 21 H. G. B.) Beide Tatsachen sind sowohl bei dem Handelsgerichte der Hauptniederlassung als bei jenem der Zweigniederlassung zum Zwecke der Eintragung in das Handelsregister zur Anmeldung zu bringen. Vgl. die Ministerialvorschrift über das Handelsregister vom 9. März 1863, R. G. Bl. Nr. 27, §§ 3, 7 und 11, sowie die Entsch. Nr. 948, Slg. Adl.-Clem. Insbesondere sind Änderungen der Firma, die Erteilung und das Erlöschen der Prokura auch rücksichtlich der Zweigniederlassungen dem zuständigen Handelsgerichte anzumelden. Vgl.

---

daß die betreffende Unternehmung außer Steuervorschreibung gekommen sei, unterblieb. Vgl. Entsch. Nr. 1479 Slg. Adl.-Clem.

[165b] Wenn aus einer Kommanditgesellschaft alle Kommanditisten austreten, die persönlich haftenden Gesellschafter jedoch das Gesellschaftsverhältnis fortsetzen (Art. 123, Ziff. 6, 127 H. G. B.), so genügt die Anzeige, daß die bisherige Kommanditgesellschaft nunmehr als offene Handelsgesellschaft fortbestehe. Vgl. die Entsch. des O. G. H. vom 26. Oktober 1886, Nr. 12.380 in den Jur. Bl. 1886, Nr. 51. Der Registereintrag, betreffend das Ausscheiden der Kommanditisten ist nach Art. 171 H.G.B. durch Einschaltung in die hierzu bestimmten öffentlichen Blätter zu verlautbaren.

§ 9.

Nr. 1047 und 1372, Abl.-Clem; verfehlt ist die Entsch. Nr. 1326 derselben Slg.¹⁶⁵ᶜ)

Die Eintragung der unter 1 bis 4 angeführten Tatsachen in das Handelsregister wird vom Handelsgesetzbuche angeordnet. Die Handelsgerichte haben jene Personen, denen im Einzelfalle die Anmeldungspflicht obliegt, durch Androhung und Auferlegung von Ordnungsstrafen zur Anmeldung der zu registrierenden Tatsachen zu verhalten. Das diesbezüglich zu beobachtende Verfahren ist durch die Vorschriften der §§ 9 bis 12 des kaiserlichen Patentes vom 9. August 1854, R. G. Bl. Nr. 208 geregelt. Arg. Art. 26, 45, 89, 129, 135, 154 u. a., H. G. B.; ferner §§ 12 bis 15, insbesondere § 13 Einf. Ges. — Zum Zwecke der Überwachung der Erfüllung der Anmeldepflicht haben nicht nur die Gerichte (insbesondere in ihrer Eigenschaft als Abhandlungs- und Konkursbehörden), sondern auch die Gewerbebehörden, die Notare und die Handels- und Gewerbekammern, sofern dieselben in der Ausübung ihres Amtes von Übertretungen der Anmeldungsvorschriften oder von dem Gebrauche einer nicht zustehenden Firma Kenntnis erlangen, hiervon dem Handelsgerichte die Anzeige zu erstatten. (§ 13 Einf. Ges.) Macht das Handelsgericht aus Anlaß irgendeiner anderen Amtshandlung die Wahrnehmung, daß der eine Firma betreffende Registereintrag den Tatsachen nicht mehr entspreche (beispielsweise infolge Ablebens des Inhabers der Firma), so ist von Amts wegen die entsprechende Erhebung vorzunehmen und je nach dem Ergebnisse derselben die Verfügung zu treffen, daß der Inhalt des Registers richtig gestellt, bezieh. die Löschung des mit der Wirklichkeit nicht übereinstimmenden Registerinhaltes veranlaßt werde. Vgl. die Entsch. Nr. 1312, 1329, 1479, 1529, 1773, Abl.-Clem. Dieser Grundsatz folgt aus der Erwägung, daß das Verfahren in Ansehung der Führung

---

¹⁶⁵ᶜ) Die Eintragung des Gegenstandes des Handelsbetriebes (z. B. der Art des Gewerbes) in das Handelsregister ist nicht geboten. (Ebensowenig die Bezeichnung desselben in der Firma. Richtig ist daher die Entsch. Nr. 1097 Abl.-Clem.) Dafür sprechen auch die Überschriften der Kolumnen des vorgeschriebenen Registerformulares. Deshalb ist die Entsch. Nr. 873 Abl.-Clem. verfehlt, welche die Anmeldung der Änderung des Betriebsgegenstandes einer im Register eingetragenen Unternehmung verlangt. Die Anmeldung der Änderung des Gegenstandes des Handelsbetriebes (und zugleich der Firma) ist allerdings dann notwendig, wenn auch die Firma die Bezeichnung des Betriebsobjektes enthält; z. B. wenn die Firma lautet: „A. C., Buchhändler." Vgl. die obangeführte Entsch. Nr. 1097 Abl.-Clem. Im Abschn. III, Punkt 4 der Min. Vbg. vom 10. Dezember 1901, Nr. 40 J. M. V. Bl. wird auf Wunsch der Handels- und Gewerbekammern den Handelsgerichten eine „möglichst spezialisierte Aufnahme des Gegenstandes des Unternehmens (des Betriebsgegenstandes) in die handelsgerichtlichen Eintragungen und Kundmachungen" empfohlen. Da in dieser Verordnung ausdrücklich anerkannt wird, daß die Parteien zu Angaben über den Betriebsgegenstand nicht verhalten werden können, so liegt hierin wohl auch die Anerkennung, daß eine gesetzliche Verpflichtung, die Veränderung des in das Register eingetragenen Betriebsgegenstandes anzumelden, nicht besteht. Vgl. Staub-Pisko, § 1 zu Art. 25. Die Praxis teilt allerdings überwiegend die hier vertretene Ansicht nicht. So in den Entsch. 840, 873, 1097 Abl.-Clem., dagegen 1367 derselben Sammlung.

des Handelsregisters offiziösen Charakter besitzt und den Regeln des Verfahrens in Rechtsangelegenheiten außer Streitsachen unterliegt. (Vgl. §§ 13 und 15, Abs. 2 Einf. Ges.) Die richterliche Autorität darf nicht dem Schutze eines Registerinhaltes dienen, dessen Unrichtigkeit dem Gerichte bekannt ist.[166])

B. Einen Gegenstand der fakultativen Eintragung in das Handelsregister bilden die der Ehefrau eines Kaufmannes oder eines persönlich (unbeschränkt) haftenden Gesellschafters einer Handelsgesellschaft durch Ehepakte eingeräumten Vermögensrechte unter der Voraussetzung, daß die Firma des Kaufmannes, beziehungsweise der Handelsgesellschaft, welcher der persönlich haftende Gesellschafter angehört, im Handelsregister eingetragen ist. § 16. Einf. Ges. (Ist die Firma des Gatten der betreffenden Ehefrau oder die Firma der Handelsgesellschaft, deren öffentlicher Gesellschafter der Gatte ist, im Handelsregister nicht eingetragen, so haben in Ansehung der Wirksamkeit der für die Ehefrau im Ehegütervertrage begründeten Rechte die Grundsätze des bürgerlichen Rechtes Geltung.) Die Eintragung der Rechte der Ehefrau eines Kauf-

---

[166]) Vgl. Staub-Pisko zu Art. 25, § 1. Es wäre im öffentlichen Interesse wünschenswert, daß die Finanzprokuratur gesetzlich ermächtigt würde, periodisch dahin zu wirken, daß Registereinträge, welche mit der Wirklichkeit im Widerspruche stehen, berichtigt beziehungsweise gelöscht werden. Vgl. Steinbach, Vertretung der öffentlichen Interessen, Ger. Ztg. 1902, Nr. 1. (Die Entsch. Nr. 2131 Abl.-Clem. läßt auf eine von der Statthalterei veranlaßte und von der Finanzprokuratur erhobene Beschwerde die Löschung einer gesetzwidrig erfolgten Eintragung einer Genossenschaft zu, wiewohl die Rekursfrist bereits verstrichen war. Dieses ungewöhnliche Eingreifen kann damit gerechtfertigt werden, daß der Inhalt des Handelsregisters verläßlich sein und keine offenbar gesetzwidrigen Eintragungen enthalten soll, sowie daß im außerstreitigen Verfahren (§ 11) Beschwerden auch nach Ablauf der Rekursfrist anzunehmen sind. Auch in dem in der Ger. Ztg. 1904 Nr. 32 besprochenen Falle (siehe S. 83 und N. 144) wurde die Registrierung auf Rekurs der Finanzprokuratur aufgehoben. — Da Registerbehörden von jenen Tatsachen, welche die Anmeldungspflicht begründen, oft keine Kenntnis erlangen, und die Parteien die Anmeldung wegen der damit verbundenen Kosten häufig unterlassen, erscheint es dringend geboten, eine periodische Vergleichung des Inhaltes des Handelsregister mit dem Inhalte der bei den Gewerbebehörden (erster Instanz) geführten Gewerberegister durch die Finanzprokuratur anzuordnen. Vgl. hierüber: Kräwell, Zeitschr. für Handelsrecht, XXII, S. 140 und B. Klier im Právník 1890 S. 37 flg. Letzterer schlägt eine Änderung des § 9 Einf. Ges. in dem Sinne vor, daß nach vorgängiger Erhebung des Sachverhaltes die Löschung einer Firma von Amts wegen zu verfügen sei, wenn durch einen Zeitraum von zwei Jahren für den betreffenden Gewerbebetrieb nicht um die Hälfte geringerer Erwerbsteuerbetrag vorgeschrieben wurde, oder das bezügliche Gewerbe seit zwei Jahren außer Betrieb stand. Derselbe Schriftsteller befürwortet ferner außer einer Erhöhung der im § 7 Einf. Ges. festgesetzten Steuermindestbeträge (die Erhöhung erfolgte inzwischen durch die kais. Vdg. vom 11. Juli 1898, allerdings in unzulänglichem Maße) die Ermächtigung der Gerichte, nach Vornahme der entsprechenden Erhebung die Löschung einer nicht mehr bestehenden Firma von Amts wegen zu verfügen; z. B. im Falle Ablebens oder Verschollenheit des Firmainhabers. Vgl. auch Górski, § 22, Anm. 2, der mit Recht auf § 15 Einf. Ges. und Art. 20 H. G. B. hinweist, und Herrmann im Sbornik, II, § 120. — Das Ordnungsstrafverfahren behandelt Delius in Goldschmidts Zeitschr. für Handelsrecht, Bd. 38 S. 427, ferner Cohn, a. a. O. S. 88 flg., Schultze-Görlitz, S. 58 flg.

mannes in das Handelsregister kann nach dem Gesetze vom 25. Juli 1871 R. G. Bl. Nr. 76 nur auf Grundlage eines über den Abschluß des Ehegütervertrages aufgenommenen Notariatsaktes oder auf Grundlage eines den Bestand dieser Rechte anerkennenden richterlichen Urteiles erwirkt werden. (§ 17 Einf. Ges. Der erste Absatz dieses Paragraphen erfuhr durch § 1 des Gesetzes vom 25. Juli 1871 R. G. Bl. Nr. 76, eine Änderung in dem Sinne, daß die Gültigkeit von Ehepakten durch die Aufnahme eines Notariatsaktes über dieselben bedingt ist, so daß seitdem eine anderweitige wenn auch gerichtlich oder notariell beglaubigte Urkunde über den Abschluß der Ehepakte zur Erwirkung der Eintragung der bezüglichen Rechte der Ehefrau nicht genügt.) — Nur die Ehefrau ist berechtigt, die Eintragung ihrer Rechte aus den Ehepakten zu verlangen; der Ehegatte könnte dieselbe nur unter Vorlage der erforderlichen legalisierten Vollmacht begehren. Vgl. § 17 Abs. 4 Einf. Ges.[167])

C. Von Amts wegen ist im Handelsregister lediglich „anzumerken":

1. Die Eröffnung des Konkurses über das Vermögen eines Kaufmannes, einer Handelsgesellschaft oder einer Person, welche an der letzteren als persönlich haftender Gesellschafter, oder bei der Kommanditgesellschaft auch nur als Kommandist beteiligt ist. Nach Aufhebung des Konkurses ist diese Anmerkung zu löschen. Vgl. § 14 Einf. Ges., ferner §§ 202 und 204 Konk. Ordg. (Durch § 204 Konk. Ordg. wurde die Norm des § 14 Einf. Ges. teilweise geändert.)[168])

---

[167]) Die Eintragung hat bei jenem Handelsgerichte zu geschehen, in dessen Sprengel die Hauptniederlassung des betreffenden Kaufmannes sich befindet. Die Eintragung von Ehepakten in das Handelsregister ist eine alte auf österreichischem Boden erwachsene Rechtseinrichtung. Vgl. Fischer-Ellinger, Handelsrecht, § 65, Stubenrauch, S. 65. — Noch der preußische Entwurf enthielt eine Bestimmung des Inhaltes, daß Ehepakte zu registrieren seien (3. Titel 1). Bei der zweiten Lesung wurde jedoch die Aufnahme dieser Bestimmung in das Gesetz abgelehnt. Es geschah dies hauptsächlich in der Besorgnis, es könnten hierdurch die verschiedenen Landesrechte in Ansehung der Regelung der vermögensrechtlichen Verhältnisse zwischen Ehegatten ungerechtfertigterweise eine Änderung erfahren. Vgl. Hahn, I S. 55 (3. Aufl.). Zu §§ 16 und 17 Einf. Ges. vgl. noch D. Ullmann in Grünhuts Zeitschr., IV, S. 125 flg. Derselbe meint, daß auch dem Ehegatten die Befugnis zustehe, die Eintragung der Ehegüterrechte seiner Ehefrau zu begehren. Die entgegengesetzte Ansicht vertreten mit Recht Blaschke-Pitreich, S. 26; vgl. besonders § 17, Abs. 4. — Es versteht sich, wie Ullmann S. 132 flg. näher ausführt, daß die Rechtswirkung eines Erb- und Abvitalitätsvertrages sowie der Vereinbarung der Gütergemeinschaft für den Todesfall durch die Eintragung in das Handelsregister nicht bedingt sei. (Etwas anderes gilt jedoch im Falle der Einräumung der in den §§ 1236 und 1256 a. b. G. B. gedachten Rechte für die Ehefrau. Eine etwa bewirkte Sicherstellung der Rechte der Ehegattin durch grundbücherliche Einverleibung ist hier ohne Belang.) Slg. Glaser-Unger, 8331.

[168]) Der auf die Anmerkung der Einleitung und Aufhebung des Vergleichsverfahrens bezügliche Teil des Inhaltes des § 14 Einf. Ges. erscheint durch die Konkursordnung vom 25. Dezember 1868, R. G. Bl. Nr. 1 für 1869, aufgehoben. Das gleiche gilt jedoch nicht von den Worten des § 14: „Diese Anmerkung jedoch nicht besonders kundzumachen," denn nach der Anordnung des § 202 K. O. ist bloß das Edikt, durch welches der kaufmännische Konkurs eröffnet wird, nicht aber der Vollzug der Anmerkung der Konkurseröffnung in die zur Bekanntmachung der Eintragungen in das Handelsregister dienenden Blätter einzurücken. Vgl. Blaschke S. 24.

2. Im Falle der Bewilligung der Zwangsverwaltung von Unternehmungen, für welche die Firma des Unternehmers im Handelsregister eingetragen ist, die gerichtliche Bewilligung der Zwangsverwaltung und der Name des Verwalters (Sequesters). Der Vollzug der Anmerkung ist zu verlautbaren. Die Rechtswirkung der Eintragung und der Bekanntmachung derselben bestimmt sich nach der Vorschrift des Art. 46 H. G. B. Vgl. § 342 Exek. Odg. Der Verwalter hat seine Unterschrift persönlich vor dem Handelsgerichte zu zeichnen oder die Zeichnung in beglaubigter Form einzureichen. (§ 342 Exek. Odg.)

Andere, als die im vorstehenden unter A, B und C angeführten Tatsachen können einen Gegenstand der Eintragung in das Handelsregister nicht bilden. Dies folgt aus den Worten des Art. 12 H. G. B.: „Die ...... angeordneten Eintragungen (sind) aufzunehmen."[168a]

Die registerfähigen Tatsachen beruhen zumeist auf Willenserklärungen der Parteien. Durch die Eintragung derselben in das Handelsregister wird bezeugt, daß Erklärungen eines bestimmten Inhaltes in der gesetzlichen Form dem Registerrichter gegenüber abgegeben wurden. Insofern besitzen die Registereinträge den Charakter öffentlicher Urkunden über den Inhalt gewisser Parteierklärungen.[168b]

(Manche Schriftsteller stellen unter den in das Handelsregister einzutragenden Tatsachen die Unterscheidung zwischen „verpflichtenden" und „befreienden" Tatsachen auf. Zur ersteren Kategorie zählen sie beispielsweise die Erteilung der Prokura, die Einräumung der Befugnis zur Vertretung einer Handelsgesellschaft usw., zur letzteren das Erlöschen der Prokura und die Auflösung einer Handelsgesellschaft.[169] Hiernach wird rücksichtlich der Eintragungen zwischen verpflichtenden Einträgen und befreienden Einträgen unterschieden. Allein es gibt eine Reihe von Tatsachen und eine entsprechende Anzahl von Einträgen, welchen weder der Charakter verpflichtender Tatsachen, bezieh. Einträge, noch die Eigenschaft befreiender Tatsachen, bezieh. Einträge beigemessen werden kann. So die Annahme einer Firma von Seite eines Einzelkaufmannes und das Erlöschen derselben, ferner die Eintragung der für eine Ehefrau durch Ehepakte begründeten Rechte. — Manche Eintragung äußert ihre Rechtswirkung nach verschiedenen Richtungen,

---

[168a]) Wurden andere Tatsachen in das Register eingetragen, als zur Anmeldung gebracht waren, dann kommt der Eintragung eine Rechtswirkung überhaupt nicht zu. Vgl. Behrend, I, S. 232, Staub=Pisko, § 7d zu Art. 12. Entsch. des R. O. H. G. XXIII, S. 285.

[168b]) Unzweifelhaft kann auf Begehren eines Interessenten eine Eintragung in das Register auch auf Grund eines Urteiles erfolgen, durch welches der Bestand einer bestimmten registerfähigen Tatsache festgestellt oder eine solche geschaffen wird. Analogie des § 17 Einf. Ges. — § 16 des H. G. B. für das Deutsche Reich gedenkt ausdrücklich des Falles, daß durch eine rechtskräftige oder vollstreckbare Entscheidung des Prozeßgerichtes ein Rechtsverhältnis, bezüglich dessen eine Eintragung zu erfolgen hat, gegen einen von mehreren bei der Vornahme der Anmeldung Beteiligten festgestellt ist.

[169]) Vgl. Thöl, § 54, Nr. 6, Behrend, S. 238.

§ 9.

so daß sie beiden Kategorien von Einträgen auf gleiche Weise angehört. So beispielsweise die Eintragung der Errichtung einer Kommanditgesellschaft mit Rücksicht auf die Norm des Art. 163, Abs. 3, H. G. B. Die eben besprochene Einteilung ist daher kaum von erheblichem Werte. — Mit mehr Grund wird hingegen zwischen Eintragungen und Löschungen der Einträge unterschieden, obgleich es sich in beiden Fällen um Eintragungen [positiver oder negativer Wirkung] handelt. Vgl. auch Lehmann-Ring, § 8, S. 49.)

Alle im Handelsgesetzbuche vorgeschriebenen, auf die Führung des Handelsregisters sich beziehenden Anmeldungen müssen bei dem Handelsgerichte entweder persönlich zu Protokoll gegeben, oder schriftlich in gerichtlich oder notariell beglaubigter Form eingereicht werden. § 10 Einf. Ges. Vgl. dazu § 55 des Ges. vom 27. November 1896, R. G. Bl. Nr. 217 (Gerichtsorganisationsgesetz) und § 321, Ziff. 8 der Min. Vdg. vom 5. Mai 1897, Nr. 112. (Geschäftsordnung für die Gerichte I. und II. Instanz.)[169a]

Bei der Anmeldung muß der Nachweis über das Vorhandensein der gesetzlichen Voraussetzungen der Eintragung erbracht werden. Insbesondere hat der Kaufmann, der seine Firma zur Eintragung in das Handelsregister anmeldet, darzutun, daß er eine Erwerbsteuer in der durch die kaiserliche Verordnung vom 11. Juli 1898 R. G. Bl. Nr. 124 festgesetzten Mindesthöhe zu entrichten habe. (Vgl. die Entsch. Nr. 1141, Adl.-Clem.) Das Handelsgericht hat die angemeldeten Tatsachen, wofern sie einen Gegenstand der Eintragung bilden, vollständig in das Handelsregister einzutragen und die vorgenommenen Eintragungen, insoweit das Handelsgesetzbuch nicht ausdrücklich anders verfügt, ihrem ganzen Inhalte nach in den hierzu bestimmten öffentlichen Blättern kundzumachen. (§ 11 Einf. Ges. und Art. 13 H. G. B.) Die Bekanntmachung gilt als vollzogen, wenn die Einschaltung der Anzeige in den öffentlichen Blättern einmal erfolgte. (§ 11 Einf. Ges.) Eine Ausnahme von dieser Regel findet sich im Handelsgesetzbuche nicht. Denn wenn in den Art. 221, 243, 245 und 247, welche von manchen Schriftstellern als solche Ausnahmen angeführt werden, eine dreimalige Einrückung in

---

[169a]) Daß das Ansuchen um Eintragung der einer Ehefrau durch die Ehepakte eingeräumten Vermögensrechte (§ 16 Einf. Ges.) der im § 10 Einf. Ges. vorgeschriebenen Form deshalb entbehren könnte, weil diese Gesetzesstelle von den „im Handelsgesetzbuche vorgeschriebenen Anmeldungen" spricht (wie das Wiener Handelsgericht in der in den Jur. Bl. 1888 Nr. 31, veröffentlichten Entscheidung erkannte), läßt sich mit Grund nicht behaupten. Jedenfalls erscheint die analoge Anwendung der Norm des § 10 Einf. Ges. unabweislich. Vgl. Blaschke-Pitreich, S. 26, Anm. 14. — Es sind auch Fälle denkbar, in welchen der Bestand einer Anmeldepflicht durch ein richterliches Erkenntnis ausgesprochen wird. Solche Fälle können namentlich dann eintreten, wenn es sich um die Richtigstellung oder um die Löschung von Eintragungen handelt. Vgl. Behrend, S. 234, 236. — Nach § 55 des Gerichtsorganisationsgesetzes können Anmeldungen zur Eintragung in das Handels- und das Genossenschaftsregister sowie die Zeichnung von Firmen und Unterschriften auf richterliche Anordnung in der Gerichtskanzlei erfolgen. Übereinstimmend § 331, Ziff. 8 der Gesch. O. für die Gerichte I. und II. Instanz.

die öffentlichen Blätter vorgeschrieben ist, so berührt diese Anordnung die von dem Handelsgerichte ausgehende Kundmachung von Registereinträgen nicht, sondern nur gewisse Emanationen des Vorstandes einer Aktiengesellschaft. Es geht dies zweifellos daraus hervor, daß die Art. 221 und 243 nach den Worten: „dreimal in den hierzu bestimmten öffentlichen Blättern", bezieh. „zu drei verschiedenen Malen durch die hierzu bestimmten öffentlichen Blätter" in der Klammer die Ziff. 11 des Art. 209 H. G. B. anführen, während die Art. 245 und 247 wieder auf Art. 143 sich berufen. Art. 209 aber schreibt unter Ziff. 11 vor, es müsse im Gesellschaftsvertrage eine Bestimmung darüber enthalten sein, in welcher Form die von der Gesellschaft ausgehenden Bekanntmachungen erfolgen und in welche öffentlichen Blätter die letzteren aufzunehmen seien.[170])

Die Wahl der zur Bekanntmachung der Eintragungen in das Handelsregister zu bestimmenden Blätter hat alljährlich im Monate Dezember der Chef der politischen Landesbehörde nach Rücksprache mit dem Handelsgerichte zu treffen. Die Verlautbarung dieser Wahl geschieht durch das Handelsgericht. Art. 14 H. G. B., § 11 Einf. Ges. — Auf Grund der Min. Vdg. vom 10. Dezember 1901 (J. M. V. Bl. Nr. 40, Not. Zeitg. 1902, Nr. 2) erscheint seit dem Beginne des Jahres 1902 im Verlage der Staatsdruckerei in Wien das „Zentralblatt für die Eintragungen in das Handelsregister", welches dazu bestimmt ist, einen Überblick über die Eintragungen in sämtliche Handelsregister der im Reichsrate vertretenen Königreiche und Länder zu vermitteln. Das „Zentralblatt" soll zugleich der Geschäftswelt die Eintragung, Änderung oder Erlöschung einer jeden Genossenschaftsfirma zur Kenntnis bringen. Die Kundmachungen erfolgen in gedrängtester Form und in jener Landessprache, in welcher die Eintragung vorgenommen wurde. Den Handelsgerichten wird in der gedachten Verordnung empfohlen, bei der Eintragung von Firmen zum Zwecke einer „zweifellosen Identifizierung" derselben auch eine genaue Bezeichnung des Gegenstandes des Unternehmens (des Betriebsgegenstandes) in das Register aufzunehmen und die Parteien bei geeigneten Anlässen auf die Vorteile aufmerksam zu machen, die für sie daraus im geschäftlichen Verkehre entspringen. (Eine gesetzliche Pflicht zur Anmeldung und Eintragung des Betriebsgegenstandes besteht nicht.) Die im „Zentralblatte" zu veröffentlichenden Anzeigen sind von den Handelsgerichten an die Redaktion des genannten Blattes von Fall zu Fall oder nach Abhaltung einer Sitzung einzusenden. Die Insertionsgebühren hat die anmeldende Partei zu berichtigen. Durch die Just. Min. Vdg. vom 9. März 1903 Nr. 60 J. M. V. Bl.

---

[170]) Auch Blaschke-Pitreich, S. 27, Anm. 3, bemerken zu § 11 Einf. Ges.: „sofern das Handelsgesetzbuch nicht ein anderes bestimmt." „In den Art. 221 und 243 H. G. B. ist eine dreimalige Einschaltung vorgeschrieben." Diese Bemerkung ist an sich richtig, allein die in den Art. 221 und 243 H. G. B. enthaltene Anordnung dreimaliger Einschaltung bildet, wie im Texte ausgeführt wird, nicht eine Ausnahme von der im Art. 13 H. G. B. und § 11 Einf. Ges. gegebenen Norm. — Die ungenaue Fassung des Art. 13 H. G. B. ist in der neuen Fassung des § 10 im neuen deutschen Handelsgesetzbuch verschwunden.

§ 9.

Nr. 24, wurde bekanntgemacht, daß die Landeschefs für die gemäß Art. 14 H. G. B. vorgeschriebenen Kundmachungen der Registereinträge für das Jahr 1904 das „Zentralblatt" und die amtliche Landeszeitung bestimmt haben.[171]) Von der Regel, daß die zur Anmeldung gelangenden Tatsachen vollständig in das Handelsregister einzutragen seien, bestehen zwei wichtige Ausnahmen: 1. Bei Kommanditgesellschaften auf Aktien und Aktiengesellschaften sind der Gesellschaftsvertrag, etwa gefaßte Abänderungsbeschlüsse und die Genehmigungsurkunden nur im Auszuge in das Handelsregister einzutragen und durch die öffentlichen Blätter zu verlautbaren. Eine Ergänzung der Eintragung bildet in diesen Fällen das bei jedem Handelsgerichte angelegte sogenannte Beilagenbuch, in welches vollständige, beglaubigte Abschriften oder Abdrücke der Gesellschaftsverträge, der den Gesellschaftsvertrag abändernden Beschlüsse sowie der Urkunden über die staatliche Genehmigung aufzunehmen sind. Art. 176, 198, 210, 214 H. G. B., §§ 9 und 10 der Min. Vdg. vom 9. März 1863, R. G. Bl. Nr. 27.

2. Bezüglich der Eintragung der durch Ehepakte für die Ehefrau eines Kaufmannes begründeten Vermögensrechte ordnet § 17 Einf. Ges. an, daß in das Handelsregister nur das Datum der Ehepakte oder der Änderungen derselben, der Name, Vorname, Stand, Wohnort der Ehegatten und der Tag der Eintragung anzumerken sei, und daß sich auch der Inhalt der Veröffentlichung auf diese Angaben zu beschränken habe. Die Urkunden, auf welche sich Eintragungen dieser Art gründen, sind in beglaubigter Abschrift bei dem Handelsgerichte aufzubewahren. Minder wesentliche Abweichungen von dem Grundsatze des Art. 13 H. G. B., daß die Registereinträge ihrem vollen Inhalte nach durch öffentliche Blätter zu verlautbaren seien, enthalten die Vorschriften der

---

[171]) Für Galizien auch noch den Przegląd prawa a admin. Diese Praxis wird wohl ständig beobachtet werden. — Durch die Schaffung des „Zentralblattes" wurde einem wiederholt (auch von mir) geltend gemachten Postulate der Öffentlichkeit Rechnung getragen. — Das ungarische Handelsgesetzbuch enthält im § 8 folgende Vorschrift: Die Eintragungen in das Handelsfirmenregister sind, soweit nicht dieses Gesetz für einzelne Fälle ein anderes bestimmt, nach ihrem ganzen Umfange in einem vom Ministerium für Ackerbau, Gewerbe und Handel herauszugebenden Zentralanzeiger (Központi értesitö), die in Kroatien-Slawonien erfolgten Eintragungen hingegen im dortigen Amtsblatte unverzüglich zu veröffentlichen. — Nach der Bestimmung des Art. 893 des Schweizer Gesetzes über das Obligationenrecht besteht für die ganze Schweiz zum Zwecke der Publizierung der Registereinträge ein einziges Blatt (das Handelsamtsblatt). — Zu demselben Zwecke erschien im Deutschen Reiche seit dem Jahre 1874 das halbamtliche „Zentralhandelsregister für das Deutsche Reich". Nach § 10 des neuen deutschen H. G. B. hat das Gericht die Eintragungen durch den „Deutschen Reichsanzeiger" und durch mindestens ein anderes Blatt bekanntzumachen. Die Wahl des zweiten Blattes ist dem Registerrichter freigestellt. Vgl. Lehmann-Ring, I, S. 53 flg., dazu Z. f. H. XIX, S. 666; Staub (5. Aufl.), zu Art. 14 S. 30; Birkenbihl in Kohler und Rings Archiv, VI, S. 250 flg. Die Rechtsfolgen der Bekanntmachungen treten erst mit der Publikation in sämtlichen zu diesem Zwecke bestimmten Blättern ein. Vgl. auch § 10, Abs. 2 deutsches H. G. B., dazu Lehmann-Ring, a. a. O.; Schultze-Görlitz, Die Handelsregister, S. 12, 13; Th. Cohn, Das Handelsregister, S. 9, auch Hugelmann, Jur. Bl. 1888, Nr. 12 und 1889, Nr. 12.

Art. 151, 155, Abs. 2, 156 und 171 H. G. B. (Name und Einlage des Kommanditisten werden nicht veröffentlicht).

Die gleiche Aufgabe, welche rücksichtlich der Einzelkaufleute und der Handelsgesellschaften das Handelsregister hat, erfüllt in Ansehung der Erwerbs- und Wirtschaftsgenossenschaften das Genossenschaftsregister, welches bei jedem Handelsgerichte über diejenigen Genossenschaften zu führen ist, welche in dem Sprengel desselben ihren Sitz haben. (§ 7 des Ges. vom 9. April 1873, R. G. Bl. Nr. 70. Vgl. § 8 dieses Buches.) Alle in dem Gesetze vom 9. April 1873, R. G. Bl. Nr. 70, vorgeschriebenen Anmeldungen zur Eintragung in das Genossenschaftsregister müssen in der Regel bei dem Handelsgerichte entweder persönlich zu Protokoll gegeben, oder in gerichtlich oder notariell beglaubigter Form eingereicht werden. Bevollmächtigte haben sich durch eine in gleicher Art beglaubigte Vollmacht auszuweisen. (Vgl. § 2 der Min. Vdg. vom 14. Mai 1873, R. G. Bl. Nr. 71, § 55 des Ger. Organ. Ges. vom 27. November 1896 und § 321 der Geschäftsordnung für die Gerichte I. und II. Instanz.) Rücksichtlich der Form der Anmeldung gewährte die Min. Vdg. vom 23. Mai 1895 R. G. Bl. Nr. 74 eine wesentliche Erleichterung, indem sie die gerichtliche oder notarielle Beglaubigung für entbehrlich erklärt, wenn die Anmeldung oder die Vollmacht mit der firmamäßigen Zeichnung der Genossenschaft versehen ist, und die Unterschriften der Zeichnenden bei den Registerakten des Handelsgerichtes bereits in beglaubigter Form erliegen.

Über die Registrierung der in dem ungarischen Ländergebiete gesetzmäßig errichteten Aktiengesellschaften (Kommanditgesellschaften auf Aktien), Versicherungsgesellschaften und Erwerbs- und Wirtschaftsgenossenschaften, welche in dem österreichischen Ländergebiete unter eigener Firma durch Zweigniederlassungen Geschäfte betreiben wollen; vgl. N. 163.)[172]

In Beobachtung des im Art. XIX des Staatsgrundgesetzes vom 21. Dezember 1867 R. G. Bl. Nr. 142 ausgesprochenen Grundsatzes sind die Registereinträge in jener Landessprache vorzunehmen, in welcher die Anmeldung und der über dieselbe ergehende Beschluß erfolgte. Die Ausführung dieser Norm erfolgte für Böhmen und Mähren im § 10 der Min. Vdg. vom 19. April 1880 L. G. Bl. für Böhmen Nr. 14, L. G. Bl. für Mähren Nr. 17.[172a]

---

[172] Das ungarische Handelsgesetzbuch enthält in den §§ 7 bis 9 Bestimmungen über das Handelsfirmenregister, welche von den Vorschriften der Art. 12 bis 14 des österreichischen H. G. B. einigermaßen abweichen. Dies gilt namentlich vom Inhalte des § 9, laut dessen die in die Handelsfirmenregister erfolgten Eintragungen dritten Personen gegenüber vom Tage ihrer Veröffentlichung im Zentralanzeiger, in Kroatien-Slavonien vom Tage ihrer Veröffentlichung im dortigen Amtsblatte an ihre Wirksamkeit äußern und, daß sich niemand mit der Unkenntnis der erfolgten Veröffentlichung entschuldigen kann. Zum neuen Handelsgesetzbuche für das Deutsche Reich, §§ 8 bis 16, vgl. Lehmann-Ring a. a. O.

[172a] Vgl. hierüber die eingehende Erörterung Storchs in seinem Řizení trestní, S. 371 flg.

§ 10.

Von den rechtlichen Wirkungen der Eintragungen in das Handelsregister und der Unterlassung derselben.

Die legislative Bestimmung des Handelsregisters und der ihm zukommende öffentliche Glaube erfordert:

1. Einerseits, daß die in das Register eingetragenen und durch die öffentlichen Blätter gehörig kundgemachten Tatsachen als allgemein bekannt angesehen werden, daß sonach niemand mit der Unkenntnis derselben sich entschuldigen könne (negative Seite der Publizität).

2. Andrerseits, daß Tatsachen, die nicht in das Register eingetragen und gehörig kundgemacht wurden, demjenigen nicht zum Nachteile gereichen, der von ihnen nicht Kenntnis hatte, namentlich nicht demjenigen, der im Vertrauen auf den Inhalt des Registers handelte (positive Seite der Publizität).[173]

Diesen Grundsätzen entsprechen die Bestimmungen des Handelsgesetzes. Hierbei sind zu unterscheiden:

I. Die Wirkungen der Eintragung,
II. die Wirkungen der Unterlassung der letzteren.[174]

Ad I. Wurde die Änderung oder das Erlöschen von Tatsachen, welche Gegenstand der Eintragung sind, insbesondere die Änderung der Firma und die Aufhebung der Prokura in das Handelsregister eingetragen und durch die öffentlichen Blätter verlautbart, so äußern dieselben überhaupt gegen jedermann rechtliche Wirkung, es sei denn, daß Umstände vorliegen, welche die Überzeugung des Richters begründen, daß der Dritte diese Tatsachen nicht kannte und „nicht kennen mußte", d. h. bei gewöhnlicher kaufmännischer Umsicht nicht kennen konnte. Kurz: Es entschuldigt hier nur unverschuldete Unkenntnis. Argum. Art. 25, 46, auf welche alle späteren Artikel sich beziehen, z. B. Art. 87, 115, 129, 135, 155, 171, 233.[175] Hierdurch wird dritten Personen die

---

[173] Von der Publizität in diesem (materiellen) Sinne ist die Publizität oder Öffentlichkeit des Registers in formalem Sinne zu unterscheiden. Letztere besteht darin, daß während der Amtsstunden jedermann in das Register Einsicht nehmen, beglaubigte Abschriften (Auszüge) oder ein amtliches Zeugnis rücksichtlich der eingetragenen Tatsachen verlangen kann und daß das Handelsgericht für die gehörige Bekanntmachung der Einträge durch öffentliche Blätter Sorge tragen muß. (Art. 12 bis 14, § 18 Einf. Ges., §§ 17 und 28 der Min. Vdg. vom 9. März 1863 R. G. Bl. Nr. 27). Die Analogie mit dem Institute der öffentlichen Grundbücher ist unverkennbar. Vgl. Behrend, § 39.

[174] Die obgedachten Wirkungen kommen auch der „Anmerkung" der Zwangsverwaltung zu (§ 342 E. O., siehe S. 94), nicht aber der Anmerkung der Konkurseröffnung.

[175] Die Stilisierung der Art. 25 und 46 „kennen müssen", betreffs deren in der Konferenz ein heftiger Streit sich entspann und die bis heute den Kommentatoren Schwierigkeiten verursacht (vgl. Hahn, I, S. 64 flg., Thöl, § 54), will schließlich nichts anderes sagen, als was im Texte dargestellt wurde. Ob das

relative Pflicht auferlegt, in das Handelsregister bezieh. in die zu amtlichen Kundmachungen bestimmten öffentlichen Blätter Einsicht zu nehmen.

Nur in einem einzigen Falle ist das in das Register eingetragene Rechtsverhältnis sogleich nach der Eintragung wirksam, und selbst die unverschuldete Unkenntnis dritter Personen unentscheidend, nämlich im Falle der Eintragung der einer Ehefrau aus den Ehepakten zustehenden Rechte. § 16, Abs. 2 und 3, Einf. Ges. zum H. G. B.[176])

Ad II. Wurde jedoch die Änderung oder das Erlöschen in das Handelsregister gehöriger Tatsachen, insbesondere die Änderung der Firma und das Erlöschen der Prokura nicht in das Register eingetragen und durch die öffentlichen Blätter kundgegeben, so können diese Änderungen oder das Erlöschen dritten Personen nicht entgegengesetzt werden, es würde denn der Beweis erbracht, daß der Dritte (bei Vornahme des bezüglichen Rechtsgeschäftes) von der Änderung oder von dem Aufhören jener Tatsachen Kenntnis besaß (Art. 25, 46). Mit anderen Worten: Der Partei, welche die Anmeldung zum Register unterließ, wird die Pflicht des Beweises auferlegt, daß die dritte Person unredlich gehandelt habe.[177])

Das Handelsgesetz spricht diese Prinzipien nicht, wie der ursprüngliche (preußische) Entwurf in allgemeinen Sätzen und in dem das Handelsregister[178] behandelnden Kapitel aus, sondern lediglich in Ansehung der Änderungen und des Erlöschens gewisser tatsächlicher Verhältnisse, und zwar zunächst rücksichtlich der Firma und der Prokura. Art. 25 und 46. Auf diese Artikel verweisen auch die übrigen bezüglichen Artikel; vgl. die Art. 87, 115, 129, 135, 155, 171, 233 H. G. B. Diese mehr formale Änderung des ursprünglichen Entwurfes wurde in der Konferenz damit begründet, daß der (im Art. 11 des Entwurfes) allgemein aufgestellte Grundsatz in manchen Fällen der praktischen Bedeutung entbehren würde, so beispielsweise wenn es sich um die Eintragung einer neuen Firma, oder um die Erteilung der Prokura handelt. In solchen Fällen ist es bezüglich der Rechtswirkungen gleichgültig, ob

---

notwendige, den Verhältnissen entsprechende Maß von Dilligenz aufgewendet wurde, hat somit der Richter je nach dem konkreten Falle zu beurteilen (bezüglich Ungarns vgl. die N. 171).

[176]) Vgl. hierüber Ullmann in der Grünhutschen Zeitschr., IV, S. 124 flg.

[177]) Angenommen, es habe der Kaufmann A. seinen treulosen Prokuristen B. entlassen, die Entlassung aber (die Aufhebung der Prokura) bei dem Handelsgerichte nicht angemeldet. Hier haftet A. aus Rechtshandlungen, welche der entlassene Prokurist in dessen Namen mit dritten Personen vornahm, wofern diese von der Aufhebung der Prokura nicht Kenntnis besaßen. Die Kenntnis kann allerdings aus den Umständen dargetan werden. Vgl. Behrend, § 39, S. 55. In dem Falle Nr. 816, Sammlung Adl.-Clem. legte der Oberste Gerichtshof der Unterlassung der Eintragung der in der Person des Firmainhabers eingetretenen Änderung die Wirkung bei, daß selbst die (exekutive) Überweisung von Forderungen des früheren Firmainhabers an dessen Gläubiger (trotz des Verkaufes der Unternehmung) gegenüber dem Erzindierungswerber als gültig angesehen wurde.

[178]) Art. 11 des Entwurfes lautete: Eine Eintragung in das Handelsregister hat dritten Personen gegenüber . . . . . . rechtliche Wirkung usw.

diese Tatsachen in das Register eingetragen werden oder nicht.[179]) Dessenungeachtet zeigt sich die grundsätzliche Tragweite der oben aufgestellten Rechtsregeln darin, daß sie auch dann Geltung besitzen, wenn das Gesetz aus Versehen unterließ, auf die Art. 25 und 46 hinzuweisen. Siehe beispielsweise die Art. 201, 243, 247, Abs. 4. (Vgl. auch Staub zu Art. 12, § 7. Die Richtigkeit dieser Auffassung bezeugt auch der Umstand, daß das neue deutsche Handelsgesetzbuch diese Grundsätze im § 15 ganz allgemein aufstellt. Vgl. auch Lehmann-Ring, I, S. 67 flg.)

Im übrigen sind Rechtsverhältnisse und Verträge rechtsgültig, auch wenn sie nicht vorschriftsmäßig in das Handelsregister eingetragen worden sind.[180]) Nur ausnahmsweise ist in drei Fällen die Gültigkeit und in zwei Fällen die Wirksamkeit von Rechtsverhältnissen gegenüber dritten Personen von der Eintragung in das Register abhängig, und zwar:

1. Die Gültigkeit in folgenden Fällen:

a) Die Kommanditgesellschaft auf Aktien hat insolange nicht rechtlichen Bestand, als sie nicht in das Handelsregister eingetragen wurde. Art. 178 H. G. B.[181]);

b) das gleiche gilt von der Aktiengesellschaft nach Art. 211 H. G. B., wie auch

c) von den Erwerbs- und Wirtschaftsgenossenschaften nach § 3 des Ges. vom 9. April 1873, R. G. Bl. Nr. 70.

Was von der ursprünglichen Eintragung gilt, hat auch Geltung bezüglich jeder Änderung des Gesellschaftsvertrages (der Statuten) Art. 198, 214 des Handelsgesetzbuches, § 9 des Ges. über Erwerbs- und Wirtschaftsgenossenschaften.

2. Die Wirksamkeit von Rechten gegenüber dritten Personen ist in folgenden Fällen von der Eintragung in das Register abhängig:

a) Die auf Grund des Eheütervertrages (der Ehepakte) der Gattin eines Kaufmannes oder eines persönlich haftenden Gesellschafters an dem Vermögen des letzteren zustehenden Rechte sind gegenüber den Handelsgläubigern des Gatten wirkungslos, wofern sie nicht in das Handelsregister eingetragen wurden. Sobald jedoch die Eintragung erfolgt ist, wirken sie alsogleich nach der Eintragung gegen jedermann ohne Unterschied, ob er von derselben Kenntnis erlangt haben mag oder nicht. § 16 Einf. Ges. Beizufügen ist, daß die Bestätigung des Gatten über den Empfang des Heiratsgutes (§ 1226 a. b. G. B.) nach dem Gesetze vom 25. Juli 1871 R. G. Bl. Nr. 76 der Ausfertigung in Form eines Notariatsaktes bedarf, und daß diese Bestätigung nach

---

[179]) Vgl. Hahn, S. 61 (3. Aufl.), Thl. § 54: „Der Verpflichtungswille ist meist gültig ohne Eintragung."

[180]) Mit Recht nahm das Handelsgesetz den Grundsatz des französischen Rechtes nicht auf, daß die Unterlassung der Eintragung die Ungültigkeit jenes Rechtsverhältnisses zur Folge habe, welches hätte eingetragen werden sollen. Das oben angeführte Prinzip galt überhaupt schon früher sowohl in Österreich als in Deutschland.

[181]) Irrigerweise führt hier Stubenrauch, S. 22, auch die Kommanditgesellschaft an.

§ 49 Konk. Ordg. nur dann zugunsten der Ehefrau gegen die Konkursmasse beweiswirkend ist, wenn sie entweder beim Empfange des Heiratsgutes oder wenigstens ein Jahr vor Eröffnung des Konkurses ausgestellt wurde. (Das Datum der Bestätigung wird durch den Notariatsakt bezeugt.)[181a]

In Ansehung der Durchführung des § 16 im Konkursverfahren bietet § 50 Konk. Ordg. eine kurze Rechnungsformel für die Verteilung. Diese lautet: Die Ehegattin muß den Handelsgläubigern, deren Forderungen vor der Eintragung der Ehepakte zur Entstehung gelangten, jenen Betrag ersetzen, um welchen ihnen aus der Konkursmasse infolge der Bedachtnahme auf die Ehepakte weniger zukommt. Vgl. § 50 Konk. Ordg.[182]

Die für den Ehemann durch Ehepakte begründeten Rechte sind nicht Gegenstand der Eintragung in das Handelsregister. Arg. a contr. des § 16 Einf. Ges., ferner Art. 8 und 12 H. G. B. Eine solche Eintragung wäre auch ohne Sinn. Erteilt nämlich der Ehemann seiner Gattin die Einwilligung zum Betriebe eines Handelsgeschäftes, so kann er seine Rechte aus den Ehepakten den Handelsgläubigern der letzteren

---

[181a] Die Ansicht Tilsch', Einfluß der Zivilprozeßgesetze usw. (2. Aufl.), S. 283 flg., es sei diese Bestimmung — angeblich als Beweisvorschrift — durch die neue Zivilprozeßordnung (§ 272) aufgehoben worden, teile ich nicht; denn es handelt sich hier nicht um eine bloße Beweisvorschrift, sondern um eine Förmlichkeit des materiellen Rechtes, welche im Art. VII des Einf. Ges. zur Z. P. O. in Geltung erhalten wurde. Nach Tilsch' Anschauung, S. 285, blieb lediglich der oben in der Klammer angeführte, das Datum der Urkunde betreffende Satz in Geltung (Art. VII, 3). Es wäre also auch nach der hier bestrittenen Anschauung für die freie Beweiswürdigung nichts viel gewonnen. Vgl. hierüber Randa in der Notariats-Zeitschr. Jahrg. 1902, Nr. 15.

[182] Handelsgläubiger sind jene Gläubiger, welchen der Ehegatte als Kaufmann oder aus Handelsgeschäften zu Leistungen verpflichtet ist. Vgl. Pablousek, Právník, Jahrg. 1865, S. 581; Ullmann, l. c., S. 129. Angenommen, es betrügen die Forderungen der Handelsgläubiger (A.), die vor der Eintragung des Heiratsgutes der Ehegattin (B.) im Betrage von 2000 K zur Erstehung gelangten, 6000 K, die Forderungen der später hinzugekommenen Handelsgläubiger (C.) und die Forderungen der gemeinrechtlichen Gläubiger (D.) zusammen 4000 K, und ist in der Konkursmasse nur ein Betrag von 6000 K vorhanden (sonach 50 Prozent der Passiven). Würden die Gläubiger A. einen Vorzug nicht genießen, so erhielten alle Gläubiger 50 Prozent ihrer Forderungen, daher: die Gläubiger A. 3000 K, die Ehegattin B. 1000 K, die Gläubiger C. und D. 2000 K, womit das Massevermögen erschöpft wäre. Allein den Gläubigern A. gegenüber darf auf das Heiratsgut von 2000 K nicht Bedacht genommen werden, und es erhalten diese Gläubiger (weil dann die aus der Masse zu berichtigenden Passiven nur 10.000 K betragen würden) 60 Prozent ihrer Forderungen, d. i. 3600 K, somit um 600 K mehr, als sie bei der Verteilung nach der ersten Eventualität erhalten hätten. Diese 600 K muß ihnen die Gattin des Gemeinschuldners aus ihrem Anteile ersetzen (§ 50 K. O.), und es erhalten sonach: A. 3600 K, B. 400 K (nämlich 1000 K — 600 K), C. und D. 2000 K. — Grundlos nennt Leo Geller „Die Sicherstellung des Heiratsgutes" (1882), S. 28 flg., die oben angeführten §§ 16 E. G. und 50 K. O. leges imperfectae et absurdae. Gleichfalls unbegründet ist die Behauptung desselben, S. 25 flg., es sei § 16 lediglich auf jene Ansprüche beschränkt, welche über die durch die tatsächliche Einbringung des Heiratsgutes begründete Forderung hinausgehen, indem er vergebens bestreitet, daß die Bestellung eines Heiratsgutes zu den Ehepakten gehöre.

§ 10.

nicht entgegensetzen (Art. 8 H. G. B.); erteilt er jedoch die Einwilligung zum Geschäftsbetriebe seiner Gattin nicht, so gilt letztere nicht als Handelsfrau und seine diesbezüglichen Rechte bleiben unberührt. Art. 7 H. G. B.

b) Die beschränkte Haftung des Kommanditisten tritt erst mit der Eintragung der Kommanditgesellschaft in das Handelsregister ein. Bis zu diesem Zeitpunkte haftet der Kommanditist unbeschränkt, es wäre denn, daß er der dritten Person zu beweisen vermöchte, daß sie das wahre Rechtsverhältnis (seine beschränkte Haftung) kannte. Art. 163, Abs. 3 H. G. B.[182a]

Das Gesetz kennt nur endgültige, keineswegs aber einstweilige (provisorische) Eintragungen (Vormerkungen) der obbezeichneten Tatsachen, wie beispielsweise etwa die Vormerkung der Klage auf Auflösung der Gesellschaft oder Ausschließung eines Gesellschafters. (Vgl. Abl.-Clem., Nr. 1396, 1698, auch Staub-Pisko, Art. 12, § 2.)

Es darf nicht unbemerkt bleiben, daß der kaufmännische Konkurs nur über das Vermögen von Handelsgesellschaften und von solchen Kaufleuten eröffnet werden kann, deren Firma im Handelsregister eingetragen ist (§ 191 Konk. Odg.).[182b] Auch die Beendigung des kaufmännischen Konkurses mittels des sogenannten Zwangsausgleiches ist nur dann möglich, wenn die Firma des Kaufmannes oder der Handelsgesellschaft wenigstens durch zwei Jahre im Handelsregister eingetragen war (§ 208 Konk. Odg.).

Für Rechtsstreitigkeiten aus Handelsgeschäften sind die Handelsgerichte nur dann zuständig, wenn die Klage gegen eine Handelsgesellschaft oder einen Kaufmann, deren Firma im Handelsregister eingetragen erscheint, oder gegen eine registrierte Erwerbs- und Wirtschaftsgenossenschaft gerichtet ist, und wenn das Rechtsgeschäft, auf welches der Klageanspruch sich gründet, auf Seite des Beklagten ein Handelsgeschäft ist. (§ 51, Abs. 1 J. N.)[182c]

[182a] Es wäre hier beizufügen, daß nach Art. 146 und 172 H. G. B. die kurze fünfjährige Verjährungsfrist für Ansprüche von Handelsgläubigern gegen die früheren Mitglieder einer Handelsgesellschaft mit der Eintragung der Auflösung der Gesellschaft, beziehungsweise mit der Eintragung des Austrittes des Gesellschafters beginnt. Die (einjährige) Frist, nach deren Ablaufe die (gänzliche oder teilweise) Verteilung des Gesellschaftsvermögens unter die Gesellschafter der Kommandit-Aktiengesellschaft erfolgen kann, wird ebenfalls von der Eintragung der betreffenden Tatsachen in das Handelsregister berechnet. Art. 202, 203 H. G. B.

[182b] Bei Handelsgesellschaften kommt es auf die Eintragung in das Register nicht an. Vgl. den Wortlaut des § 191 K. O., hierzu Frankl, Konkurs der offenen Handelsgesellschaft S. 26.

[182c] Der Gerichtshof erster Instanz ist zuständig für Streitigkeiten, bei welchen der Wert des Streitgegenstandes 500 fl. (1000 K) übersteigt. Die Zuständigkeit des Handelsgerichtes erstreckt sich auch auf die im § 39 Einf. Ges. zum H. G. B. unter der Bezeichnnng „Handelssachen" angeführten Rechtsstreitigkeiten. Über weitere Fälle der handelsgerichtlichen Kompetenz vgl. Neumann, Zivilprozeßordnung, S. 1173; Ott, Soud. rád, § 23; Schuster v. Bonnott, Zivilprozeß, § 8; Ullmann, Zivilprozeß, § 12; Canstein, Zivilprozeß, §§ 4, 9; Pantůček, O org. a přísluš. s., § 5.

Die Eintragungen des Registers bekunden lediglich Tatsachen. Der rechtliche Bestand des eingetragenen Rechtsverhältnisses wird durch den Registerinhalt allein nicht bewiesen. Vgl. dazu Staub-Pisko, Art. 12, § 7; Schultze-Görlitz, Handelsregister, S. 4 flg.

Die Übergangsbestimmungen der §§ 49 bis 59 Einf. Ges. zum Handelsgesetzbuch haben derzeit fast jedwede Bedeutung verloren.

Mit der Min. Vbg. vom 9. März 1863 R. G. Bl. Nr. 27 wurde für die Führung des Handelsregisters eine besondere Instruktion erlassen.

Das Handelsregister besteht aus zwei Abteilungen:
1. Aus dem Register für Einzelnfirmen;
2. aus dem Register für Gesellschaftsfirmen. (Die Formulare siehe in der Manzschen Ausgabe des Handelsgesetzbuches.)[183]

Überdies wird das sogenannte Beilagenbuch geführt.

In ähnlicher Weise wird durch die Min. Vbg. vom 14. Mai 1873, R. G. Bl. Nr. 71, die Herstellung und Führung des Genossenschaftsregisters geregelt.

Der § 16 des Gesetzes über Erwerbs- und Wirtschaftsgenossenschaften vom 9. April 1873, R. G. Bl. Nr. 70, enthält in Ansehung der Wirkungen der Registereinträge, bezieh. der Unterlassung der Anmeldung der rücksichtlich der Mitglieder des Genossenschaftsvorstandes eingetretenen Änderungen die gleichen Vorschriften, wie die Art. 25 und 46 H. G. B., bezüglich der Kaufleute. Die nämlichen Grundsätze gelten in dieser Richtung hinsichtlich der Prokura, der Auflösung der Genossenschaft, der Bestellung und Abberufung der Liquidatoren, wie auch rücksichtlich der Zweigniederlassungen (§§ 7 flg., 16, 40, 42, 43 Genoff. Ges.).[183a]

§ 11.
Von den Handelsfirmen.
(Art. 15 bis 27 H. G. B.)[1]

Die Vorschriften des dritten Titels des ersten Buches über das Firmenrecht finden Anwendung nur bei Vollkaufleuten und Handels-

---

[183] Diese Einteilung ist vollständig angemessen. Vgl. Behrend, § 39, S. 26. Anders ist die Einrichtung des Handelsregisters in Preußen usw. Hierüber Schultze-Görlitz, a. a. O. S. 125; Th. Cohn, Das Handels- und Genossenschaftsregister, S. 99 flg.

[183a] Vgl. hierzu die Min. Vbg. vom 14. Mai 1873 R. G. Bl. Nr. 71, §§ 2 und 12; Stroß, Genossenschaftsrecht, §§ 16, 17, 18.

[1] Vgl. Thöl, § 19 b (§ 53), Völderndorff in Endemanns Enzyklopädie S. 44 flg., Schultze-Görlitz, Die Führung des Handels- und Musterregisters (1893), Brunstein, Name, Firma und Marke, Wien 1889, dazu dessen Vortrag: Reklame im Lichte des Rechtes (1904). Geschichtlich hängt die Firma mit dem sogenannten Kaufmannszeichen (Marke, signum mercatoris) zusammen, welches allerdings ursprünglich nicht bloß die Unterschrift des Namens ersetzte, sondern

gesellschaften vollen Rechtes. Kaufleute minderen Rechtes sind von der Führung einer Firma ausgeschlossen. (Die der kais. Vdg. v. 11. Juli 1898 R. G. Bl. Nr. 124 [früher dem § 7 Einf. Ges.] rücksichtlich der Unterscheidung von Voll- und Minderkaufleuten zukommende Bedeutung wurde im § 8 erörtert.)¹ᵃ)

---

auch zur Bezeichnung der Waren diente. (Warenzeichen vgl. N. 3.) Von dem bürgerlichen Namen des Kaufmannes abweichende Firmen kamen zuerst bei Handelsgesellschaften in Gebrauch. Die bezüglichen österreichischen und deutschen Landesgesetze reichen in das achtzehnte Jahrhundert zurück. Vgl. Brinkmann, Lehrb. b. H. R. § 21, Behrend, § 40. Die Firmazeichnung hat für den Kaufmann nicht weniger verpflichtende Kraft, als die Unterfertigung einer Urkunde mit dem bürgerlichen Namen. (Vgl. auch Art. 4 und 12 der Wechsel-Odg.) Das Wort „Firma" stammt von dem Worte „firmare", welches den ständigen Gebrauch desselben Zeichens bedeutet. (Im franz. Code de commerce: raison; im ital. Codice di comm.: ditta, firma, ragione.)

¹ᵃ) Nach § 44 der Gew. Ges. Nov. v. 15. März 1883 R. G. Bl. Nr. 39 sind die Gewerbetreibenden verpflichtet, sich einer entsprechenden äußeren Bezeichnung auf ihren festen Betriebsstätten oder ihren Wohnungen zu bedienen. Nach § 49 Ziff. 1 und 4 desselben Ges. macht sich jeder Gewerbetreibende einer Übertretung schuldig, der zur äußeren Bezeichnung seiner Betriebsstätte oder Wohnung, zur Bezeichnung von Gewerbeerzeugnissen oder überhaupt bei dem Betriebe seiner Geschäfte und bei der Abgabe seiner Unterschrift sich nicht seines vollen Vor- und Zunamens oder eines ihm nicht zustehenden Namens bedient, ohne hierzu durch die bereits erfolgte Eintragung seiner Firma in das Handelsregister berechtigt zu sein. Endlich begeht laut der Ziff. 5 des § 49 Gew. Ges. Nov. jeder Gewerbetreibende eine Übertretung, der in den oben bezeichneten Fällen (zur Bezeichnung der Betriebsstätte oder von Gewerbeerzeugnissen, in der gewerblichen Korrespondenz usw.) bei dem Bestande eines Gesellschaftsverhältnisses einer Bezeichnung sich bedient, in welcher nicht bloß Namen von Gesellschaftern, sondern außerdem ein das Vorhandensein einer Gesellschaft andeutender Zusatz enthalten ist, ohne zu der Führung einer derartigen Firma im Sinne des Handelsgesetzbuches berechtigt zu sein. Demnach wäre der Gebrauch einer Aufschrift wie z. B.: „Anton Schreiber, Karl Schuster" oder „Anton Schreiber und Karl Schuster", nicht aber einer Aufschrift „Schuster und Schreiber" gestattet, weil die Angabe der Taufnamen entgegen der Norm des § 49 Ziff. 4 Gew. Nov. mangelt. (Vgl. Art. 26 H. G. B. Die Entsch. des O. G. H. Nr. 1138 Abl.-Clem. erklärt in einem solchen Falle selbst den Gebrauch eines Verbindungswortes wie: „und", „et" usw. für unzulässig. Die entgegengesetzte Ansicht vertritt Frankl, Konkurs der off. Hand. Gesellsch. S. 6 Nr. 16, der in dem Verbindungsworte „und" einen „das Vorhandensein einer Gesellschaft andeutenden Zusatz" [§ 49 Ziff. 5 Gew. Odg.] nicht erblickt.) Vgl. Entsch. Nr. 1346 Abl.-Cl., ferner Hahn, I zu Art. 16 und 22 S. 182 (4. Aufl.), Cohn, Das H. u. Gen. Reg. S. 42 flg. Im Gebrauche des Anfangsbuchstaben des Vornamens von Seite eines nicht registrierten Kaufmannes liegt an sich noch nicht der unbefugte Gebrauch einer Firma, sondern eine nach der Gew. Odg. unzulässige Kürzung des Vornamens, deren Ahndung der Gewerbebehörde zusteht. (Entsch. Abl.-Cl. Nr. 1150.) In dem Falle, als wegen des Gebrauches einer nach den Vorschriften des Handelsgesetzbuches nicht zustehenden Firma nach dem zweiten Absatze des Art. 26 H. G. B. eine Ordnungsstrafe verhängt wird, darf dieselbe Handlung nicht mehr als Übertretung gegen die Vorschriften der Gew. Odg. mit einer der im § 131 Gew. Odg. unter a bis c angeführten Strafen geahndet werden. § 50 Gew. Odg. Vgl. Nr. 1138 Abl.-Cl. Instruktiv ist die Kasuistik Brunsteins, Reklame S. 32 flg. Maßvolle Reklame ist weder unwirtschaftlich noch unzulässig.

Die Firma (raison, ditta) ist der kaufmännische Name eines Handeltreibenden, unter welchem er seine Geschäfte betreibt und im Handel seine Unterschrift abgibt. (Art. 15 H. G. B.). Bedient sich der Inhaber eines Handelsunternehmens bei irgendeiner Rechtshandlung seiner Firma, so ist hieraus ersichtlich, daß er diese Rechtshandlung als Kaufmann vornehmen wollte. Besitzt er mehrere Handelsunternehmungen, für die er verschiedene Firmen führt, so läßt der Gebrauch einer Firma erkennen, für welche Unternehmung die Rechtshandlung erfolgte.²) Dagegen kann aus dem Umstande, daß ein Kaufmann bei dem Abschlusse eines Rechtsgeschäftes sich seines bürgerlichen Namens bediente, an sich noch nicht gefolgert werden, er habe dieses Geschäft außer seinem Handelsbetriebe abgeschlossen. (Entsch. des R. O. H. G. III S. 75, IX S. 51.) Die Geschäfte, welche ein Kaufmann unter seiner Firma im Handel schließt, berechtigen und verpflichten ihn unbeschränkt, gleichviel ob sein bürgerlicher Name beigefügt ist oder nicht. Die Firma gehört dem Unternehmer, nicht dem Unternehmen; sie ist der Name der handeltreibenden Person, nicht des von dieser betriebenen Geschäftes.²ᵃ) Das Recht zur Führung einer Firma ist durch die vorherige Registrierung derselben nicht bedingt. (Deutsch. R. G. XIV S. 19)²ᵇ); doch hat das Handelsgericht auf die Registrierung der Firma im Ordnungsverfahren zu dringen (Art. 19 und §§ 10 bis 12 flg. des Einf. Ges.). Die Zeichnung der Firma kann durch den Aufdruck derselben mittels Stampiglie (Stempel) nicht ersetzt werden.

Von der Firma als dem Handelsnamen und der kaufmännischen Unterschrift eines Kaufmannes oder einer Handelsgesellschaft ist einerseits die verkehrsübliche (gewöhnlich auf dem Schilde ersichtliche) Bezeichnung des Unternehmens (der Name des Etablissements, vgl. § 44 der Gew.

---

²) Vgl. Ehrenberg, Zeitschr. f. H. R. XXVIII S. 25 flg., Cosack, (4. Aufl.) S. 82 flg. § 16. Das Recht an der Firma gehört zu der Kategorie der besonders gearteten Individualrechte (wie Namens-, Autor-, Muster-, Patentrechte usw.); diese Kategorie ist wesentlich verschieden von jener der Personen-, Sachen- und Obligationenrechte; die Einzwängung derselben in eine der letztgenannten Rechtsgattungen ist unzulässig. Vgl. Randa im „Sborník", I S. 1 flg.

²ᵃ) Anderer Ansicht ist Kaserer, Personennamen S. 69: „Sie (die Firma) ist der selbständige Name des kaufmännischen Geschäftes im Gegensatze zu dem des Inhabers." Vgl. dag. Staub-Pisko, I S. 63.

²ᵇ) Dies gilt jedoch nur nach dem Handelsrechte. Gewerberechtlich muß dem Gebrauche einer Firma deren Registrierung vorangehen. (Vgl. die Worte der Ziff. 1 des § 49 Gew. Ges. v. 15. März 1883: „ohne hierzu durch die bereits erfolgte Eintragung seiner Firma in das Handelsregister berechtigt zu sein".) Die Unterzeichnung eines Schriftstückes verpflichtenden Inhaltes mit einer in das Register nicht eingetragenen Firma geschieht mit voller Wirkung auch hinsichtlich der Zeichnung von Wechseln, vgl. Art. 4, 12, 96 Wechsel-Ordg., dazu Grünhut, Wechselrecht I S. 319, Czelechowsky, Samml. Nr. 183, 625, 663, Staub-Pisko, I S. 63, (A. A. Canstein, Wechselrecht S. 77 [2], welcher nur protokollierte Firmen nennt.) — Nach § 16 des ungar. H. G. B. Abs. 2 kann ein Kaufmann insolange die Eintragung seiner Firma in das Handelsfirmenregister nicht erfolgte, der in diesem Gesetze für Kaufleute festgestellten Rechte nicht teilhaft werden.

Nov. v. 15. März 1883),³) anderseits die Schutzmarke sowie die Etikette wohl zu unterscheiden.⁴)

Es ist gestattet, daß ein Kaufmann für verschiedene ihm gehörige Handelsunternehmungen verschiedene Firmen wähle, selbst wenn diese Unternehmungen in demselben Orte sich befinden. (Arg. Art. 21 H. G. B. und § 11 der Min. Vorschr. für das Handelsreg. v. 9. März 1863).

Im Hinblicke auf die Regelung des Firmengebrauches hatte die Nürnberger Konferenz zwischen drei Systemen die Wahl zu treffen. Abgesehen von dem System unbeschränkter Freiheit bei der Wahl der Firma, konnte sie sich für das System strenger Wahrheit, d. i. der Übereinstimmung der Firma mit dem bürgerlichen Namen oder für ein gemischtes oder vermittelndes System entscheiden.

Die Konferenz wählte das gemischte System, auf welchem auch hierlands bis zur Einführung des allg. deutschen Handelsgesetzbuches das Firmenrecht im wesentlichen beruhte. Im Sinne des Gesetzes ist zwischen der neuen (ursprünglichen) und der alten (übertragenen) Firma zu unterscheiden.

I. Die neue Firma (ursprüngliche Firma).

Für eine neue Firma, d. i. für jene Firma, die ein Kaufmann zum Zwecke des Betriebes eines neu gegründeten Handelsunternehmens wählt, gilt unbedingt das Erfordernis der Wahrheit. Mit anderen Worten: Eine neue Firma muß den Familien- (bürgerlichen) Namen des Kaufmannes enthalten (Art. 16 bis 18 H. G. B.). Diesem Prinzipe der Wahrheit entsprechend darf a) ein Kaufmann, welcher sein Geschäft ohne Gesellschafter oder nur mit einem stillen Gesellschafter betreibt, nur seinen Familiennamen mit oder ohne Vornamen (Taufnamen) als Firma

---

³) Etablissementsnamen sind insbesondere bei Apotheken, Drogerien und Gasthäusern üblich; z. B. „Zur goldenen Krone", „Zur Braut" usw. In zweifelhaften Fällen steht der Verwaltungs-(Gewerbe-)Behörde die Entscheidung darüber zu, ob namentlich vom Standpunkte der Sittenpolizei die Verwendung eines bestimmten Namens für ein Etablissement zulässig sei. Das Firmenrecht findet auf den Etablissementsnamen nicht Anwendung.

⁴) Den Inhabern von Fabriksunternehmungen und Handelsgeschäften, die sich hervorragende Verdienste um die Volkswirtschaft erwarben, kann von der Landesregierung das Recht verliehen werden, die Etablissementsbezeichnung: „K. k. privilegierte (Landes-)Fabrik", „Großhandlung" in der Firma, auf dem Schilde, im Siegel und in der Warenmarke (Schutzmarke) zu führen. Ein Gewerbetreibender, der sich eine solche Auszeichnung unbefugterweise beilegt, macht sich einer Übertretung schuldig. (Vgl. §§ 49 Ziff. 2, 58 Gew. Ges. v. 15. März 1883, Hofkammerdek. v. 26. März 1805 Nr. 10.047.) — Die Etikette ist die äußere Ersichtlichmachung der Gattung und Menge der Ware, die sich in einem Pakete oder in einem Gefäße befindet. Sie wird an der Hülle (Packung) der Ware oder an dem Gefäße angebracht, und kann außer der Firma und der Schutzmarke noch anderes enthalten, so den Abdruck von Preismedaillen usw. Vgl. Zivilr. Entsch. des deutsch. R. G. I S. 34 und III S. 47. Die Vorschriften des Handelsgesetzbuches über die Handelsfirmen erstrecken sich nicht auf die Etikette.

führen (Art. 16 H. G. B.).⁵) Als bürgerlicher Name einer Witwe gilt der Familienname ihres verstorbenen Ehegatten. Eine getrennte Ehefrau hat in der Regel den Namen ihres früheren Ehegatten zu führen; vgl. Krainz-Ehrenzweig, Pr. R. § 434 gegen Blaschke-Pitreich, § 20); doch kann der schuldtragenden Ehegattin in sinngemäßer Anwendung des § 1266 G. B. auf Begehren des schuldlosen Ehegatten aufgetragen werden, fortan nur ihren früheren bürgerlichen Namen zu führen (vgl. Adler, Grünh. Zeitschr. 31 S. 20 flg.). Adoptierte Personen (§ 182 a. b. G. B.) haben zu ihrem Familiennamen den Namen des Adoptivvaters, bezieh. den Geschlechtsnamen der Wahlmutter beizufügen. Daß eine Ehefrau dem Namen ihres Ehemannes ihren Geburtsnamen hinzufüge, ist zulässig (Entsch. des O. G. H. im Ztr. Bl. 1902 Nr. 136; Staub-Pisko I S. 70). Tritt bei einer handeltreibenden ledigen oder verwitweten Frauensperson durch Verehelichung eine Änderung des Namens ein, so erheischt diese auch eine Änderung der Firma.

b) Die Firma einer offenen Handelsgesellschaft, einer Kommanditgesellschaft und einer Kommanditgesellschaft auf Aktien muß entweder die bürgerlichen Namen aller persönlich (unbeschränkt) haftenden Gesellschafter (bei der Kommanditgesellschaft mit einem das Vorhandensein von Gesellschaftern andeutenden Zusatze) oder den Namen wenigstens eines der unbeschränkt haftenden Gesellschafter mit einem das Vorhandensein einer Gesellschaft andeutenden Zusatze enthalten. Zusätze dieser Art sind: „et Compag.", „et command.", „und Söhne", „und Konsorten" u. dgl. (Art. 16, 17 H. G. B.). Besteht beispielsweise eine Handelsgesellschaft aus den öffentlichen Gesellschaftern A. und B. und aus den Kommanditisten

---

⁵) Der Vorname kann zum Zwecke der Firmabildung in verkürzter Form dem Familiennamen beigefügt werden. Die Firma des Kaufmannes Anton Schneider z. B. kann somit entweder den vollen Vor- und Zunamen umfassen: Anton Schneider, oder bloß aus dem bürgerlichen Namen bestehen: Schneider, oder endlich aus dem letzteren unter Hinzufügung einer Abkürzung des Vornamens gebildet werden: A. Schneider, Ant. Schneider. — Ganz verfehlt ist die Entsch. Nr. 1188 Adl.-Cl., in welcher ausgeführt wird, der Inhaber eines (neuen) Handelsunternehmens dürfe sich statt des richtigen Taufnamens eines anderen (unrichtigen) Taufnamens in der Firma bedienen, weil eine Notwendigkeit zur Anführung des Taufnamens in der Firma nicht bestehe. Die Unrichtigkeit dieses Schlusses liegt auf der Hand. Der Kaufmann ist allerdings nicht bemüßigt, den Taufnamen in der Firma zu führen. Tut er dies jedoch, dann darf der Taufname nicht ein falscher sein. Die Auslegung, welche Art. 16 H. G. B. in der eben gedachten Entscheidung fand, steht auch mit dem legislativen Grunde dieser Vorschrift im Widerspruche. (Schultze-Görlitz, S. 6, Staub-Pisko, I S. 53), „weil es dem Charakter einer amtlichen Beurkundung widerspricht, daß sie wissentlich eine falsche Tatsache mit ihrer Autorität decke". Vgl. bei Staub-Pisko die Ausführungen zu Art. 16 I S. 69 flg. und Blaschke-Pitreich, § 20 N. 2. Darum können auch die Entsch. Nr. 1641, 1686 Adl.-Cl. nicht gebilligt werden. („Abraham" B. legte sich in der Firma den Vornamen „Alfred" bei.) — Wurde der über das Vermögen eines Kaufmannes verhängte Konkurs auf andere Weise als durch einen Zwangsausgleich beendet, so darf der Kaufmann nach Aufhebung des Konkurses, so lange er die Wiederbefähigung nicht erlangte, nur unter einer seinen vollen Vor- und Zunamen enthaltenden Firma Handelsgeschäfte betreiben. (§ 246 Konk. Odg.)

C. und D., so kann die Firma derselben folgendermaßen lauten: A. B. et Comp., A. et Comp. (Comm.), B. et Comp. oder endlich A. und B. et command. oder A. B. u. Gesell.⁵ᵃ)

Die unter a und b bezeichneten Firmen müssen somit in allen Fällen Personen- oder Namensfirmen sein. Eine nach den Vorschriften des Art. 17 H. G. B. gebildete Gesellschaftsfirma läßt nicht immer erkennen, ob die Trägerin derselben eine offene Handelsgesellschaft, eine einfache Kommanditgesellschaft oder eine Kommanditgesellschaft auf Aktien sei.

Der neuen Firma eines Einzelkaufmannes darf ein Zusatz nicht beigefügt werden, welcher ein Gesellschaftsverhältnis andeutet. Dagegen sind andere Zusätze erlaubt, welche zur näheren Bezeichnung der Person oder des Unternehmens dienen (Art. 16 H. G. B., z. B. A. Braun junior; Ant. Still, Bräuer; J. Otto, Universitätsbuchhandlung; Fürst Karl Lamberg'sche Bierbrauerei).⁶) Das deutsche Reichsgericht (Entsch. III S. 166)

---

⁵ᵃ) Bedient sich eine Handelsgesellschaft, die ihre Eintragung in das Handelsregister nicht erwirkte, einer Gesellschaftsfirma im Sinne des Art. 17 H. G. B., so hat das Handelsgericht dieselbe, sofern die Anmeldungspflicht nach § 7 Einf. Ges. besteht, durch Androhung, eventuell Verhängung von Ordnungsstrafen zur Anmeldung der Firma zu verhalten. Art. 16 H. G. B. Abs. 1 Entsch. Nr. 783 Adl.-Cl. Der Gebrauch einer nicht aus dem vollen Vor- und Zunamen bestehenden, nicht registrierten Firma wird als Übertretung des Gewerbegesetzes von der Gewerbebehörde durch Verhängung einer Geldbuße oder einer Arreststrafe geahndet. (§ 49 Abs. 1 und 4 dann § 131 Gew. Ges. v. 15. März 1883.) Vgl. N. 1 a. Es steht nichts im Wege, daß der von Seite eines hierzu Berechtigten vorgenommenen Firmazeichnung auch die Firmastampiglie beigedrückt werde. Der Aufdruck der letzteren allein genügt keineswegs. Der Stampiglienbruck darf auch nicht einen Teil der handschriftlich zu vollziehenden Firmazeichnung bilden. Art. 16, 17, 19 H. G. B. Vgl. Entsch. Nr. 1141 Adl.-Cl. Rechtsgeschäfte, welche unter Verwendung einer unzulässigen Firma abgeschlossen wurden, sind darum noch nicht ungültig.

⁶) Der Zusatz „Dr." kann, wofern die Berechtigung zur Führung des Doktortitels ausgewiesen wurde, in die Firma aufgenommen werden. Vgl. Nr. 2145 Adl.-Cl. Zur Eintragung der Gesellschaftsfirma: „A., Söhne und Neffe" ist der Nachweis der Verwandtschaft erforderlich, vgl. Adl.-Cl. 880, Blaschke-Pitreich § 21 N. 8. — Ein gewisser B., Miterbe nach dem Kaufmanne A. errichtete eine neue Handelsunternehmung und meldete die Firma: „B., Erbe des A." an. Der Oberste Gerichtshof bewilligte mit Recht die Eintragung dieser Firma, da es sich nicht um die Übertragung der alten Firma des A. handelte. (Vgl. Entsch. Nr. 39 Adl.-Cl.) Zusätze anderen Charakters gestattet das Gesetz nicht; z. B.: „Braun & Kons.: Zum Propheten" usw. Die Praxis erachtet den Zusatz: „früher Prokurist bei N. N." (ohne zureichenden Grund) für unzulässig, weil durch denselben indirekt von einer fremden Firma Gebrauch gemacht werde. (?) — Dagegen erscheint die Entsch. Nr. 886 Adl.-Cl. allzu nachsichtig. — Da die Besitzer von Propinationsbrauhäusern, die das Braugewerbe selbst betreiben, sowie die Pächter von Handelsunternehmungen Kaufleute sind, so obliegt ihnen die Pflicht, ihre Firma zur Eintragung in das Handelsregister anzumelden. Vgl. die Entsch. Nr. 538, 566, 808, 2134 Adl.-Cl. Die Entsch. Nr. 1273 dieser Samml. erklärt den Zusatz: „Erste X.sche Futterwarenniederlage" mit der Begründung für unstatthaft, daß dies gewiß nicht die erste Unternehmung dieser Art sei. (Hierüber hätte das Gericht vorerst das Gutachten der Handels- und Gewerbekammer einholen sollen.)

erklärte den Zusatz: „einzige Unternehmung" für durchaus unzulässig.[6a]) Die Firma kann allerdings die Bezeichnung des Gegenstandes der Handelsunternehmung enthalten (Betriebsgegenstand), es muß dies jedoch nicht der Fall sein (vgl. beispielsweise die Entsch. Nr. 1312, 1329, 1368, 1469, 1773, 1899 Adl.-Cl.). Auch der Name des Betriebsortes kann in die Firma aufgenommen werden (Adl.-Cl. 1725). Die Zusätze dürfen jedoch nicht so geartet sein, daß sie eine Täuschung hervorrufen können, indem sie eine mit den wirklichen Verhältnissen im Widerspruche stehende Sach- oder Rechtslage kennzeichnen (vgl. Staub-Pisko, I S. 71 § 4). Die Berechtigung zur Führung eines Hoftitels kann nach § 17 des kais. Patentes v. 20. Nov. 1852 R. G. Bl. Nr. 251 vom Oberfthofmarschallamte verliehen werden.[6b])

Der Inhaber eines Handelsgewerbes, an welchem ein stiller Gesellschafter (Art. 250, 251 H. G. B.) beteiligt ist, darf wegen dieser Beteiligung eine das Vorhandensein einer Handelsgesellschaft bekundende Firma nicht annehmen. Der Name eines Kommanditisten oder eines stillen Gesellschafters darf in der Firma des Inhabers des Handelsgewerbes, beziehl. in der Gesellschaftsfirma nicht enthalten sein. Ist dies trotz der entgegenstehenden gesetzlichen Anordnungen (Art. 168, 257 H. G. B.) der Fall, so haftet der Kommanditist, beziehl. der stille Gesell-

---

[6a]) Beifügungen zur Firma, welche der Reklame dienen, sind nicht ganz ausgeschlossen, z. B. „Hutmatador Cohn", „Zentralbuchhandlung Mayer" u. dgl. Vgl. Hahn, Art. 16 § 8, Staub-Pisko, Art. 16 §§ 2 bis 4. Unwahre Reklamebeifügungen können nicht gestattet werden, obgleich nicht jede Reklamenotiz, bei welcher eine irrtümliche Auffassung möglich ist, schlechthin für unzulässig zu halten ist. Das Oberlandesgericht in Wien verweigerte (Adl.-Cl. Nr. 434) die Eintragung der Firma: „Französisch-österreichische Gesellschaft für Kunstindustrie" für eine zum Zwecke des kommissionsweisen Vertriebes französischer und österreichischer Waren (Kunsterzeugnisse) gegründete Gesellschaft, weil diese Firma zu der irrigen Annahme verleiten könnte, es handle sich um eine Vereinigung französischer und österreichischer Kaufleute, oder um einen in Österreich und Frankreich stattfindenden Geschäftsbetrieb. In der Entsch. Nr. 1776 Adl.-Cl. wurde die zur Täuschung geeignete Firma: „Pilsner Exportbierbrauerei in Krimitz" mit Recht für unzulässig erklärt. Vgl. ferner Nr. 1994, 2003, 2060 Adl.-Cl. und Blaschke-Pitreich, § 20 N. 3. — Nach dem Ges. v. 14. April 1903 R. G. Bl. Nr. 85, betreffend den Schutz des Zeichens und Namens der roten Kreuzes ist der Gebrauch des roten Kreuzes auf weißem Grunde oder der Worte „rotes Kreuz" zur Bezeichnung von geschäftlichen Unternehmungen oder Betriebsstätten in Ankündigungen, Zirkularien, Preislisten u. dgl., sowie als Bestandteil von Firmen nur auf Grund einer besonderen Bewilligung der politischen Landesbehörde gestattet. (§ 3) Zuwiderhandlungen werden von der politischen Behörde geahndet. (§ 4) Firmen, die den Namen des roten Kreuzes enthalten, dürfen nur dann in das Handelsregister eingetragen werden, wenn die behördliche Bewilligung zum Gebrauche dieser Worte in der Firma beigebracht wird. (§ 8) Inhaber bereits registrierter Firmen, in welchen diese Worte enthalten sind, haben bei dem Handelsgerichte die Erwirkung der Bewilligung zur Weiterführung dieser Worte nachträglich auszuweisen. — Ein Gewerbetreibender, der bei der Bezeichnung seiner Betriebsstätte, auf Zirkularien oder bei dem Betriebe seiner Geschäfte sich Auszeichnungen beilegt, die ihm nicht verliehen wurden, macht sich nach § 49 Ziff. 2 Gew. Ordg. einer Übertretung schuldig.

[6b]) Vgl. Entsch. Nr. 236 Adl.-Cl. Über die Berechtigung zur Führung der Bezeichnung „Universitäts-Buchhandlung" entscheidet das Unterrichtsministerium.

schafter den Gläubigern der Gesellschaft gleich einem öffentlichen Gesellschafter mit seinem ganzen Vermögen. Auch die Namen fremder Personen dürfen in der Firma nicht vorkommen; Abhilfe wäre im Wege des Ordnungszwangsverfahrens (Art. 26 H. G. B.) zu schaffen.

Wird die Handelsunternehmung aufgelöst, so muß die Firma des Unternehmers im Register gelöscht werden. Wird jedoch das Unternehmen veräußert oder verpachtet, so ist außer der Löschung der Firma des bisherigen Unternehmers auch die Registrierung der Firma des neuen Inhabers des Unternehmens geboten.

c) Die Firma einer Aktiengesellschaft muß in allen Fällen eine Sachfirma sein; sie darf nie als Personen- oder Namensfirma erscheinen (Art. 18 H. G. B.). Die Sachfirma soll regelmäßig dem Gegenstande der Unternehmung entlehnt werden.

Es ist sonach, abweichend von der Regel des Art. 18 H. G. B., die Firma „Austria", „Germania" usw. nicht unzulässig. Der Regel des Art. 18 H. G. B. entsprechen dagegen die Firmen „Österreichisch-ungarische Bank in Wien", „Österr. Nordbahn" usw. Auch die Aufnahme historischer oder dynastischer Namen in die Firma einer Aktiengesellschaft ist nicht unzulässig, z. B. „Österreichischer Lloyd" (nach dem Namen des Begründers dieser Schiffahrtsgesellschaft), Franz Josefs-Bahn usw. Nur wahre Aktiengesellschaften dürfen die Bezeichnung „Aktiengesellschaft" führen, nicht aber Kommanditaktiengesellschaften (Art. 17 u. 173 H. G. B.) (Nach § 14 des ungarischen H. G. B. müssen die Aktiengesellschaften und Genossenschaften in ihrer Firma ausdrücklich als solche bezeichnet sein.)

d) Die Firma einer Erwerbs- und Wirtschaftsgenossenschaft muß ausnahmslos vom Gegenstande der Unternehmung entlehnt sein, die Bezeichnung „registrierte Genossenschaft" und je nach der Beschaffenheit der Haftung den Beisatz: „mit unbeschränkter Haftung" oder „mit beschränkter Haftung" enthalten (§ 4 Genoss. Ges. v. 9. April 1873 Nr. 70); z. B. „Smichower Vorschußkasse, registrierte Genossenschaft mit unbeschränkter Haftung". Dagegen wäre eine Firma wie: „Fortuna, registrierte Genossenschaft" usw. gesetzwidrig.

Der Zeichnung einer Sachfirma (lit. c und d) auf Schriftstücken, die von einer Aktiengesellschaft oder einer Genossenschaft ausgehen, haben die gesetzmäßig bestellten Vertreter der Gesellschaft oder der Genossenschaft selbstverständlich ihre persönliche Unterschrift beizufügen.

Findet nach der Auflösung einer Handelsgesellschaft oder einer Genossenschaft die Liquidation statt, so haben die Liquidatoren für die Gesellschaft oder die Genossenschaft ihre Unterschrift in der Weise abzugeben, daß sie der bisherigen nun als Liquidationsfirma zu bezeichnenden Firma ihre Namen beifügen (Art. 139, 172 und 244 H. G. B., ferner § 46 Genoss. Ges. v. 9. April 1873, z. B. Mayer et Komp. per liquid.). Wird die Unternehmung eines Einzelkaufmannes aufgelöst, so findet die Eintragung einer Liquidationsfirma nicht statt.[7]

---

[7] Vgl. Götze in der Ger. Ztg. 1878 Nr. 2. Die Ersichtlichmachung des Liquidationsstadiums im Handelsregister wäre bei dem Einzelkaufmanne ohne

Der Kaufmann hat sich bei Zeichnung seiner Firma genau an die Form zu halten, in welcher diese in das Handelsregister eingetragen wurde. Eine von der registrierten Firma abweichende Art der Firmazeichnung ist — unbeschadet der Rechtsverbindlichkeit der unkorrekten Zeichnung — durch Ordnungsstrafen zu ahnden. Arg. Art. 19 H. G. B., §§ 10 flg. Einf. Ges. Verfehlt war demnach die Entsch. des O. G. H. Nr. 1082 Abl.-Cl., in welcher entgegen der Anschauung der beiden unteren Instanzen die Zeichnung „Jg. Adler u. Söhne" für zulässig erklärt wurde, wiewohl die in das Handelsregister eingetragene Firma „Ignaz Adler u. Söhne" lautete.[7a]) (Vgl. Staub-Pisko, I. S. 76 § 2a.)

Im einzelnen wäre noch folgendes zu bemerken:

1. Geteilt sind die Anschauungen darüber, ob der Zeichner die ganze Firma eigenhändig schreiben müsse, oder ob es gestattet ist, einen Teil der Firma mittels Stampiglie aufzudrucken (vgl. Art. 19, 44, 88, 229 H. G. B.). Eine allgemeine Regel läßt sich in dieser Richtung nicht aufstellen, vielmehr ist zu unterscheiden:

a) Die Personenfirma, sonach die Firma eines Einzelkaufmannes, einer offenen Handelsgesellschaft und einer einfachen Kommanditgesellschaft ist stets von dem Zeichnenden eigenhändig zu schreiben (Art. 19, 88 H. G. B.). Es folgt dies aus den Worten des Gesetzes im Art. 19: „... er hat dieselbe (scil. die Firma) nebst seiner persönlichen Unterschrift ... zu zeichnen", und im Art. 88, zweiter Abs.: „Die Gesellschafter, welche die Gesellschaft vertreten sollen, haben die Firma nebst ihrer Namensunterschrift persönlich vor dem Handelsgerichte zu zeichnen oder ..." Die Verwendung einer Stampiglie zum Aufdrucke der Firma ist hier unstatthaft und somit die bloße Gegenzeichnung (Kontrasignatur) ausgeschlossen. In diesem Sinne erkannte der O. G. H. in der Entsch. Nr. 1162 Abl.-Cl.[8])

---

rechtliche Bedeutung. Dagegen ist bei offenen und Kommanditgesellschaften die Eintragung der Auflösung in das Handelsregister insbesondere deshalb von Wichtigkeit, weil mit dem Zeitpunkte dieser Eintragung die im Art. 146 H. G. B. normierte Verjährungsfrist für Klagen gegen einzelne Gesellschafter aus Ansprüchen gegen die Gesellschaft zu laufen beginnt.

[7a]) Ist eine Firma in dem Handelsregister eines Gerichtes gehörig eingetragen, so steht der Umstand, daß diese Firma nach der Anschauung der Registerbehörde der Zweigniederlassung den gesetzlichen Vorschriften nicht entspricht, der Eintragung dieser Firma bei dem letztgedachten Gerichte nicht im Wege. Vgl. Art. 21 H. G. B. und die Entsch. Nr. 1888, 1229, 1251 Abl.-Cl.

[8]) Vgl. „Gerichtshalle" 1872 Nr. 96, Swoboda im Archiv f. H. u. W. R. XVI S. 225, Právník 1873 Heft 3, Abl.-Cl. Nr. 837 und 1162. Lautet z. B. eine Gesellschaftsfirma A. und B., so geschieht die Zeichnung der Firma in der Weise, daß entweder A. oder B. die ganze Firma schreibt, ohne seine persönliche Namensfertigung beizufügen. Bei der Gesamt-(Kollektiv-)Vertretung schreibt in der Regel jeder einzelne Zeichnende außer seinem Namen auch je einen Teil der Firma, z. B. bei der Firma A. und B., Brauerei, schreibt A. seinen Namen nebst dem Worte „und", B. seinen Namen und das Wort: „Brauerei" (vgl. Abl.-Cl. Nr. 436, Ger. Ztg. 1878 Nr. 2, Art. 86 Ziff. 4 H. G. B.). In anderem Sinne lauten jedoch die Entsch. des O. G. H. in Nr. 788 und 1415 Abl.-Cl. In dem Falle Nr. 788 erkannten die unteren Instanzen mit Recht, es dürfe die

b) Bei der Zeichnung der Firma einer Aktiengesellschaft kann die Firma selbst mittels Stampiglie vorgedruckt werden, die Namensunterfertigung der zur Zeichnung berufenen Personen jedoch hat stets eigenhändig zu geschehen (Art. 229 zweiter Abs. im Gegensatze zu Art. 19 H. G. B.).

c) In gleicher Weise erfolgt die Firmazeichnung bei einer Genossenschaft (§ 17 Genoff. Ges. v. 9. April 1873).

d) Bei der Firmazeichnung durch einen Prokuristen kann nach der herrschenden Meinung die Firma mittels Stampiglie vorgedruckt werden, während die persönliche Unterschrift des Prokuristen stets mit eigener Hand beigefügt werden muß (Art. 44 H. G. B.). Wird jedoch darauf Bedacht genommen, daß nach Art. 45 Abs. 2 H. G. B. der Prokurist nicht nur seine Namensunterschrift, sondern auch „die Firma" persönlich vor dem Handelsgerichte zu zeichnen, oder die Zeichnung in beglaubigter Form einzureichen hat, so wäre nach richtiger Auslegung auch die (Personen-) Firma eigenhändig zu schreiben (vgl. Schultze-Görlitz, Reg. S. 161, Blaschke-Pitreich, § 33 N. 19, welcher mit Recht betont, daß der erste Entwurf nur die Unterschrift verlangte, hingegen in zweiter Lesung beschlossen wurde: „seine Firmazeichnung nebst seiner persönlichen Unterschrift"). Der übliche die Prokura andeutende Beisatz „per proc." oder „p. p." kann der Firma vor- oder nachgesetzt werden; es kann also firmiert werden: p. p. Alesch, Schreyer m. p., oder Alesch p. p. Schreyer m. p. (vgl. auch Blaschke-Pitreich, § 33 N. 16).

Zeichnung der alten Firma: „Thr. A." nicht in der Weise erfolgen, daß zu der Firma „Thr. A." wenigstens zwei Gesellschafter ihren Vor- und Zunamen beifügen, da das Gesetz zwischen der Zeichnung der Firma und der Gegenzeichnung (vgl. die Textausführung) genau unterscheide. Der Oberste Gerichtshof aber erklärte irrigerweise jene Art der Firmazeichnung mit der Begründung für zulässig, daß dieselbe im Gesetze nicht verboten sei. Diese Entscheidung übersieht vollständig die Divergenz des Wortlautes der Art. 19, 44, 139 und 229 H. G. B. sowie die althergebrachte kaufmännische Rechtsanschauung, welche bei Einzelkaufleuten die Einheit (Identität) der Firma und der Zeichnung verlangt. (Art. 15 H. G. B.) Das gleiche Bedenken ist gegen die in der Nr. 15 der Jur. Bl. 1892 veröffentlichte Entscheidung zu erheben. Das Handelsgericht in Wien hatte das Ansuchen um Eintragung der Gesellschaftsfirma C. J. & Cie. zurückgewiesen, weil die beantragte Art der Firmazeichnung dem Gesetze nicht entspreche. Letztere sollte laut Inhaltes des Gesuches derart erfolgen, daß unter den mit Stampiglie vorgedruckten Wortlaut der Firma die beiden Gesellschafter ihre Namen unter Abkürzung der Vornamen zu setzen haben. Das O. L. G. Wien jedoch trug dem Handelsgerichte die Erledigung des Gesuches auf, „weil zwar bei einer Gesellschaftsfirma die Zeichnung des Wortlautes der Firma durch den oder die hierzu berechtigten Gesellschafter genüge, ohne daß die Beisetzung der Namen der Zeichnenden geboten wäre, weil aber auch die im Gesuche beantragte Art der Firmazeichnung nicht als unzulässig bezeichnet werden könne, nachdem eine ähnliche Art der Firmazeichnung in den Art. 44 (?) und 229 H. G. B. vorgeschrieben erscheint, der Firmawortlaut durch die Beifügung der Namen der Zeichnenden keine Veränderung erleidet, die Zeichnung in der Art, daß jeder Gesellschafter lediglich einen Teil des Firmawortlautes schreibe, bei mancher Firma, wenn das kollektive Vertretungsrecht einer größeren Anzahl von Gesellschaftern zustehe, kaum durchführbar wäre".(?) Diese Argumentation ist angesichts der imperativen Normen der Art. 19 und 88 H. G. B. unzutreffend.

e) Für die Liquidatoren von Handelsgesellschaften besteht eine gesetzliche Anordnung nicht, daß sie die Firma persönlich vor dem Handelsgerichte zu zeichnen haben. Vielmehr kann gemäß dem Wortlaute des Art. 139 die Firmazeichnung unbedenklich in der Weise erfolgen, daß die als Liquidationsfirma zu bezeichnende Firma mittels Stampiglie vorgedruckt wird und die Liquidatoren ihre Namen eigenhändig beisetzen (Art. 139, 172, 244 H. G. B.).

In dem unter b, c und e gedachten Fällen wird somit die Gegenzeichnung durch den unterfertigenden Vertreter für zulässig erachtet.

2. Aus dem Wortlaute und Zwecke des Art. 15 H. G. B. folgt, daß der Kaufmann nur dann seiner Firma sich bedienen dürfe, wenn es sich um Rechtsakte des Handelsbetriebes, also um Rechtshandlungen privatrechtlicher Natur handelt, daß er aber in allen anderen Fällen, insbesondere bei Rechtsakten öffentlichrechtlicher Natur sich seines bürgerlichen Vor- und Zunamens bedienen müsse; dies gilt insbesondere namentlich bei Wahlakten für öffentliche Körperschaften, auch bei Anmeldungen zum Handelsregister (vgl. A. 86, 210).[8a]

3. Über die Beantwortung der Frage, ob ein Kaufmann unter seiner Firma klagen und beklagt werden dürfe, herrscht eine lebhafte Kontroverse. Eine bejahende Antwort wird jedenfalls dann gerechtfertigt sein, wenn der Rechtsakt, auf welchem der Klageanspruch sich gründet, von dem Kaufmann im Betriebe seines Handelsgewerbes vorgenommen wurde, wobei es gleichgültig ist, ob letzterer als Kläger oder als Beklagter auftritt. Die Zulässigkeit der Prozeßführung unter der Firma ergibt sich bei ausdehnender Interpretation des Art. 15 H. G. B. und Berücksichtigung der Bestimmung des Art. 111 Abs. 1 H. G. B.[9] (Das neue

---

[8a] Vgl. Blaschke-Pitreich, S. 29 u. Staub-Pisko, § 6 ad Art. 15; doch kann der Begründung des letzteren, es sei die Anmeldung „zweifelsohne" als Handelsgeschäft zu betrachten, nicht zugestimmt werden.

[9] Vgl. die Entsch. des Berliner Obertr. in der Zeitschr. f. H. R. XV. S. 486; des deutschen R. O. H. G. III Nr. 85; X Nr. 95; XIV Nr. 99; XXIII S. 101. Der Anschauung des deutschen R. O. H. G., daß ein Einzelkaufmann auch unter seiner Firma klagen und verklagt werden könne, schloß sich die Mehrzahl der Schriftsteller an, vgl. bes. Hahn, Art. 15 § 3, Behrend, § 40, Gareis-Fuchsberger, S. 50, Cosack, (3. Aufl.) S. 56, dagegen aber: Dernburg, Pr. P. R. II § 313 N. 4, insbes. Staub-Pisko, I S. 65 bis 67 mit eingehender Begründung. In derselben wird betont, die Firma des Einzelkaufmannes sei für das, was sie im Prozesse bezeichnen soll, nicht bloß minder geeignet, sondern überhaupt nicht geeignet; die Bezeichnung der Partei im Prozesse müsse, wenn sie ihren Zweck erfüllen soll, die ganze Rechtspersönlichkeit umfassen. Von österr. Schriftstellern vertreten die gleiche Ansicht: Skedl, Ziv. Pr. R. S. 124 N. 2 u. S. Grünberg in den Jur. Bl. 1901 Nr. 51 u. 52. Die von mir vertretene Anschauung teilen: Ott, Ziv. Pr. II S. 10, Neumann, Komm. S. 305 Note, Blaschke-Pitreich, S. 29 u. Geller, Zentr. Bl. VIII Heft 11. — Die Vorsicht erheischt, daß in der Klage, in welcher ein Einzelkaufmann als Kläger oder Beklagter erscheint, nebst der Firma auch der bürgerliche Name angeführt werde. Dies ist namentlich dann rätlich, wenn es sich um eine übertragene Firma handelt. — Gemäß §§ 75 Ziff. 1 u. 226 Z. P. O. hat zwar jede Klage die Bezeichnung der Parteien nach dem Vor- und Zunamen zu enthalten; desgleichen gemäß § 417 das Urteil. Indes ist damit der obigen Frage nicht präjudiziert, wie schon die

§ 11.

H. G. B. für das Deutsche Reich enthält im § 17 die Norm: „Ein Kaufmann kann unter seiner Firma klagen und verklagt werden;" vgl. auch Cosack, § 16 S. 76 Ziff. 8). Unzulässig ist es nur, die Klage gegen die Firma und ihren Inhaber zu richten und deren solidarische Verurteilung zu begehren; bei der Einzelfirma haftet eben der Inhaber mit seinem gesamten Vermögen (Adl.-Cl. Nr. 1608). Handelt es sich um einen Rechtsstreit, dessen Ursprung und Gegenstand außer jedweder Verbindung mit dem Betriebe des Handelsgewerbes eines Kaufmannes steht (z. B. um den Bestand einer Grunddienstbarkeit), so wird auf die oben gestellte Frage verneinend geantwortet werden müssen. In diesem Falle tritt der Kaufmann nicht in seiner Eigenschaft als Kaufmann in den Prozeß ein.

Grundbücherliche Eintragungen dürfen nicht für die Firma eines Kaufmannes vorgenommen werden. Schon um der Sicherheit des Grundbuchsverkehrs willen kann der Erwerb grundbücherlicher Rechte durch eine Einzelperson nur unter deren bürgerlichen Namen erfolgen. (Dazu Randa, Eigent. S. 484, Staub-Pisko, I S. 63; anderer Ansicht ist Exner, Hypothekenrecht S. 182.) Die hier vertretene Anschauung wird von der Mehrheit der Schriftsteller geteilt. Vgl. Art. 15 und 275 H. G. B.[10]) Nur eine Handelsgesellschaft kann unter ihrer Firma Eigentum und andere dingliche Rechte an Grundstücken erwerben (Art. 111 H. G. B.); dies erklärt sich durch die scharfe gesetzliche Sonderung des Gesellschaftsvermögens von dem Privatvermögen der einzelnen Gesellschafter.

4. Ist ein Kaufmann, dessen Firma in das Handelsregister eingetragen werden soll, des Schreibens unkundig, so darf deshalb die Eintragung nicht verweigert werden. Vgl. Adl.-Cl. Nr. 772, 796. Eine auf die Leistung der Unterschrift beschränkte Vertretung ist unzulässig. Die Festlegung der Firmazeichnung in den Registerakten müßte in diesem Falle, woselbst das Vorkommen der persönlichen Firmazeichnung des Kaufmannes im Handelsverkehre ausgeschlossen ist, ihren Zweck verfehlen (vgl. Puchelt, Komm. N. 6 zu Art. 19 H. G. B., Schultze-Görlitz,

---

Vergleichung des § 93 Abs. 2 u. § 106 zeigt, welch letzterer vom Prokuristen der beklagten Firma spricht. Allerdings können bei Klagen gegen Einzelfirmen — insbesondere im Exekutionsverfahren — Schwierigkeiten oder „Unzuträglichkeiten" vorkommen; indes können solche auch bei Klagen gegen eine Gesellschaftsfirma (Art. 111) eintreten. Die Lösung derselben erleichtert nun die Analogie der §§ 9, beziehentl. 11 der Exek. Ordg. Unsere Ansicht wird auch durch die Vbg. des Hand. Min. v. 22. Mai 1897 Z. 28.602 (bei Neumann, S. 338) und durch § 349 der Gesch. Ordg. unterstützt. Die Praxis teilt unsere Ansicht. Vgl. Nr. 1608 u. a. Adl.-Cl. Exequierbar ist das Urteil zunächst nur gegen den, der zur Zeit der Klage Inhaber der Firma war. (Vgl. Staub-Pisko, S. 67 gegen Nr. 1592 Adl.-Cl.); denn der Übergang des Handelsgeschäftes selbst mit der Firma begründet an sich noch nicht die persönliche Haftung des Nachfolgers. Vgl. b. flg. zu Art. 22.

[10]) Vgl. Stobbe, Deutsches Pr. R. I S. 323. Anderer Ansicht ist Cosack, Lehrb. S. 76 Ziff. 8 u. Zeitschr. f. H. R. XXIII S. 263. — Zutreffend bemerkt Ehrenberg in der Zeitschr. f. b. g. H. R. XXVIII S. 25, es sollte Art. 15 H. G. B. richtiger lauten: „Ein Name" usw. (statt „der Name"), da die Gültigkeit von Rechtshandlungen, namentlich von Handelsgeschäften durch den Gebrauch der Firma keineswegs bedingt ist.

S. 117). Es müßten daher des Schreibens unkundige Kaufleute entweder von der Pflicht, ihre Unterschrift vor Gericht niederzuschreiben oder dem Gerichte in beglaubigter Form vorzulegen, enthoben werden (und dazu ist das Gericht nicht ermächtigt) oder sie müssen aufgefordert werden, innerhalb eines bestimmten Zeitraumes sich die Kenntnis des Schreibens, soweit dieselbe zur Leistung der Unterschrift notwendig ist, anzueignen. Die Erzwingung dieses Auftrages durch Androhung, eventuell Verhängung von Ordnungsstrafen im Sinne des § 12 des Einf. Ges. ist nicht ausgeschlossen. Vgl. dazu noch Ger. Ztg. 1865 Nr. 89, ferner die Entsch. Nr. 772, 796 Abl.-Cl.)[11] Ein bloßes Handzeichen kann nie die persönliche Unterschrift ersetzen. Entsch. Abl.-Cl. Nr. 32.

5. Von größerer praktischer Bedeutung ist die Frage, ob eine Firma in verschiedenen Sprachen, insbesondere in mehreren Landessprachen geführt werden könne. Die Praxis gestattet die Führung einer Firma in mehreren Sprachen sowohl in der Weise, daß die Firma stets in allen Sprachen zugleich geschrieben, bezieh. vorgedruckt wird,[12] als auch auf die Weise, daß die Firma in jener Sprache gezeichnet wird, in welcher das zu unterzeichnende Schriftstück verfaßt wurde. In beiden Fällen muß die Firma in allen Sprachen, in welchen sie verwendet werden soll, auch zur Eintragung in das Handelsregister angemeldet werden. (Auf die zweitgedachte Weise zeichnet z. B. die Landesbank für das Königreich Böhmen. Sie bedient sich je nach der Sprache des zu unterfertigenden Schriftstückes der deutschen oder böhmischen Firma, § 66 des Landesges. v. 15. Mai 1889 L. G. Bl. Nr. 35.)

6. Eine Witwe kann als Firma nur ihren bürgerlichen Namen nicht aber den Geschlechtsnamen, den sie vor ihrer Verheiratung führte, verwenden, selbst wenn sie dem letzteren das Wort „Witwe" beifügte. Übernahm sie jedoch im Erbwege eine unter ihrem Geschlechtsnamen betriebene Handelsunternehmung, so kann sie die frühere Firma beibehalten, weil es zulässig ist, daß bei der Übertragung eines Handelsunternehmens auch die Firma, unter welcher dieses betrieben wurde, mit übertragen werde. Art. 22 (alte Firma).[13]

---

[11]) Die Anschauung, daß Personen, welche schreibunkundig oder dauernd schreibunfähig sind, die Firma und ihre Unterschrift nicht zu zeichnen brauchen, vertritt namentlich Schultze-Görlitz, H. u. M. Reg. S. 117. — Unrichtig ist die Ansicht, daß der des Schreibens unkundige Einzelkaufmann einen Prokuristen bestellen müsse. Vgl. Staub-Pisko zu Art. 19 H. G. B.

[12]) Z. B.: „Friedrich Klima (Bedřich Klima)." Nur auf diese Weise würde dem Erfordernisse der Stetigkeit und Gleichmäßigkeit der Firmazeichnung Genüge geschehen. Von demselben Gesichtspunkte geht auch der Just. Min. Erl. v. 18. Jänner 1883, Z. 20.176 aus, laut dessen die Vorschriften, durch welche die mehrsprachigen Verlautbarungen eingeführt wurden, nur dahin verstanden werden können, daß zwar die amtliche Mitteilung, mit welcher die Firma in der Zeitung kundgemacht wird, in mehreren Sprachen zu erfolgen hat, daß aber die Firma selbst in dem Fall, als die Registrierung gemäß der Anmeldung nur in einer Sprache zu erfolgen hat, nur in dieser Sprache zu führen sei.

[13]) So darf beispielsweise die Witwe Antonia Schreyer beim Betriebe einer von ihr gegründeten Handelsunternehmung sich nicht der Firma: „A. Schreyer,

§ 11.

7. Eine verschiedene Beantwortung erfährt die Frage, in welcher Weise die Registrierung der Firmen von Realgenossenschaften, welche Handelsgeschäfte betreiben, z. B. der brauberechtigten Bürgerschaften zu bewerkstelligen sei. In den Handelsregistern finden sich Eintragungen, wie: „Braukommune in X.", „Brauhaus der brauberechtigten Bürgerschaft in X." oder „Die brauberechtigten Bürger in X." oder endlich „Die Brauberechtigten in X." usw. Schwierigkeit bereitet insbesondere die Lösung der Frage, ob Firmen dieser Art in das Register für Einzelfirmen oder in jenes für Gesellschaftsfirmen einzutragen seien. Ein den „brauberechtigten Bürgern" oder der „Braukommune" usw. gehöriges Brauhaus steht nicht im Eigentume der Gemeinde, sondern im Eigentume bestimmter berechtigter Bürger. Das unter diesen bestehende Rechtsverhältnis erscheint als ein zivilrechtliches Gesellschaftsverhältnis, als ein condominium. Die ideellen Anteile an dem Brauhause (z. B. $1/_{125}$) sind mit dem Eigentume bestimmter Wohnhäuser (der sog. brauberechtigten Häuser) verbunden und werden in den Grundbuchseinlagen dieser Häuser als zu den letzteren gehörig ersichtlich gemacht. Von einem unpersönlichen Vermögen, einer „juristischen Person" kann also hier nicht die Rede sein. Dieses Gesellschaftsverhältnis ist ein historisches Sozietätsgebilde besonderer Art, dessen sachgemäße spezielle Regelung durch das Einf. Ges. zum H. G. B. geboten war — aber leider unterblieb. Bis zum Erlaß des H. G. B. hafteten nach der Regel des a. b. G. B. (§§ 1202, 1203) die brauberechtigten Bürger für die genossenschaftlichen Schulden zwar persönlich, aber nur nach Verhältnis ihrer Anteile. Anders nach Einführung des H. G. B. Da nämlich die Formen der Gesellschaften zum Betrieb von Handelsgeschäften in zwingender Weise so geregelt sind, daß eine beschränkte Haftung der Gesellschafter bezüglich der Verpflichtungen der Handelsgesellschaft nur unter Voraussetzungen (Art. 150, 165) Platz greifen kann, welche bei den in Rede stehenden Gesellschaften nicht

---

Witwe", wohl aber der Firma „A. Schreyer" oder „Ant. Schreyer" oder „Antonia Schreyer" oder „Ant. Schreyer, geb. Richter", „Ant. Richter, verwitwete Schreyer" bedienen. (Vgl. Art. 16 im Gegensatze zu Art. 22 H. G. B.) Für unzutreffend halte ich daher die Entsch. d. O. G. H. Nr. 1046, 1053, 1132 Abt.-Cl. Der O. G. H. erklärte entgegen der richtigen Anschauung der unteren Instanzen die für den Betrieb neu gegründeter Handelsunternehmungen gewählten Firmen: „B. Adlers Witwe", beziehl. „M. L. Löbl Sohn" für zulässig, wiewohl im ersteren Falle die Witwe nicht ein von ihrem Gatten betriebenes Unternehmen übernommen und im zweitgedachten Falle der Sohn des M. L. Löbl die Anfangsbuchstaben M. und L. des Namens seines Vaters in die eigene Firma aufgenommen hatte. Die Verwendung von derartigen Firmen steht im Widerspruche mit der kategorischen Anordnung des Art. 16 H. G. B.; denn die in diesen Fällen dem Namen beigefügten Zusätze dienen nicht (wie in den angeführten Entscheidungen behauptet wird) zur näheren Bezeichnung der Person des Kaufmannes, sondern ermöglichen nur die Täuschung, als ob es sich um eine übertragene Firma handeln würde. — Staub-Pisko, § 3 zu Art. 16 erachten die Beifügung von Worten wie: Sohn, Witwe usw. zum bürgerlichen Namen für statthaft und erklären daher z. B. die Firma Jakob Katsch, Witwe für zulässig. Vgl. dagegen die Entsch. des O. G. H. im Zentr. Bl. 1901 Nr. 401.

gegeben sind,¹³ᵃ) da es ferner nicht zweifelhaft ist, daß die Genossenschaften der „Brauberechtigten" — Handelsgeschäfte im Sinne des Art. 271 Ziff. 1 H. G. B. betreiben, so ist der Schluß unabweislich, daß die Verbände „brauberechtigter Bürger" als offene Handelsgesellschaften anzusehen sind, mögen auch die Konsequenzen (Solidarhaftung!) für die Mitglieder derselben noch so unliebsam sein. (Vgl. Bolban a. .a. O. S. 66 und in der Zeitschr. Právník, XXVII Jahrg. 1888 S. 350 flg., Randa, ebendas. XXVII S. 424. Dagegen bestreitet Pinsker im Právník. XL S. 297 flg. und S. 333 flg., daß die handeltreibenden Realgenossenschaften Handelsgesellschaften seien.)¹³ᵇ) Die Firma der brauberechtigten Bürger sollte also gemäß Art. 17 H. G. B. eine Personenfirma sein. Da indes diese Verbände schon vor dem Eintritte der Wirksamkeit des Handelsgesetzbuches bestanden, so steht nach der Übergangsbestimmung des § 52 Einf. Ges. zum H. G. B. der Fortführung und Registrierung ihrer bisherigen Firmen der Umstand nicht im Wege, daß die letzteren den Anordnungen der Art. 16 und 17 H. G. B. nicht entsprechen. (Beispiele solcher Firmen wurden eingangs angeführt. Vgl. hierzu „Not. Ztg." 1886 Nr. 51.) In diesem Sinne lautet die in der Zeitschr. Právník, Jahrg. 1888 S. 338 flg. veröffentlichte Entsch. des O. G. H. v. 1. März 1887, Z. 1698; doch ohne gesetzlichen Grund verordneten die Gerichte der Genossenschaft brauberechtigter Bürger, binnen einer bestimmten Frist die Konstituierung der Gesellschaft in solcher Form zu bewerkstelligen, welche die Eintragung derselben in das Handelsregister ermöglichen würde. (Die sich ergebenden Schwierigkeiten könnten am besten durch Einführung einer neuen Gesellschaftsform mit beschränkter Haftung aller Mitglieder nach dem Vorbilde des bezüglichen deutschen Gesetzes gelöst werden. Übrigens ist die Eintragung der brauberechtigten Firmen mit Rücksicht auf § 52 Einf. Ges. auch ohne gerichtlich angeordnete Neukonstituierung der Genossenschaft tunlich.) In gleicher Weise lauteten die Entscheidungen der ersten und der zweiten Instanz in dem in der Zeitschr. Právník, Jahrg. 1893 S. 54 flg. angeführten Falle, während die dritte Instanz in ihrer sehr unklaren Begründung die Braugenossenschaft, um die es sich handelte (die Brauberechtigten der Stadt P.), für eine Körperschaft im Sinne des § 26 a. b. G. B. erklärte.¹³ᶜ)

---

¹³ᵃ) Über die historische Entwicklung der brauberechtigten Genossenschaften vgl. Winter, Kulturní obraz měst. II S. 303 flg., Fr. Bolban, O právní povaze právovár. měšťanstev (Rechtliche Natur der brauberechtigten Bürgerschaften) Prag 1904; Trpil in den Verhandlungen des ersten böhmischen Juristentages (1904); ferner Gust. Kopetz, Allg. österr. Gewerbsgesetzkunde (1829) I § 141 S. 235 flg., Pražák, Spory o přílušnost (Kompetenzstreite) I S. 196 N. 29.

¹³ᵇ) Auch Pavlíček, Jur. Bl. 1889 Nr. 15 erklärt die realberechtigten Genossenschaften für gemeinrechtliche Gesellschaften. Näheres darüber im zweiten Band.

¹³ᶜ) Das Prager Handelsgericht trägt realberechtigte Genossenschaften in das Handelsregister für Einzelfirmen ein, während andere Gerichte die Eintragung derartiger Vereinigungen in das Register für Gesellschaftsfirmen verfügen. — Auch in der bei Adl.-Cl., unter Nr. 2004 angeführten Entsch., sowie in der Entsch. v.

8. Einer Gewerkschaft, welche neben dem Bergbaubetriebe als Urproduktion auch Handelsgeschäfte der im Art. 271 oder im Art. 272 H. G. B. bezeichneten Art betreibt, beispielsweise angeschafftes Roheisen raffiniert, kommt die Kaufmannseigenschaft zu. Wird von derselben das Handelsgeschäft in solchem Umfange betrieben, daß dieselbe eine Erwerbsteuer in der durch die kais. Vdg. v. 11. Juli 1898 R. G. Bl. Nr. 124 festgestellten Mindesthöhe zu entrichten hätte, so ist die Firma in das Handelsregister einzutragen. Hiermit steht die Bestimmung des § 2 des Berggef. v. 23. Mai 1854 R. G. Bl. Nr. 146 im Einklang, nach welcher auch auf Bergwerksangelegenheiten, insofern das Berggesetz nicht besondere Bestimmungen enthält, die allgemeinen bürgerlichen, Straf-, politischen, Gewerbe- und Handelsgesetze anzuwenden sind. Vgl. hierzu die Entsch. Nr. 874 Abl.-Cl. Da die Gewerkschaft nicht nach den im Handelsgesetzbuche für die Errichtung von Handelsgesellschaften gegebenen Normen gestaltet werden kann, sondern als juristische Person aufzufassen ist (vgl. Leuthold, Bergrecht § 29), so ist die Eintragung derselben, falls sie Handelsgeschäfte gewerbsmäßig betreibt, nicht in das Handelsregister für Gesellschaftsfirmen, sondern in jenes für Einzelfirmen vorzunehmen (vgl. oben Z. 7).

9. Das Gesetz enthält keine Vorschrift über die Art der Bildung der Firma einer juristischen Person. Nach Analogie des Art. 16

---

8. Mai 1900 Nr. 6071 (Entsch. b. O. G. H. in Zivils., Beil. b. Just. Min. Vdg. Bl. Neue F. II Nr. 249) erklärte der O. G. H. (entgegen der Anschauung der beiden unteren Instanzen) realberechtigte Genossenschaften für juristische Personen. In der Begründung der letztgedachten Entscheidung wird ausgeführt: „Die sogenannten ‚brauberechtigten Bürgerschaften' im Königreiche Böhmen entstanden vor Jahrhunderten auf Grund von Privilegien des Landesfürsten. Das Privilegium (?) des Bierbrauens wurde nicht einzelnen Personen, sondern der damals bestandenen Gemeinschaft (?) der Bürger einer Stadt verliehen, welche Gemeinschaft sich allerdings von der jetzigen Gemeinde unterschied. Jene Gemeinschaft erhielt das Privilegium und erwarb als solche, als juristische Person; das Subjekt des Vermögens blieb unverändert immer dasselbe trotz des Wechsels der Mitglieder. Die Gemeinschaft hatte den Zweck, das Privilegium (?) zum Wohle, zum Vorteile der Mitglieder der Gemeinschaft auszunützen, das Vermögen wurde ein Zweckvermögen." Dieser Argumentation zufolge wäre das Vermögen jeder Erwerbsgesellschaft ein Zweckvermögen und damit eine juristische Person. Die in der eben zitierten oberstger. Entsch. vorgebrachten Gründe entsprechen jedoch nicht der geschichtlichen Entwicklung; denn schon nach der Landesordnung (nicht auf Grund königlicher Privilegien) besaßen der Bürgerstand und die königlichen Städte das Recht, das Bierbrauen als Handwerk zu betreiben. (Erst später wurde dieses Recht durch den St. Wenzelsvertrag 1517 auch dem Herrenstande eingeräumt.) Das Braurecht stand sonach den einzelnen Bürgern — später den sogenannten erbangesessenen Bürgern ursprünglich befestigter Städte — keineswegs aber irgendeiner „Korporation" zu. Die Bürger übten darum auch ursprünglich das Braurecht der Reihe nach abwechselnd aus. (Vgl. Pinsker im Právník Jahrg. 40 S. 300.) Die Haftung der Brauberechtigten richtete sich nach gemeinem Rechte. Der Ausschluß der Klage eines einzelnen Mitberechtigten auf Teilung des Vermögens der Gemeinschaft (§ 830 a. b. G. B.) gründet sich, wie in dem zuletzt angeführten Falle die erste und die dritte Instanz richtig erkannten, auf die seit undenklicher Zeit bestehende dauernde Verbindung dieses Rechtes mit dem Eigentume bestimmter Wohnhäuser und es geht nicht an, dieses Realrecht im Feilbietungswege zu beseitigen.

wird ihr Name auch ihre Firma und häufig wird diese mit einem den Betriebsgegenstand bezeichnenden Zusatze versehen sein (z. B.: Gemeinde X., städtisches Brauhaus). Eine Korporationsfirma darf einen Zusatz, der eine persönliche Haftung einzelner Mitglieder andeuten würde, nicht enthalten. Eine handeltreibende juristische Person wird als Einzelkaufmann betrachtet, ihre Firma daher in das Register für Einzelfirmen eingetragen.[18d]

II. Die übertragene (alte) Firma.

Wird eine bestehende Handelsunternehmung durch Vertrag oder Erbgang auf eine andere Person übertragen, tritt jemand in das Handelsunternehmen eines Einzelkaufmannes als Gesellschafter oder in eine bereits bestehende Handelsgesellschaft als neuer Gesellschafter ein oder scheidet ein solcher aus einer Handelsgesellschaft aus, so kann, ungeachtet der Änderungen, die hierdurch in Ansehung der Inhaber der Handelsunternehmung stattfinden, die bisherige Firma beibehalten werden. Die so beibehaltene Firma heißt alte oder übertragene Firma; sie braucht dem wahren Sachverhalte nicht zu entsprechen (Art. 22 bis 24 H. G. B.).

Die wichtige Unterscheidung zwischen der alten (übertragenen) und neuen Firma gründet sich auf althergebrachtes kaufmännisches Gewohnheitsrecht und auf das Bedürfnis des Handelsverkehres. Für den Kaufmann, welcher ein neues Handelsunternehmen errichtet, fehlt es an reellen Gründen, daß er seine Geschäfte unter einem fremden Namen betreibe. In diesem Falle ist es vielmehr geboten, das Publikum vor Täuschung zu schützen.

In einem anderen Lichte stellt sich der Gebrauch eines fremden kaufmännischen Namens im Handel dann dar, wenn es sich um den Fortbetrieb eines bestehenden Handelsunternehmens durch andere Personen handelt. Es ist häufig der Fall, daß ein Fabriksunternehmen einer besonders vorteilhaften Art der Erzeugung seiner Waren sich bedient, daß es leistungsfähige Bezugsquellen für wohlfeile Rohprodukte besitzt, sich eines guten Rufes, vorzüglicher kommerzieller Leitung, eines ausgebreiteten Kredites, eines gesicherten Absatzes usw. erfreut. In der Handelswelt ist ein solches Unternehmen nur nach der Firma, unter welcher es betrieben wird, bekannt. Eine Änderung der letzteren könnte das Gedeihen, unter Umständen sogar den künftigen Bestand des Unternehmens gefährden. Überdies gilt in der Handelswelt die Erhaltung einer alten und angesehenen Firma als Ehrensache. Hiervon abgesehen, knüpft sich sohin für die Rechtsnachfolger alter, wohl akkreditierter Unternehmungen ein bedeutendes materielles Interesse an die Fortführung der bisherigen Firma. Die Rechtssicherheit im Handelsverkehre wird hierdurch nicht bedroht; denn jedermann kann sich durch Einsicht in das Handelsregister über die

---

[18d] Vgl. Schultze-Görlitz, S. 117, Abl.-Cl., Nr. 1413, Canstein, H. R. I S. 217 N. 52, Staub-Pisko, I S. 70 § 1.

§ 11.

Person des Inhabers des Unternehmens verläßliche Kenntnis verschaffen. Die Fortführung einer alten Firma wurde durch die Konk. Odg. v. 25. Dez. 1868 insofern beschränkt, als ein Kaufmann, über dessen Vermögen der Konkurs eröffnet wurde, nach Aufhebung des letzteren, insolange er nicht die Wiederbefähigung erlangt hat, von dem Rechte ausgeschlossen ist, Handelsgeschäfte unter einer nicht lediglich in der Zeichnung seines vollen Namens und Vornamens bestehenden Firma zu betreiben (vgl. §§ 246, 247 K. O.). Wurde jedoch der kaufmännische Konkurs durch einen Zwangsausgleich beendet, so tritt der Gemeinschuldner, sofern die Folgen einer strafgerichtlichen Untersuchung nicht im Wege stehen, schon mit dem Zeitpunkte der endgültigen gerichtlichen Bestätigung des Ausgleiches (§ 227 K. O.) in den Wiedergenuß des eben bezeichneten Rechtes (vgl. 253 K. O.).

Die Fortführung einer alten Firma ist in folgenden Fällen zulässig:

a) Nach Art. 22 H. G. B. ist derjenige, der ein bestehendes Handelsgewerbe durch Vertrag, auf Grund des Erbrechtes oder als Legat erwirbt, berechtigt, dasselbe unter der bis dahin geführten Firma weiter zu betreiben; er kann die letztere vollständig unverändert beibehalten oder derselben einen das Nachfolgeverhältnis andeutenden Zusatz beifügen (z. B.: „A. Klein, Witwe"; „Gottlieb Haase, Söhne"). Der Übergang des Unternehmens an sich berechtigt aber nur dann zur Fortführung der alten Firma, wenn derselbe im Erbwege an den einzigen Erben des früheren Inhabers erfolgt; in allen anderen Fällen bedarf es hierzu noch der ausdrücklichen Einwilligung des bisherigen Inhabers des Unternehmens, beziehungsweise der Erben desselben oder der Miterben des Übernehmers (Art. 22 H. G. B.).[13e]

Die Übertragung (Veräußerung) einer Firma an sich abgesondert von dem Handelsgeschäfte, für welches sie bisher geführt wurde, gestattet das Gesetz nicht (Art. 23 H. G. B.).[13f] (Die Anschauung Thöls, es involviere die Übertragung einer Firma nach der Intention der Parteien stets auch die Übertragung des Unternehmens, für welches die Firma

---

[13e] Vgl. die Entsch. Nr. 1168, 1171, 1207, 2101 Adl.-Cl. Ebenso wie Art. 22 des österr. H. G. B. fordert § 22 des H. G. B. für das Deutsche Reich „ausdrückliche" Einwilligung. Dessenungeachtet wird die Frage erörtert, ob es zulässig sei, aus den Umständen die Einwilligung zu deduzieren. Die Frage ist zu verneinen. Daher wurde die Klausel: die Änderung der Firma bleibt dem Übernehmer überlassen, vom O. G. H. für unzureichend erkannt. (Anb. A. Staub-Pisko zu Art. 22 § 5.) Der O. G. H. sprach in der Entsch. v. 18. Dez. 1889, Z. 14.343, Adl.-Cl. 1512 (Jur. Bl. Jahrg. 1890 Nr. 8) die Ansicht aus, es habe der Erbe, der nach Abgabe der Erbserklärung während der Nachlaßverhandlung mit Bewilligung des Abhandlungsgerichtes die Handelsunternehmung des Erblassers fortbetreibt, die hierdurch in der Person des Firmainhabers eingetretene Änderung behufs Eintragung in das Handelsregister zur Anmeldung zu bringen. Allein diese Entsch. übersieht, daß der Wechsel in der Person des Inhabers des Unternehmens erst durch die Übergabe der Erbschaft (Einantwortung des Nachlasses, §§ 547, 797 und 819 a. b. G. B.) vollzogen wird. Der § 145 Abs. 2 des kais. Pat. v. 9. Aug. 1854 ist hier nicht anwendbar.

[13f] Unstatthaft ist die Eintragung der Firma für eine Person, die sich derselben für ein anderes Unternehmen bedienen will, oder die überhaupt Handelsgeschäfte nicht betreibt. Vgl. Erk. d. deutsch. Reichsger. I 95.

geführt wurde, kann nicht Billigung finden.) Sobald jedoch eine Firma im Handelsregister gelöscht wurde, ist eine Übertragung derselben nicht mehr zulässig. Vgl. die Entsch. Abl.-Cl. Nr. 986.¹³ᵍ) — (Nach der Bestimmung des § 22 des neuen H. G. B. für das Deutsche Reich kann die frühere Firma auch dann fortgeführt werden, wenn ein Handelsgeschäft auf Grund eines Nießbrauches, eines Pachtvertrages (vgl. oberstger. Entsch. v. 29. Sept. 1902 Z. 10.828, Präv. 1902 S. 783) oder eines ähnlichen Verhältnisses übernommen wird. Bei ausdehnender Interpretation des Art. 22 H. G. B. erscheint diese Entsch. auch nach österreichischem Rechte zulässig. Vgl. Canstein, H. R. I S. 224.

Unter dem Begriffe „Handelsgeschäft" (Handelsunternehmung) im Sinne des Art. 22 versteht das Handelsgesetzbuch die Gesamtheit der Rechte und Verbindlichkeiten, welche mit einem bestimmten Handelsgewerbe verbunden sind, namentlich auch das Eigentum an den zum Geschäfte gehörigen Waren, somit regelmäßig sowohl die Aktiven als die Passiven eines Handelsunternehmens.¹³ʰ) Damit soll jedoch nicht gesagt sein, daß bei der Übernahme eines Handelsunternehmens die Passiven oder Teile des Aktiv- oder Passivstandes, insbesondere Teile des Warenbestandes von der Übergabe nicht ausgeschlossen werden könnten. Im allgemeinen genügt die Übertragung jener Bestandteile des Unternehmens, die zur Fortführung des Geschäftsbetriebes in demselben erforderlich sind (vgl. die Entsch. bei Abl.-Cl. 439, 1019, 1171, 1209 und 1984).¹⁴)

---

¹³ᵍ) Mit der Entsch. Abl.-Cl. Nr. 1000 erklärte der O. G. H. die Fortführung einer Firma für zulässig, wiewohl dieselbe infolge Anheimsagung des Gewerbebetriebes auf Begehren ihres früheren Inhabers im Handelsregister gelöscht worden war, „weil Art. 22 wohl ein bestehendes Handelsgeschäft, nicht aber auch eine bereits registrierte Firma voraussetzt". In diesem Falle bestand jedoch weder die Unternehmung noch die Firma mehr. — In dem Falle Nr. 1759 Abl.-Cl. wies der O. G. H. das Begehren um Eintragung einer übertragenen, aber vorher nicht registrierten Firma ohne zureichenden Grund zurück. Der Umstand, daß die Firma nicht früher zur Eintragung in das Handelsregister angemeldet worden war, hätte nur Anlaß zur Einleitung des Ordnungszwangsverfahrens im Sinne des § 12 Einf. Ges. und Art. 26 H. G. B. geboten. Vgl. N. 20. — Selbst wenn über das Vermögen eines Kaufmannes der Konkurs eröffnet wurde, oder eine Handelsgesellschaft die Liquidation durchführt, kann das Handelsunternehmen, insoweit es noch besteht, von der Masseverwaltung, beziehw. von der Gesellschaft übertragen werden. Argum. Art. 144 H. G. B. (vgl. Canstein, H. R. I S. 223, Staub-Pisko, § 5 zu Art. 22, Pollak, Das Konkursrecht S. 334, 335). Soll die Firma eines in Konkurs verfallenen Kaufmannes von dem Übernehmer der von letzterem betriebenen Handelsunternehmung weitergeführt werden, so ist hierzu stets die Einwilligung des Gemeinschuldners erforderlich, mag derselbe persönlicher Name in der Firma enthalten sein oder nicht. Vgl. Art. 24 H. G. B. Entsch. d. deutsch. R. G. IX S. 106, Staub-Pisko, § 5 zu Art. 22, Canstein, H. R. I S. 223.

¹³ʰ) In diesem Sinne spricht sich die Mehrheit der Schriftsteller aus. — And. A. ist Canstein, H. R. § 16 S. 205 und 207, der im Zweifel die Passiven des Geschäftes von der Übertragung ausschließen will.

¹⁴) Hiermit übereinstimmend Staub-Pisko, § 4 zu Art. 22, Behrend, § 37 N. 34, Entsch. d. deutsch. R. G. IX S. 81 bis 84, Abl.-Cl. Nr. 439. Das deutsche Reichsger. erkannte sogar in einem Falle (XXV S. 3 flg.) die Übertragung einer Handelsunternehmung als solche an, wiewohl alle Aktiven und

§ 11.

Die Übertragung einer Handelsunternehmung (universitas juris) erscheint, da durch dieselbe der Übergang lediglich eines beschränkten Kreises von Rechten und Verbindlichkeiten bewirkt wird, als Singularsukzession (Einzelnachfolge). Von der Universalsukzession unterscheidet sie sich durch zwei Momente: 1. durch ihre Beschränkung auf das einem bestimmten Handelsunternehmen gewidmete Vermögen, 2. durch den Umstand, daß der frühere Inhaber der Unternehmung durch die Übertragung der letzteren von der Haftung rücksichtlich der bis zu dem Zeitpunkte der Übertragung eingegangenen Verbindlichkeiten keineswegs liberiert wird. Hierüber waltet eine Meinungsverschiedenheit nicht ob. Kontrevers ist jedoch die Beantwortung der Frage, ob neben dem früheren Inhaber der Unternehmung stets auch der Übernehmer der letzteren für jene aus dem Geschäftsbetriebe entstandenen Verbindlichkeiten zu haften habe, die im Zeitpunkte der Übernahme der Unternehmung bereits begründet waren.

Bei der Nürnberger Konferenz wurde wohl eine Gesetzesbestimmung des Inhaltes in Antrag gebracht, es habe der Übernehmer einer Handelsunternehmung für die aus dem Betriebe derselben im Zeitpunkte der Übernahme bestehenden Verbindlichkeiten zu haften, ähnlich wie nach Art. 113 H. G. B. der in eine offene Handelsgesellschaft Eintretende die Haftung für alle vor seinem Eintritte eingegangenen Verbindlichkeiten der Gesellschaft übernimmt. Dieser Antrag wurde jedoch von der Konferenz abgelehnt. Dessenungeachtet muß dafür gehalten werden, daß der Übernehmer einer Handelsunternehmung den Gläubigern für die bisherigen Geschäftsschulden persönlich hafte, wenn er ihnen die Übernahme der Unternehmung, namentlich der Geschäftsschulden, durch Zuschriften, oder auf andere unter Kaufleuten übliche Weise, z. B. mittels Zirkularien oder Oblatorien zur Kenntnis brachte. Die Übernahme der Passiven gegenüber dem Veräußerer allein genügt nicht, um für den Übernehmer ein Verpflichtungsverhältnis gegenüber den Geschäftsgläubigern zu begründen. Die hier vertretene Rechtsanschauung besaß in früherer Zeit in den österreichischen Ländern gewohnheitsrechtliche Geltung, und gelangte im § 25 der Min. Vdg. v. 16. Sept. 1857 R. G. B. Nr. 168, welcher die Protokollierung der Erklärung, die Handlung mit Last und Vorteil (per stralzio) zu übernehmen vorschrieb, zum gesetzlichen Ausdrucke. Diese Verordnung trat zwar zufolge § 2 Einf. Ges. z. H. G. B. am

---

Passiven auf andere Personen (die Erben) übergingen; es erklärte den „Eintritt in alle geschäftlichen Beziehungen" für hinreichend. In der Entsch. Nr. 642 Adl.-Cl. sprach der O. G. H. aus, daß durch Übernahme eines Geschäftes unter Fortführung der Firma die Passiven selbst dann (?) übernommen werden, wenn in dem diesfälligen Vertrage die Übernahme nur eines Teiles der Schulden verabredet wurde. — Werden bloß einzelne Bestandteile eines Unternehmens übertragen, so kann von einer Übertragung des letzteren noch nicht die Rede sein. Vgl. Adl.-Cl. Nr. 439. — Eine Zweigniederlassung, die übertragen werden soll, ist vorerst in eine selbständige Unternehmung umzuwandeln. Vgl. Staub-Pisko, § 4 und 8 zu Art. 22. — Das im Art. 23 H. G. ausgesprochene Verbot der Veräußerung einer Firma als solcher wird im kaufmännischen Leben bisweilen umgangen. Vgl. hierüber Ehrenberg in der Zeitschr. f. d. g. H. R. XXVIII S. 53 und Anonym XXVI S. 14 ebenda.

1. Juli 1863 außer Kraft; das bezügliche Gewohnheitsrecht erhielt sich jedoch bis zur Gegenwart, und ist daher nach Art. 1 H. G. B. gegebenenfalls zur Anwendung zu bringen.¹⁴ᵃ) — Selbst wenn auf das Gewohnheitsrecht nicht Bedacht genommen würde, findet die hier dargestellte Ansicht eine Stütze in der sinngemäßen Anwendung des § 1019 a. b. G. B., welcher die Gültigkeit von Verträgen, die zugunsten Dritter abgeschlossen werden, anerkennt und die Perfektion derselben mit der Verständigung des Dritten durch einen der Kontrahenten eintreten läßt. Einzelne österr. Judikate gehen noch weiter, indem sie nicht einmal die übliche Publikation der Übernahme einer Handelsunternehmung mit Aktiven und Passiven (mittels Zirkulare u. dgl.) für erforderlich halten, und sich schlechtweg (gewiß mit Unrecht) auf das in den §§ 1401 flg. a. b. G. B. geregelte Institut der Übertragung einer Verbindlichkeit durch Anweisung (Assignation, Schuldübernahme) berufen.¹⁴ᵇ)

---

¹⁴ᵃ) Das neue deutsche H. G. B. enthält in dieser Rücksicht bereits ausdrückliche Normen. Nach § 25 dieses Gesetzes haftet derjenige, der ein unter Lebenden erworbenes Handelsgeschäft unter der bisherigen Firma mit oder ohne Beifügung eines das Nachfolgeverhältnis andeutenden Zusatzes fortführt, ipsa lege für alle im Betriebe des Geschäftes begründeten Verbindlichkeiten des früheren Inhabers. Eine abweichende Vereinbarung ist einem Dritten gegenüber nur wirksam, wenn sie in das Handelsregister eingetragen und bekanntgemacht, oder von dem Erwerber oder dem Veräußerer dem Dritten mitgeteilt worden ist. Wird die Firma nicht fortgeführt, so haftet der Erwerber eines Handelsgeschäftes für die früheren Geschäftsverbindlichkeiten nur, wenn ein besonderer Verpflichtungsgrund vorliegt, insbesondere wenn die Übernahme der Verbindlichkeiten in handelsüblicher Weise von dem Erwerber bekanntgemacht wurde. Diese Grundsätze finden auch dann entsprechende Anwendung, wenn ein zu einem Nachlasse gehörendes Handelsgeschäft von dem Erben fortgeführt wird (§ 27 l. c.). Vgl. auch Strauß, Die Reform des deutsch. Handelsrechtes (1899) S. 17. — Ist der Erwerber eines Handelsgeschäftes auf Grund der Fortführung der Firma oder auf Grund der im § 25 bezeichneten handelsüblichen Bekanntmachung für die früheren Geschäftsverbindlichkeiten haftbar, so verjähren die Ansprüche der Gläubiger gegen den früheren Inhaber mit dem Ablaufe von fünf Jahren, falls nicht nach den allgemeinen Vorschriften die Verjährung schon früher eintritt (§ 26 l. c.). Staub anerkennt in der 5. Auflage seines Komm. a. a. O., daß auch in Deutschland das im Texte erwähnte Gewohnheitsrecht herrschend war.

¹⁴ᵇ) Auch die Annahme eines constitutum debiti alieni würde zur Begründung der Haftung des Übernehmers für die Handelsschulden des Vorinhabers nicht hinreichen. Vgl. Behrend, I S. 208 N. 20. Sowohl das const. deb. a. als das Zahlungsmandat und die Schuldübernahme setzen den Abschluß eines Vertrages mit den einzelnen Gläubigern voraus. (§§ 1401 flg. a. b. G. B.) Die bei der Übernahme eines Handelsunternehmens rücksichtlich der Haftung für die Geschäftsschulden getroffene Vereinbarung aber stellt sich als ein Vertrag zugunsten eines außerhalb des Vertragsverhältnisses stehenden Dritten dar. Über die Bedeutung und die Tragweite des § 1019, sowie der §§ 1400 flg. a. b. G. B. herrscht in der Literatur des österr. bürg. Rechtes Streit. Für die oben vertretene Auslegung des § 1019 vgl. Randa, Eigentum § 8, Steinbach, Ger. Ztg. 1877 Nr. 39, 45 flg., Krasnopolski, Grünh. Zeitschr 22 S. 577 flg. Separatabdruck S. 18 flg., Hasenöhrl, Obl. R. § 77, Ehrenzweig, Zweiglied. Verträge (1895) S. 76 flg., Rappaport, Einrede a. d. fremden Rechtsverhältnisse S. 145 flg., K. Adler, Arch. f. bürg. R. III S. 1 flg., im Effekt auch Krainz-Pfaff, I § 136 N. 10 flg. (Anders Unger, Verträge zugunsten Dritter 1869.) Einige Schriftsteller (bes. Unger, Schuldübernahme 1889) beziehen die Bestim-

§ 11.

Zur Begründung des rücksichtlich der Haftung des Übernehmers oben aufgestellten Grundsatzes bedarf es sohin nicht erst der Heranziehung der Norm des § 1282 a. b. G. B., deren analoge Anwendbarkeit recht bedenklich ist. Eben so wenig zutreffend erscheint die Berufung auf die Analogie der Vorschrift des Art. 113 H. G. B.; denn diese Gesetzesstelle regelt die Haftung eines neu eintretenden Gesellschafters für die Verbindlichkeiten einer Handelsgesellschaft, während die in Erörterung befindliche Rechtsfrage den Übergang des Handelsunternehmens eines Einzelkaufmannes voraussetzt. Die hier vertretene Ansicht wird von der Mehrheit der Schriftsteller geteilt, und liegt auch einigen Erkenntnissen des O. G. H. zugrunde. Vgl. Slg. Abl.-Cl. Nr. 642, 702, 724, 1984, Ger. Halle 1876 Nr. 14, Právník 1876 S. 113, Jur. Bl. 1877 Nr. 15; auch Ofner, Grünhuts Zeitschr. XVIII S. 355, Hasenöhrl, Obl. R. I § 33 N. 47, dazu Krainz-Ehrenzweig, Privatr. I S. 357, Ehrenzweig, Zweigliedrige Verträge S. 60, Kirchstetter, Komm. zu § 1019 a. b. G. B. — Staub-Pisko, § 14 zu Art. 22 hält zur Begründung der Haftung des Geschäftsübernehmers für die Passiven des Vorgängers selbst „einen allgemeinen, an individuell unbestimmte Personen gerichteten Kundmachungsakt" oder die Fortführung des Geschäftes mit unveränderter Firma für zureichend; so früher auch die nicht ganz gleichmäßige Judikatur des deutsch. R. Gerichtes, teilweise mit Berufung auf Gewohnheitsrecht und Treu und Glauben. Der Unterschied dieser Praxis von der hier vertretenen Ansicht wird in Wirklichkeit kaum häufig fühlbar hervortreten, da die bezüglichen Oblatorien und Zirkulare doch in erster Reihe den Geschäftsfreunden, daher auch den Geschäftsgläubigern zugesendet werden; indes nach österr. Rechte ist die weitergehende Ansicht Staub-Piskos nicht genügend zu rechtfertigen.[15)][16)]

mungen der §§ 1400 flg. auf die Delegation (Novation); die Mehrheit derselben jedoch, sowie die Judikatur beziehen diese Gesetzesbestimmungen mit Recht auf die sogenannte Schuldübernahme des modernen Rechtes. Vgl. Hasenöhrl, Obligationenrecht § 77, bes. Menzel, Grünh. Zeitschr. XI S. 581 flg., Horn, Ger. Ztg. 1902 Nr. 11 flg., M. Schuster-Bonnott, Obl. R. § 18. Über die Auslegung der §§ 1019, 1400 flg. a. b. G. B. vgl. auch Randa, Jur. Bl. 1877 Nr. 34 flg., Ofner, Grünh. Zeitschr. X a. a. O., Krainz II § 335, Rappaport, a. a. O. S. 113. — Den bei dem Übergange eines Handelsunternehmens stattfindenden Gesamtübergang von Rechten und Verbindlichkeiten unterschätzt Canstein, H. R. § 16 S. 206, der nur von der Zession der Forderungen und von der Übertragung einzelner Verbindlichkeiten spricht.

[15)] Vgl. auch Entsch. b. deutsch. R. G. VIII S. 65 und XVII S. 96, Simon in der Zeitschr. f. d. g. H. R. XXIV, Cosack, Lehrb. d. H. R. (3. Aufl.).
[16)] In demselben Sinne lauten die Entsch. des deutsch. R. O. H. G. I S. 18, III S. 38, XII S. 55, XV S. 28 und des deutsch. R. G. II S. 16 u. a. m., so auch Hahn, zu Art. 22, bes. Behrend, § 37 N. 208, auch Pollitzer, H. R. S. 70, Simon in der Zeitschr. f. b. ges. H. R. XXIV S. 91, Endemanns Handbuch (Völbendorff), I S. 191 N. 9 bis 11, Gareis, H. R. (4. Aufl.) S. 75, auch Adler, Arch. f. b. R. III S. 1 flg. (Irrig ist die Voraussetzung Regelsbergers, Zeitschr. f. H. R. XIV S. 1 flg., daß die Übernahme der Verbindlichkeiten einen Gegenstand der Eintragung in das Handelsregister bilde. Vgl. Art. 12 H. G. B.) Unbegründet ist die Behauptung Thöls, der Übernehmer einer Handelsunternehmung hafte für die Geschäftsschulden seines

Ein unerläßliches Erfordernis für den Übergang der Geschäftsverbindlichkeiten auf den Übernehmer eines Handelsunternehmens besteht darin, daß der letztere vertragsmäßig die Geschäftspassiven auf sich nehme (vgl. Nr. 1984 Abl.-Cl.). — Der Übernehmer eines Handelsgewerbes hat selbstverständlich auch die im § 56 des Gewerbeges. v. 15. März 1883 R. G. Bl. Nr. 39 (vgl. § 59 Gew. Odg. v. 20. Dez. 1859 R. G. Bl. Nr. 227) für den Übergang eines Gewerbes normierten Bedingungen zu erfüllen. Sowohl bei dem Übergange von Todes wegen (an den Erben oder Legatar), als bei jenem durch Akte unter Lebenden, hat der Übernehmer das Gewerbe auf den eigenen Namen neu anzumelden. Ist das Gewerbe ein konzessioniertes, so bedarf der Übernehmer in beiden Fällen einer Konzession. Nur für Rechnung der Witwe eines Gewerbetreibenden für die Dauer ihres Witwenstandes oder der minderjährigen Erben bis zur Erreichung der Großjährigkeit kann ein konzessioniertes Gewerbe auf Grundlage der alten Konzession, bezieh. des alten Gewerbescheines, fortgeführt werden. In diesem Falle ist, wenn die Natur des Gewerbes es fordert, ein geeigneter Stellvertreter (Geschäftsführer, § 55 Gew. Odg.) zu bestellen.[16a]

b) Die Beibehaltung einer alten Firma ist nach Art. 24 H. G. B. bei teilweisen Änderungen in der Person der Inhaber der Unternehmung statthaft, und zwar:

α) Wenn in ein von einem Einzelkaufmanne betriebenes Handelsgeschäft jemand als Gesellschafter eintritt. Arg. Art. 17, 24 H. G. B. (Nach der Norm des Art. 17 H. G. B. sollte die nun entstehende Handelsgesellschaft eine Gesellschaftsfirma annehmen.) — Streitig ist die Beantwortung der Frage, ob der Eintretende auch für jene Geschäfts-

---

Vorgängers in allen Fällen, wofern er nur das Unternehmen mit der bisherigen Firma übernahm. Vgl. dazu Nr. 408 Slg. Abl.-Cl., deutsch. R. G. VI 26, Blaschke-Pitreich, S. 38 N. 6. Die bisherige Gesellschaftsfirma (auch einer Aktiengesellschaft) kann nach Art. 22 auch dann beibehalten werden, wenn das Geschäft auf einem Einzelkaufmann übergeht. Vgl. E. d. deutsch. R. G. XV 22, auch Blaschke-Pitreich, S. 38 N. 4. Nach dem ungar. H. G. B. (§ 20) steht in dem Falle, als bei Übertragung eines Handelsgeschäftes der Übernehmer die bisherigen Verbindlichkeiten der Firma übernimmt, den Gläubigern bezüglich dieser Verbindlichkeiten sowohl gegen den Überträger als auch gegen den Übernehmer ein Klagerecht zu, selbst wenn die Übertragung nicht öffentlich angezeigt wurde. Das Erkenntnis des deutsch. R. G. II 16 stellt sogar schon die Fortsetzung des Handelsbetriebes durch den Übernehmer unter der unveränderten Firma des früheren Inhabers der öffentlichen Erklärung der Schuldenübernahme gleich, indem es sich auf das Gewohnheitsrecht und die bona fides beruft. Auch Staub-Pisko, §§ 13, 14 zu Art. 22 halten die Haftung des Geschäftsübernehmers für die Verbindlichkeiten seines Vorgängers durch Fortführung des Geschäftes mit unveränderter Firma für begründet. Diese Behauptung entbehrt der positiven Begründung, welche für das Deutsche Reich erst durch § 25 des neuen deutsch. H. G. B. gegeben erscheint.

[16a]) Ist an einem im Erbwege übertragenen Handelsunternehmen ein Nießbrauch zugunsten eines Legatars bestellt, so ist nicht der Usufruktuar, sondern der Erbe Inhaber der Firma, unter welcher das Unternehmen betrieben wird. Abl.-Cl. Nr. 1876.

Verbindlichkeiten zu haften habe, welche bis zu dem Zeitpunkte seines Eintrittes von dem bisherigen Alleininhaber des Unternehmens eingegangen wurden. In der Regel wird die Frage zu verneinen sein, es wäre denn, daß der Eintretende die Haftung für alle Passiven ausdrücklich übernommen, und den Gläubigern hiervon in handelsüblichem Wege Mitteilung gemacht hätte. (Analogie zu dem unter a) besprochenen Falle.) Die Vorschrift des Art. 113 H. G. B. kann auf den Fall des Beitrittes zu dem Unternehmen eines Einzelkaufmannes nicht angewendet werden, da diese Gesetzesbestimmung die rechtlichen Folgen des Eintrittes in eine bereits bestehende Handelsgesellschaft regelt.[17]) Mit Unrecht erkannte die oberstgerichtliche Entsch. v. 3. Jän. 1890 Nr. 14.518 (Jur. Bl. 1890 Nr. 9) unter Berufung auf die Analogie des Art. 113 H. G. B., daß der in das Handelsunternehmen eines Einzelkaufmannes Eintretende schon deshalb für alle Geschäftsschulden zu haften habe, weil er vermöge des Gesellschaftsvertrages an dem Gewinne wie an dem Verluste beteiligt ist und weil er seinen Eintritt in die bestehende Unternehmung dem Handelsgerichte zum Zwecke der Eintragung in das Handelsregister anmeldete. Allein die Festsetzungen des Gesellschaftsvertrages sind rein interner Natur und können auf die Rechte Dritter keinen Einfluß üben. Die Anmeldung zum Zwecke der Eintragung in das Handelsregister aber erscheint als die Erfüllung einer vom Gesetze auferlegten Pflicht. (In dem oben gedachten Falle hatte das Wiener Handelsgericht mit Recht im Sinne der hier vertretenen Anschauung entschieden.)

β) In dem Falle, wenn in eine bestehende Handelsgesellschaft ein neuer Gesellschafter eintritt. Art. 113 und 24 H. G. B. (Nach der Norm des Art. 17 H. G. B. müßte in diesem Falle unter Umständen eine Änderung der Firma Platz greifen.)

γ) Wenn aus einer Handelsgesellschaft ein Gesellschafter austritt, selbst wenn infolgedessen nur ein einziger Inhaber des Unternehmens zurückbleibt.[18]) Ist jedoch in der von der Gesellschaft geführten Firma der Name des austretenden Gesellschafters enthalten, so bedarf es zur Fortführung der bisherigen Firma der Einwilligung des letzteren, bezieh.

---

[17]) Vgl. die Entsch. im Právník, Jahrg. 1878 S. 51, ferner die Erk. des R. O. H. G. VIII S. 93, X S. 64.

[18]) Unzutreffend sind daher die Entscheidungen Nr. 765 Abl.-Cl. und Nr. 883 ebenda, Ger. Ztg. 1881 Nr. 2. Der Art. 24 H. G. B. setzt nicht voraus, daß nach dem Austritte eines Gesellschafters noch mehrere Gesellschafter vorhanden seien, und findet auch beim Ausschlusse eines Gesellschafters nach Art. 128 H. G. B. Anwendung. Der § 15 des ungar. H. G. B. gestattet dies ausdrücklich. Vgl. auch Keyßner, Allg. d. H. G. B. (1878) S. 33, Puchelt, Komm. N. 2 zu Art. 24, Abl.-Cl. Nr. 516, 971. Bleibt infolge Austrittes von Gesellschaftern aus einer Handelsgesellschaft ein einziger Gesellschafter als nunmehriger Alleininhaber des Unternehmens zurück, so ist die Firma in dem Register für Gesellschaftsfirmen zu löschen und in jenes für Einzelfirmen einzutragen. Der umgekehrte Vorgang findet statt, wenn jemand einem Einzelkaufmann als Gesellschafter des Unternehmens beitritt. § 13 der Vorschr. über das Handelsreg. vom 9. März 1863, R. G. Bl. Nr. 27 und Just. Min. Vbg. v. 10. Dez. 1901, Just. Min. Vbg. Bl. Nr. 40 Absch. III Pkt. 9.

bei seinem Ableben der Einwilligung der Erben desselben (Art. 24 H. G. B.).¹⁹)

Die Eintragung der Firma in das Handelsregister.

Gemäß Art. 19 und 25 H. G. B., ferner § 7 Einf. Ges. z. H. G. B., bezieh. der kais. Vdg. v. 11. Juli 1898 R. G. Bl. Nr. 124 sind Kaufleute und Handelsgesellschaften, bei welchen der an einjähriger Erwerbsteuer vorgeschriebene Betrag die in der eben gedachten kais. Verordnung normierte Mindesthöhe erreicht, berechtigt, zugleich aber auch verpflichtet, bei dem Handelsgerichte sowohl ihrer Hauptniederlassung als jeder Zweigniederlassung zur Anmeldung zu bringen:¹⁹ᵃ)
1. ihre Firma,
2. jede Änderung der Firma,
3. das Erlöschen derselben, und
4. jede Änderung, insbesondere jeden Wechsel bezüglich des Inhabers oder der Inhaber der Firma. Die Anmeldung muß im Falle 1 den Nachweis der Kaufmannseigenschaft und der Mindeststeuerleistung enthalten; dagegen ist der Nachweis der etwa gewerbepolizeilich erforderlichen Konzession nicht erforderlich. Art. 11 H. G. B., Abl.=El. 631, 1282, irrig dagegen Nr. 1538 ebenda, Blaschke-Pitreich, S. 33.¹⁹ᵇ)

Erwerbs- und Wirtschaftsgenossenschaften haben den Genossenschaftsvertrag zur Anmeldung zu bringen, welcher die im § 5 des Ges. v. 9. April 1873 R. G. Bl. Nr. 70 unter 1 bis 13 bezeichneten Punkte, insbesondere „die Firma und den Sitz der Genossenschaft" enthalten muß.

Der Einzelkaufmann kann die Anmeldung seiner Firma zur Eintragung in das Handelsregister entweder persönlich vor dem Handelsgerichte bewerkstelligen, indem er sein Begehren zu Protokoll gibt, oder er kann sein Ansuchen mittels einer schriftlichen Eingabe stellen, in welchem Falle die letztere mit seiner beglaubigten Unterschrift versehen sein muß. — Die rücksichtlich der offenen Handelsgesellschaften (Art. 86 und 87 H. G. B.) und der einfachen Kommanditgesellschaften (Art. 151 H. G. B.) vorgeschriebenen Anmeldungen müssen von allen Gesellschaftern, die für Kommanditgesellschaften auf Aktien angeordneten An-

---

¹⁹) So richtig die Entsch. Nr. 290 und 516 Abl.=El.

¹⁹ᵃ) Ob der Betrag der einem Kaufmanne vorgeschriebenen einjährigen Erwerbsteuer die in der kais. Vdg. v. 11. Juli 1898 R. G. Bl. Nr. 124 festgesetzte Mindesthöhe erreicht, hat das Gericht im Zweifel von Amts wegen zu erheben. Vgl. die Entsch. i. d. Ger. Ztg. 1884 Nr. 54. Das Handelsgericht wendet sich zu diesem Zwecke an die Steuerbehörde um die nähere Auskunft. (Just. Min. Erl. v. 8. Feb. 1864 Z. 803.) Nach § 50 Abs. 1 des Ges. v. 28. April 1889 R. G. Bl. Nr. 64 haben öffentliche Lagerhäuser stets die Eintragung ihrer Firma in das Handelsregister zu bewirken.

¹⁹ᵇ) Die Anmeldung zur Registrierung muß mit einem Stempel von 20 K (bei einer Steuerleistung über 200 K einem prozentual höheren) versehen sein. Min. Vdg. v. 13. Mai 1860 Z. 109. Die Steuerleistung der Zweigniederlassung ist für die Registrierung derselben unerheblich, sie ist eine Folge des Imperativs des Art. 21. Vgl. Abl.=El. Nr. 1527, Blaschke-Pitreich, S. 34, 37.

§ 11.

meldungen von sämtlichen persönlich haftenden Mitgliedern entweder persönlich vor dem Handelsgerichte (zu Protokoll) bewirkt oder mittels beglaubigter schriftlicher Eingabe vollzogen werden. — Auf gleiche Weise haben bei Aktiengesellschaften und Erwerbs- und Wirtschaftsgenossenschaften die Mitglieder des Vorstandes, denen die Anmeldungspflicht obliegt, der letzteren zu entsprechen. — Das Handelsgericht hat die zur Anmeldung Verpflichteten zur Vornahme der letzteren von Amts wegen durch Androhung und Verhängung von Ordnungsstrafen anzuhalten (vgl. die Art. 19, 21, 25, 86 bis 88, 135, 151 bis 153, 176, 179, ferner 210, 228, 229, 243, 244 H. G. B. und §§ 10 und 12 Einf. Ges.).[20]) — Überdies haben sowohl Einzelkaufleute als die zur Vertretung einer offenen Handelsgesellschaft, einer einfachen Kommanditgesellschaft oder einer Kommanditgesellschaft auf Aktien berufenen Gesellschafter die Firma nebst der Unterschrift ihres bürgerlichen Namens persönlich vor dem Handelsgerichte zu zeichnen, oder die Zeichnung derselben in beglaubigter Form einzureichen. — Bei den mit dem Firmierungsrechte ausgestatteten Vorstandsmitgliedern von Aktiengesellschaften und Erwerbs- und Wirtschaftsgenossenschaften ist die Pflicht zur Zeichnung der Firma vor dem Handelsgerichte oder zur Einreichung derselben in beglaubigter Form auf die Unterschrift des bürgerlichen Namens beschränkt (Art. 19, 88, 153, 179, 228 H. G. B., §§ 16 u. 17 Ges. über Erw. u. W. Genoss. v. 9. April 1873. — Vgl. § 11 N. 1a dieses Werkes). — Für Erwerbs- und Wirtschaftsgenossenschaften gewährte die Min. Vdg. v. 23. Mai 1895 R. G. Bl. Nr. 74 die Erleichterung, daß bei schriftlichen Anmeldungen zur Eintragung in das Genossenschaftsregister die gerichtliche oder notarielle Beglaubigung der Unterschriften der firmierenden Vorstandsmitglieder dann entfallen könne, wenn die Anmeldung oder die Vollmachtsurkunde mit der firmamäßigen Zeichnung der Genossenschaft versehen ist, und die Unterschriften der Zeichnenden bei den Registerakten des Handelsgerichtes bereits in beglaubigter Form erliegen. Zur Nachweisung eines Beschlusses der Generalversammlung, des Vorstandes, des Aufsichtsrates oder eines anderen Organes der Genossenschaft genügt — sofern das Statut nichts anderes bestimmt — die Vorlage einer von der Genossenschaft unter ihrer firmamäßigen Zeichnung als richtig bestätigten Protokollsabschrift, wenn die Unterschriften der Zeichnenden bei den Registerakten des Handelsgerichtes bereits in beglaubigter Form erliegen (§§ 2 und 18 der Min. Vdg. v. 14. Mai 1873 R. G. Bl. Nr. 71, bezieh. Min. Vdg. v. 23. Mai 1895 R. G. Bl. Nr. 74).

---

[20]) Nach § 16 Abs. 2 des ungar. H. G. B. kann ein Kaufmann, insolange die Registrierung seiner Firma nicht erfolgt ist, der in diesem Gesetze für Kaufleute festgestellten Rechte nicht teilhaft werden; dagegen haftet er für die übernommenen Handelsverpflichtungen gegenüber dritten Personen im Sinne dieses Gesetzes. Das Erk. d. deutsch. R. G. XV S. 10 geht mit Recht von der Anschauung aus, die Bestimmung des Abs. 2 des Art. 25 H. G. B. sei, da das Gesetz hier zwischen registrierten und nicht registrierten Firmen nicht unterscheidet, auch dann anwendbar, wenn die Firma des Kaufmannes nicht eingetragen ist.

Die Firma der an einem anderen Orte oder in einer anderen Gemeinde errichteten Zweigniederlassung einer Handelsunternehmung muß der Regel nach mit jener der Hauptniederlassung gleichlautend sein. Vgl. Art. 21 H. G. B., Abl.-Cl. Nr. 1047, 1229 und 1269. (Der Ausnahme von dieser Regel wurde bereits oben im § 8a S. 98 lit. c gedacht.) Eine Zweigniederlassung ist ein zur Hauptunternehmung in einem gewissen Abhängigkeitsverhältnisse stehendes, zum selbständigen Betriebe von Handelsgesellschaften gleicher Art errichtetes Unternehmen. (Vgl. die Ausführung im § 8a dieses Buches und die Entsch. d. deutsch. R. O. H. G. I S. 7, XIV S. 125, XVII S. 67.) Hiernach sind die Filialen von Versicherungsanstalten, insoweit sie selbständig Versicherungsverträge gegen feste Prämie abschließen (Generalagenturen), Zweigniederlassungen; mit Unrecht wird dies von vielen bestritten. Vgl. die Entsch. Abl.-Cl. Nr. 244 und 1229.

Das Handelsgesetzbuch rezipierte sonach das System der obligatorischen, nicht jenes der fakultativen Eintragung der Firma in das Handelsregister.[21])

Diesem Systeme zufolge erwirbt ein Kaufmann durch die Eintragung seiner Firma in das Handelsregister das ausschließliche Recht zur Führung derselben an dem Orte, bezieh. in der Gemeinde, wo seine Handelsniederlassung sich befindet (Art. 20 und 21 H. G. B.). Firmen von gleichem Wortlaute dürfen in demselben Orte oder in derselben Gemeinde nicht bestehen. Ist in dem Orte oder in der Gemeinde, wo eine Handelsunternehmung gegründet wird, eine mit der Firma des Inhabers dieses Unternehmens gleichlautende Firma bereits vorhanden, so muß der Firma, unter welcher das neue Unternehmen betrieben werden soll, ein Zusatz beigefügt werden, durch welchen sie sich von der in dem Orte oder in der Gemeinde bereits bestehenden Firma deutlich unterscheidet (Art. 20 und 21 H. G. B.).[22]) Fallen also die Grenzen von

---

[21]) Nur die „Österreichisch-ungarische Bank" ist nicht verpflichtet, die Eintragung ihrer Firma in das Handelsregister zu erwirken. (§ 91 der Statuten, Ges. v. 5. Mai 1887 R. G. Bl. Nr. 51, dessen Geltung durch die kais. Vdg. v. 21. Sept. 1899 R. G. Bl. Nr. 76 verlängert wurde.) Zu einer gültigen Firmazeichnung der Österr.-ung. Bank ist die Mitfertigung der drei im Art. 38 der Statuten bezeichneten Personen erforderlich.

[22]) Z. B. die Firmen: „A. Fritsch", „Anton Fritsch" und „Fritsch" unterscheiden sich deutlich voneinander. Richtig Staub-Pisko im § 3 zu Art. 20, welcher bemerkt, als Richtschnur für die Prüfung des Erfordernisses deutlicher Unterscheidung müsse die kaufmännische Sitte gelten, ihr unverstümmelter Gebrauch werde vorausgesetzt. Die Firma A. W. ist verschieden von der Firma A. W. & Komp. Anders freilich die Entsch. Abl.-Cl. Nr. 1195, welche (bei der Gleichheit des Geschäftsbetriebes) unlautere Konkurrenz annahm und die Registrierung letzterer Firma ablehnte. Zwischen den Zusätzen „Sohn" und „Söhne" besteht ein hinlänglicher Unterschied. Die abweichenden oberstger. Entsch. Abl.-Cl. Nr. 880, 1341 sind nicht gerechtfertigt; die Möglichkeit unlauterer Konkurrenz bietet keine Handhabe dafür. (Anders allerdings bei der Marke nach § 25 des Markenschutzges.) Vgl. auch Staub-Pisko, a. a. O. — Befinden sich in zwei Gemeinden, die politisch miteinander vereinigt werden, gleichlautende Firmen, dann muß es den Trägern dieser Firmen überlassen bleiben, in ihrem eigenen Interesse für eine

§ 11.

Ort und Gemeinde nicht zusammen, so ist das kleinere Territorium ausschlaggebend — somit der Ort, wenn mehrere Orte eine Gemeinde bilden. (Das Gegenteil behaupten Hahn zu Art. 20 und Blaschke-Pitreich, § 21 a. E.; dagegen spricht aber das Motiv der Konferenz: „Man wolle verhüten, daß gleichlautende Firmen zu nahe beieinander existierten.") — Selbstverständlich sind „Ort" und „Handelsplatz" (welcher oft mehrere Orte umfaßt) wohl zu unterscheiden. Eine reiche Kasuistik bietet Brunstein, Die Reklame (1904) S. 20 flg. — Das System der obligatorischen Firmaregistrierung bietet überdies den großen Vorteil, daß die Person des jeweiligen Geschäftsinhabers aus dem Handelsregister stets leicht sichergestellt werden kann, was namentlich bei übertragenen Firmen von Bedeutung ist. Das Register gewährt auch die Möglichkeit, die Echtheit der Unterschrift eines Kaufmannes ohne Schwierigkeit zu prüfen und sicherzustellen.[22a]

Wer durch den unbefugten Gebrauch einer Firma in seinem Rechte auf ausschließliche Führung einer bestimmten Firma verletzt wird, kann den Unberechtigten auf Unterlassung der Weiterführung der Firma bei dem Handelsgerichte mittels Klage belangen (Art. 27 H. G. B., § 51 Z. 2 J. N. und § 39 Einf. Ges.). Letzteres hat aber auch auf einfaches Begehren (Gesuch, Anzeige) des in seinem Firmarechte Verletzten nach Art. 26 H. G. B. und § 12 Einf. Ges. von Amts wegen gegen denjenigen einzuschreiten, der sich einer ihm nicht zustehenden Firma bedient. Vgl. Adl.-Cl. Nr. 2141. Mit der Klage auf Unterlassung der Führung der Firma kann der in seinem Firmarechte Verletzte gleichzeitig den Ersatz jenes Schadens ansprechen, der ihm durch den Mißbrauch seiner Firma verursacht wurde. Über das Vorhandensein und die Höhe des Schadens entscheidet das Handelsgericht nach freiem Ermessen (Art. 27 H. G. B.).[22b]

Unterscheidung der letzteren Sorge zu tragen. Vgl. Staub-Pisko, Art. 20 § 2 a. In einem Falle meldete A., ehemaliger Gesellschafter der Firma F. und A. in Linz bei dem Handelsgerichte in Wien für ein daselbst neu errichtetes Handelsunternehmen die Firma: „A., vormals in Firma F. und A." zur Eintragung in das Handelsregister an. Die erste Instanz verweigerte die Eintragung, die zweite und die dritte Instanz jedoch bewilligten dieselbe mit der Begründung, der Name des Beschwerdeführers F. sei nicht in der Firma, sondern diene bloß zur Unterscheidung von anderen Firmen (Art. 21 H. G. B.), und der Zusatz: „vormals in Firma F. und A." könne als Zusatz, der ein Nachfolgeverhältnis andeute nicht(?) angesehen werden. Ich halte die Entscheidung der ersten Instanz für richtig (vgl. Art. 22 und 24 H.G.B.). Von der Vorschrift des Art. 21 H. G. B. konnte in diesem Falle nicht Gebrauch gemacht werden, weil die Unternehmungen nicht in demselben Orte geführt wurden. Vgl. Adl.-Cl. Nr. 2141.

[22a] Nach § 31 d. deutsch. H. G. B. hat das Gericht, wenn die Anmeldung des Erlöschens einer eingetragenen Firma durch die hierzu Verpflichteten nicht auf dem Wege des Ordnungszwangsverfahrens herbeigeführt werden kann (z. B. wegen Verschollenheit des Firmainhabers), das Erlöschen von Amts wegen einzutragen. Vgl. dazu oben § 9 S. 104 N. 166.

[22b] Vgl. Otto Frankel, Bestimmungen des österr. Rechtes über den unehrbaren Wettbewerb, 1884, S. 26 flg., Cosack, H. R. (4. Aufl.) § 16 S. 82 flg., Wolf, Jur. Bl. 1901 Nr. 31, Staub-Pisko, I S. 104 flg.

Betreibt ein Kaufmann verschiedene Handelsunternehmen unter derselben Firma oder unter verschiedenen Firmen, so hat dies rechtlich eine Absonderung der einzelnen Vermögensmassen nicht zur Folge. Den Gläubigern haftet der Kaufmann mit seinem gesamten Vermögen ohne Rücksicht auf eine aus kaufmännischen Rücksichten vorgenommene Trennung oder Sonderung nach verschiedenen Gewerbszweigen. Es steht jedoch nichts im Wege, daß die selbständigen Administrationen solcher Unternehmungen in gegenseitige Verkehrsbeziehungen treten, z. B. durch Ziehung trassiert eigener Wechsel, wenn sie an verschiedenen Orten ihren Sitz haben. Vgl. Art. 6 Abs. 2 W. O., Erk. d. deutsch. R. G. XX 12.[22c])

Ein Kaufmann, der sein Handelsgewerbe anheimsagt und deshalb den Gewerbeschein an die Gewerbebehörde zurückstellt, ist verpflichtet, die Löschung seiner Firma aus dem Handelsregister zu erwirken (vgl. die Entsch. Nr. 1304, 1312, 1329, 1368, 1469 und 1479 Abt.-Cl.).

§ 11a.

Die Schutzmarke.[22d])

Wesentlich verschieden von der kaufmännischen Firma ist die gewerbliche Schutzmarke, welche zur Feststellung der Herkunft (Provenienz) einer Ware aus einer bestimmten gewerblichen Unternehmung dient.

[22c]) Nach der im § 52 des Einf. Ges. enthaltenen Übergangsbestimmung steht der Fortführung und Eintragung in das Handelsregister bei Firmen, welche schon vor Beginn der Wirksamkeit des Handelsgesetzbuches rechtlich bestanden haben, der Umstand nicht im Wege, daß sie den Anordnungen der Art. 16, 17, 18, 20, 21 und 251 des H. G. B. nicht entsprechen. Die Anführung des Art. 251 H. G. B. im § 52 Einf. Ges. erfolgte wohl nur irrtümlich, denn die ältere österreichische Gesetzgebung kannte die sog. „stille Gesellschaft" im Sinne des H. G. B. nicht. Das im a. b. G. B. (§§ 1204 bis 1216) geregelte Gesellschaftsverhältnis entspricht der Kommanditgesellschaft des Handelsgesetzbuches. Vgl. Randa, Ger. Ztg. 1863 Nr. 99 flg.

[22d]) Vgl. Franckel, Die Bestimmungen des österr. Ges. über unlauteren Wettbewerb (1884), Górski, § 24, Brunstein, Name, Firma, Marke (1889), Th. Schuloff, Das Gesetz über Markenschutz (1890), Sonderabdruck aus den Jur. Bl. 1890 Nr. 16 flg., K. Schima, Entwickl. des Markenschutzes in Österr. ebendas. 1893 Nr. 32 flg. und Sonderabdruck: Über die neueste Entwicklung des Markenschutzes in Österr. (1893); ferner Brunstein, a. a. O.: über den Entwurf eines Gesetzes, betreffend den Markenschutz und Studien im österr. Markenrechte (1895), Brunstein, Die Reklame (1904) S. 21 flg. Die gewerbliche Schutzmarke fand zuerst in der französischen Gesetzgebung (1801) und gewohnheitsrechtlich in England rechtlichen Schutz. Erst viel später wurde dieser in anderen Staaten gewährt, und zwar in Österreich durch das Ges. v. 7. Dez. 1858 R. G. Bl. Nr. 230, im Deutschen Reiche durch die Reichsges. v. 30. Nov. 1874 und 12. Mai 1894, in der Schweiz durch ein Ges. aus dem Jahre 1879 usw. — Nach Art. XVII des Zoll= und Handelsbündnisses zwischen Österreich und Ungarn v. 21. Mai 1887 R. G. Bl. Nr. 48 (die Wirksamkeit desselben wurde im Jahre 1899 verlängert) sichert die Hinterlegung und Registrierung einer Marke bei einer Handelskammer im Bereiche eines der beiden Ländergebiete den gesetzlichen Schutz für den betreffenden Gewerbetreibenden im Umfange beider Ländergebiete. — Das wichtigste

§ 11 a.

„Sie spricht deutlich zum Fremdsprachigen und Analphabeten" (Schuloff), deutlicher oft als Worte zu den breitesten Schichten der Bevölkerung. Ob der Inhaber derselben Kaufmannseigenschaft besitzt oder nicht, ist gleichgültig. Das Recht an der gewerblichen Schutzmarke ist ähnlich wie das Recht an der Firma und das Recht am Muster ein jus sui generis, ein sog. immaterielles oder Individualrecht. Die Individualrechte bilden bekanntlich neben den Personen-, Sachen- und obligatorischen Rechten eine besondere Kategorie von Vermögensrechten (mitunter mit persönlichem Einschlag); sie haben gleich den dinglichen Rechten absolute Wirkung, unterscheiden sich jedoch von ihnen dadurch, daß ihr Gegenstand in einem immateriellen Wertobjekte besteht und daß ihr rechtlicher Schutz eigenartig gestaltet ist. Vgl. Randa in der Zeitschr. Sbornik I S. 1 flg., Adler, Wiener Zeitschr. 31 Bd. S. 1 flg.

Durch das Ges. v. 6. Jän. 1890 R. G. Bl. Nr. 19, betreffend den Markenschutz, wurde dem von industriellen und kommerziellen Körperschaften wiederholt ausgesprochenen Verlangen nach einer Reform des Markenschutzrechtes, welches bis dahin auf dem M. Sch. G. v. 7. Dez. 1858 R. G. Bl. Nr. 230 beruhte, entsprochen. Unter dem Begriffe „Marke" wird in diesem Gesetze das besondere Zeichen verstanden, welches dazu dient, die zum Handelsverkehr bestimmten Erzeugnisse und Waren eines Gewerbetreibenden von den gleichartigen Erzeugnissen und Waren anderer Gewerbetreibender zu unterscheiden. Als Marken dieser Art werden Sach- und Sinnbilder, Chiffren, Vignetten u. dgl. verwendet. Das ausschließliche Gebrauchsrecht an einer bestimmten Marke für das ganze Gebiet von Österreich-Ungarn kann ein Gewerbetreibender (Kaufmann) sich nur dadurch sichern, daß er die Eintragung derselben in ein von der Handels- und Gewerbekammer, in dessen Bezirk die Unternehmung liegt, geführtes öffentliches Register, das sog. Markenregister erwirkt. (§§ 2 und 13 flg. des M. Sch. G. v. 6. Jän. 1890.) Beizulegen sind ein Bildstock (Klischee) und vier Markenabdrücke. Gewisse Warenzeichen, wie beispielsw. solche, die ausschließlich Bildnisse des Kaisers oder der Mitglieder des kais. Hauses enthalten oder bloß in Staats- oder anderen öffentlichen Wappen bestehen, ferner Aufschriften, die der öffentlichen Ordnung und Sittlichkeit widerstreiten oder zur Täuschung des Publikums sich eignen usw., sind von der Registrierung

---

Werk der deutschen Literatur über das Markenrecht ist: Kohler, Das Recht des Markenschutzes mit Berücksichtigung ausländ. Gesetze (1884), Behrend, § 41. Auch nach dem deutschen Reichsgesetze v. 12. Mai 1894 genießen nicht nur die ins Handelsregister eingetragenen Firmen (beziehentl. deren Inhaber), sondern alle Gewerbetreibenden das Markenrecht. Vgl. Cosack, H. R. (4. Aufl.) § 17. — Das französische Recht geht noch um einen Schritt weiter, als die österreichische und die deutsche Gesetzgebung, denn es schützt den Gewerbetreibenden auch gegen die Nachmachung der Etikette, selbst wenn diese mit einer erdichteten Bezeichnung (z. B.: „Heiligenberg-Wein") versehen und die Marke nicht registriert ist. (Concurr. déloyale.) Vgl. hierüber Frankel a. a. O., Brunstein, Reklame, S. 37 flg., Kohler, S. 89 flg. und die Entsch. des deutsch. R.G. VI S. 75, Schima, Markenschutz (1893) S. 48 flg. u. Gewerbl. Rechtsschutz (1896); über die Reform, sowie über franz.-engl. Recht siehe neuest. Eman. Adler, Markenschutz, Österr. Patentbl. 1904 Nr. 4 bis 8.

ausgeschlossen und daher zur Erwirkung eines Alleinrechtes nicht geeignet. (§ 3 Ziff. 1 bis 4 Ges. v. 6. Jän. 1890 Nr. 19 und hierzu das Ges. v. 30. Juli 1895 R. G. Bl. Nr. 108.)²³) Nach dem eben angeführten Ges. v. 30. Juli 1895 sind (in Übereinstimmung mit dem Rechte des Deutschen Reiches) nunmehr gestattet: Wortmarken, namentlich „Phantasiemarken" (fancy words), z. B. „Kaiseröl", „Marienglas", „Löwenbräu", „Dentont", „Kalodont" u. dgl. Bloß in Worten bestehende Warenzeichen sind von der Registrierung nur dann ausgeschlossen, wenn dieselben ausschließlich Angaben über Ort, Zeit oder Art der Herstellung, über die Beschaffenheit oder Bestimmung, über Preis-, Mengen- oder Gewichtsverhältnisse der Ware enthalten. (§ 1 Ges. v. Jahre 1895.) „Abkürzung" der Firma in der Marke ist zulässig, sofern sie nicht zur Verwechslung mit anderen kommerziellen Namen Anlaß gibt.²³ᵃ) Das Alleinrecht zum Gebrauche einer vorschriftsmäßig hinterlegten Wortmarke erstreckt sich nicht bloß auf den Gebrauch dieser Marke in ihrer hinterlegten Bildform, sondern auch auf den Gebrauch in solchen Ausführungsformen, durch welche das geschützte Wort oder die geschützten Worte in anderen Schriftzeichen, Farben oder Größen zur Gänze oder teilweise wiedergegeben werden. (§ 2 der M. Sch. Nov. v. Jahre 1895.) Warenzeichen, die zur Bezeichnung von bestimmten Warengattungen im Verkehre allgemein gebräuchlich sind, schließt das Gesetz vom Markenschutze aus, z. B. das Bild eines Chinesen bei Teewaren, eines Arabers bei Kaffeesorten u. dgl. (§ 3 Ziff. 3 M. Sch. G.) Das Alleinrecht an einer Marke schließt nicht aus, daß ein anderer Unternehmer dieselbe Marke zur Bezeichnung anderer Warengattungen in Gebrauch nehme. Zweifel bezüglich der Gleichartigkeit dieser Warengattungen entscheidet der Handelsminister nach Einvernehmung der Handels- und Gewerbekammer. (§ 7 M. Sch. G.)²³ᵇ) Von dem

---

²³) Von der Registrierung sind ferner solche Warenzeichen ausgeschlossen, welche bloß in Zahlen oder Buchstaben bestehen oder welche gegen die öffentliche Ordnung verstoßende Darstellungen enthalten. Vgl. hierzu Pollitzer, § 26, E. Adler a. a. S. 5. — Gebrauch fremder Marken auf Preislisten und Geschäftspapieren ist leider zulässig! Vgl. E. Adler, S. 7. Die Marke muß auf der Ware selbst oder auf der Verpackung angebracht werden.

²³ᵃ) Beispiele unzulässiger Kürzung: L. v. Mayer, statt „Ludwig vormals Mayer", M. & Mayer, statt Marx & Mayer", vgl. Brunstein, Reklame, S. 21. — Entsprechend der im Gesetzestexte (§ 1 M. Sch. Nov.) eingehaltenen Reihenfolge sind beispielsw. nachstehende Wortmarken unzulässig: „Pilsner Lagerbier", „Böslauer Wein", „Märzenbier", „Gußeisen", „Prima Melniker Wein", „Antifebrin", „Einguldenhut", „Malzbier", „Literflasche", „Fünfkiloware" u. dgl. Eine Änderung des Markenschutzgesetzes aus dem Jahre 1890 wurde deshalb notwendig, weil das deutsche (auch das französische und das englische) Recht Wortmarken dieser Art (§ 1 der M. Sch. Nov.) für zulässig erklärt und österreichische Untertanen nach dem Grundsatze der Reziprozität im Deutschen Reiche (auch in Frankreich und England) nur unter der Bedingung des Schutzes teilhaft werden, daß die betreffende Markenart auch in ihrem Heimatsstaate (scil. in Österreich) geschützt wird. Vgl. Cosack, § 17 S. 91.

²³ᵇ) So pflegt beispielsw. der Anker allgemein als Zeichen für Seeunternehmungen (Export-, Import-, Speditionsanstalten) zu dienen. Das Handelsministerium bewilligte jedoch die Verwendung dieses Zeichens als Schutzmarke für gewisse Kinderspielwaren (Steinbaukästen). Vgl. Pollitzer, S. 81 N. 9.

§ 11a.

Namen, der Firma, dem Wappen oder der geschäftlichen Benennung des Etablissements eines anderen Produzenten oder Kaufmannes darf ohne Einwilligung des letzteren zur Bezeichnung von Waren oder Erzeugnissen nicht Gebrauch gemacht werden. (§ 10 M. Sch. G.) Die Benützung der registrierten Marke ist in der Regel fakultativ; doch kann der Handelsminister hinsichtlich bestimmter Warengattungen anordnen, daß Waren solcher Gattung nicht in den Verkehr gesetzt werden dürfen, bevor dieselben mit einer im Sinne des M. Sch. G. registrierten Marke in der im Verordnungswege zu bestimmenden Weise versehen sind. (§ 6 M. Sch. G.)[23c] Das Markenrecht klebt an dem Unternehmen, für welches die Marke bestimmt ist, erlischt mit demselben und geht im Falle des Besitzwechsels an den neuen Besitzer über. (§ 9 M. Sch. G.) In dem letzteren Falle hat jedoch, außer wenn das Unternehmen durch die Witwe oder einen minderjährigen Erben des Markeninhabers oder für Rechnung einer Verlassenschafts- oder Konkursmasse fortgeführt wird, der neue Besitzer binnen drei Monaten nach erfolgter Erwerbung des Besitzes die Marke auf seinen Namen umschreiben zu lassen, widrigenfalls das Markenrecht erlischt. (§ 9 M. Sch. G.)

Zur Durchführung des Markenschutzes wird bei dem Handelsministerium ein jedermann zugängliches Zentralmarkenregister geführt, in welches die bei den Handels- und Gewerbekammern Österreich-Ungarns registrierten Marken nach der Reihenfolge ihres Einlangens eingetragen werden. (§ 17 Abs. 1 M. Sch. G., Art. XVII des Zoll- und Handelsbündnisses zwischen Österreich und Ungarn.) Nach erfolgter Eintragung der Marken in das Zentralregister sind Abdrücke derselben unter Benützung der beigebrachten Klischees (§ 13 M. Sch. G.) zu veröffentlichen. Ist in dem Zentralregister eine mit der neu angemeldeten identische oder ihr ähnliche (verwechslungsfähige) Marke für dieselbe Warengattung (§ 3 M. Sch. Nov.) bereits eingetragen, so verständigt der Handelsminister hiervon den Markenschutzwerber, damit dieser nach seinem Ermessen die Anmeldung aufrechterhalten, modifizieren oder zurückziehen könne. Entscheidend ist der Gesamteindruck der neuen Marke auf den gewöhnlichen Abnehmer. (Min. Erl. v. 13. Feb. 1891, dazu Pollitzer S. 79, Schima S. 23 flg.) Von der Verständigung des Markenschutzwerbers wird gleichzeitig der Besitzer der bereits früher registrierten bezüglichen Marke in Kenntnis gesetzt. (§§ 17, 18 M. Sch. G.)[23d] Diese von Seite des Handelsministers an den Marken-

---

[23c] Auf Grund der Bestimmung des § 6 M. Sch. Ges. verfügte das Handelsministerium mit der Vdg. v. 16. April 1890 R. G. Bl. Nr. 67, daß Sensen, Sichel und Strohmesser nicht in den Verkehr gesetzt werden dürfen, bevor dieselben mit einer im Sinne des Markenschutzgesetzes registrierten Marke in der Weise versehen sind, daß die Marken auf die noch in glühendem Zustande befindlichen Waren angeschlagen, bezieh. aufgeprägt werden, ehe die letzteren die Erzeugungsstätte verlassen haben. Vgl. Pollitzer, S. 81 N. 10.

[23d] Im § 3 der Novelle v. 30. Juli 1895 wird nämlich ein so hoher Grad von Ähnlichkeit, daß die Unterschiede von dem gewöhnlichen Käufer der betreffenden

schutzwerber ergehende vorläufige Mitteilung (§ 18 M. Sch. G., das sog. avis préalable) besitzt für den letzteren nur die Bedeutung eines unverbindlichen, vertraulichen Rates. Leistet die anmeldende Partei diesem Rate nicht Folge, so erkennt der Handelsminister der Regel nach erst auf Grund einer Klage des in seinem Markenrechte Verletzten (§ 21 lit. e und § 30 M. Sch. G.) über die Gesetzmäßigkeit der Registrierung der betreffenden Marke. Insbesondere steht dem Handelsminister die Entscheidung zu über die Frage, ob jemand das ausschließliche Gebrauchsrecht an einer Marke besitze, über die Priorität und die Übertragung dieses Rechtes, über die Frage, ob eine registrierte Marke von einem Dritten für eine andere Gattung von Waren benützt werden könne. (§§ 7, 21, 30 M. Sch. G.)[23e] Bis zu einem gewissen Maße nahm sonach die österreichische Gesetzgebung das Prinzip des Vorprüfungsverfahrens bezüglich der Verschiedenheit angemeldeter Marken von bereits registrierten Marken an, ähnlich wie es in England, in den Vereinigten Staaten von Nordamerika, in der Schweiz, in Dänemark und seit dem Jahre 1894 auch im Deutschen Reiche, sowie in anderen Staaten besteht.

Die Registrierung der Marken ist von zehn zu zehn Jahren, vom Tage der Registrierung an gerechnet, neuerlich zu erwirken, widrigenfalls das Markenrecht als erloschen zu betrachten wäre. (§ 16 M. Sch. G.) Die periodische Erneuerung der Registrierung ist auch rücksichtlich der nach dem früheren M. Sch. G. registrierten Marken geboten. (§ 33 M. Sch. G.)[23f]

Die Löschung der Marke erfolgt: auf Ansuchen des Berechtigten, wegen unterlassener Erneuerung oder nicht rechtzeitiger Umschreibung auf den neuen Besitzer, gemäß Erkenntnis des Handelsministers, wenn die Marke nach §§ 3 u. 4 nicht hätte registriert werden sollen, bezieh. im Streite über den Bestand des Markenrechtes (§ 21).

Die Löschung einer registrierten gewerblichen Marke kann insbesondere auch deshalb erfolgen, weil dieselbe einer für die gleiche Warengattung früher registrierten, noch zu Recht bestehenden Marke

---

Ware nur durch Anwendung besonderer Aufmerksamkeit wahrgenommen werden könnten, der Identität der Marke gleichgestellt. Vgl. Górski, S. 138 flg.

[23e] Die eigentliche Entscheidung ist sonach einem späteren Verfahren vorbehalten. Das System des avis préalable wurde auf Grund der Empfehlung durch den Pariser Kongreß von Gewerbetreibenden aus dem Jahre 1878 bereits im Jahre 1879 in die Schweizer Gesetzgebung aufgenommen. Die Wahrscheinlichkeit spricht dafür, daß dieser behördliche Rat im allgemeinen von nicht geringerer Wirkung sein dürfte als sonst ein amtliches Verbot, und daß schon durch die vom Handelsministerium ausgehende vorläufige Mitteilung überflüssigen Rechtsstreitigkeiten vorgebeugt wird. Vgl. Schuloff, S. 13 flg., Pollitzer, S. 81 flg.

[23f] Diese dem deutschen Rechte nachgebildete Vorschrift ist von ziemlich zweifelhaftem Werte. In den Regierungsmotiven zu dem Entwurfe eines Markenschutzgesetzes wird sie als ein wirksames Mittel zu dem Zwecke bezeichnet, das Zentralmarkenregister nach und nach jener Marken zu entledigen, auf deren Schutzberechtigung die ursprünglichen Anmelder derselben, sei es wegen seitheriger Geschäftszurücklegung, sei es aus anderen Gründen einen Wert nicht mehr beilegen.

§ 11 a.

derart ähnlich ist, daß die Unterschiede von dem gewöhnlichen Käufer der betreffenden Ware nur durch Anwendung besonderer Aufmerksamkeit wahrgenommen werden könnten. (§ 3 M. Sch. Nov.)

Die Löschung einer Marke kann auch von demjenigen begehrt werden, welcher nachweist, daß das von ihm für die gleiche Warengattung tatsächlich geführte, nicht registrierte Warenzeichen bereits zur Zeit der Registrierung der angefochtenen (mit seiner nicht registrierten Marke gleichen oder verwechslungsfähigen) Marke in den beteiligten Verkehrskreisen als Kennzeichen der Ware seines Unternehmens gegolten hat; doch muß die Klage auf Löschung einer solchen Marke längstens binnen zwei Jahren nach der Registrierung der Marke bei dem Handelsministerium eingebracht werden. (§ 4 M. Sch. Nov.) Dieser Vorschrift, welche eine Abweichung von dem Gebote der Registrierung der Schutzmarke (Registrierpflicht) beinhaltet, liegt die Tendenz des Gesetzes zugrunde, der sog. concurrence déloyale entgegenzutreten. Vgl. E. Adler a. a. O. S. 3.

Das Recht zum Gebrauche einer bestimmten Warenmarke ist sowohl strafrechtlich als zivilrechtlich geschützt. Wer Waren, die mit einer Marke unbefugt bezeichnet sind, bezüglich welcher einem anderen das ausschließliche Gebrauchsrecht zusteht, wissentlich in Verkehr setzt oder feilhält, ferner wer zu diesem Zwecke wissentlich eine Marke (etwa mittels Litographie) nachahmt, macht sich eines Vergehens schuldig, welches mit einer Geldstrafe von 1000 K bis 4000 K oder mit einer Arreststrafe in der Dauer von drei Monaten bis zu einem Jahre geahndet wird. Mit der Freiheitsstrafe kann eine Geldstrafe bis zur Höhe von 4000 K verbunden werden. (§ 23 M. Sch. Ges.) Der gleichen Strafe unterliegt jeder auf die eben gedachte Art bewerkstelligte Mißbrauch des Namens, der Firma, des Wappens oder der geschäftlichen Etablissementbenennung eines Produzenten oder Kaufmannes. (§ 24 M. Sch. G.) Zur Urteilsfällung sind die ordentlichen Gerichte berufen, während nach dem Ges. v. 7. Dez. 1858 R. G. Bl. Nr. 230 die Ahndung aller Gesetzesverletzungen durch die politischen Behörden erfolgte. (§ 26 M. Sch. G.) Die Strafbarkeit der oben bezeichneten Handlungen wird dadurch nicht ausgeschlossen, daß die Marke, der Name, die Firma, das Wappen oder die geschäftliche Benennung des Etablissements mit so geringen Abänderungen oder in so undeutlicher Weise wiedergegeben sind, daß der Unterschied von dem gewöhnlichen Käufer der betreffenden Waren nur durch Anwendung besonderer Aufmerksamkeit wahrgenommen werden könnte. (§ 25 M. Sch. G.) Die Verfolgung findet nur auf Verlangen des Verletzten statt, der zugleich einen richterlichen Ausspruch dahin begehren kann, daß die zu der Nachahmung oder unbefugten Bezeichnung ausschließlich oder vorzugsweise dienlichen Werkzeuge und Vorrichtungen für diesen Zweck unbrauchbar gemacht, die etwa vorhandenen Vorräte von nachgemachten Marken und unbefugt angefertigten Bezeichnungen vernichtet und die unbefugt angebrachten Marken von den im Besitz des Beschuldigten befindlichen Waren, bezieh. von der Verpackung selbst dann beseitigt werden, wenn dies die Vernichtung der Waren zur Folge hätte; z. B. wenn die Marke auf eine Eisenware geprägt wurde.²³ᵍ)

Dem Verletzten ist vom Strafgerichte die Befugnis zuzusprechen, die Verurteilung des Schuldigen auf Kosten des letzteren öffentlich bekanntzumachen. Noch vor der Fällung des Straferkenntnisses kann das Strafgericht auf Verlangen des Beschädigten die Beschlagnahme oder sonstige Verwahrung der zur Nachahmung oder unbefugten Bezeichnung dienenden Vorrichtungen, sowie der etwa vorhandenen Vorräte von nachgemachten Marken und unbefugt angefertigten Bezeichnungen verfügen. (§§ 26 bis 28 M. Sch. G.)

Der in seinem Markenrechte Verletzte kann auch bei dem Handelsgerichte (§ 51 Ziff. 4 J. N.) die Zuerkennung einer Entschädigung mittels Klage begehren. Sowohl über das Vorhandensein als auch über die Höhe des Schadens hat das Gericht nach freiem, durch die Würdigung aller Umstände geleiteten Ermessen zu entscheiden. An Stelle der dem Verletzten nach dem Privatrechte gebührenden Entschädigung kann auf Verlangen desselben neben der Strafe auch auf eine an den Verletzten zu entrichtende, nach freiem Ermessen zu bestimmende Geldbuße bis zu dem Betrage von 10.000 K von dem Strafgerichte (wohl auch von dem Zivilrichter) erkannt werden. (§§ 27, 29 M. Sch. G.)²³ʰ)

Die Frage, ob ein Rechtsstreit, dessen Entscheidung von dem Beweise über die Begehung eines Verbrechens oder Vergehens abhängt, vor dem Zivilgerichte zu unterbrechen und der Akt (allerdings mit Zustimmung des Verletzten) dem Strafgerichte zum Zwecke der vorgängigen Entscheidung über das Vorhandensein eines strafbaren Verschuldens abzutreten sei, ist von dem Prozeßgerichte nach freiem Ermessen zu ent-

---

²³ᵍ) So wurden im Jahre 1892 einem einzigen industriellen Unternehmen 280.000 Sensen in Beschlag genommen und vernichtet.

²³ʰ) Die Geldbuße bildet sonach einen Ersatz des verursachten Schadens. Es ist dies ein neuer Fall, in welchem der Richter bei der Bemessung der Höhe des Ersatzes auch auf den immateriellen Schaden Bedacht nehmen kann. Vgl. hierüber: Randa, O náhradě škody (Schadenersatzpflicht 6. Aufl.) S. 75. — Die zur Zahlung einer Geldbuße Verurteilten haften als Solidarschuldner. (§ 27 M. Sch. G.) — Der Zuspruch einer „Geldbuße" fand früher (wie auch nach deutschem Rechte) nur im Strafverfahren und lediglich auf Begehren des in seinem Rechte Verletzten statt. Die Bestimmung, daß letzterem vom Gerichte an Stelle der ihm gebührenden Entschädigung eine Geldbuße zuerkannt werden könne, beruht auf der Erwägung, daß hierdurch der beschädigten Partei und dem Gerichte die Führung eines kostspieligen und rücksichtlich der Beweiserbringung schwierigen Prozesses erspart wird. Vgl. Schuloff, S. 22, der zutreffend bemerkt, es habe das Gericht bei der Bemessung der Höhe der Geldbuße auch die immaterielle Seite: die Schädigung der geschäftlichen Ehre, die Sorge, die dem Verletzten durch den Eingriff in das Markenrecht bereiteten Schwierigkeiten usw. in Berücksichtigung zu ziehen. (Die Josefinische Ger. Odg. bediente sich hierfür im § 291 der Worte: „Schimpf und Schaden".) — Der Anspruch auf Schadenersatz setzt ebenso wie jener auf eine Geldbuße wissentliche (vorsätzliche) Verletzung eines fremden Markenrechtes voraus. (Nach dem Rechte des Deutschen Reiches genügt zur Begründung dieses Anspruches schon culpa lata. Vgl. Cosack, H. R. § 17.) §§ 23 bis 29 M. Sch. G. — Vgl. Górski, S. 141, ferner H. Mittler, Illoyale Konkurrenz und Markenschutz (1896).

§ 11 a.

scheiben. (§ 191 Z. P. O.) Nach § 28 des M. Sch. G. aus dem Jahre 1890 konnte die Vornahme provisorischer Schutzmaßregeln, insbesondere die Beschlagnahme der zur Nachahmung der Marke dienenden Vorrichtungen, der Vorräte an nachgemachten Marken usw. nur bei dem Strafgerichte begehrt werden (vgl. die Worte im § 28 M. Sch. G.: „noch vor der Fällung des Straferkenntnisses", dazu Schuloff S. 27). Da jedoch nach § 191 Z. P. O. und § 51 Ziff. 4 J. N. die vorherige Durchführung des Verfahrens vor dem Strafgerichte nicht mehr eine Bedingung der Geltendmachung des privatrechtlichen Entschädigungsanspruches bildet, unterliegt es keinem Zweifel, daß der in seinem Markenrechte Verletzte auch bei dem Zivilgerichte auf Grund der Bestimmungen der §§ 381, 382 der Exek. Odg. einstweilige Verfügungen begehren kann, insbes. die Beschlagnahme und die gerichtliche Verwahrung der zur Nachmachung gewerblicher Marken dienenden Vorrichtungen und der etwa vorhandenen Vorräte an nachgeahmten Marken und unbefugt angefertigten Warenbezeichnungen. (Diese Anschauung findet eine Stütze in den analogen Vorschriften der §§ 55 flg. des Ges. v. 26. Dez. 1895 R. G. Bl. Nr. 197, betreffend das Urheberrecht an Werken der Literatur, Kunst und Photographie und der §§ 108 flg. des Ges. v. 11. Jän. 1897 R. G. Bl. Nr. 30, betreffend den Schutz von Erfindungen (Patentges.).[23aa] Eine ähnliche Änderung trat mutatis mutandis durch die neuen Gesetze über das Zivilprozeß- und das Exekutionsrecht in Ansehung der Geltendmachung des Entschädigungsanspruches wegen Verletzung des Musterrechtes ein (vgl. das Ges. v. 7. Dez. 1858 R. G. Bl. Nr. 237, hierzu § 51 Ziff. 4 J. N.).[23bb]

[23aa] Es war ein Mangel des Musterschutzgesetzes v. J. 1890, daß nur auf Grundlage des Ergebnisses eines vorgängigen strafgerichtlichen Verfahrens die Erlassung eines Verbotes des Mißbrauches einer Marke und Schadenersatz begehrt werden konnte, während im Deutschen Reiche und in Frankreich stets die Möglichkeit bestand, sich ohne Gefährdung des Erfolges mit der Betretung des Zivilrechtsweges zu begnügen. Gegenwärtig besteht dieser Mangel allerdings nicht mehr. Ein anderer Mangel des Gesetzes ist jedoch noch vorhanden, nämlich: daß die Zuerkennung eines Ersatzes für den erlittenen Vermögensnachteil auf den Fall vorsätzlichen Mißbrauches des Warenzeichens beschränkt ist. Damit werden jedoch die Interessen des ehrbaren Handels nicht hinlänglich geschützt, da es eben nur selten möglich ist, die Wissentlichkeit (den dolus) des Eingriffes zu erweisen.

[23bb] Zur Verhandlung und Entscheidung von Rechtsstreitigkeiten, betreffend den Schutz und den Gebrauch gewerblicher Warenzeichen (Marken) sind nach § 51 Z. 4 J. N. die mit der Ausübung der Gerichtsbarkeit in Handelssachen betrauten Gerichtshöfe (Handelsgerichte, Handels- und Seegerichte, Landes- und Kreis- als Handelsgerichte) berufen. Dagegen hat über Vorfragen, insbesondere über die Frage, ob jemandem das ausschließliche Gebrauchsrecht an einer Marke zustehe, über die Priorität und die Übertragung dieses Rechtes, ferner über die Frage, ob eine registrierte Marke von einem Dritten für eine andere Gattung von Waren benützt werden könne, der Handelsminister zu erkennen. (§ 30 M. Sch. G.) Ist die Entscheidung über eine Frage dieser Art in einem vor dem Handelsgerichte anhängigen Streitverfahren von präjudizieller Bedeutung, und ist das Verfahren vor der Verwaltungsbehörde bereits im Zuge, so kann der Prozeßsenat nach § 190 Z. P. O. die Unterbrechung des Rechtsstreites für so lange Zeit anordnen, bis die rechtskräftige Entscheidung der Verwaltungsbehörde vorliegt. (Vgl.

Die Bestimmungen des M. Sch. G. v. 6. Jän. 1890 R. G. Bl. Nr. 19 und der Nov. v. 30. Juli 1895 R. G. Bl. Nr. 108 finden ihre Ergänzung in den Vorschriften der §§ 46 bis 50 der Gewerbenov. v. 15. März 1883 R. G. Bl. Nr. 39. (Reiche Kasuistik bei Brunstein, Reklame S. 33 flg.)

In Ermanglung besonderer Vereinbarungen können die Normen der Ges. v. 6. Jän. 1890 R. G. Bl. Nr. 19 und v. 30. Juli 1895 R. G. Bl. Nr. 108 unter der Bedingung der Gegenseitigkeit auf Marken und Bezeichnungen der Gewerbetreibenden fremder Staaten in Anwendung gebracht werden. (Vgl. das im Hinblicke auf das M. Sch. G. v. 7. Dez. 1858 R. G. Bl. Nr. 230 erlassene Ges. v. 15. Juni 1865 R. G. Bl. Nr. 45. Ebenso werden die Inhaber fremdländischer Handelsunternehmungen rücksichtlich des Schutzes ihrer Muster und Modelle nach den Grundsätzen der Reziprozität behandelt.) Vereinbarungen über die gegenseitige Beobachtung gleicher Grundsätze bei der Gewährung des Marken- und Musterschutzes wurden von Seite der österreichisch-ungarischen Monarchie abgeschlossen: mit dem Deutschen Reiche (Vertrag v. 6. Dez. 1891 R. G. Bl. Nr. 23 für 1892), mit der Schweiz (Vertrag v. 10. Dez. 1891 R. G. Bl. Nr. 18 für 1892), mit Belgien (Vertrag v. 6. Dez. 1891 R. G. Bl. Nr. 22 für 1892), mit Italien (Vertrag v. 6. Dez. 1891 R. G. Bl. Nr. 17 für 1892), mit Serbien (Vertrag v. 9. Aug. 1892), mit Rumänien (Vertrag v. 28. Jän. 1893), mit Schweden und Norwegen (Kundm. v. 10. Mai 1890 R. G. Bl. Nr. 77), mit Bulgarien (Kundm. v. 15. Dez. 1892, dazu Ger. Ztg. 1903 Nr. 33) usw. Auch Rußland gewährt uns reziprok die Eintragung österr.-ungar. Marken auf Grund amtlicher Bestätigung der bezüglichen Handels- und Gewerbekammer über die hierländische Registrierung.[23cc] Fremdländischen Unternehmungen angehörige Marken-, Modelle und Muster, deren Registrierung in Österreich-Ungarn angestrebt wird, sind bei den Handels- und Gewerbekammern in Wien und Budapest anzumelden, beziehungsweise zu hinterlegen.[23dd] Die näheren Anordnungen zum Zwecke der Durch-

---

Neumann, Komm. zu § 190, Ott, Soustavní úvod I S. 23.) Das gleiche gilt auch in dem Falle, wenn in einem Rechtsstreite aus Anlaß eines Eingriffes in ein Musterrecht die Gültigkeit der Hinterlegung des Musters (Modells) oder der Verlust des Musterrechtes in Frage steht. (§ 190 Z. P. O., § 51 Ziff. 4 J. N. und § 19 des Ges. zum Schutze der Muster und Modelle v. 7. Dez. 1858 R. G. Bl. Nr. 237.) Im Deutschen Reiche gehörten diese Rechtssachen stets zur Kompetenz der Handelsgerichte. (Vgl. hierzu Behrend, § 38.)

[23cc] Diesfällige Gesuche sind nicht durch das österr. Generalkonsulat, sondern durch Vermittlung der Firma Hecht & Laube in St. Petersburg zu überreichen. H. M. Erl. v. 8. Mai 1904. Bildstock (Klischee) und 100 Abdrücke der Marke sind beizulegen.

[23dd] Österreichische Gewerbetreibende, welche den Schutz ihrer Marken im Deutschen Reiche anstreben, müssen die Eintragung derselben in die deutsche Zeichenrolle erwirken, und zur Geltendmachung ihrer Rechte einen in Deutschland wohnenden Vertreter bestellen. Seit dem Jahre 1894 ist das Zeichenwesen im Deutschen Reiche zentralisiert. Die Eintragung der Warenzeichen geschieht in einer einzigen für ganz Deutschland bestimmten Zeichenrolle, deren Führung dem Reichspatentamte übertragen ist. Vgl. Cosack, H. R. 3. Aufl. § 17.

§ 11 b.

führung der mit dem Deutschen Reiche getroffenen Vereinbarung enthält die Vbg. d. Hand. Min. v. 8. Nov. 1892 R. G. Bl. Nr. 214.

§ 11 b.
Der Musterschutz. — Der Schutz gegen unlauteren Wettbewerb.

Von einer ähnlichen Tendenz, wie die gesetzlichen Normen über den Schutz der Firma und des gewerblichen Warenzeichens ist das mit dem kais. Patente v. 7. Dez. 1858 R. G. Bl. Nr. 237 erlassene Gesetz zum Schutze der Muster und Modelle für Industrieerzeugnisse getragen. (Bezüglich dieses Gebietes der gewerblichen Gesetzgebung war früher die deutsche Legislatur hinter der österreichischen rückständig.) Das ausschließliche Recht zum Gebrauche eines bestimmten Musters oder Modells bei der gewerblichen Produktion wird nur durch die Eintragung desselben in das von der Handels- und Gewerbekammer geführte Musterregister erworben (§ 5 Musterschutzges.). Das Muster oder Modell ist zu diesem Behufe bei der Handels- und Gewerbekammer zu hinterlegen. Das ausschließliche Benützungsrecht bezüglich eines Musters oder Modells währt drei Jahre vom Zeitpunkte der Registrierung (§ 4 Musterschutzges.). Nach § 19 des Ges. v. 7. Dez. 1858 R. G. Bl. Nr. 237 stand „die Verhandlung und Entscheidung über Eingriffe in das Musterrecht, sowie die Untersuchung und Bestrafung derselben, wenn sie sich nach § 15 (Musterschutzges.) zu einer Übertretung gestalten, den politischen Verwaltungsbehörden erster Instanz zu", während über Entschädigungsansprüche und über Streitigkeiten in Ansehung des Eigentumes eines Musters der Zivilrichter zu entscheiden hatte. Nunmehr obliegt der Schutz der Ausübung des Musterrechtes den Handelsgerichten (beziehungsweise den Landes- und Kreis- als Handelsgerichten § 51 Z. 4 J. N.) und die Zuständigkeit der politischen Verwaltungsbehörden greift nur dann Platz, wenn es sich um die Gültigkeit der Hinterlegung eines Musters, oder um den Verlust (das Erlöschen) des Musterrechtes handelt (§ 19 Musterschutzges., vgl. hierzu Neumann, Komm. z. J. P. O. S. 1173, dessen Ausführungen jedoch nicht bestimmt lauten).[23ee]) Mit Rücksicht darauf, daß der Entwurf eines neuen Gesetzes über den Musterschutz in Vorbereitung sich befindet, ist hier auf die Bestimmungen des Ges. v. 7. Dez. 1858 R. G. Bl. Nr. 237 nicht näher einzugehen (vgl. hierzu Brunstein, Der österreichische Musterschutz und seine Reform, 1901).

Im Jahre 1902 wurde dem österr. Reichsrate von Seite der Regierung ein nach dem Vorbilde des deutschen Reichsges. v. 27. Mai 1896 ausgearbeiteter Entwurf eines Gesetzes, betreffend den Schutz gegen unlauteren Wettbewerb (concurrence déloyale) vorgelegt. Im Sinne

---

[23ee]) Dies wird von Görsti, S. 143 übersehen. Anb. A. ist auch Ott, Soust. úvod etc. I S. 29 und 101.

dieses Entwurfes ist unlauterer Wettbewerb zu erblicken: 1. In der Anpreisung von Waren durch unwahre Angaben; 2. in der rechtswidrigen Aneignung und im Mißbrauche des Fabrikszeichens oder der gewerblichen Warenmarke eines anderen; 3. in der Herabsetzung fremder Unternehmungen; endlich 4. in der Verletzung des Geschäfts- oder Fabriksgeheimnisses. Die Repression des unlauteren Wettbewerbes soll durch Festsetzung einer Entschädigungspflicht gegenüber dem Beschädigten und durch strafgerichtliche Verfolgung bewerkstelligt werden. Vgl. hierüber O. Franckel, Die Bestimmungen des österr. Rechtes über den unehrbaren Wettbewerb, 1884, Górski, S. 143 N., dazu Ger. Ztg. 1902 Nr. 2 bis 6,[23ff]) hierzu Cosack, (4. Aufl.) § 18, bes. Brunstein, Die Reklame (1904), Em. Adler a. a. O. S. 15.

§ 12.

Von den Handelsbüchern.

Die Rechtsgrundsätze über die Beweiskraft der Handelsbücher entwickelten sich — in Anlehnung an die Vorschriften des röm. Rechtes über die Bücher der Geldwechsler (argentarii) — im Laufe des Mittelalters zuerst in der Doktrin der italienischen Rechtslehrer und in der Praxis der dortigen Gerichte. (Spuren der Anwendung dieser Grundsätze finden sich bereits im 13. Jahrhundert.) Die in Italien zur Ausbildung gelangten Lehren und Rechtsgewohnheiten gelangten zu Beginn der Neuzeit, namentlich im Laufe des 16. Jahrhunderts auch in Deutschland zur Anerkennung und fanden im 17. Jahrhundert auch in den österreichischen Ländern Verbreitung.[24]) Die in Hinsicht auf die Führung der Handelsbücher erlassenen, sehr mannigfachen partikularrechtlichen Vorschriften bildeten die Grundlage der diesbezüglichen Normen des Handelsgesetzbuches.

Die im vierten Titel des ersten Buches des H. G. B. enthaltenen Anordnungen regeln:

[23ff]) Die französische Rechtsprechung stützt sich bei ihren Entscheidungen in Fragen der concurrence déloyale bei dem Mangel eines besonderen Gesetzes hauptsächlich auf den Art. 1382 des Code civ., dessen Inhalt im wesentlichen mit jenem des § 1294 u. flg. des österr. a. b. G. B. übereinstimmt. Die in der französischen Rechtsprechung geübte, von liberalem Geiste erfüllte ausdehnende Gesetzesinterpretation machte den Mangel eines Spezialgesetzes nicht fühlbar. Vgl. auch Górski, S. 143 N. 1.

[24]) Über die historische Entwicklung der Handelsbücher vgl. Wetzell, Ziv. Pr. § 24. Rücksichtlich der Gestaltung dieser Institution in Österreich vgl. Not. Ztg. 1880 Nr. 5 u. flg. In den österr. Ländern erschien die erste Verordnung über die Führung von Handelsbüchern am 19. Mai 1693; allein schon in den böhmischen Stadtrechten von Koldin, G. XVIII (1579) ist von Gläubigern die Rede, die „in den Kaufmannsregistern" („v rejstřícich kupeckých") vermerkt sind. Ähnliche Andeutungen finden sich nach Mitteilung Prof. Otts in den Erkenntnissen des Appellationsgerichtes auf der k. Burg Prag (err. 1548), z. B. in einer an die Stadt Laun erlassenen Entsch. a. d. Jahre 1563.

a) die Pflicht der Kaufleute zur Führung von Handelsbüchern;
b) die Beweiskraft der Handelsbücher in einem Rechtsstreite;
c) die Pflicht zur Vorlage der Handelsbücher.

Ad A. Die kaufmännische Pflicht zur Führung von Handelsbüchern.
Nach Art. 28 bis 31 H. G. B. und § 7 Einf. Ges. z. H. G. B. sind jene Kaufleute und Handelsgesellschaften, welche von dem Erwerbe aus ihrem Geschäftsbetriebe an einjähriger staatlicher Erwerbsteuer den in der kais. Vdg. v. 11. Juli 1898 R. G. Bl. Nr. 124 nach der Bewohnerzahl des Betriebsortes festgesetzten Mindestbetrag zu entrichten haben, — mit Ausschluß der Hausierer — verpflichtet: [24a]
1. Bei der Eröffnung ihres Geschäftsbetriebes ein Inventar, d. i. ein genaues Verzeichnis aller (sowohl beweglichen als unbeweglichen) Bestandteile ihres Vermögens, insbesondere ihrer Warenvorräte unter Angabe des Wertes der einzelnen Vermögensstücke zu errichten,[25]) des-

---

[24a]) Nach § 54 der Gewerbenov. v. 15. März 1883 R. G. Bl. Nr. 39 wird im Verordnungswege festgesetzt, in welcher Weise die Inhaber von Trödler- und Pfandleihergewerben ihre Bücher zu führen haben. In Ausführung dieser Bestimmung verfügt die Min. Vdg. v. 2. Mai 1884 R. G. Bl. Nr. 69, daß jeder Inhaber eines Trödlergewerbes verpflichtet ist, rücksichtlich seiner Geschäfts-Einkäufe und -Verkäufe ein Geschäftsbuch zu führen. Für Antiquitätenhändler gilt diese Vorschrift nicht. Auf Grund des § 54 Gewerbenov. und des § 7 des Ges. v. 23. März 1885 R. G. Bl. Nr. 48, betreffend das Pfandleihgewerbe, legt § 1 der Min. Vdg. v. 24. April 1885 R. G. Bl. Nr. 49 jedem Inhaber eines Pfandleihergewerbes die Pflicht auf, ein Pfandleihbuch zu führen.

[25]) In das Inventar ist jeder Vermögensgegenstand mit dem Verkehrswerte, den er für das Unternehmen zur Zeit der Aufnahme des Inventars besitzt, einzustellen (Art. 31 H. G. B.). Vgl. Górski, S. 147, Staub-Pisko, I Art. 31, Entsch. d. R. O. H. G. XII S. 19. Bei Gegenständen, die dem Gebrauche im Geschäftsbetriebe dienen, ist auf die durch die Abnutzung hervorgerufene Wertverminderung (Abnutzungswert) Bedacht zu nehmen, und eine Amortisationsquote in Abzug zu bringen. Dubiose Forderungen sind mit dem voraussichtlich einbringlichen Teilbetrage anzusetzen, uneinbringliche Forderungen sind abzuschreiben. Die üblichen Kategorien der Aktiven sind: Kassenstand (bares Geld), Wertpapiere (nach dem börsemäßigen Geldpreise), Wechselforderungen, andere Forderungen („Debitoren"), Geschäftseinrichtung und Gerätschaften, Aktivzinsen, Waren nach gewissen Unterabteilungen und Realitäten. Auch immaterielle Rechte, z. B. Patentrechte, Marken- und Firmenrechte usw., lassen eine Bewertung in Geld zu. Vgl. Staub-Pisko, § 1a zu Art. 31. Die regelmäßigen Kategorien der Passiven sind: Wechselverbindlichkeiten (auch Gefälligkeitsakzepte), sonstige Verbindlichkeiten („andere Kreditoren"), Passivzinsen, Einlagen der Gesellschafter (nicht aber Haftungen aus der Übernahme einer Bürgschaft oder aus dem Bestande einer Regreßpflicht). Vgl. Staub-Pisko, §§ 3 und 4 zu Art. 31, Canstein, I S. 245. Im Inventare müssen allerdings die einzelnen Bestandteile dieser Kategorien genau angegeben werden. So die Namen der Schuldner und der Gläubiger, der Betrag jeder einzelnen Forderung und jeder Verbindlichkeit, die Menge, die Gattungen der Waren und die Wertansätze für jede Art derselben nach Maßgabe des inventierten Quantums usw. — Mit Recht weist Braune, Zeitschr. f. H. R. XXVII S. 41 flg. darauf hin, daß die Worte „Lage des Vermögens" im Art. 28 H. G. B. die Gesamtheit der Vermögensstücke, nicht aber wie im Art. 130 H. G. B. den Gesamtwert des Vermögens bedeuten.

gleichen eine Bilanz, d. i. einen das Verhältnis des Vermögens zu der Gesamthöhe der Verbindlichkeiten darstellenden Abschluß anzufertigen.

2. Handelsbücher zu führen, in welche alle den Vermögensstand betreffenden Geschäfte, mögen sie Handelsgeschäfte sein oder nicht, eingetragen werden müssen, so daß aus dem Inhalte derselben die Vermögenslage vollständig zu ersehen ist. (Art. 28 Abs. 1 H. G. B.) [26]) Daher sind z. B. Käufe und Verkäufe von Immobilien einzutragen; Arg.: „Lage seines Vermögens".

3. Die empfangenen Handelsbriefe aufzubewahren und eine Abschrift (Kopie oder Abdruck) der abgesandten Handelsbriefe [27]) zurückzubehalten und nach der Zeitfolge [27a]) in ein Kopierbuch einzutragen.[28]) Hierdurch wird die vollständige Evidenz über die kaufmännische Korrespondenz ermöglicht. Nach der herrschenden Gepflogenheit werden auch andere Belege für den Geschäftsbetrieb, wie Rechnungen (Fakturen), Quittungen, Frachtbriefe u. dgl., die für das Verständnis der Korrespondenz und als Beweismittel bei Rechtsstreitigkeiten erhebliche Wichtigkeit besitzen, aufbewahrt.

4. In jedem folgenden Jahre neuerlich ein genaues Inventar ihres Vermögens unter Angabe des Wertes der einzelnen Vermögensstücke anzufertigen. Besitzt jedoch ein Kaufmann ein Warenlager, dessen Inventur nach der Beschaffenheit des Geschäftes füglich nicht in jedem Jahre erfolgen kann, so genügt es, wenn das Inventar des Warenlagers in jedem zweiten Jahre aufgenommen wird. (Art. 29 H. G. B.) [29]) Alle anderen Vermögensbestandteile müssen alljährlich inventarisiert werden.

---

[26]) Aus dem Wortlaute des Art. 28 H. G. B.: „Bücher, aus welchen seine Handelsgeschäfte und die Lage seines Vermögens vollständig zu ersehen sind", ist zu folgern, daß ein Kaufmann beispielsweise auch die Bestellung eines Heiratsgutes in seine Handelsbücher eintragen muß. Vgl. auch Behrend, I S. 294, Staub=Pisko, Art. 28, 29, Entsch. d. O. G. als Kass. H. v. 21. Febr. 1879 und 17. Jän. 1887 in der Manzschen Ausg. des Strafges. N. 31 zu § 486 Strafges., ferner Canstein, I S. 245, Pollitzer, S. 93 N. 5 bezüglich eines Nebengeschäftes.

[27]) Auch empfangene Telegramme und die Kopien abgesandter Telegramme sind aufzubewahren.

[27a]) Die unzweckmäßige Vorschrift, daß die zurückbehaltenen Abschriften der abgesandten Handelsbriefe nach der Zeitfolge in ein Kopierbuch einzutragen seien, enthält das neue H. G. B. für das Deutsche Reich nicht. Dieses begnügt sich mit der Anordnung, daß die zurückbehaltenen Abschriften sowie die empfangenen Briefe geordnet aufzubewahren seien (§ 38). Vgl. Cosack, § 15.

[28]) Es bedarf nicht unbedingt einer wörtlichen Abschrift; vielmehr genügt ein Auszug des wesentlichen Inhaltes. Vgl. Konf. Prot. S. 45. Bei Zuschriften unerheblichen Inhaltes wird die Zurückbehaltung einer Kopie oder eines Abklatsches (Abdruckes) nicht erfordert.

[29]) Die Inventursaufnahme hat jedesmal am Schlusse des Geschäftsjahres, oder zu Beginn des folgenden zu erfolgen. Im Gesetze finden sich auch Fristbestimmungen für die Vorlage der Bilanz: So im Art. 185 H. G. B. bezüglich der Aktienkommanditen, im Art. 239 H. G. B. rücksichtlich der Aktiengesellschaft und im § 22 d. Ges. über Erw. u. Wirtsch. Gen. v. 9. April 1873 R. G. Bl. Nr. 70. Vgl. hierzu Staub=Pisko, § 2 zu Art. 29, Blaschke=Pitreich, S. 46, Canstein, H. R. I S. 243.

§ 12.

5. Sie haben auch den das Verhältnis des Vermögenswertes zur Summe der Verbindlichkeiten dartuenden Rechnungsabschluß, die Bilanz, alljährlich zu erneuern. (Art. 29 H. G. B.) Das Gebot, alljährlich die Bilanz zu ziehen, erleidet selbst in den Fällen keine Ausnahme, in welchen die Inventur der Waren nur alle zwei Jahre vorzunehmen ist. Beim Überwiegen der Passiven liegt ein Abgang (Fehlbetrag) vor, der als Unterbilanz bezeichnet wird. Das Inventar und die Bilanz können in ein hierzu bestimmtes Buch eingeschrieben, oder jedesmal besonders aufgelegt werden. In dem letzteren Falle müssen die Operate gesammelt und in zusammenhängender Reihenfolge geordnet aufbewahrt werden. Das Inventar wie die Bilanz sind von dem Kaufmanne zu unterzeichnen. Sind mehrere persönlich (unbeschränkt) haftende Gesellschafter vorhanden, so hat die Unterzeichnung von allen zu geschehen. (Art. 30 H. G. B.)[30])

Den Kaufleuten liegt die Pflicht ob, ihre Handelsbücher durch einen Zeitraum von zehn Jahren, von dem Tage gerechnet, an welchem die letzte Eintragung in dieselben erfolgte, aufzubewahren. Die gleiche Aufbewahrungspflicht besteht in Ansehung der empfangenen Handelsbriefe sowie der Inventare und Bilanzen. (Art. 33 H. G. B.) Andere Belege für die Buchführung, z. B. Wechsel (über bezahlte Forderungen), Fakturen (kaufmännische Warenrechnungen), Frachtbriefe u. dgl. müssen vom Kaufmanne nicht aufbewahrt werden.

Wenngleich die Erfüllung der im vorstehenden gedachten Pflichten eines Kaufmannes nicht nur im Interesse des redlichen Verkehrs gelegen, sondern auch für dessen Geschäftsbetrieb von größter Wichtigkeit ist,[31]) so wird dennoch für den Fall der Außerachtlassung derselben vom Gesetze weder eine Verkürzung der Privatrechte des Kaufmannes, noch die Verhängung einer Geldstrafe angedroht. Es fehlt somit an einem direkten Zwange. Wohl aber setzen sich Kaufleute und Handelsgesellschaften, welche ihrer Pflicht zur ordnungsmäßigen Führung von Handelsbüchern nicht nachkommen, schwerwiegenden Nachteilen aus:

---

[30]) Diese Verpflichtung trifft die unbeschränkt haftenden Inhaber eines Unternehmens auch dann, wenn sie die Buchführung nicht selbst besorgen. Hierin kommt die persönliche Haftung derselben für die Richtigkeit der in den Büchern gemachten Angaben zur Erscheinung. Bei der offenen Handelsgesellschaft und der einfachen Kommanditgesellschaft knüpft das Gesetz an die Unterfertigung des Inventars durch die Gesellschafter noch eine besondere Wirkung. Es wird nämlich nach Art. 91 H. G. B. Abs. 2 im Zweifel angenommen, daß die in das unterschriebene Inventar eingetragenen beweglichen oder unbeweglichen Sachen Eigentum der Gesellschaft geworden sind (vgl. hierzu Art. 143 H. G. B.).

[31]) Mit vollem Rechte werden die Handelsbücher „das Gewissen des Kaufmannes" genannt. Eine richtige Buchführung leistet schon an sich eine gewisse Gewähr dafür, daß der Inhalt der Eintragungen der Wirklichkeit entspreche. Vgl. Völderndorff in Endemanns Handb. d. deutsch. H. R. I S. 236. — Die dem Inhalte der Handelsbücher eingeräumte besondere Beweiskraft gründet sich auf die Vermutung der Richtigkeit des Rechnungsabschlusses, zumal die einzelnen verbuchten Posten eine gegenseitige Ergänzung und Kontrolle ermöglichen. Vgl. Ullmann, Ziv. Pr. § 102, Staub-Pisko, I S. 111 bis 115. — Handelsbücher können nicht den Gegenstand einer exekutiven Pfändung bilden. Entsch. d. O. G. H. Abl.=Cl. 1139.

1. Sie entbehren des Vorteiles, bei Rechtsstreitigkeiten über Handelssachen einen Beweis im Sinne der Art. 34 flg. H. G. B. zu erbringen.

2. Für sie besteht die Gefahr, daß sie, wenn ihnen im Laufe eines Rechtsstreites auf Antrag der Gegenpartei vom Richter die Vorlegung der Handelsbücher verordnet wird, diesem Auftrage nicht nachkommen können und sohin der von der Gegenseite behauptete Inhalt der Bücher für erwiesen angenommen wird. (Art. 37 H. G. B.)

3. Sie sind der Begünstigung nicht teilhaftig, daß ein über ihr Vermögen eröffneter Konkurs mittels Zwangsausgleiches beendet werden kann. (§ 208 lit. e K. O.)[31a]

4. Die Unterlassung der ordnungsmäßigen Führung von Handelsbüchern begründet unter Umständen den Tatbestand des Vergehens der verschuldeten Krida (im Sinne des § 486 lit. c, d St. G.). Die Pflicht zur ordnungsmäßigen Führung von Handelsbüchern ist sonach wesentlich öffentlichrechtlicher Natur.

Ist der Prinzipal handlungsunfähig, so haftet für die Erfüllung der Pflicht zur Buchführung, bezieh. für die Bestellung eines geeigneten Buchführers der gesetzliche Vertreter. Bei der offenen Handelsgesellschaft und der einfachen Kommanditgesellschaft sind alle Sozien (ohne Rücksicht auf ihre Vertretungsbefugnis) für die ordnungsmäßige Buchführung verantwortlich. Bei der Aktienkommanditgesellschaft beschränkt sich diese Verantwortung auf die Komplementäre. (Der Kaufmann ist nicht gehalten, die Eintragungen in die Handelsbücher selbst vorzunehmen, sondern kann dieselben auch durch einen geeigneten Handlungsgehilfen bewirken lassen. Art. 36 H. G. B.) Bei Aktiengesellschaften und Erwerbsgenossenschaften ist der Vorstand verpflichtet, Sorge zu tragen, daß die erforderlichen Bücher durch ein geeignetes Organ geführt werden. (Art. 239 H. G. B. und § 22 des Genoss. Ges.) Die Prinzipale von Handelsunternehmungen, die gesetzlichen Vertreter derselben und die Vorstandsmitglieder von Aktiengesellschaften und Genossenschaften haften bei der Bestellung von Buchführern für culpa in eligendo et inspiciendo (gemäß §§ 1161 und 1315 a. b. G. B.). Weder persönliche Unfähigkeit zur Buchführung, noch Krankheit enthebt den Kaufmann dieser Verpflichtung.

Über Zahl und Art der von dem Kaufmanne zu führenden Handelsbücher enthält das Handelsgesetzbuch keine Bestimmung. Es überläßt die Entscheidung hierüber mit gutem Grunde dem Ermessen des Kaufmanns, weil bei der Mannigfaltigkeit der Handelsunternehmungen die Buchführung der eigentümlichen Beschaffenheit und dem Umfange des einzelnen Betriebes angepaßt werden muß. Nur eine Ausnahme macht das Gesetz, indem es im Zusammenhange mit der Vorschrift, betreffend die Aufbewahrung empfangener Handelsbriefe (auch Telegramme), die Führung eines Kopierbuches ausdrücklich anordnet. (Art. 28 H. G. B.) Die Pluralform „Bücher" (Art. 28 H. G. B. entspricht dem selbstver-

---

[31a]) Hierüber erkennt das Konkursgericht unabhängig von dem Ausgange eines strafgerichtlichen Verfahrens wegen Vergehens gegen die Sicherheit des Eigentumes nach § 486 Strafges. lit. c. — Entsch. Glas.-Ung.-Pf. Nr. 13.194.

§ 12.

ständlichen Gebote, daß der Kaufmann mindestens zwei Handelsbücher führen müsse (Tagebuch, Hauptbuch). Das Handelsgesetzbuch schreibt auch nicht vor, zu welcher Zeit die Eintragungen in die Handelsbücher zu erfolgen haben. Es stellt lediglich in materieller Hinsicht im Art. 28 die Forderung auf, daß die Bücher auf solche Art zu führen seien, daß aus dem Inhalte derselben die (gesamten) Handelsgeschäfte des Kaufmannes und der Stand seines Vermögens vollständig ersehen werden können.[31b] In formeller Hinsicht verfügt Art. 32 H. G. B., daß sich der Kaufmann bei der Führung der Handelsbücher und bei den übrigen erforderlichen Aufzeichnungen einer lebenden Sprache und der Schriftzeichen einer solchen bedienen muß. (Der Gebrauch der hebräischen Sprache und die Verwendung hebräischer Schriftzeichen, des Volapük, [auch der Stenographie?] ist sonach unstatthaft). Die Handelsbücher müssen gebunden und jedes derselben muß Blatt für Blatt mit fortlaufenden Zahlen versehen sein.[31c] An Stellen, welche der Regel nach zu beschreiben sind, dürfen nicht leere Zwischenräume gelassen werden. Der ursprüngliche Inhalt einer Eintragung darf nicht mittels Durchstreichens oder auf andere Weise unleserlich gemacht, es darf nichts radiert, noch dürfen solche Veränderungen vorgenommen werden, bei deren Beschaffenheit es ungewiß ist, ob sie bei der ursprünglichen Eintragung oder erst später gemacht wurden. (Art. 32 H. G. B.)[31d] (Das ungar.-bosn.-herz. H. R. §§ 25 flg. beschränkte Recht und Pflicht, sowie Beweiskraft der Handelsbücher auf die Kaufleute vollen Rechtes; die Beweiskraft erlöscht nach Ablauf von zehn Jahren — gegenüber Nichtkaufleuten in zwei Jahren. Im übrigen gilt wesentlich dasselbe Recht, nur wird die Beweisdauer vom Zeitpunkt der Eintragung gerechnet. Vgl. Bausenwein, S. 41.)

Ad B. Die Beweiskraft des Inhaltes der Handelsbücher.

Ordnungsmäßig geführte Handelsbücher liefern bei Streitigkeiten über Handelssachen unter Kaufleuten zugunsten des Kaufmannes, von dem sie geführt werden, in der Regel einen unvollständigen, unter Um-

---

[31b] Die entsprechende Bestimmung des H. G. B. für das Deutsche Reich (§ 38) lautet: Jeder Kaufmann ist verpflichtet, Bücher zu führen und in diesen seine Handelsgeschäfte und die Lage seines Vermögens nach den Grundsätzen ordnungsmäßiger Buchführung ersichtlich zu machen. — Der Rechtsgrund für die Entstehung eines Anspruches oder einer Verpflichtung (causa obligandi) wird gewöhnlich in den Handelsbüchern nicht ersichtlich gemacht. Vgl. Cosack, (4. Aufl.) § 15, Staub-Pisko, §§ 2 und 2a zu Art. 28, Canstein, S. 240 flg.

[31c] Der Paraphierung, d. i. der amtlichen Beglaubigung der Blätterzahl bedarf es nicht. Anders beim Tagebuch der Sensale. Art. 71.

[31d] Nach der bei Staub-Pisko, § 4 zu Art. 32 H. G. B., in übereinstimmung mit der Entsch. d. R. O. H. G. 18 S. 231 vertretenen Ansicht könnten die Eintragungen in die Handelsbücher, da der Gebrauch der Tinte nicht ausdrücklich vorgeschrieben sei, auch mit Bleistift vollzogen werden. Dieser Meinung kann nicht beigepflichtet werden, weil es leicht möglich ist, Bleistiftaufzeichnungen wegzuradieren, ohne daß auch nur eine Spur derselben zurückbleiben würde.

ständen aber auch einen vollständigen Beweis. (Art. 34, 35 H. G. B.)³¹ᵉ) Diese Beweisregel wurde, wiewohl sie mit den Beweisgrundsätzen der Z. P. O. v. 1. Aug. 1895 R. G. Bl. Nr. 113 nicht im Einklange steht, im § 295 dieses Gesetzes in Kraft erhalten. Sie involviert bezüglich einer bestimmten Art von Urkunden eine Einschränkung des im § 272 Z. P. O. aufgestellten Prinzipes der freien Würdigung aller vorgebrachten Beweise.

Der Inhalt der Art. 34 und 35 H. G. B. ist das Ergebnis eines Kompromisses zwischen der von dem Grundsatze freier Beweiswürdigung ausgehenden Theorie des französischen und englischen (nunmehr auch im Deutschen Reiche und in Österreich rezipierten) Beweisrechtes und der Theorie des früher in Österreich und ehedem auch in Preußen herrschend gewesenen Rechtes, vermöge dessen den einzelnen Beweismitteln eine genau festgesetzte Beweiskraft zugemessen wurde.³²)

---

³¹) In der Entsch. Nr. 10.486, Slg. Gl.-U.-Pf.-Kr., sprach der O. G. H. die unrichtige Anschauung aus, daß die Bestimmungen des H. G. B. über die Führung des Beweises durch Vorlage der Handelsbücher, insbes. Art. 37 nicht bloß bei Handelsstreitigkeiten, sondern auch bei nicht handelsrechtlichen Prozessen Anwendung finden. Richtig ist nur, daß es zur Anwendung der Art. 34 flg. hinreicht, wenn das die Grundlage des Klageanspruches bildende Rechtsgeschäft auch nur auf Seite eines Streitteiles ein Handelsgeschäft bildet. — Bei Entschädigungsansprüchen, die sich nicht auf das materielle Handelsrecht gründen, wird die bevorzugte Beweiskraft der Handelsbücher nicht anzuerkennen sein. Vgl. Adl.-Cl. Nr. 312, 314, 315, 421, 515, 571. Bei wechselrechtlichen Bereicherungsklagen hängt die Zuerkennung dieser Beweiskraft davon ab, ob das Klagebegehren auf Grundsätze des materiellen Handelsrechtes gestützt wird. Vgl. Blaschke-Pitreich, S. 51.

³²) Bei der von der Nürnberger Konferenz über das Beweisprinzip vorgenommenen Abstimmung ergab sich Stimmengleichheit. Der österr. Vertreter, Ritter v. Raule als Vorsitzender dirimierte für das zweitgedachte Prinzip. Die Vorschriften des H. G. B. über den Beweis durch Handelsbücher wurden im Deutschen Reiche bereits durch die §§ 259 flg. der Z. P. O. v. Jahre 1877 außer Kraft gesetzt. In der letzteren sowie in der neuen Z. P. O. v. 17. Mai 1898 (§§ 286 flg.) gelangte der Grundsatz der freien richterlichen Beweiswürdigung zu voller Durchführung. In Österreich fand dieser Grundsatz zum ersten Male in dem Gesetze über das Bagatellverfahren v. 27. April 1873 R. G. Bl. Nr. 66 Anerkennung. (Anb. A. Ullmann, Bagatellverfahren S. 70.) Nach dem von der österr. Regierung im Jahre 1881 dem Reichsrate vorgelegten Entwurfe eines Gesetzes über das zivilgerichtliche Verfahren wurde die Entscheidung über das Maß der den Handelsbüchern beizulegenden Beweiskraft dem freien Ermessen des Richters anheimgestellt (§§ 353, 298; Reg.-Motive, S. 97). Den gleichen Standpunkt nahm der Entwurf einer Z. P. O. v. Jahre 1893 in den §§ 282, 306 ein; hierzu die Reg.-Motive, S. 271. — Die Z. P. O. v. 1. Aug. 1895 R. G. Bl. Nr. 113 stellte wohl im § 272 den Grundsatz freier richterlicher Beweiswürdigung auf, schränkte jedoch die Anwendung desselben im § 295 rücksichtlich des Beweises durch bestimmte Arten von Urkunden ein, indem sie verfügt, daß die Voraussetzungen, die Dauer und das Maß der Beweiskraft der Handelsbücher, der Tagebücher und Schlußnoten der Handelsmäkler nach den bestehenden Gesetzen zu beurteilen sei. — Abweichend Górski, § 25 S. 160, nach welchem auch rücksichtlich der Beurteilung der Beweiskraft der Handelsbücher das Prinzip des § 272 Z. P. O. zur Geltung zu kommen und der Richter hierbei lediglich auf die bezüglichen Bestimmungen des H. G. B. Bedacht zu nehmen hat. In ähnlicher Weise äußert sich Tilsch, Einfluß der Zivilprozeßgesetze (2. Aufl.) S. 213: „Der Richter soll .... Handels-

§ 12.

Das H. G. B. stellt sohin das Maß der Beweiskraft der Handelsbücher nicht in absoluter Weise fest. Als Regel gilt zwar nach Art. 34 Abs. 1, daß die Aufzeichnungen ordnungsmäßig geführter Handelsbücher einen unvollständigen Beweis liefern, welcher durch eidliche Vernehmung der Partei oder andere Beweismittel, wie etwa durch die Zeugenaussage eines Handlungsgehilfen oder eines Mandatars, durch den Inhalt von Handelsbriefen der Gegenseite, unter Umständen auch durch Fakturen u. dgl. ergänzt werden kann. Im zweiten Absatze des Art. 34 H. G. B. wird aber dem durch die Erwägung aller Umstände geleiteten Ermessen des Richters die Entscheidung darüber anheim gegeben, welches Maß von Beweiskraft dem Inhalte der Handelsbücher im einzelnen Falle beizulegen sei.[32])

Unter dem in Art. 34 Abs. 1 erwähnten Eide war nicht etwa der Eid über die Richtigkeit der Buchführung (Bucheid), sondern der Parteieid im Sinne der zur Zeit der Einführung des Handelsgesetzbuches geltend gewesenen Prozeßgesetze (und zwar der „Erfüllungseid") über rechtlich erhebliche streitige Tatsachen zu verstehen. An die Stelle dieses Parteieides trat die nach den Vorschriften des § 377 u. flg. Z. P. O. stattfindende eidliche Vernehmung einer Partei über entscheidende bestrittene Tatumstände. Für die Richtigkeit dieser Ansicht sprechen einerseits die von der preußischen und österreichischen Regierung bei der Nürnberger Konferenz vorgelegten Entwürfe, andrerseits der Umstand, daß die derzeit geltende Z. P. O. (§§ 295, 377 flg.) eine Ergänzung des durch den Inhalt der Handelsbücher erbrachten (unvollständigen) Beweises nur durch die nach der Z. P. O. zulässigen Beweismittel über streitige Tatsachen für statthaft erklärt. Die Ausschließung eines Eides über die Richtigkeit der Bucheinträge ergibt sich auch aus der Erwägung, daß die Prüfung der Richtigkeit der Buchführung durch den Richter von Amts wegen vorzunehmen ist. (Arg. Art. 34 H. G. B.: „Ordnungs-

---

bücher nicht vollkommen ignorieren." Im wesentlichen hiermit übereinstimmend Staub-Pisko, zu Art. 34 H. G. B., welcher (S. 125) sagt: „Was demnach die Beweiskraft (der Handelsbücher) betrifft, so wird es im praktischen Erfolge ganz gleichgültig sein, ob in einem bestimmten Falle die allgemeinen Regeln der Z. P. O. über den Urkundenbeweis oder die besonderen Bestimmungen des H. G. B. über den Beweis durch Handelsbücher zur Anwendung gelangen." Dem Wortlaute und dem Sinne des § 295 Abs. 1 Z. P. O. entspricht diese Auffassung nicht, da diese Gesetzesbestimmung sonst überflüssig wäre. Richtig Ofner, Jur. Bl. 1900 Nr. 1 und Ott, Soust. II S. 28 flg.

[33]) Dem Inhalte des Kopierbuches kann selbstverständlich die Bedeutung eines selbständigen ergänzenden Beweismittels gegenüber den Buchaufzeichnungen nicht beigelegt werden. Die ältere italienische Doktrin maß dem Inhalte der Handelsbücher, indem sie dieselben den öffentlichen Urkunden gleichstellte, volle Beweiskraft bei. Vgl. Wetzel, a. a. O., Behrend, § 42 N. 34. Nach dem preuß. L. R. 8 II §§ 562 flg. stellte der Inhalt der Handelsbücher bei Rechtsstreitigkeiten eines Kaufmannes mit einem anderen Kaufmanne vollen Beweis, bei Rechtsstreitigkeiten desselben mit anderen Personen dagegen einen halben Beweis her. Der Josefinisch. Gerichtsordnung (§§ 119, 120) zufolge hatten gesetzmäßig geführte Handelsbücher stets nur die Wirkung eines halben Beweises mit der Beschränkung auf einen Zeitraum von einem Jahre und sechs Monaten.

mäßig geführte Handelsbücher" usw.)⁸⁴) Der Richter hat aber sein Augenmerk auch darauf zu richten, ob nicht Umstände vorliegen, vermöge welcher im einzelnen Falle dem Inhalte der Handelsbücher eine erhöhte, eventuell auch volle Beweiskraft zuzuerkennen sei (Art. 34 Abf. 2 H. G. B.)⁸⁵) oder umgekehrt, ob nicht solche Umstände obwalten, welche geeignet sind, die Beweiskraft der Handelsbücher zu verringern oder gänzlich aufzuheben. (Art. 34 Abf. 2 und Art. 35 H. G. B.) In allen Fällen jedoch muß die diesbezügliche richterliche Entscheidung auf Tatsachen gegründet werden, die bei der Streitverhandlung erwiesen wurden.

Welches Handelsbuch der Kaufmann im Rechtsstreite dem Richter vorzulegen habe, um durch den Inhalt desselben eine behauptete Tatsache zu erweisen, ist seinem eigenen Ermessen überlassen. Bei der einfachen Buchführung ist gewöhnlich (wenngleich nicht ausschließlich) das Hauptbuch hierzu am besten geeignet; bei doppelter Buchhaltung wird am zweckmäßigsten das Conto corrente dem Richter vorgelegt.³⁶) Vgl. hierzu den Anhang über die Buchführung.

Die Eintragungen der Handelsbücher liefern nur bei Streitigkeiten über Handelssachen einen Beweis. (Art. 34 H. G. B.)⁸⁷) Im Han-

---

³⁴) Vgl. Ullmann, Ziv. Proz. § 72. Vor der Einführung der geltenden Z. P. O. konnte die Ergänzung der durch die Handelsbücher hergestellten „halben Probe" mittels des „Erfüllungseides" (§ 212 allg. Ger. Ordg.) verfolgen. Über den Charakter des im Art. 34 H. G. B. erwähnten Eides vgl. Hahn, I S. 132, Ullmann, Ziv. Proz. S. 366, Rosenblatt, Ger. Ztg. 1878 Nr. 97, Foltschaner, Jur. Bl. 1887 Nr. 15. Die Nürnberger Konferenz vermochte zu einer einheitlichen Auffassung über die Natur des im Art. 34 H. G. B. genannten Eides nicht zu gelangen und überließ deshalb die Entscheidung hierüber den Partikulargesetzgebungen. Canstein, Pr. II S. 334, 382, 427 und Lehrb. des Handelsr. § 17 behauptete, es habe der Richter nach freiem Ermessen zu bestimmen, ob der im Art. 34 H. G. B. bezeichnete Eid 1. als Erfüllungseid, 2. als Krebulitätsbucheid oder 3. als Wissenseid über solche Umstände zu leisten sei, über welche die Buchaufzeichnungen nicht Aufschluß geben. Allein der letztangeführte Eid konnte seinem Inhalte nach als Eid im Sinne des Art. 34 nicht angesehen werden, ein Krebulitätsbucheid aber war und ist dem österr. Prozeßrechte unbekannt. Vgl. auch Schwentner in der Ger. Ztg. 1894 Nr. 4, 5 und die Entsch. Abl.-Cl. 818, 1262, 1289 und 1703. Die Lösung der Frage nach der Natur des im § 31 des ung. H. G. B. angeführten Eides ist kontrovers.

³⁵) Vgl. Ullmann, S. 362, Canstein, S. 263. Die Möglichkeit voller Beweiswirkung von Buchaufzeichnungen wurde in der österreichischen Judikatur häufig — wiewohl mit Rücksicht auf Art. 34 Abf. 2 H. G. B. ohne Grund — bestritten. Es machte sich hierbei das Beharrungsvermögen eingewurzelter Anschauungen geltend (vgl. N. 1 und die Reg.-Motive zu dem Entwurfe einer Z. P. O. v. Jahre 1893 S. 271).

³⁶) Der Inhalt eines Handelsbuches vermag nur solche Umstände zu bezeugen, welche den Gegenstand der Eintragung bilden. Der Inhalt des Kopierbuches dient zum Beweise des Umstandes, daß ein Schreiben bestimmten Inhaltes zu einer gewissen Zeit an eine bestimmte Person gerichtet wurde. Der Empfang des Schreibens von Seite des Adressaten muß auf andere Weise erwiesen werden. Die sog. Einschreibe- und Bestellbüchel gehören nicht zu den Handelsbüchern. Ihr Beweiswert gründet sich regelmäßig darauf, daß die Eintragungen als Geständnis betrachtet werden (vgl. § 1033 a. b. G. B.).

³⁷) Hieraus folgt, daß bei Schadenersatzansprüchen, die ex delicto erhoben werden, die Beweiskraft der Handelsbücher nicht im Sinne des Art. 34 H. G. B.

delsgesetzbuche wird der Begriff „Handelssachen" nicht näher bestimmt, wohl aber enthält § 39 des Einf. Ges. unter Ziff. 1 bis 3 eine Reihe von Gegenständen, die in den einleitenden Worten des § 39 als Handelssachen bezeichnet werden. Desgleichen erscheinen als Handelssachen die im § 51 der J. N. unter Ziff. 1, 2 und 5 der Judikatur der Handelsgerichte zugewiesenen Rechtsstreitigkeiten. Trotz dieses Zusammenhanges mit der Zuständigkeit ist der Begriff der Handelssache von der Zuständigkeit des Handelsgerichtes unabhängig. Es können daher die Bestimmungen über den Beweis durch Handelsbücher Anwendung finden, auch wenn die Rechtssache nicht vor dem Kausalgerichte, sondern vor dem Gerichte des allgemeinen Gerichtsstandes verhandelt wird. Verlangt doch diesfalls insbes. § 51 Z. 1 J. N., daß der Geklagte registrierter Kaufmann und das Geschäft auf Seite des Geklagten ein Handelsgeschäft sei! (Vgl. Blaschke-Pitreich, S. 51, Staub-Pisko, § 3 zu Art. 34.) Der Umfang des Begriffes „Handelssachen" ist allerdings ein viel weiterer, als jener des Begriffes „Handelsgeschäfte". (Art. 271 bis 273 H. G. B.)

Auch wenn der Prozeßgegner eines Kaufmannes auf den Inhalt eines von diesem geführten Handelsbuches sich beruft, ist die Beweiskraft des letzteren nach den Regeln des Art. 34 H. G. B. zu beurteilen. Der Charakter eines Geständnisses (§ 266 Z. P. O.) kommt den Eintragungen eines Handelsbuches nicht zu, denn es fehlt bei Vornahme derselben der animus confidenti. (Vgl. Canstein, H. R. § 17 S. 259 flg. Anderer Ansicht ist Cosack, H. R. 4. Aufl. § 15.)

Die Beweiswirkung des Inhaltes der Handelsbücher erstreckt sich auf die Feststellung der bei einem bestimmten Vertragsabschlusse beteiligt gewesenen Personen, der Gattung, der Menge und des Preises der etwa gelieferten Waren sowie auf die Ermittlung des Ortes, an welchem nach der Absicht der kontrahierenden Parteien die Erfüllung der Vertragsverbindlichkeiten erfolgen sollte. (Entsch. Nr. 2 und 839 Slg. Gl.-U., G. Halle 1867 Nr. 71, Entsch. v. 27. Jän. 1879 Z. 8287, Slg. Adl.-Cl. Nr. 818.)[38]) Es beschränkt sich jedoch die Beweiskraft der Einträge der Handelsbücher nicht auf die Rechtsbeziehungen jener Personen, auf welche sich die Eintragungen unmittelbar beziehen. Sie besitzen vielmehr auch in Ansehung der rechtlichen Beziehungen zu

---

verwertet werden kann. Vgl. Adl.-Cl. Nr. 312, 314, 421, 515 und 1571. Dagegen steht nichts im Wege, daß der Richter in Anwendung des Prinzipes der freien Beweiswürdigung (§ 272 Z. P. O.) bei der Schöpfung der Entscheidung auch auf die Buchaufzeichnungen Bedacht nehme.

[38]) Auch die Absendung einer Ware kann durch den Inhalt der Handelsbücher erwiesen werden, nicht aber der richtige Empfang derselben von Seite des Destinatars. In letzterer Beziehung kann sich die richterliche Überzeugung nur auf die Gesamtheit der sonst etwa erwiesenen Umstände gründen. Widersprechend sind die Entsch. des O. G. H. Nr. 86 und 101 Slg. Adl.-Cl. bezüglich der Beweisführung durch das Handelsbuch über den Empfang des Vertragsgegenstandes. Richtig dagegen ist die Entsch. Nr. 81 Adl.-Cl., der Buchbeweis sei auch über den Umstand möglich, daß einer bestimmten Person unter Vermittlung einer anderen Person ein Vorschuß eingehändigt wurde. (Entsch. des O. G. H. in der Ger. Ztg. 1893 Nr. 26.)

dritten Personen beweiswirkende Kraft, insoweit sie für den Bestand von Rechtsansprüchen zwischen den streitenden Parteien von Erheblichkeit sind. So kann beispielsw. ein Kommissionär durch die Aufzeichnungen seiner Handelsbücher gegenüber seinem Kommittenten die Höhe des Marktpreises der Kommissionsware darzutun, die er für Rechnung des Kommittenten an dritte Personen verkaufte. (Art. 363 H. G. B.) Über das Maß des dem sog. „Saldo" zukommenden Beweises vgl. die N. Nr. 56 u. 57.

Den Aufzeichnungen ordnungsmäßig geführter Handelsbücher der Vollkaufleute (§ 7 Einf. Ges., bezieh. kais. Vdg. v. 11. Juli 1898 Z. 124) kommt die im Art. 34 H. G. B. normierte Beweiskraft gegen Vollkaufleute ohne zeitliche Beschränkung zu (Art. 34: „unter Kaufleuten" sc. vollen Rechtes); überdies kommt ihnen nach § 19 Einf. Ges. dieselbe Beweiskraft auch gegen Minderkaufleute — ja gegen jedermann zu, jedoch in den letzteren Fällen nur auf die Dauer von einem Jahre und sechs Monaten seit der Entstehung der den Gegenstand des Rechtsstreites bildenden Forderung. (§ 19 Einf. Ges.) Nur Vollkaufleuten gegenüber ist die Beweiskraft der Bücher der Vollkaufleute einer zeitlichen Beschränkung nicht unterworfen (Art. 34); daran ändert der Umstand nichts, daß der § 19 Einf. Ges. sagt, daß dessen Bücher „auch gegen Nichtkaufleute" Beweis auf die Dauer von einem Jahre und sechs Monaten liefern; denn im Zusammenhang mit Art. 34 sind unter letztere nur Nichtkaufleute vollen Rechtes zu verstehen. (Anders Abl.-Cl. Nr. 1242, richtig dagegen Nr. 856 u. 1270 ders. Slg.)[39]) — Aber auch die Handelsbücher der Minderkaufleute (Art. 10 H. G. B. § 7 Einf. Ges., kais. Vdg. v. 11. Juli 1898 R. G. Bl. Nr. 124) besitzen, wenn sie nach den Erfordernissen des Art. 32 H. G. B. und in solcher Weise geführt sind, daß der Stand der Geschäfte aus denselben vollständig zu ersehen ist,[39a]) die im Art. 34 H. G. B. bestimmte Beweiswirkung gegen jedermann durch einen Zeitraum von einem Jahre und sechs Monaten. (§ 20 Einf. Ges.)[40])

---

[39]) Aus der Verschiedenheit zwischen der Fassung des § 20 Einf. Ges. von jener des Art. 28 H. G. B. könnte gefolgert werden (wie dies Ullmann, Ziv. Proz. S. 363 tut), es sei bei Minderkaufleuten zum Attribute ordnungsmäßiger Führung und zur gesetzlichen Beweiswirkung der Handelsbücher nicht erforderlich, daß aus letzteren „die Lage ihres Vermögens" erkannt werde, es genüge vielmehr, daß aus denselben „der Stand ihrer Geschäfte" ersichtlich sei. Allein es ist trotz der Variation in der Textierung zu bezweifeln, daß der Gesetzgeber für die Beweiswirkung der Handelsbücher der Minderkaufleute minder strenge Erfordernisse aufgestellt habe, als für die Beweisfähigkeit der Handelsbücher von Vollkaufleuten; dagegen sprechen entschieden die Worte des § 20 Einf. Ges.: „Stand ihrer Geschäfte" (nicht: ihrer Handelsgeschäfte) „vollständig zu ersehen ist".

[39a]) Auch Bausenwein, S. 41 teilt die in Nr. 1242 Abl.-Cl. vertretene Auslegung.

[40]) Mit Unrecht mißt die Entsch. Abl.-Cl., Nr. 1242 den Eintragungen eines Handelsbuches gegenüber einem Minderkaufmanne Beweiskraft in einer die Frist des § 19 Einf. Ges. übersteigenden Dauer bei; denn die Vorschriften des Art. 34 H. G. B. können nur auf Vollkaufleute Anwendung finden. Vgl. Canstein, § 17 S. 261. And. Ans. sind Ofner, a. a. O. und Blaschke-Pitreich,

§ 12.

Im Art. II der Min. Vbg. v. 28. Okt. 1865 R. G. Bl. Nr. 110, welcher durch Art. IX des Ges. v. 1. Aug. 1895 R. G. Bl. Nr. 112 (Einf. Ges. zur Z. P. O.) aufrechterhalten wurde, wird den Büchern jener Kreditanstalten, welche der Aufsicht der Staatsverwaltung unterstehen, soweit sie nach den Vorschriften des Handelsgesetzbuches geführt sind, zur Nachweisung der Forderungen aus statutenmäßigen Geschäften das den Handelsbüchern in Handelssachen unter Kaufleuten eingeräumte Maß der Beweiskraft zugestanden; die Beweiskraft der Bücher dieser Institute ist sonach zeitlich unbeschränkt. Vorschußkassen und andere Kreditgenossenschaften, die auf Grund der Bestimmungen des Ges. über Erw. u. W. Genoss. v. 9. April 1873 R. G. Bl. Nr. 70 errichtet wurden, genießen diese Begünstigung nicht, da sie in ihrem Geschäftsbetriebe der Aufsicht der Verwaltungsbehörden nicht unterstehen. Das Beweismaß der Bücher dieser Genossenschaften zur Nachweisung von Forderungen aus den ihnen gesetzlich gestatteten Geschäften richtet sich gemäß § 22 des zit. Ges. v. J. 1873 nach den Bestimmungen des Art. 34 H. G. B. und der §§ 19, 20 u. 22 des Einf. Ges. z. H. G. B., wobei es gleichgültig ist, ob eine Genossenschaft Handelsgeschäfte oder Geschäfte anderer Art betreibt.[41]) Gegenüber von Vollkaufleuten ist daher

S. 53 N. 10. Dagegen wird die hier vertretene Anschauung von Staub-Pisko, §§ 4 u. 11 zu Art. 34 geteilt. (Rücksichtlich der diesbezüglichen Bestimmungen des ungarischen H. G. B. vgl. N. 54 am Schlusse dieses Paragraphen.) In der Entsch. Abl.-Cl., Nr. 856 wurde den Handelsbüchern einer Aktienbrauerei im Rechtsstreite mit einer Gastwirtin nur eine zeitlich beschränkte Beweiskraft (§ 19 Einf. Ges.) zuerkannt, ja die Beklagte gar nicht als Handelsfrau angesehen. Auch Nr. 1049 Abl.-Cl. anerkennt nicht die Beweiskraft der Handelsbücher eines Gastwirtes; man vgl. jedoch Art. 10, welcher „Wirte" unter den Kaufleuten (mind. R.) anführt! (Die Höhe der von der letzteren zu entrichtenden Erwerbsteuer war augenscheinlich nicht erhoben worden.) — Rücksichtlich der Beweisführung der im Auslande nach den am Orte der Buchführung geltenden Vorschriften geführten Handelsbücher gilt der Grundsatz materieller Reziprozität. Nach § 295 Abs. 2 Z. P. O. kommt nämlich solchen Handelsbüchern eine Beweiskraft nicht in größerem Maße und nicht auf eine längere Dauer zu, als an jenem Orte den in Österreich geführten Handelsbüchern eingeräumt wird (vgl. das früher in Geltung gewesene Hofdekr. v. 4. Mai 1787 J. G. S. Nr. 676). Es ist falls hinreichend anzusehen, wenn die Art der Führung der im Auslande geführten Handelsbücher den Vorschriften des österreichischen Rechtes entspricht. Die Angemessenheit der Norm des § 295 Abs. 2 Z. P. O. ist recht zweifelhaft. Vgl. hierzu Ullmann, § 102, Canstein, H. R. § 17 S. 266. — Die Entsch. Abl.-Cl. Nr. 894 beruft sich im Konkursverfahren auf die nach § 51 K. O. zu beobachtende formelle Reziprozität. — Die deutschen Gerichte haben das Maß der Beweiskraft im Auslande geführter Handelsbücher nach freiem Ermessen zu bestimmen. (§ 259, jetzt § 286, der deutschen Z. P. O. Hierzu Entsch. des deutschen R. G. VI S. 101.) Es wird daher wohl auch der österr. Richter bezüglich der Beweiskraft deutscher Handelsbücher nach freiem Ermessen entscheiden dürfen. Nachweis der Reziprozität verlangt die Entsch. Abl.-Cl. Nr. 1109. — Für die frühere österr. Judikatur vgl. die Entsch.: Nowak, Zivilger. Entsch. 3 IV 95 und 4 III 112. — Richtiger wäre de lege ferenda rücksichtlich der Beweiskraft im Auslande geführter Handelsbücher der Grundsatz formeller Reziprozität; allein dieses Prinzip gelangte nur bezüglich Serbiens (Staatsvertrag v. Aug. 1892 Nr. 104) zur Anwendung.

[41]) Für die Annahme, daß sich die Bestimmung des § 22 Genoss. Ges. bloß auf solche Genossenschaften beziehe, welche Handelsgeschäfte betreiben, liegt ein zu-

die Beweiskraft der Bücher zeitlich unbeschränkt, außerdem auf ein Jahr sechs Monate beschränkt. (Anders Bausenwein, S. 41.)

Die in den §§ 19 und 20 des Einf. Ges. z. H. G. B. bemessene Frist von einem Jahre und sechs Monaten „seit dem Entstehen der im Buche als unberichtigt offen gebliebenen Forderung" ist eine Präklusivfrist (nicht eine Verjährungsfrist).[42]) Vgl. Judikatenbuch Nr. 5, Adl.-Cl. Nr. 522. Der Richter hat daher von Amts wegen den Beginn des Laufes dieser Frist festzustellen und auf den etwaigen Ablauf derselben Bedacht zu nehmen. Was den Ablauf der anderthalbjährigen Frist der §§ 19, 20 Einf. Ges. betrifft, kommt der Zeitpunkt in Betracht, in welchem von den Handelsbüchern im Prozesse tatsächlich Gebrauch gemacht wird; also der Zeitpunkt der Überreichung der Klage, wenn sich diese auf die Bücher beruft. Vgl. Adl.-Cl. 856, auch Ger. Ztg. 1895 Nr. 4.

Eine Erleichterung der Beweisführung durch den Inhalt der Handelsbücher ist den Parteien dadurch gewährt, daß der auf sein Handelsbuch sich berufende Kaufmann einen Auszug aus dem letzteren (Buchauszug), d. i. eine wortgetreue Abschrift des betreffenden Konto anfertigen und allenfalls die Übereinstimmung dieses Auszuges mit dem Buchinhalte notariell oder gerichtlich bestätigen lassen kann (Beglaubigter Buchauszug). Der beweisführende Kaufmann ist auch zu dem Begehren berechtigt, daß das Handelsgericht (eventuell das mit der Handelsgerichtsbarkeit betraute Landesgericht oder Kreisgericht), an Orten jedoch, an welchen ein Gerichtshof sich nicht befindet, das Bezirksgericht den Auszug mit der Bestätigung der ordnungsmäßigen Führung des betreffenden Buches versehe (sog. Zertifikation). (§ 120 J. N., dazu

---

reichender Grund nicht vor. Im § 22 Genoss. Ges. wird auch § 21 Einf. Ges. z. H. G. B. zitiert. Allein dieses Zitat beruht auf einem offenbaren Versehen, da die Norm des § 21 Einf. Ges. bereits schon durch § 36 des allg. Grundbuchsges. v. 25. Juli 1871 R. G. Bl. Nr. 95 und Art. IV des Einf. Ges. zu demselben außer Kraft gesetzt wurde. Die nunmehrige Fassung des § 22 Genoss. Ges. ist das Ergebnis einer redaktionellen Änderung der ursprünglich richtigen Textierung der Regierungsvorlage. Vgl. auch Ullmann, Ziv. Pr. S. 364. — Den Büchern der Österr.-ungar. Bank, sowie den mit der statutenmäßigen Firma der Bank unterzeichneten Auszügen aus denselben kommt die Beweiskraft öffentlicher Urkunden zu (Art. 96 der mit Ges. v. 27. Juni 1878 R. G. Bl. Nr. 66, beziehw. mit Ges. v. 21. Mai 1887 R. G. Bl. Nr. 51 kundgemachten Statuten, deren Wirksamkeit mittels kais. Vdg. v. 21. Sept. 1899 R. G. Bl. Nr. 196 verlängert wurde). — Rücksichtlich der allgem. österr. Bodenkreditanstalt in Wien ist im Art. 85 (Min. Vdg. v. 1. Juni 1864 R. G. Bl. Nr. 49) und rücksichtlich der Hypothekenbank des Königreiches Böhmen im § 57 Ziff. 1 der Statuten (Kundm. v. 2. Aug. 1888 L. G. Bl. Nr. 43) festgesetzt, daß die Hauptbücher der Anstalt und somit auch die Auszüge aus denselben den vollen Beweis über den Betrag der Forderungen herstellen. (Die Landesbank f. d. Königr. Böhmen besitzt dies Vorrecht nicht; vgl. Ott, Soust. U. II S. 129.) Eine gleiche Bestimmung enthalten die Statuten der „Österreichischen Kreditanstalt für Handel und Gewerbe. (R. G. Bl. Nr. 186 aus dem Jahre 1855.)

[42]) Ältere österr. Schriftsteller, wie Fischer und Blodig hielten die Frist der §§ 19 u. 20 Einf. Ges. für eine Verjährungsfrist. Die richtige Ausführung schon bei Canstein, I S. 261 N. 48.

§ 43 Einf. Ges. z. H. G. B.)⁴²ᵃ) Wenn ein Kaufmann in einem Rechtsstreite auf den Inhalt seiner Handelsbücher sich beruft, so genügt die Beischließung eines einfachen Buchauszuges zu dem betreffenden vorbereitenden Schriftsatze. (§§ 77, 299 Z. P. O.) Die Handelsbücher selbst hat die Partei nur dann vorzulegen, wenn dies vom Gerichte auf Antrag des Gegners oder von Amts wegen angeordnet wird. (§§ 297 bis 300 Z. P. O.)⁴³) Von der Pflicht zur Befolgung dieses Auftrages kann sich die Partei durch Vorlage eines beglaubigten, mit der Bestätigung über die gesetzmäßige Führung der Handelsbücher versehenen Buchauszuges nicht befreien.

Wesentlich verschieden von der Vorlage der Handelsbücher zum Zwecke der Einsichtnahme in dieselben ist die Mitteilung der Handelsbücher zur vollständigen Kenntnisnahme ihrem ganzen Inhalte nach. Das Gericht kann die Mitteilung der Handelsbücher in Erbschafts-, in Gütergemeinschaftsangelegenheiten, sowie in Gesellschaftsteilungssachen (societas aut communio) und — soweit es sich um die

---

⁴²ᵃ) Bei der Rekognoszierung von Handelsbüchern behufs Prüfung ihrer ordnungsmäßigen Führung ist die Zuziehung von Sachverständigen nicht geboten. (Abl.-Sl. Nr. 625, 1551, 1828.) Wohl aber steht es dem Richter frei, sich hierbei der Hilfe Sachverständiger zu bedienen. (Vgl. Nr. 1828 Abl.-Sl.)

⁴³) Im gerichtlichen Verfahren ist zwischen der Einsichtnahme in die Handelsbücher (der hierfür hergebrachte Ausdruck ist „Rekognoszierung") einerseits und der „Herausgabe oder Vorlage" (Edition) derselben andrerseits wohl zu unterscheiden. Einer Partei, die sich zur Erweisung erheblicher Umstände auf den Inhalt ihres Handelsbuches beruft, kann das Gericht auf Antrag der Gegenpartei oder von Amts wegen die Vorlage desselben auftragen. (§§ 297 bis 300 Z. P. O.) Dagegen kann nach Art. 37 H. G. B. im Laufe eines Rechtsstreites der Prozeßgegner eines Kaufmannes die Vorlage der Handelsbücher des letzteren (selbst wenn dieser auf dieselben sich nicht berief) zu dem Zwecke verlangen, um eine bestimmte relevante Prozeßbehauptung durch den Inhalt der Bücher der Gegenpartei zu erweisen. Dem Ermessen des Richters ist es anheimgestellt, den begehrten Editionsauftrag zu erlassen oder zu verweigern (Verb. „kann" im Art. 37 H. G. B.). Legt eine Partei, die sich zur Erweisung bestrittener Tatsachen auf die Eintragungen ihrer Handelsbücher berief, die letzteren nicht vor, so hat das Gericht nach freiem Ermessen zu entscheiden, ob und inwieweit der vorgelegten Abschrift (dem Buchauszuge) infolge ihrer Beglaubigung oder aus anderen Gründen Glaube beizumessen sei. § 299 Z. P. O. Vgl. hierzu Ott, II S. 130 bis 132. Entspricht jedoch eine Prozeßpartei dem über Begehren des Gegners erlassenen Auftrage zur Vorlage eines Handelsbuches nicht, so wird zum Nachteile des Weigernden der von dem Gegner behauptete Inhalt des Buches für erwiesen angenommen. (Art. 37 H. G. B.) Vgl. auch Ott, II S. 134 flg. — Die durch den Beweisführer erfolgende Buchvorlage zum Zwecke der Einsichtnahme und die Edition im Sinne des Art. 37 H. G. B. stimmen in dem Punkte überein, daß diese Prozeßhandlungen stets bei demjenigen Gerichte vorzunehmen sind, in dessen Bezirke die betreffenden Handelsbücher geführt werden. Ist sonach der Rechtsstreit, in welchem letztere als Beweismittel Verwendung finden sollen, bei einem anderen Gerichte anhängig, so müssen die Bücher nicht (wie sonstige Urkunden) vor das Prozeßgericht gebracht werden. (§ 300 Z. P. O. Art. 38 H. G. B.) Vgl. Pollitzer, S. 102, Staub-Pisko, § 2 zu Art. 39, Blaschke-Pitreich, S. 61, Entsch. bei Abl.-Sl. Nr. 258, 758, 1016. — Auch der ausländische Kaufmann hat die Handelsbücher nur bei seinem (ausländischen) Gerichte vorzulegen. Abl.-Sl. Nr. 247, 984, 1148, 1542.

Bücher eines Gemeinschuldners handelt — im Konkurse eines Kaufmannes anordnen. (Vgl. Art. 40 H. G. B. und hierzu die §§ 87, 114, 195 und 216 K. O., ferner die Entsch. Nr. 759, 1241 Abl.-Cl.) In diesen Fällen liegt ein rechtliches Interesse der Beteiligten vor, den wahren Stand des Vermögens und die Geschäftslage des betreffenden Kaufmannes vollständig kennen zu lernen. Das Begehren um Gestattung der Einsichtnahme in den gesamten Buchinhalt kann mittels eines Gesuches gestellt werden. Bevor der Richter über dieses Begehren den Auftrag zur Mitteilung der Bücher erläßt, hat er die Partei, um deren Bücher es sich handelt, zu vernehmen. (Vgl. Abl.-Cl. Nr. 576, 932, 1241.)[43a] Ist jedoch der Bestand des Rechtsverhältnisses, auf welches eine Partei ihr Begehren um Gestattung der Einsichtnahme in die Handelsbücher stützt, streitig, oder befinden sich die letzteren in den Händen eines Dritten, so hat die Partei, welche die Mitteilung verlangt, den Rechtsweg zu beschreiten.[44] Die Folge, welche Art. 37 H. G. B. an die Verweigerung der Vorlage der Handelsbücher knüpft, tritt in diesem Falle nicht ein. Dagegen hat der Richter im Prozeßwege unter sorgfältiger Würdigung aller Umstände zu entscheiden, welchen Einfluß die Verweigerung der Vorlage der Handelsbücher, die Ablehnung der Vernehmung oder der eidlichen Aussage über den Besitz derselben, endlich die Beseitigung oder die Unbrauchbarmachung der Bücher auf die Beurteilung des Falles ausübe. (Vgl. § 307 Abs. 2 Z. P. O. und die Entsch. im Právník 1887 S. 198.)[44a]

Für den Vorgang bei der Einsichtnahme in die Handelsbücher sind die Vorschriften der §§ 298 bis 301 Z. P. O., ferner die Bestimmungen der Art. 38 und 39 H. G. B. maßgebend. Wenn in einem Rechtsstreite Handelsbücher vorgelegt werden, so ist von dem Inhalte derselben, soweit er den Streitpunkt betrifft, unter Zuziehung der Parteien Einsicht zu nehmen und im geeigneten Falle ein Auszug (Teilabschrift) anzufertigen. Der übrige Inhalt der Bücher ist dem Richter insoweit offen zu legen, als dies zur Prüfung ihrer ordnungsmäßigen Führung notwendig ist. (Art. 38 H. G. B.)[45]

[43a] Der richterliche Auftrag zur Mitteilung der Handelsbücher ist auch gegen die Erben der Gesellschafter einer Handelsgesellschaft vollstreckbar (vgl. Entsch. Nr. 1408 Abl.-Cl.). — Über die Auslegung des § 114 K. O. vgl. den Artikel von Dr. Frankl in den „Mitteilungen des deutschen Jur. Vereines" 1887 Heft 2.

[44] Vgl. Entsch. Abl.-Cl. Nr. 723 und 732, von welchen die erstere wohl nicht ganz richtig ist, sodann die Entsch. im Právník 1887 S. 198. — Jeder persönlich (unbeschränkt) haftende Gesellschafter einer offenen Handelsgesellschaft oder einer Kommanditgesellschaft kann die Handelsbücher und Papiere der Gesellschaft jederzeit einsehen. Art. 105, (98), 150 H. G. B. Selbst der Kommanditist und stille Gesellschafter sind berechtigt, zum Zwecke der Prüfung der ihnen in Abschrift mitgeteilten jährlichen Bilanz in die Bücher und Papiere des Inhabers des Handelsgewerbes Einsicht zu nehmen. Art. 160, 253 H. G. B. (Abl.-Cl. Nr. 261, 118). — Über die Vorlage der Bücher des Gemeinschuldners im Konkurse vgl. § 195 K. O. — Zu Art. 40 H. G. B. vgl. Hahn, S. 322.

[44a] Vgl. Ullmann, Ziv. Pr. § 72, Neumann, Komm. z. Ziv. Pr. S. 663 flg., Canstein, Lehrb. d. Ziv. Pr. II S. 324.

[45] Befinden sich die Handelsbücher, welche vorzulegen sind, an einem Orte, welcher nicht zum Bezirke des Prozeßrichters gehört, so muß der letztere das Gericht

§ 12.

Die Vorschrift des § 21 Einf. Ges. z. H. G. B., vermöge welcher während eines Zeitraumes von einem Jahre und sechs Monaten die Pränotation (Vormerkung) einer Forderung in den öffentlichen Büchern auf unbewegliche Güter auf Grundlage von Auszügen aus den Handelsbüchern bewirkt werden konnte, wurde durch § 36 des allg. Grunbuchsges. v. 25. Juli 1871 R. G. Bl. Nr. 95 und Art. IV des Einf. Ges. zu demselben aufgehoben (vgl. die oberstger. Entsch. Spruchrep. Nr. 25, Abl.-Cl. Nr. 400).

Inwiefern die von Gewerbetreibenden, welche nicht Kaufleute im Sinne des Handelsgesetzbuches sind, über den Betrieb ihres Gewerbes oder eines sonstigen geschäftlichen Unternehmens geführten Bücher in bezug auf ihren Inhalt und die den Eintragungen zugrunde liegenden Akte und Geschäfte Beweis machen, hat das Gericht unter sorgfältiger Berücksichtigung der Ergebnisse der Verhandlung nach freier Überzeugung zu beurteilen. (§ 295 Abs. 3 u. § 272 Z. P. O.) Es könnte sonach der Richter bei der Verwendung derartiger Bücher zu Beweiszwecken den gewiß nicht unerheblichen Gesichtspunkt der zeitlichen Beschränkung der Beweiskraft auch bei diesen Büchern zur Anwendung bringen, wodurch die offenbare Diskrepanz zwischen der Dauer der Beweiskraft kaufmännischer Handelsbücher und der Dauer der Beweiskraft der Aufzeichnungen anderer Gewerbetreibender beseitigt würde. (Die völlige Abolition der Vorschriften des H. G. B. über die Beweiskraft der Handelsbücher befürworteten Staub-Pisko, S. 131 § 14 zu Art. 34 H. G. B.)

Ad C. **Die Pflicht zur Vorlage der Handelsbücher.** (Art. 37 H. G. B.)

Ein Kaufmann, der im Rechtsstreite auf den Inhalt der eigenen Handelsbücher sich berufen will, hat diesen Beweis in seinem Prozeßvortrage anzubieten (§ 178 Z. P. O.). Ordnet das Gericht die Aufnahme dieses Beweises an (Beweisbeschluß § 277 Z. P. O.), so hat der Kaufmann die Vorlage seiner Bücher unter Beobachtung der im § 298 Z. P. O. aufgestellten Regeln zu bewerkstelligen. Vgl. dazu N. 45. Eine andere Frage ist die, ob ein Kaufmann verpflichtet ist, in einem Rechtsstreite, dessen Gegenstand eine Handelssache bildet, seine Handelsbücher dem Gerichte vorzulegen (Pflicht zur Vorlage der Handelsbücher, sog. Editionspflicht).

Zunächst ist festzuhalten, daß der Richter von Amts wegen — also ohne hierauf gerichteten Parteiantrag — nicht befugt ist, einer Streitpartei im Laufe des Prozesses die Vorlage ihrer Handelsbücher aufzutragen. Der Entwurf des Handelsgesetzbuches enthielt wohl im Art. 38 eine dem französischen Rechte nachgebildete Bestimmung, durch

---

des Ortes, an welchem die Handelsbücher sich befinden, ersuchen, die Vorlegung der Bücher vor sich bewirken zu lassen, hierbei nach den Bestimmungen des Art. 38 H. G. B. vorzugehen und einen beglaubigten Auszug mit dem über die Verhandlungen aufgenommenen Protokolle zu übersenden. (Art. 39 H. G. B.)

welchen dem Richter die Befugnis hierzu eingeräumt werden sollte; allein die Nürnberger Konferenz lehnte dieselbe mit der Begründung ab, sie stehe im Widerspruche mit den auf der Verhandlungsmaxime beruhenden Prozeßordnungen der einzelnen in der Konferenz vertretenen Staaten.⁴⁶) Dagegen kann das Gericht nach Vorschrift des Art. 37 H. G. B., dessen Geltung nach Art. VII Ziff. 4 des Einf. Ges. z. Z. P. O. unberührt blieb, im Laufe eines Rechtsstreites (über eine Handelssache)⁴⁷) auf Antrag einer Partei (gleichgültig, ob dieselbe

---

⁴⁶) Die Urkundenedition behandelt J. O. Worel in der (böhm.) Monographie: "De editione documentorum" (1901). — In Übereinstimmung mit der deutschen Z. P. O. a. d. Jahre 1877 (§§ 387, 390 in der neuen Fassung a. d. Jahre 1898: §§ 422 flg.) schreibt § 45 des deutschen H. G. B. vor, daß das Gericht im Laufe eines Rechtsstreites auf Antrag oder von Amts wegen die Vorlegung der Handelsbücher einer Partei anordnen könne. Worel behauptet (S. 140) dasselbe für das österr. Recht; er stützt diese Behauptung einerseits darauf, daß die Normen der Z. P. O. subsidiär insoweit zur Anwendung zu bringen seien, als sie mit den Vorschriften des H. G. B. nicht im Widerspruche stehen, andrerseits auf den Umstand, daß in dem Entwurfe des H. G. B. (Art. 38) eine der Norm des § 183 Ziff. 2 Z. P. O. ähnliche Bestimmung des Inhaltes sich befand, daß der Richter den Auftrag zur Vorlage einer Urkunde von Amts wegen erteilen könne. Nur im Hinblicke auf die Verhandlungsmaxime, welche zur Zeit der Schaffung des H. G. B. das zivilgerichtliche Verfahren beherrschte, sei diese Bestimmung in das Gesetz nicht aufgenommen worden. Gleicher Ansicht sind Neumann, Komm. S. 663, Staub-Pisko, § 5 zu Art. 37, Schuster, öster. H. R. § 51 N. 14. — Allein durch Art. VII Ziff. 4 des Einf. Ges. z. Z. P. O. v. 1. Aug. 1895 wurden "die Vorschriften des bürgerlichen Rechtes, durch welche die Art der Vorlegung der Handelsbücher und die Rechtsfolgen ihrer Nichtvorlegung bestimmt werden", in Kraft erhalten. Gegenüber der im Art. 37 H. G. B. enthaltenen Spezialnorm über die Edition der Handelsbücher müssen sohin die mit der letzteren nicht übereinstimmenden Anordnungen der Z. P. O. (§§ 303 flg.) zurücktreten. Bei der Einführung des Zivilprozeßgesetzes wurde die ältere Vorschrift des H. G. B. (Art. 37) mit gutem Bedachte aufrecht erhalten. Neben derselben können daher die Vorschriften der Z. P. O. nicht zur Anwendung kommen. Vgl. bes. Ott, Soust. úvod II S. 138. Die Normen der neuen Z. P. O. sind in diesem Punkte nur insoweit zu beobachten, als sie mit den Bestimmungen des H. G. B. nicht im Widerspruche stehen. Die Diskrepanz dieser beiden Gesetze in Ansehung der Urkundenedition kommt vornehmlich darin zur Erscheinung, daß Art. 37 H. G. B. an die Verweigerung der Vorlage der Handelsbücher eine bestimmte Folge knüpft, während es nach § 307 Z. P. O. dem Ermessen des Richters überlassen ist, welchen Einfluß die Verweigerung der angeordneten Vorlage einer Urkunde, die Ablehnung einer Aussage über den Besitz der letzteren oder die Beseitigung der Urkunde auf die Beurteilung des Falles ausübe. — § 183 Z. P. O. gewährt dem Vorsitzenden des Senates eine Reihe von Befugnissen, um eine intensive Prozeßleitung zu ermöglichen. Die von dem Vorsitzenden nach § 183 Ziff. 2 Z. P. O. in Ausübung der Prozeßleitung ausgehende Aufforderung an die Parteien zur Vorlage gewisser Urkunden erscheint als Akt des Informationsverfahrens; es kann daher die eben gedachte Gesetzesstelle bei der Erörterung über die Urkundenedition, welche Beweiszwecken zu dienen hat, nicht verwertet werden. — Irrig meint Pollak, Zeitschr. f. d. Z.P. 33, S. 244, 250, daß Art. 37 durch die Z. P. O. (§§ 272, 295) aufgehoben sei; dagegen vgl. Art. VII Z. 4 E. G.

⁴⁷) In den Entsch. Abl.-Cl. Nr. 47, 246, 314, 396, 635, 848, 907, 988 wird richtig ausgesprochen, daß nur bei Handelsgeschäften desjenigen, dem die Büchervorlage aufgetragen werden soll, letztere begehrt werden könne; nach den Entsch. Abl.-Cl. Nr. 988, 1687 und 1799 auch in Rechtsstreitigkeiten aus Wechselgeschäften (vgl. hierzu Worel, S. 62 flg.). — Irrig ist die vom O. G. H. in der Entsch. Nr. 10.486 u. a. Slg. Glaser-Unger geäußerte Ansicht, daß die Vor-

§ 12.

Kaufmann ist oder nicht)⁴⁸) der Gegenpartei (welche Kaufmannseigenschaft besitzt) die Vorlegung ihrer Handelsbücher verordnen. Zu den Handelsbüchern, deren Art. 37 H. G. B., welcher ein Corollar des Art. 34 H. G. B. ist, erwähnt, gehören alle im Art. 28 H. G. B. genannten Schriftstücke, somit auch das Kopierbuch (vgl. die Entsch. bei Abl.-Cl. Nr. 768, 844, 1010, 1017, 1042, 1050, 1333, 1799, in entgegengesetztem Sinne Nr. 674, 843, 1099; bedingt lautet die Entsch. Nr. 1017 das.). Die Beantwortung der Frage, ob auch rücksichtlich der Korrespondenz eines Kaufmannes die Editionspflicht Platz greife, ist kontrovers. Diese Frage ist dahin zu präzisieren, ob ein Kaufmann auch die empfangenen Handelsbriefe dem Gerichte vorzulegen habe; denn insoweit der Begriff „Korrespondenz" die abgesandten Handelsbriefe (bezieh. die von denselben zurückbehaltenen Kopien oder Abdrücke) umfaßt, liegt bereits in der Anerkennung der Vorlagepflicht rücksichtlich des Kopierbuches eine teilweise Beantwortung der Frage nach dem Bestande der Pflicht zur Edition der Korrespondenz.⁴⁸ᵃ) Wird nun erwogen, daß die Bucheinträge durch den Inhalt der Handelsbriefe ihre Aufklärung und Ergänzung erfahren, und daß es zum Verständnisse der dem Kopierbuche zu entnehmenden schriftlichen Äußerungen auch der Kenntnis der erfolgten Erwiderungen bedarf, so ist das Bestehen einer Editionspflicht auch bezüglich der Handelskorrespondenz anzuerkennen. Zu den im Art. 37 H. G. B. bezogenen Handelsbüchern gehören in weiterem Sinne auch die Inventare und Bilanzen. Bedeutung kann die Vorlagepflicht haben im Streite zwischen Prinzipal und den am Gewinn beteiligten Handelsgehilfen (Commis intéressé). (Abl.-Cl. Nr. 1241, 1810, G. Halle 1894 Nr. 52.)⁴⁸ᵇ)

lage der Handelsbücher (Art. 37) „nicht bloß bei eigentlichen Handelsstreitigkeiten (welche vor dem Handelsgerichte geführt werden), sondern auch bei nicht handelsrechtlichen Prozessen Anwendung finden". (In gleichem Sinne lauten die Entsch. Abl.-Cl. Nr. 151, 283, 1206, 1693.) Vgl. dagegen Art. 28 und 34 H. G. B. und Art. VII Ziff. 4 des Einf. Ges. zur Z. P. O.

⁴⁸) Vgl. Ullmann, Ziv. Pr. § 92, ferner Abl.-Cl. Nr. 85, 283, 848, 907, 1102 und 1313. Mit Unrecht sprach die Entsch. Abl.-Cl. Nr. 216 dem Richter die Befugnis zu, die Bücherborlage auch von Amts wegen zu verordnen.

⁴⁸ᵃ) Vgl. Behrend, I S. 303. — Daß die Editionspflicht sich auch auf die Korrespondenz erstrecke, wird in Abrede gestellt von Ullmann, Ziv. Pr. § 72, Canstein, § 17 S. 253, Staub-Pisko, § 8 zu Art. 37, ferner in der Entsch. des O. G. H. Jur. Bl. 1887 Nr. 47 und Abl.-Cl. Nr. 384 (Spruchrepertorium Nr. 3), 673, 674, 843, 1099, 1362, 1202. Im Sinne der oben im Texte vertretenen Anschauung lautet die Entsch. Abl.-Cl. Nr. 818. — In der Entsch. Nr. 817 derf. Slg. wird das Begehren um Vorlage der Strazza (Journal) unbegründeterweise zurückgewiesen.

⁴⁸ᵇ) Nach der Entsch. Nr. 864 Abl.-Cl. kann auf Grund des Art. 37 H. G. B. die Vorlage der Bilanz nicht gefordert werden. — Die Vorlagepflicht ist auch auf einzelne Hilfsbücher auszudehnen. Vgl. Abl.-Cl. Nr. 674, 768, 848, 1010. — Unbedenklich kann vom Richter die Vorlage mehrerer Handelsbücher, z. B. der Strazza und des Hauptbuches, nicht aber die Vorlage sämtlicher Bücher verordnet werden. — Erscheint als Prozeßpartei ein Ausländer, dessen Handelsunternehmung im Auslande sich befindet, so steht wohl nichts im Wege, daß auch einer solchen Partei auf Grund der Vorschrift des Art. 37 H. G. B. der Auftrag

Weigert sich eine Prozeßpartei dem richterlichen Editionsauftrage Folge zu leisten, so wird zum Nachteile derselben der von der Gegenseite behauptete Inhalt der Handelsbücher für erwiesen angenommen. (Art. 37 H. G. B.)

Die Prozeßpartei, welche einen Auftrag an die Gegenseite zur Vorlage der Handelsbücher erwirken will, muß zur Begründung ihres Begehrens einen bestimmten Inhalt dieser Bücher behaupten und das Buch, in welchem die bezügliche Eintragung sich befindet, bezeichnen, widrigens das Gericht den verlangten Editionsauftrag nicht erlassen könnte. Art. 37 H. G. B.: „der behauptete Inhalt". Die Verpflichtung der die Buchvorlage verlangenden Partei zur Behauptung eines bestimmten Buchinhaltes anerkannte der O. G. H. in zahlreichen Entscheidungen, so in dem Erk. Nr. 3 des Spruchrepertoriums, Adl.-Cl. 384 und in den Entsch. Nr. 208, 280, 282, 287, 325, 330, 349, 352, 364, 399, 421, 488, 519, 619, 651, 672, 693, 703, 759, 812, 867, 903, 905, 1071, 1085, 1130, 1468, 1474, 1490, 1634 ders. Slg.)[48c]

Es erscheint als Postulat der prozessualen Gleichstellung der Streitparteien, daß vor der Entscheidung über das auf Erlassung eines Editionsauftrages gerichtete Begehren eines Prozeßteiles die Gegenseite gehört werde. Wird dieses Begehren bei der Streitverhandlung gestellt, so hat sich der Gegner des Editionswerbers nach Vorschrift des § 178 Z. P. O. über dasselbe zu äußern; aber auch wenn die Stellung des Antrages auf Anordnung der Büchervorlage außerhalb der mündlichen Verhandlung erfolgt, muß dem Gegner die Möglichkeit zur Äußerung geboten werden. § 303 Abs. 3 Z. P. O., vgl. Adl.-Cl. Nr. 483, 576, 932, Klein, Vorlesungen z. Ziv. Pr. S. 164 flg. (Dagegen wird in den Entsch. Adl.-Cl. Nr. 1050, 1129 u. 1243, 1741 über den Antrag auf Büchervorlage ohne Anhörung des Gegners entschieden). Im

---

zur Vorlage der Handelsbücher erteilt werde; die in Erfüllung dieses Auftrages erfolgende Vorlage jedoch hat über Ersuchen des Prozeßrichters vor jenem ausländischen Gerichte zu geschehen, in dessen Bezirk sich die Bücher befinden. Arg. Art. 39 H. G. B. Vgl. Adl.-Cl. Nr. 247, 984, 1148 und 1542.

[48c] Die Vorlage der Handelsbücher kann auch zum Nachweise von Geschäften des Prozeßgegners mit dritten Personen begehrt werden, insoweit die Feststellung des Abschlusses dieser Geschäfte für die Entscheidung des Rechtsstreites, wie z. B. in dem Falle der Geltendmachung eines Provisionsanspruches von Seite eines Agenten, erhebliche Bedeutung besitzt. Vgl. die Entsch. Adl.-Cl. Nr. 672, 833, 1634 und 1670. Dagegen lauten in negativem Sinne die Entsch. Nr. 406, 688, 1349, 1578 ders. Slg. — And. A. sind Blaschke-Pitreich, S. 58 N. 10 und Canstein, S. 255. — Insbesondere ist in dem Rechtsstreite eines Kommittenten mit seinem Kommissionär der erstere befugt, zur Erweisung einer bestimmten Behauptung im Sinne des § 37 H. G. B. die Vorlegung der Handelsbücher des Gegners zu verlangen, z. B. um darzutun, zu habe der Kommissionär die Waren zu einem gewissen Preise veräußert. Vgl. die Entsch. Adl.-Cl. Nr. 833, Jur. Bl. 1896 Nr. 29. — Das deutsche H. G. B. gewährt (§ 91) dem Handelsagenten das Recht, bei der Abrechnung mit dem Geschäftsherrn die Mitteilung eines Buchauszuges über die durch seine Tätigkeit zustande gekommenen Geschäfte zu fordern. Das gleiche Recht steht ihm in Ansehung solcher Geschäfte zu, für die ihm die Provision gebührt.

§ 12.

Prozesse bedürfen nur streitige und für die Beurteilung der Rechtssache erhebliche Umstände eines Beweises. Es wird daher der Richter einem Antrage auf Erlassung eines Editionsauftrages nur dann Folge geben, wenn bei der Streitverhandlung sich zeigt, daß ein von einer Prozeßpartei behaupteter, von der Gegenseite nicht ausdrücklich (§ 266 Z. P. O.) zugestandener, durch die Aufzeichnungen der gegnerischen Handelsbücher zu erweisender Umstand für die Beurteilung der Rechtssache erheblich ist oder sein kann. §§ 276, 277 Z. P. O. (Vgl. bezüglich des früheren zivilger. Verfahrens die Entsch. Nr. 526, 833 Adl.-Cl. und Spruchrep. Nr. 113 im Entgegenhalte zu Nr. 280 Adl.-Cl.)[49]) Der richterliche Editionsauftrag setzt einen diesfälligen Beweisbeschluß voraus und schließt sich demselben gewöhnlich an, wenn auch beide äußerlich einheitlich verbunden sind (§ 303 Z. P. O., dazu Klein, Vorlesungen über die Praxis des Ziv. Proz. S. 149 flg., Staub-Pisko, zu Art. 37 § 2, Ott, Soust. úvod., II S. 134 flg.). Verwendung der Urkunden ohne Beweisbeschluß, z. B. infolge der Aufforderung des Vorsitzenden (Einzelrichters) kraft seiner diskretionären Gewalt zur Ermittlung des Sachverhaltes (§ 182 Z. P. O.) genügt nicht. (Klein, a. a. O. S. 151 flg.) Gegen die Erlassung des Auftrages zur Vorlage der Handelsbücher ist eine selbständige Beschwerdeführung nicht zulässig. § 319 Abs. 2 Z. P. O.

Die Mitteilung des gesamten Buchinhaltes kann auf Grund der Norm des Art. 37 H. G. B. von dem Prozeßgegner nicht gefordert werden. Vgl. Adl.-Cl. Nr. 1490.[49a])

---

[49]) Wenn einerseits (in dem Falle Adl.-Cl. Nr. 526) eingewendet wurde, der Richter vermöge im Laufe des Rechtsstreites die Erheblichkeit des durch den Buchinhalt zu beweisenden Umstandes noch nicht zu beurteilen, während andrerseits wieder geltend gemacht wurde, es könne der Richter nach dem Schlusse des Verfahrens die Buchvorlage nicht mehr verfügen (vgl. die Entsch. Adl.-Cl. Nr. 71, 301), so ist zu bemerken, daß bezüglich der Zeit der Vornahme dieses Prozeßaktes auch nach dem früher geltend gewesenen Prozeßrechte das Ermessen des Richters freies Feld hatte. — Im Deutschen Reiche fand der im Art. 37 H. G. B. ausgesprochene Grundsatz (poena confessi) auch zur Zeit der Herrschaft des alten Prozeßrechtes ausgedehnte Anwendung. Vgl. Ullmann a. a. O. Der Beweis durch den Inhalt des gegnerischen Handelsbuches ist keineswegs ein Beweis durch Augenscheinsaufnahme, sondern ein Urkundenbeweis. Werden die Handelsbücher nicht in dem Bezirke des Prozeßgerichtes geführt, so hat sich der Prozeßrichter von Amts wegen mit dem erforderlichen Ersuchen an das zuständige Gericht zu wenden. (Art. 39 H. G. B.) Anders lautete für das frühere zivilger. Verfahren die Entsch. des O. G. H. Ger. Ztg. 1884 Nr. 82. — Nach den Normen der Z. P. O. sind die Beweise, welche das Gericht für erheblich hält, in der Regel im Laufe der Verhandlung vor dem erkennenden Gerichte aufzunehmen. Wird jedoch die Aufnahme eines Beweises außerhalb der Verhandlungstagsatzung durch einen beauftragten oder ersuchten Richter notwendig, so ist vom Prozeßgerichte von Amts wegen das Erforderliche zu verfügen (§ 276 Z. P. O.).

[49a]) Es müssen daher die Bücher, deren Vorlegung verlangt wird, näher bezeichnet werden. Das Begehren um Vorlage sämtlicher Bücher ist nicht zulässig. Vgl. Adl.-Cl. Nr. 396, 706, 729, 759, 1050, 1129, ferner Nr. 1666 und 1490. In der letztangeführten Entscheidung wird ausgesprochen, es sei unzulässig, daß der Kläger erst durch Einsichtnahme in alle Handelsbücher des Gegners sich das Material für seine Ansprüche verschaffe; vielmehr habe er die einzusehenden

Streitig ist, ob die Vorschrift des Art. 37 H. G. B. auch dann Anwendung finden könne, wenn der Prozeßgegner eines Kaufmannes die Vorlage der Handelsbücher des letzteren zu dem Zwecke begehrt, um zu beweisen, daß dieselben eine Eintragung bestimmten Inhaltes nicht enthalten. Die Entsch. des O. G. H., Abl.-Cl. Nr. 619, 651, 679, 701, 684, 1130 und 1468 erklären in einem solchen Falle das Begehren der Büchervorlage für unstatthaft, weil die Behauptung „des Nichtvorkommens" einer Eintragung nicht die nach Art. 37 H.G.B. erforderliche Anführung eines bestimmten Inhaltes der gegnerischen Handelsbücher beinhalte.⁵⁰) Dieser Anschauung ist nicht beizupflichten; sie wurde auch vom O. G. H. selbst nicht festgehalten, indem dieser in den Fällen Abl.-Cl. 619, 1243, 1303, 1333, 1468, 2033 den Editionsauftrag besonders dann für zulässig erachtete, wenn die Eintragung, deren Fehlen behauptet wurde, an einer genau bezeichneten Stelle zu finden sein müßte.

Macht eine Prozeßpartei geltend, es seien diese Bücher **nicht ordnungsmäßig geführt**, oder es sei der vorgelegte Buchauszug mit dem Inhalte des betreffenden Buches **nicht gleichlautend**, so ist sie nicht befugt, die Büchervorlage im Sinne des Art. 37 H. G. B. zu verlangen, sondern sie kann lediglich begehren, daß der Gegenseite auf Grundlage der Vorschrift des § 299 Z. P. O. die Vorlage der Urschrift (der Handelsbücher) vom Richter aufgetragen werde (vgl. hierzu auch die Art. 38 und 39 H. G. B. und die Note 43). In diesem Sinne erkannte der O. G. H. in den Entsch. Abl.-Cl. Nr. 325, 519 und Ger. Ztg. 1872 Nr. 94 (vgl. hierzu Rosenblatt, Ger. Ztg. 1878 Nr. 3, 4). Mit Unrecht erklärte der O. G. H. in der Entsch. Abl.-Cl. Nr. 719, Ger. Ztg. 1877 Nr. 70 die Erlassung des Editionsauftrages (Art. 37) behufs Feststellung gewisser bestimmt angegebener Unregelmäßigkeiten in der Buchführung für statthaft.

Die Frage, in welchem Stadium des Rechtsstreites von einer Prozeßpartei der Antrag auf Erlassung des Editionsauftrages zu stellen sei, ist auf Grundlage der allgemeinen Vorschriften der Zivilprozeßordnung über die Anbietung der Beweise zu beantworten. (§§ 179, 193, 194. Beweisaufnahme: §§ 275 flg. Z. P. O.) Insbesondere hat die Bestimmung des § 179 Z. P. O. zur Geltung zu kommen, vermöge welcher die Parteien bis zum Schlusse der mündlichen Verhandlung neue, auf den Gegenstand dieser Verhandlung bezügliche tatsächliche Behauptungen und Beweismittel vorbringen können. Nur Beweisanträge, die offenbar in der Absicht den Prozeß zu verschleppen, gestellt werden, sind von dem Gerichte zurückzuweisen. Nach § 194 Z. P. O. kann das Gericht die

---

Stellen der einzelnen Bücher möglichst genau anzugeben. (Vgl. Nr. 48 c und Canstein, § 17 Nr. 36 a).

⁵⁰) Von der richtigen Anschauung gehen auch die in der Ger. Ztg. 1886 Nr. 8 veröffentlichten Entsch. des O. G. H. aus. Das gleiche gilt von den Entsch. des deutsch. R. O. H. G. VII S. 26, XVIII S. 23. Vgl. auch Behrend, S. 300, Canstein a. a. O., Bausenwein, S 41.

§ 12.

Wiedereröffnung einer bereits geschlossenen Verhandlung anordnen, wenn sich zum Zwecke der Entscheidung eine Aufklärung oder Ergänzung des Vorgebrachten oder die Erörterung über den Beweis einer Tatsache als notwendig zeigt, welche das Gericht erst nach dem Schlusse der Verhandlung als beweisbedürftig erkannte. Auch in diesem Prozeßstadium noch kann der Editionsauftrag von einer Partei begehrt und von dem Gerichte erlassen werden. (Art. 37 H. G. B.)⁵⁰ᵃ) (Selbst nach dem früheren Prozeßrechte konnte der Editionsauftrag auch nach dem Schlusse des Verfahrens erlassen werden. Vgl. hierzu die Entsch. Nr. 113 des Spruchrepert. Adl.-Cl. Nr 1110.)⁵⁰ᵇ)

Die im Art. 37 H. G. B. für den Fall der Verweigerung der Vorlegung der Handelsbücher angedrohte Folge greift auch dann Platz, wenn die zur Vorlage aufgeforderte Partei, wiewohl als Vollkaufmann zur Führung von Handelsbüchern verpflichtet, solche zu führen überhaupt unterließ, oder das von ihr vorzulegende Buch nicht führte, oder wenn sie die Bücher vor Ablauf der zehnjährigen Aufbewahrungsfrist (Art. 33 H. G. B.) vernichtete. Vgl. Adl.-Cl. 271, 1468.⁵¹) Für die Richtigkeit dieser Ansicht spricht die Erwägung, daß sonst ein Kaufmann, der überhaupt verabsäumte, Bücher zu führen, in prozessualer Beziehung eine günstigere Stellung hätte, als ein Kaufmann, der aus was immer für Gründen die Vorlage der Bücher verweigert. (Art. 37 Concl. a majori.)⁵²)

---

⁵⁰ᵃ) Die Entsch. Nr. 526, 1081, 1649 Adl.-Cl. sprechen vom Standpunkte des früheren Verfahrens die Ansicht aus, es könne das Editionsbegehren wirksam erst dann gestellt werden, wenn der Gegner die Richtigkeit des durch den Inhalt seiner Handelsbücher zu erweisenden Umstandes bestreitet. (Doch ist das vorzeitige Begehren keineswegs unwirksam. Vgl. Nr. 833 bis 867, 1522 u. a. Die ältere Judikatur ist überaus schwankend.) — Nach der Z. P. O. v. 1. Aug. 1895 muß der Beweisführer nicht erst die Bestreitung seiner bezüglichen Behauptung abwarten, um jenes Begehren zu stellen, da jede vom Gegner nicht ausdrücklich zugestandene Tatsache des Beweises bedarf (Arg. § 266 Z. P. O.). Vgl. Klein, Vorlesungen über die Praxis usw. S. 136, 137, 149 flg., Pavlicek in Nr. 28 Jur. Bl. 1903, Ott, Soust. úvod I 1 S. 134.

⁵⁰ᵇ) Vgl. hierzu Ullmann, Ziv. Pr. S. 72: „über den Antrag . . . . ist in der mündlichen Verhandlung durch Beschluß zu entscheiden." § 303 Z. P. O. Die von Worel, S. 64 unter II geäußerte Ansicht erscheint nicht zutreffend, da die Vorbringung neuer Tatumstände und Beweise im Rechtsmittelverfahren nur im Rahmen der Bestimmung des § 482 Abs. 2 Z. P. O. zulässig ist.

⁵¹) In diesem Falle ist es für die Beurteilung der prozessualen Folgen gleichgültig, ob die vorzeitige Vernichtung der Handelsbücher mit der Absicht, das Beweismittel zu beseitigen, oder ohne diese Absicht erfolgte. — Unzweifelhaft kann auch einer Partei, welche Kaufmannseigenschaft besaß, den Betrieb des Handelsgewerbes jedoch aufgab, die Vorlage der von ihr zur Zeit des Bestandes ihres Handelsunternehmens geführten Bücher (de praeterito) aufgetragen werden (vgl. Adl.-Cl. Nr. 581, 681). — Nach Staub-Pisko, § 10 zu Art. 37, soll in dem Falle, als eine Prozeßpartei, ohne die Absicht, das Beweismittel zu beseitigen, den Besitz des Handelsbuches aufgab, der zweite Satz des Art. 37 nicht Anwendung finden; der Richter habe vielmehr diesen Umstand nach freiem Ermessen für die Beweiswürdigung zu verwerten. Dagegen stehe bezüglich der Ungehorsamsfolgen das Aufgeben des Besitzes in der Absicht, das Beweismittel zu beseitigen, der Fortdauer des Besitzes gleich.

⁵²) Übereinstimmend hiermit Entsch. des deutschen R. O. H. G. XIII S. 108 (340), Hahn, Komm. zu Art. 37, Langer, Mitteilungen d. deutschen Jur. Vereines

Die Pflicht, über richterlichen Auftrag die Handelsbücher vorzulegen, trifft nicht allein Vollkaufleute (§ 7 Einf. Ges., kaif. Vdg. v. 11. Juli 1898), selbst wenn deren Firma im Handelsregister bereits gelöscht wäre, sondern jeden Kaufmann, der tatsächlich Handelsbücher führt. Denn die Editionspflicht erscheint lediglich als Corollar des an die Führung von Handelsbüchern geknüpften Rechtes, vermöge dessen den letzteren gegen jedermann (wenngleich mit zeitlicher Beschränkung) Beweiskraft zukommt. (§§ 19 und 20 Einf. Ges., Art. 34 Abf. 3 H. G. B.) Diese Anschauung fand sowohl in die österr. Rechtssprechung (vgl. Adl.-Cl. Nr. 271, 1011, 1950) als in die Judikatur der deutschen Gerichte Eingang; vgl. bef. die Entsch. des R. O. H. G. II S. 126. Dagegen gab der österr. O. G. H. in den Entsch. Adl.-Cl. Nr. 352, 916, 1339 und 1432 der Rechtsanschauung Ausdruck, daß nur der zur Führung von Handelsbüchern verpflichtete Kaufmann dieselben vorzulegen habe. (So auch Blaschke-Pitreich, S. 58, Canstein, I S. 255, Staub-Pisko, zu Art. 37 § 8.) Allein dem Vorrechte der Beweisführung durch die eigenen Bücher entspricht im Sinne des Gesetzes auch die Pflicht, diese Bücher auf Verlangen des Gegners vorzulegen, und da durch die §§ 19 und 20 Einf. Ges. das Beweisrecht durch Handelsbücher auch auf Minderkaufleute ausgedehnt wurde, muß die Editionspflicht des Art 37 folgerichtig auch diesen treffen!⁵⁸) Gegen Erwerbs- und Wirtschaftsgenossenschaften kann der Auftrag zur Vorlage der Bücher nach Art. 37 H. G. B. nur dann erlassen werden, wenn ihr Unternehmen ganz oder teilweise Handelsgeschäfte zum Gegenstande hat. (§ 13 Genoff. Ges., vgl. die Entsch. Adl.-Cl. Nr. 864, 984.) Die Editionspflicht der Genossenschaften ist jedoch nicht von der Höhe der Steuerleistung abhängig, weil ihnen die Pflicht zur Buchführung unbedingt auferlegt ist. (And. A. Staub-Pisko, zu Art. 37 § 8.)

Prag, XV S. 41, Canstein, § 17 N. 31, Blaschke-Pitreich, S. 61 N. 25, bedingt zustimmend auch Staub-Pisko, siehe vor. Note. — And. A. sind Behrend, § 42 N. 60 und Ullmann, § 105 S. 380, Mitteilungen d. deutsch. J. V. S. 43, und zwar selbst für den Fall, als die Vernichtung der Handelsbücher in der Absicht der Entziehung eines Beweismittels erfolgte. Allerdings bietet der Wortlaut des Art. 37 zweiter Satz („zum Nachteile des Weigernden") der letzteren Anschauung eine Stütze.

⁵⁸) Vgl. auch Ullmann a. a. O. — Daß die §§ 19 und 20 Einf. Ges. die Editionspflicht nicht erwähnen, ist unerheblich. And. A. ist auch Worel, S. 132, der jedoch die Frage nach dem Subjekte der Editionspflicht auf der Grundlage der allgemeinen Vorschriften der §§ 183, 303 flg. Z. P. O. gelöst wissen will. — Der Mangel einer zeitlichen Grenze für die Pflicht der Buchvorlage zwischen Vollkaufleuten erscheint als Konsequenz des Umstandes, daß auch die Beweiskraft der Handelsbücher in Handelssachen zwischen Vollkaufleuten einer zeitlichen Beschränkung nicht unterworfen ist. Bei Minderkaufleuten entspricht die zeitliche Begrenzung der Editionspflicht jener Schranke, welche der Dauer der Beweisfähigkeit der von ihnen geführten Bücher gesetzt ist. (§ 20 Einf. Ges. Vgl. Langer a. a. O. und die im Právník 1883 S. 802 veröffentl. Entsch. des O. G. H. v. 25. Sept. 1883 Z. 11.181. — And. A. ist Ullmann, S. 381.) Die Verpflichtung zur Bücheredition geht auf den das Handelsunternehmen des vorlagepflichtigen Kaufmannes fortführenden Rechtsnachfolger über. Adl.-Cl. 456, 1408, 1820.

Der Vorlagepflicht vermag sich ein Kaufmann durch die Behauptung, er führe Handelsbücher überhaupt oder jenes Buch nicht, dessen Vorlegung ihm aufgetragen wurde, oder es seien ihm die Handelsbücher in Verlust geraten, nicht ohne weiteres zu entziehen (vgl. die Entsch. Adl.-Cl. Nr. 271, 890, 1468). Die Gegenpartei kann sich zur Widerlegung einer derartigen Angabe der nach der Z. P. O. zulässigen Beweismittel bedienen; es kann aber auch das Gericht die Vernehmung und eidliche Abhörung der vorlagepflichtigen Partei zu dem Zwecke anordnen, um zu ermitteln, ob letztere die Handelsbücher besitze oder doch deren Verwahrungsort kenne, oder ob die Bücher etwa von ihr oder auf ihre Veranlassung beseitigt worden seien. (§ 307 Z. P. O.)[54]) Doch ist dieses Verfahren bei richtiger Auslegung des Art. 37 zumeist überflüssig. Vgl. S. 175 d. B.

Der Kaufmann ist zur Vorlegung der Handelsbücher auch in Rechtsstreitigkeiten verpflichtet, die nicht dem Zuständigkeitsbereiche der Handelsgerichte angehören, da das Gesetz in dieser Richtung eine Beschränkung auf Angelegenheiten der Handelsgerichtsbarkeit nicht statuiert und zufolge der Bestimmung des § 19 Einf. Ges. z. H. G. B. den Handelsbüchern der Kaufleute auch gegenüber Personen, die nicht Handelsgeschäfte betreiben, Beweiskraft zukommt. Vgl. die in der Beil. zum Just. Min. Vdg. Bl. 1893 unter Nr. 856 veröffentlichte Entsch. des O. G. H. v. 23. Nov. 1892 Z. 13.536, ferner Adl.-Cl. Nr. 151, 283, 1206.

Die Pflicht zur Mitteilung der Handelsbücher.

Von der nach Art. 37 H. G. B. dem Richter zustehenden Befugnis, in einem Rechtsstreite auf Antrag einer Partei die Vorlegung der Handelsbücher der Gegenpartei zu verordnen, um in den Inhalt desselben, soweit er den Streitpunkt betrifft, unter Zuziehung der Parteien Einsicht zu nehmen, unterscheidet sich, wenn auch nicht dem Wesen nach, das dem Richter im Art. 40 H. G. B. in streitigen und außerstreitigen Rechtssachen eingeräumte Recht, einer Partei aufzutragen, daß sie ihre Handelsbücher zur vollständigen Kenntnisnahme von ihrem ganzen Inhalte „mitteile". Diese Verfügung kann der Richter auf Antrag einer Partei oder von Amts wegen in Erbschafts- sowie in Gütergemeinschaftsangelegenheiten, in Gesellschaftsteilungssachen und — soweit es sich um die Bücher des Gemeinschuldners handelt — im Konkursverfahren treffen. Für dieselbe bietet sonach sowohl das Verfahren in

---

[54]) Die in den §§ 25 bis 36 des ungar. H. G. B. enthaltenen Vorschriften über Handelsbücher stimmen im ganzen mit den bezüglichen Anordnungen des österr. H. G. B. (Art. 28 bis 40) überein. Eine bemerkenswerte Abweichung enthält die Bestimmung des § 31 Abs. 2, daß die „Beweiskraft der Handelsbücher sich gegen Kaufleute (auch minderen Rechts) auf einen Zeitraum von zehn, gegen Nichtkaufleute von zwei Jahren, von der streitig gewordenen Eintragung an gerechnet", erstrecke. Die Bücher müssen gebunden, Blatt für Blatt mit fortlaufenden Zahlen versehen und mit einer Schnur durchzogen sein; die amtliche Paraphierung — Bestätigung der Blattzahl — ist nicht erforderlich.

streitigen Angelegenheiten, als das Verfahren außer Streitsachen Anlaß. Vgl. auch Canstein, § 17 S. 258.

Verordnet wird die Mitteilung der Bücher an den Gegner, nicht die Vorlage zu Gericht, so insbes. bei Prüfung der Richtigkeit der Bilanz durch den offenen Gesellschafter, Kommanditisten oder stillen Gesellschafter, Art. 105, 160, 253, vgl. Nr. 261, 932, dazu 334, 723 Abl.-Cl., durch die Erben des offenen Gesellschafters oder bei der Nachlaßabhandlung durch die Miterben oder Noterben, vgl. Nr. 1618 Abl.-Cl.[54a]) Die Voraussetzungen der Anwendbarkeit des Art. 40 H. G. B. können nötigenfalls durch Einvernehmung der Parteien sichergestellt werden.

Zwischen der Norm des Art. 40 H. G. B. und der Vorschrift des § 304 Ziff. 3 Z. P. O., nach welcher in einem Rechtsstreite die Vorlage einer Urkunde nicht verweigert werden kann, wenn dieselbe ihrem Inhalte nach eine beiden Parteien gemeinschaftliche ist, besteht eine gewisse Übereinstimmung, denn in den Fällen des Art. 40 H. G. B. besitzen die Miterben, die an einer Gütergemeinschaft Beteiligten, beziehe. die Gesellschafter und die Konkursgläubiger ein unmittelbares gemeinschaftliches Vermögensinteresse, von dem gesamten, auch ihre Rechtsverhältnisse betreffendem Inhalte der Bücher Kenntnis zu erhalten. In dem Falle einer Gütergemeinschaft und eines Gesellschaftsverhältnisses erfolgt schon die Führung der Bücher im gemeinsamen Interesse aller Teilnehmer, beziehe. Gesellschafter.[54b]) (Eine materiellrechtliche Bestimmung bezüglich der „zum gemeinschaftlichen Gebrauche nötigen Urkunden" enthalten die §§ 263, 844, 1009, 1039, 1190 a. b. G. B.) Im Hinblicke auf das zwischen dem Kommittenten und dem Kommissionär bestehende Rechtsverhältnis (insbes. im Hinblicke auf die Pflicht des Kommissionärs, dem Kommittenten über das Geschäft Rechenschaft zu geben) sind die Handelsbücher des Kommissionärs als gemeinschaftliche Urkunden des letzteren und des Kommittenten zu betrachten. Arg. Art. 361 H. G. B. Vgl. auch Staub, Art. 37 § 2 S. 78. Das deutsche R. G. erklärte in

---

[54a]) Richtig heißt es in der Entsch. Nr. 1618, daß hier nicht dem Gerichte, sondern dem Erben des verstorbenen Gesellschafters die Einsicht in die Bücher gewährt werden soll. — Auch dem Privatgläubiger, welcher die Execution auf das Guthaben des offenen Gesellschafters im Sinne der Art. 119, 126 führt, steht dies Recht zu; vgl. die Entsch. Nr. 926 Abl.-Cl.

[54b]) Dazu vgl. Ott, Riz. s. II S. 134 flg. Eine nicht unerhebliche Verschiedenheit zwischen diesen beiden Gesetzesstellen besteht darin, daß Art. 40 H. G. B. des Falles der Verweigerung der Mitteilung der Handelsbücher nicht gedenkt, während § 304 Z. P. O. bestimmt, daß die Vorlage einer Urkunde, welche ihrem Inhalte nach eine beiden Parteien gemeinschaftliche ist, nicht verweigert werden könne. Dagegen stellt es § 303 Z. P. O. ebenso wie Art. 40 H. G. B. in das freie Ermessen des Richters, auf Antrag einer Partei dem Gegner die Vorlage einer bestimmten Urkunde (eines Handelsbuches) durch Beschluß aufzutragen, oder das Editionsbegehren zurückzuweisen. (Verbum: „kann".) Die Folgen der Nichterfüllung eines auf Grund des Art. 40 H. G. B. erlassenen richterlichen Auftrages zur Mitteilung der Handelsbücher sind in dieser Gesetzesstelle nicht ausgedrückt. Es muß daher auf die anwendbaren allgemeinen Normen zurückgegriffen werden. Vgl. Art. VII Z. 4 Einf. Ges. zur Z. P. O.

der Entsch. XVIII S. 24 diese Auffassung mit Unrecht für unzutreffend. Im Sinne des Schlußsatzes des § 304 Z. P. O., welcher dem Begriffe einer gemeinschaftlichen Urkunde einen besonders weiten Umfang verleiht, wird den Handelsbüchern auch in anderen (als in den obgedachten) Rechtsangelegenheiten hinsichtlich einzelner Eintragungen, welche rechtliche Beziehungen zu dritten Personen zum Inhalte haben, der Charakter gemeinschaftlicher Urkunden zuzugestehen sein. Es ergibt sich dies aus den Worten des § 304 Z. P. O.: „Als gemeinschaftlich gilt eine Urkunde für die Personen, deren gegenseitige Rechtsverhältnisse darin bekundet sind". Vgl. Abl.-Cl. Nr. 329, Neumann, S. 664, Ott, Ř́íz. s. S. 134 flg. (Im Sinne der hier vertretenen Anschauung berechtigt § 91 des deutsch. H. G. B. den Handelsagenten, bei der Abrechnung mit dem Geschäftsherrn die Mitteilung eines Buchauszuges über die durch seine Tätigkeit zustande gekommenen Geschäfte, sowie über jene Geschäfte zu fordern, für die ihm nach § 89 des deutsch. H. G. B. die Provision gebührt.)

Leistet eine Partei in einem Rechtsstreite, betreffend Erbschafts-, Gütergemeinschafts- oder Gesellschaftsteilungsangelegenheiten dem richterlichen Auftrage zur Mitteilung der Handelsbücher nicht Folge, so hat das Gericht nach § 307 Z. P. O. unter sorgfältiger Würdigung aller Umstände nach freiem Ermessen über die Wirkung dieses Verhaltens auf die Beurteilung der Rechtssache zu entscheiden. (Im Gegensatze hierzu wird im Art. 37 H. G. B. die Ungehorsamsfolge in zwingender Weise statuiert.)

Die Vorschrift des Art. 40 H. G. B. über die Mitteilung der Handelsbücher eines Gemeinschuldners im Konkursverfahren findet ihre Ergänzung in der Bestimmung des § 195 Abs. 1 K. O., gemäß welcher ein Kaufmann, der seine Zahlungen einstellt, gleichzeitig mit der Anzeige der Zahlungseinstellung die Handelsbücher zur ausschließlichen Verfügung des Gerichtes zu stellen und die Bilanz bei letzterem einzureichen hat.

Die Befolgung eines in dieser Richtung erlassenen richterlichen Auftrages ist im außerstreitigen Verfahren nach den Grundsätzen des kais. Pat. v. 9. Aug. 1854 R. G. Bl. Nr. 208 über das Verfahren in nichtstreitigen Angelegenheiten erzwingbar; § 19 dieses Gesetzes ermächtigt den Richter, gegen Parteien, welche die an sie ergangenen Verfügungen des Gerichtes unbefolgt lassen, angemessene Zwangsmittel (Verweis, Geld- und Arreststrafen) in Anwendung zu bringen.

Die Buchführung.[55])

Es werden zwei Arten der Buchführung unterschieden: Die einfache und die doppelte Buchhaltung.

---

[55]) Vgl. Canstein, § 17. Die Fachliteratur auf diesem Gebiete ist ungemein reich. Als instruktive Werke sind zu nennen: Schiebe, Die Lehre von der Buchhaltung theoretisch und praktisch dargestellt. (Die 12. Aufl. bef. Dr. C. G. Odermann.) Leipzig 1881; Ferd. Kitt, Lehrb. der doppelten Buchhaltung, Wien 1876; F. Hügli, Die Buchhaltungssysteme und Buchhaltungsform, Bern 1887; J. F.

A. Bei Anwendung der einfachen Buchhaltung werden wenigstens zwei Handelsbücher geführt. Es sind dies

a) das Tagebuch, für welches auch die Bezeichnungen Strazza, Prima Nota, Memorial gebraucht werden, und

b) das Hauptbuch.

Ad a) In das Tagebuch werden alle Geschäfte des Kaufmannes nach ihrer zeitlichen Aufeinanderfolge unter Anführung des Kontrahenten, Tages, Monats und Jahres des Abschlusses eingetragen. Derjenige, der von dem buchführenden Kaufmanne eine Leistung an Geld oder Waren empfing, heißt Debitor (debet, „soll"). Derjenige, der an den buchführenden Kaufmann eine Leistung an Geld oder Waren (aus welchem Rechtsgrunde immer) machte, insbes. demselben Waren kreditierte oder Geld gab, namentlich darlieh, heißt Kreditor (credit, „haben"). Dieses Buch soll paginiert sein. Das Rechtsverhältnis zwischen dem buchführenden Kaufmanne und der Person, auf welche die Eintragung sich bezieht (Gläubigerschaft, Schuldnerschaft), wird schon im Tagebuche ersichtlich gemacht. Mitunter enthält das letztere auch den Rechtsgrund der Forderung oder Verbindlichkeit. Z. B. Josef Baar in Wien „soll" für (an ihn verkaufte) 20 Zentner Zucker zu 60 K den Betrag von 1200 K, oder Josef Baar & Komp. „haben" für 20 Zentner Kaffee (die gekauft wurden) zu 160 K (die Summe von) 3200 K.

Üblicherweise wird der Rechtsgrund einer Verbindlichkeit in das Handelsbuch nicht eingetragen. Auch das Gesetz ordnet die Eintragung desselben nicht an. Vgl. N. 30 a.

Ad b) Aus dem Tagebuche werden alle Einträge dergestalt in das Hauptbuch übertragen, daß für jeden Geschäftsfreund auf den beiden einander gegenüberliegenden Seiten eines Foliums eine besondere Rechnung (Konto) aufgestellt wird. Auf der linken Blattseite wird eingetragen, was der Geschäftsfreund dem buchführenden Kaufmanne schuldet (debet, „soll"), also die Verbindlichkeiten des Geschäftsfreundes, während auf der rechten Blattseite ersichtlich gemacht wird, was der Geschäftsfreund von dem buchführenden Kaufmanne zu fordern, was er an den letzteren geleistet hat (credit, „haben"), somit die Aktiven des Geschäftsfreundes. Jede einzelne Post ist mit der Angabe des Tages, des Monats und des Jahres der Vornahme des betreffenden Geschäftes

---

Schär, Lehrb. der Buchhaltung. Methodischer Aufbau der doppelten Buchhaltung, Stuttgart 1887. Vgl. auch: Prakt. Anleitung in der einfachen und doppelten Buchführung von Trempenau, Salomon, Obermann usw. Für den Gebrauch der Juristen berechnet ist das Werk: Bilanz und Steuer, Grundriß der kaufm. Buchführung usw. von Dr. v. Reisch und Dr. Kreibig (1900). Von den in böhm. Sprache verfaßten einschlägigen Schriften sind zu erwähnen: Fiedler, Účetnictví; K. P. Kheil, Jednoduché účetnictví (1877). Die Geschichte der Buchführung behandeln u. a.: „Buchhaltungs-Traktate" von Luca Pacioli von K. P. Kheil (Prag 1896) und von demselben Verfasser: Valentin Mennher und Antich Rocha (1550 bis 1565) 1900.

§ 12.

zu versehen. Unter Umständen wird hierbei auch der Rechtsgrund der Forderung, bezieh. Verbindlichkeit angeführt.⁵⁶)

Am Ende eines jeden Jahres (oder Halbjahres) werden sämtliche Posten auf beiden Seiten jedes Foliums summiert. Aus der Vergleichung der Gesamtsumme der Eintragungen auf der Sollseite mit jener der Eintragungen auf der Habenseite geht hervor, ob dem buchführenden Kaufmanne gegen den Geschäftsfreund oder letzterem gegen den buchführenden Kaufmann eine Forderung zustehe. Der Betrag, welcher auf einer der beiden Seiten zur Herstellung der Bilanz fehlt, wird unter der Bezeichnung „Saldo" vor der Bilanzsumme eingetragen.

Dieser Saldo wird sodann auf die andere Seite übertragen und bildet den zugunsten oder zulasten des Geschäftsfreundes vom abgelaufenen Jahre auf das beginnende Jahr „übertragenen" Saldo.⁵⁷)

Außer diesen beiden Büchern werden häufig noch andere Handelsbücher geführt, namentlich ein besonderes Kassabuch, ein Fakturenbuch, ein Wechselskontro usw.

Nur das Hauptbuch besitzt die Eignung, als Beweismittel zu dienen, weil nur dieses den beiderseitigen Stand der Geschäfte, nämlich die Forderungen und Verbindlichkeiten und den aus der Vergleichung der Gesamtsummen der Aktiven und der Passiven sich ergebenden Saldo des Geschäftsfreundes ausweist (vgl. z. B. die Entsch. Ger. Ztg. 1869 Nr. 6).

B. Die doppelte Buchhaltung. Im wesentlichen besteht der Unterschied zwischen der einfachen und der doppelten Buchführung darin, daß bei letzterer nicht bloß Personenkonti geführt werden, sondern auch künstliche, fingierte oder tote Konti, Bestandkonti, z. B. ein Kapitalskonto, ein Warenkonto und bei diesem wieder Unterabteilungen, wie ein Konto für Kaffee, für Zucker usw. Der Zweck dieser Einrichtung besteht darin, die Höhe des Gewinnes oder Verlustes zu ermitteln, der sich bei dem Betriebe der einzelnen Geschäftszweige ergab.

Bei Anwendung der doppelten Buchhaltung werden gewöhnlich nachstehende Handelsbücher geführt:

1. Ein Kassabuch zur Eintragung der Geldeingänge und der Ausgaben;

---

⁵⁶) Der ausdrücklichen Anführung des Rechtsgrundes bedarf es insbes. nicht, wenn dieser nach der Natur des Unternehmens von selbst erkennbar ist. So wird bei Kolonialwarenhandlungen Kauf und Verkauf gewöhnlich auf gleiche Weise im Buche ersichtlich gemacht, z. B. mit den Worten: „Für 10 Zentner Zucker zu 56 K...." — Deshalb fand die Rechtsprechung früher in dem „Saldo" (Saldoübertrag) nicht einen hinlänglichen Beweis des Bestandes einer Forderung (vgl. Ger. Ztg. 1865 Nr. 20, 1879 Nr. 91 und Nr. 793 Abl.-El.).

⁵⁷) Dies ist der sog. Rohsaldo. Vgl. auch Canstein, S. 251. Zur genauen Feststellung der Höhe der Verbindlichkeiten des Geschäftsfreundes am Tage des Abschlusses des Konto desselben, z. B. am 31. Dezember, müssen von jeder vor dem Abschlußtage fällig gewesenen Post bis zu dem Abschlußtage erwachsenen Zinsen, die sog. Kontokorrentzinsen und nicht minder dem am Abschlußtage noch nicht fälligen Posten der Eskonto (Abzug), die sog. Diskontzinsen für den bis zum Eintritte der Fälligkeit noch bevorstehenden Zeitraum berechnet werden (vgl. Kheil, S. 54).

2. ein Tagebuch für die Vormerkung der übrigen Geschäfte (Strazza, Memorial);

3. ein Journal, d. i. ein zur Eintragung der monatlichen Rechnungsabschlüsse bestimmtes Buch, welches seines Zweckes wegen auch den Namen „Mensual" führt;

4. ein Hauptbuch, in welchem auf beiden Seiten jedes Foliums die aus den einzelnen Konti, nämlich den Personenkonti und den Bestandkonti sich ergebenden Monatshauptsummen zur Eintragung gelangen.

Alle diese Handelsbücher beinhalten sowohl Personenkonti als tote Konti und sind deshalb zu Beweiszwecken im Prozesse nicht geeignet.

5. Ein Kontokorrente oder Saldokonto. Die Führung dieses Buches erfolgt auf gleiche Weise, wie die des Hauptbuches bei der einfachen Buchhaltung. Das Kontokorrente ist deshalb unter den Büchern, deren die doppelte Buchhaltung sich bedient, allein zu gerichtlichen Beweiszwecken verwendbar.

§ 13.

Die Handlungsvollmacht.[58])

Unter Handlungsvollmacht versteht man die nach Maßgabe des Handelsgesetzbuches, bezieh. die im Sinne des § 13 des Genoss. Ges. v. 1873 gewährte Ermächtigung zum Abschlusse von Rechtsgeschäften, insbes. von Handelsgeschäften im Namen eines Einzelkaufmannes oder einer

---

[58]) Die Stellvertretung bildet hier nur insoweit einen Gegenstand der Erörterung, als die besonderen Grundsätze des Handelsrechtes in Betracht kommen. Über die Stellvertretung im allgemeinen vgl. Unger, II § 90, Randa, Besitz § 20, Hasenöhrl, § 29, Schiffner, § 120, Krainz, System § 122 flg., Till, I S. 328 flg., für das deutsche und österr. R. neuest. bes. Dniestrzanski, Die Aufträge zugunsten Dritter (1904) S. 307 flg. — Dazu einerseits die hier gebilligte Auffassung Jherings, Zeitschr. f. Dogm. I S. 273, Labands, Zeitschr. f. H. R. X S. 183 flg., mit Modifikation auch Mitteis, Die Lehre v. d. Stellvertretung (1885), Lenel, Stellvertretung (1896), Hupka, Vollmacht S. 22 flg., Biermann u. a. — anderseits Schloßmann, L. v. d. Stellvertretung (1900/02), Isay, Die Geschäftsführung (1900). — Der Begriff der „Bevollmächtigung", d. i. des angenommenen Auftrages zur stellvertretenden Geschäftsführung gegenüber dritten Personen darf mit dem Begriffe des „Mandates" (d. i. eines bloßen Auftrages zur Besorgung einer Angelegenheit des Auftraggebers) nicht identifiziert werden. Daß das a. b. G. B. im 22. Hauptstücke diese beiden Begriffe im Sinne der älteren Doktrin unrichtigerweise oft vermengt, wurde bereits von Stupecky, Versio in rem S. 142 N. 256 nachgewiesen. Bloß auf das Mandat beziehen sich die Vorschriften der §§ 1003, 1004, 1009, 1012 bis 1015, 1017 3. Satz; lediglich auf die Bevollmächtigung hingegen die Bestimmungen der §§ 1002, 1008, 1011, 1016, 1017 1. und 2. Satz, 1018, 1026, 1028 bis 1033; auf beide Rechtsinstitute die Normen der §§ 1005 bis 1007, 1020 bis 1025 a. b. G. B. Dazu vgl. Dniestrzanski, S. 309 flg., von dessen Ansicht ich darin abweiche, daß ich die §§ 1002 und 1017 bloß auf die direkte Stellvertretung beziehe und letztere nicht auf die Fälle eines Auftrages beschränke. — Die Befugnis zur Stellvertretung nach außen (Ermächtigung zum Abschlusse von Rechtsgeschäften im Namen des Prinzipals) gründet sich nicht immer auf die Erteilung eines Auftrages. Vgl. die

Handelsgesellschaft, bezieh. die Ermächtigung zum Abschlusse von Handelsgeschäften im Namen welcher Person immer.[59])

Der Vertretungsakt ist eine Rechtshandlung, die in der erklärten oder sonst erkennbaren Absicht und mit der Wirkung vorgenommen wird, daß sie als Rechtshandlung einer anderen, nämlich der vertretenen Person gelte.[60]) Das Wesen der Stellvertretung besteht sonach darin, daß die Rechtswirkung des Handelns des Stellvertreters unmittelbar in der Person des Vertretenen zur Erscheinung kommt.[61]) Vom Boten unterscheidet sich der Stellvertreter dadurch, daß ersterer nicht selbst juristisch handelt, sondern nur den Willen seines Herrn zum Ausdruck bringt; Bote kann auch ein Kind sein. (Unrichtig ist die Ansicht der Entsch. Nr. 2108 Adl.-Cl., daß jemand im inneren Verhältnis Bote, im äußeren Bevollmächtigter sein könne, dazu Randa, Besitz § 20.)

Nach dem österr. Handelsrechte sind folgende Hauptarten der Handlungsbevollmächtigung (Befugnis zur Stellvertretung) zu unterscheiden:

1. Die Prokura (Art. 41 bis 46 H. G. B.).

2. Die Handlungsbevollmächtigung im Sinne der Art. 47 bis 52 H. G. B. sowie die Vertretungsbefugnis jener Repräsentanten, welche für die in Österreich errichteten Zweigniederlassungen ungarischer Aktiengesellschaften, Versicherungsgesellschaften und Erwerbs- und Wirtschaftsgenossenschaften auf Grund der Anordnung des § 2 d. Ges. v. 27. Juni 1878 R. G. Bl. Nr. 63 bestellt werden.

3. Die mit der Handelsagentschaft verbundenen Vertretungsbefugnisse. §§ 59 bis 59 d der Gew. Ordg. nach der durch das Ges. v.

Textausführung. — Der Beauftragte (Mandatar), welchem Angelegenheiten sowohl rechtlicher als technischer (administrativer) Natur zur Besorgung anvertraut werden können, kann entweder im Namen des Auftraggebers (§ 1002 a. b. G. B.) oder im eigenen Namen handelnd auftreten. (So z. B. schließt der Kommissionär in eigenem Namen für Rechnung des Auftraggebers Handelsgeschäfte ab. Hierzu § 1008 a. b. G. B.) Dazu Krčmář, Smlouva námezdní (Lohnvertrag 1902) S. 17 flg., 70 flg.

[59]) Die im Art. 298 H. G. B. geregelte einfache Vollmacht bezieht sich lediglich auf den Abschluß von „Handelsgeschäften", sie setzt aber nicht Kaufmannseigenschaft des Vollmachtgebers voraus. In den übrigen Fällen des Bestandes einer Vertretungsbefugnis wird vorausgesetzt, daß die Bevollmächtigung von einem Kaufmanne, einer Handelsgesellschaft oder einer Handelsgenossenschaft ausgeht. — Wenngleich nur bei Rechtshandlungen eine Stellvertretung Platz greifen kann, ist dennoch eine persönliche Haftung des Vertretenen für die Folgen rechtswidrigen Handelns des Vertreters nicht ausgeschlossen. Bei der Beurteilung von Fällen dieser Art sind die Rechtssätze des bürgerlichen Rechtes zur Anwendung zu bringen. Vgl. hierüber Randa, O náhradě škody (Schadenersatz 6. Aufl. S. 35 flg.).

[60]) Ist die Absicht, eine Rechtshandlung im Namen eines anderen vorzunehmen, nicht offenbar, so gilt der Rechtsakt als von dem Handelnden im eigenen Namen vorgenommen. Vgl. Art. 52, 298 H. G. B., § 1017 a. b. G. B., Schiffner, § 120 N. 16.

[61]) Rechtlich hiervon verschieden ist der Fall, wenn jemand im eigenen Namen, jedoch in der Absicht handelt, die Wirkungen der Rechtshandlung später auf einen anderen zu übertragen. Hier wird von einem stillen, mittelbaren Stellvertreter gesprochen. Der Hauptfall stiller Stellvertretung ist das Verhältnis des Kommissionärs zum Kommittenten (Art. 360 H. G. B.).

25. Febr. 1902 R. G. Bl. Nr. 49 festgestellten Fassung. (Früher galt als Norm für die Befugnisse der Handlungsreisenden [wandernden Handelsagenten] die Min. Vdg. v. 3. Nov. 1852 R. G. Bl. Nr. 220 §§ 9 und 10.)

4. Die einfache Vollmacht zum Abschlusse von Handelsgeschäften im Sinne der Art. 297, 298 H. G. B.

5. Die Vollmacht der zur Vertretung einer offenen Handelsgesellschaft oder einer Kommanditgesellschaft befugten Gesellschafter und der Liquidatoren solcher Gesellschaften (Art. 114, 133, 167, 196 H. G. B.), sowie die Vertretungsbefugnis der Mitglieder des Vorstandes einer Aktiengesellschaft. (Art. 230, 231 H. G. B.)

6. Das Vertretungsrecht des Vorstandes einer Erwerbs- und Wirtschaftsgenossenschaft (§§ 13, 18 des Ges. v. 9. April 1873 R. G. Bl. Nr. 70). Zweckmäßigkeitshalber wird hier auch angereiht:

7. Die Vollmacht eines vom Gerichte im Exekutionsverfahren für ein Handelsunternehmen bestellten Zwangsverwalters (§ 342 E. O.); dazu vgl. N. 64 a. In den unter 1. bis 4. und 7. gedachten Fällen gründet sich die Vertretungsbefugnis (Vollmacht) auf einen Auftrag, d. h. auf eine hierauf gerichtete Willenserklärung einer Partei oder des Richters. (So beruht bisweilen auch die Vollmacht eines Liquidators auf einem richterlichen Auftrage [Art. 133 H. G. B.]; ähnlich kann im Falle des Art. 195 die Ernennung der bevollmächtigten klageführenden Kommanditisten durch das Gericht erfolgen).[62]) In den Fällen 5. und

---

[62]) Der Auftrag erscheint sonach als Quelle (causa efficiens) der Vollmacht. In ähnlicher Weise beruht die Vertretungsbefugnis des Vormundes auf einem richterlichen Auftrage. § 204 a. b. G. B. Die Grundlage der Vollmacht bildet somit nicht immer ein Vertrag; vielmehr beruht die Vollmacht auch auf der Verfassung (Stellvertretung) einer juristischen Person, auf einem richterlichen Auftrage, auf der Annahme eines von der vertretenen Person erteilten Auftrages (§ 1017 a. b. G. B.), auf gesetzlicher Vorschrift, endlich auf der nachträglichen Genehmigung einer ohne vorherige Ermächtigung vorgenommenen Rechtshandlung (§ 1035 a. b. G. B.). Durch den Auftrag wird das innere Rechtsverhältnis, in welches der Auftraggeber zu dem Beauftragten tritt, bestimmt; die Vollmacht dagegen stellt die äußere Wirkung der Vollmachterteilung dar (vgl. Behrend, I S. 352, Dniestrzanski, S. 29 flg., 37 flg., 338). Nur dem Dritten gegenüber ist die Vollmacht ein einseitiger Akt; zwischen Mandanten und Mandatar beruht sie auf Vertrag. (Vgl. Laband, X S. 208, Lenel, S. 13 flg.). Ganz anders wieder Canstein in der Grünhut'schen Zeitschr. III S. 670 flg. und H. R., § 18 S. 270 (Gruppe von Rechtsgeschäften a contr. einzelner Rechtsgeschäfte); mit Recht spricht sich Górski, § 28 gegen die Ansicht Canstein's aus. — In der locatio conductio operarum (Dienstmiete) liegt wohl die stillschweigende Zustimmung zur Vornahme der erforderlichen Handlungen — aber kein „Auftrag". Dazu Behrend a. a. O. N. 30. Über die doktrinären, mißlungenen Normen des deutsch. b. G. B., insbes. des § 675 vgl. Dniestrzanski, S. 333 flg. — Die Begründung einer Vollmacht ist nicht der einzig mögliche Zweck der Erteilung eines Auftrages. Unter Umständen ist der letztere auf die Bestellung eines sog. stillen Vertreters, z. B. eines Kommissionärs (Art. 360 H. G. B.) oder eines einfachen Boten gerichtet (vgl. Laband, X S. 203 flg.). Die Begriffe „Vollmacht" und „Auftrag" werden im H. G. B. konsequent, wenn auch nicht immer ganz richtig unterschieden (vgl. die Art. 297, 298, 323, 360 H. G. B.). Entspringt die Vollmacht einem Auftrage, so liegt dem Dritten, der mit dem Bevollmächtigten als solchem ein Rechtsgeschäft

§ 13.

6. liegt der Grund der Vertretungsbefugnis (Vollmacht) nicht in einem Auftrage, sondern in einem bestimmten Rechtsverhältnisse des Vertreters zu den vertretenen Personen (sog. gesetzliche Vollmacht). Die gesetzliche Vertretungsbefugnis ist sonach von der auf einem Auftrage beruhenden Vollmacht strenge zu unterscheiden (vgl. N. 62). Durch die Erteilung eines Auftrages zur Vornahme gewisser Rechtsgeschäfte wird übrigens nicht in allen Fällen ein Repräsentationsverhältnis, d. i. ein Rechtsverhältnis hervorgerufen, vermöge dessen die Rechtshandlungen des Beauftragten als solche des Auftraggebers erscheinen. (So nimmt der Kommissionär wohl über Auftrag seines Kommittenten, jedoch im eigenen Namen Handelsgeschäfte vor. Art. 360 H. G. B.) Andrerseits kommen im Gesetze Fälle der Vertretungsberechtigung vor, die auf eine Auftragserteilung nicht zurückzuführen sind. (Fälle dieser Art wurden oben unter 5. und 6. angeführt.)

Im Zweifel ist anzunehmen, daß durch den Auftrag zur Vornahme von Rechtshandlungen einer gewissen Art nicht lediglich die Ermächtigung zu einem Handeln gleich einem Kommissionär, sondern die Befugnis zur Stellvertretung verliehen wird.[63]

Die Bestimmungen der Art. 52, 114, 230, 298 H. G. B. gehen von dem im § 1017 a. b. G. B. ausgesprochenen gemeinrechtlichen Grundsatze aus, daß die rechtlichen Wirkungen der von dem Stellvertreter vorgenommenen Rechtshandlungen direkt (unmittelbar) in der Person des Vertretenen, nicht aber in der Person des Stellvertreters zur Entstehung kommen. Die Erwägung, daß der Stellvertreter die Rechtshandlungen vornimmt und nur die Wirkungen der letzteren den Vertretenen treffen, führt zu der Folgerung, daß bei der Prüfung der Gültigkeit eines durch einen Stellvertreter vorgenommenen Rechtsgeschäftes für die Beantwortung der Frage nach dem Vorhandensein wahrer Einwilligung (beziehungsweise nach dem Mangel derselben wegen unterlaufenen

---

abschließen will, die Pflicht ob, sich des Bestandes und des Umfanges der Vollmacht zu vergewissern. Wird eine auf einem Auftrage beruhende Vollmacht aufgehoben, so ist der Vollmachtgeber verpflichtet, dafür Sorge zu tragen, daß jene Personen, zu deren Kenntnis die Verleihung der Vollmacht gebracht worden war, den Widerruf der letzteren rechtzeitig in Erfahrung bringen (vgl. § 1026 a. b. G. B.). — Behauptet in einem Rechtsstreite der Beklagte, er habe das Rechtsgeschäft, auf welches der gegen ihn erhobene Anspruch gegründet wird, im Namen eines anderen abgeschlossen, so liegt in dieser Behauptung nicht eine wahre Einrede, sondern die Bestreitung der bezüglichen Klageanführung. Sache des Klägers ist es sodann, die Richtigkeit der letzteren zu erweisen. Allerdings genügt hierzu schon der Beweis, daß jenes Rechtsgeschäft, aus welchem der Kläger seinen Anspruch herleitet, zwischen den Streitparteien abgeschlossen wurde. Der Beklagte, welcher die begehrte Leistung mit der Begründung verweigert, er habe im Namen eines Dritten kontrahiert, muß für diese Behauptung den Beweis erbringen (vgl. Hahn, I S. 206, Dniestrzanski, S. 320).

[63]) Vgl. hierüber Randa, Rechtsgutachten in Sachen der Bank in Schaffhausen (1877). Die im Texte ausgesprochene Anschauung, daß im Zweifel anzunehmen ist, daß durch einen Auftrag ein Stellvertretungsverhältnis begründet werde, stützt sich auf § 1002 a. b. G. B. und Art. 360 Abs. 3 H. G. B. Vgl. auch Schiffner, S. 38 N. 27.

Irrtumes, wegen Zwanges oder Irreführung §§ 869 bis 876 a. b. G. B.) die Person des Stellvertreters, dagegen für die Beantwortung der Frage nach der Rechtsfähigkeit der Kontrahenten (§§ 865 bis 867 a. b. G. B.) die Person des Vertretenen in Betracht zu ziehen ist.[64]

Von den Handlungsbevollmächtigten sind solche Verwalter oder Administratoren wohl zu unterscheiden, welche die Verwaltung einer fremden Handelsunternehmung nicht als Handlungsbevollmächtigte, sondern in der Eigenschaft gemeinrechtlicher Stellvertreter der Eigentümer des Unternehmens besorgen. In diese Kategorie gehören: der Vormund eines minderjährigen Kaufmannes, der Kurator einer Verlassenschaft und der Verwalter einer Konkursmasse, insoweit zu dem Nachlasse oder zu der Konkursmasse ein Handelsunternehmen gehört, ferner der im Exekutionsverfahren für ein kaufmännisches Unternehmen bestellte Zwangsverwalter (§ 341 E. O.) usw. Der Umfang der in Fällen dieser Art dem Verwalter von Handelsunternehmungen zustehenden Befugnisse wird durch die Normen des a. b. G. B., beziehentlich der betreffenden Spezialgesetze (kais. Pat. v. 9. Aug. 1854 R. G. Bl. Nr. 208, K. O. v. 25. Dez. 1868 R. G. Bl. Nr. 1 f. 1869, E. O. v. 27. Mai 1896 R. G. Bl. Nr. 79 usw.) geregelt.[64a]

1. Die Prokura.

Die Prokura ist jene Vollmacht, vermöge welcher der Träger derselben ermächtigt ist, im Namen des Prinzipals alle „Arten von gerichtlichen und außergerichtlichen Geschäften und Rechtshandlungen" vorzunehmen, welche der Betrieb irgend eines Handelsgewerbes mit sich bringt. (Art. 42 H. G. B. verba: „eines Handelsgewerbes".) Sie ersetzt jede nach den Anordnungen des a. b. G. B. (§ 1008) erforderliche Spezialvollmacht und gewährt insbesondere die Befugnis zur Anstellung und Entlassung von Handlungsgehilfen und Bevollmächtigten. (Art. 42 H. G. B.) Zur Anstellung sowie zur Entlassung eines Prokuristen berechtigt die Prokura nicht; soll dem Prokuristen auch das Recht zur Bestellung eines Prokuristen zustehen, so bedarf er hierzu einer besonderen Ermächtigung von Seite des Prinzipals. (Art. 53 H. G. B.) Im Hinblicke auf den Umfang der in der Prokura liegenden Vollmacht erscheint es unzweifelhaft, daß der Prokurist zur Eingehung von Wechselverbindlichkeiten im Namen des Geschäftsherrn befugt ist. (Art. 42, dann 47 H. G. B. a contr.; in diesem Sinne lautet auch die Entsch. Nr. 228 Adl.-Cl.) Zur Veräußerung und zur Belastung unbeweglicher Güter ist der Prokurist nur ermächtigt, wenn ihm diese Befugnis besonders erteilt wurde. (Art. 42 H. G. B.) Dagegen ist der

---

[64] Vgl. Windscheid, § 73, Thöl, §§ 69, 70, Wendt in Endemann's Handb., I S. 300 flg.

[64a] Pisko-Staub, I S. 181, zählen die Vollmacht des Zwangsverwalters zu den „Handlungsvollmachten des H. G. B."; sie ist es so wenig, als die Vollmacht des Vormundes eines minderjährigen Kaufmannes.

§ 13.

Prokurist berechtigt, ein Grundstück oder ein Gebäude, welches zum Geschäftsbetriebe benötigt wird, zu erwerben. Auch Mietverträge zu diesem Zwecke, z. B. zur Beschaffung von Räumlichkeiten für eine Warenniederlage kann er befugterweise abschließen. Die Vermietung von Räumlichkeiten fällt nicht unter den Begriff der Veräußerung oder Belastung unbeweglicher Gegenstände und kann sohin nach Umständen zum Vollmachtsbereiche eines Prokuristen gehören. (Diese Ansicht steht mit der Norm des Art. 275 H. G. B. nicht im Widerspruche, denn Art. 42 spricht bei der Umgrenzung der in der Prokura gelegenen Befugnisse von „Geschäften" schlechthin, beschränkt sonach die Vollmacht des Prokuristen nicht auf „Handelsgeschäfte".[65]) Die grundbücherliche Einverleibung des Bestandrechtes aber wäre allerdings als Belastung eines Grundstückes anzusehen.

Der Prokurist ist in diesen Grenzen zum Betriebe von Geschäften aller Art berechtigt und nicht auf jene Kategorie von Geschäften beschränkt, welche den Gegenstand der Unternehmung seines Prinzipals bilden.[66]) So darf der Prokurist z. B. Bank- oder Versicherungsgeschäfte betreiben, wiewohl sein Prinzipal den Handel mit Holz oder Wolle u. dgl. betreibt (Art. 42; dazu a contr. Art. 47 H. G. B.). Nach dem preußischen Entwurfe zum H. G. B. sollte die Vollmacht des Faktors (Prokuristen) auf den Betrieb des Handelsgeschäftes des Prinzipals beschränkt sein. Die betreffende Stelle des Entwurfes (Art. 30) lautete: „Wer von dem Eigentümer einer Handelsniederlassung (Prinzipal) den Auftrag erhält, in dessen Namen und für dessen Rechnung das Handelsgeschäft zu betreiben (Prokura), ist Faktor (Handlungsvorsteher, Prokurist, Disponent)". Die Worte: „das Handelsgeschäft (zu betreiben)" wurden nur aus Versehen in den Text des Art. 41 H. G. B. aufgenommen.[67])

---

[65]) Vgl. Hahn, I S. 179, Behrend, S. 363, Staub-Pisko, § 4 zu Art. 42. Anders Völderndorff, Komm. S. 329, Pollitzer, Das Verhalten d. allg. d. H.-G.-B. zum Immobiliarverkehr (1885) § 6, Canstein, § 18 S. 293. — Der Inhalt der Konf. Prot. S. 77, 952, steht der im Texte vertretenen Anschauung nicht entgegen. — Die Beantwortung der Frage nach der Berechtigung des Prokuristen zu Schenkungen hängt davon ab, ob gewisse Schenkungen üblicherweise zum Betriebe eines Handelsgewerbes gehören (Art. 42 H. G. B.), wie dies häufig bei Neujahrsgeschenken, welche an Abnehmer und Handelsgehilfen verabreicht werden, der Fall ist. — Auch zum Abschlusse von Vergleichen erscheint der Prokurist nach Art. 42 ermächtigt, sobald der ordnungsmäßige Geschäftsbetrieb die Vornahme solcher Rechtshandlungen erheischt. (Der Entsch. Nr. 737 Abl.-Cl. zufolge wäre der Prokurist einer Versicherungsgesellschaft zum Abschlusse eines den Bestimmungen der Gesellschaftsstatuten widersprechenden Vergleiches nicht befugt; dag. vgl. A. 43.) — Die Vollmacht des Prokuristen erstreckt sich jedoch nicht auf die Veräußerung des Handelsunternehmens des Prinzipals und auf die Erwirkung der Löschung der Firma desselben (vgl. die Entsch. b. deutsch. R. O. H. G., XXIII Nr. 7, Behrend, § 52 N. 12, Staub, § 1 zu Art. 42). — Desgleichen steht dem Prokuristen nicht das Recht zu, eine dritte Person als öffentlichen Gesellschafter aufzunehmen. Vgl. Staub-Pisko, Art. 42 § 4.

[66]) Dies wird nunmehr allgemein anerkannt. Die entgegengesetzte Ansicht wird noch vertreten von Gareis, H. R. § 18 und Gareis-Fuchsberger, S. 140 N. 11.

[67]) Auch die Worte des Art. 41: „für Rechnung (des Prinzipals)" sind zur Bestimmung des Begriffes des Prokuristen nicht wesentlich, denn auch eine procura

Von allen anderen Arten der Handlungsvollmacht unterscheidet sich die Prokura dadurch, daß Inhalt und Umfang der in ihr liegenden Befugnisse in Beziehung auf dritte Personen durch das Gesetz in unabänderlicher Weise festgestellt sind. Eine Beschränkung des Umfanges der Prokura hat dritten Personen gegenüber keine rechtliche Wirkung. (Art. 43 H. G. B.) Das Prinzip der Unbeschränkbarkeit der Prokura gilt aber nicht für das Verhältnis des Prokuristen zu dem Geschäftsherrn. An die von letzterem erteilten Weisungen und Beschränkungen ist der Prokurist gebunden, ohne dieselben jedoch dritten Personen gegenüber, selbst wenn sie von diesen Instruktionen Kenntnis besäßen, einwenden zu können. (Art. 43 H. G. B.) Bei Bedachtnahme auf die kategorische Anordnung des ersten Absatzes des Art. 43 H. G. B. kann selbst in dem Falle, als der Mitkontrahent des Prokuristen die Beschränkung der Vollmacht des letzteren kennt, von einer Arglist (dolus) des ersteren nicht die Rede sein. Besitzt ein Prinzipal mehrere Handelsunternehmungen, so ist der für eine dieser Unternehmungen bestellte Prokurist zweifellos befugt, auch für die anderen Unternehmungen desselben Geschäftsherrn rechtsgültig Geschäfte abzuschließen. (Art. 43 Abs. 2.) Wird im Falle des Vorhandenseins mehrerer Handelsunternehmungen desselben Geschäftsherrn die Vollmacht des Prokuristen auf eine einzige Unternehmung, insbesondere etwa auf eine Zweigniederlassung beschränkt, so entbehrt eine solche Beschränkung der rechtlichen Wirkung. Art. 43 Abs. 2 H. G. B. (Nach § 50 Abs. 3 des deutsch. H. G. B. ist eine Beschränkung der Prokura auf den Betrieb einer von mehreren Niederlassungen des Geschäftsinhabers Dritten gegenüber nur wirksam, wenn die Geschäfte der Niederlassungen unter verschiedenen Firmen betrieben werden.) [68]

(Die Prokura nach den Grundsätzen des a. H. G. B. weicht von der Prokura des älteren österr. H. R. wesentlich ab. Schon nach dem Gesetze umschloß diese einen namhaft engeren Kreis von Befugnissen,

---

in rem suam wäre mit dem Begriffe der Prokura nicht unvereinbar (vgl. Behrend, § 52 N. 2). Unzutreffend Gareis, H. R. (4. Aufl.) S. 105.

[68] In dem Falle, als der Geschäftsherr mehrere Handelsunternehmungen unter verschiedenen Firmen betreibt, halten Hahn, I S. 175 und Behrend, § 52 N. 16 die Beschränkung der Vollmacht des Prokuristen auf eine einzige Unternehmung für zulässig. Allein diese Ansicht erscheint, ungeachtet Art. 41 H. G. B. der Worte: „das Handelsgeschäft zu betreiben" sich bedient, nicht konsequent und widerspricht dem Art. 43. Die Verschiedenheit der Firma hat doch nicht eine Trennung der Vermögensmasse nach einzelnen Unternehmungen zur Folge (vgl. auch Art. 42). In der Entsch. Adl.-Cl. Nr. 1409 wird die Bestellung eines Prokuristen bloß für eine Zweigniederlassung mit der Bemerkung für statthaft erklärt, es sei hiermit eine örtliche Beschränkung der Vollmacht des Prokuristen nicht (?) ausgesprochen. Ähnlich Nr. 1326, 1750 ders. Slg. De lege ferenda erscheint allerdings die oben angeführte Vorschrift des § 50 des deutsch. H. G. B. empfehlenswert. Staub-Pisko, Art. 43 § 3, halten den im zit. § 50 ausgesprochenen Grundsatz auch für das österr. Recht für zutreffend. Ähnlich Blaschke-Pitreich, S. 66. — Unzutreffend ist die Entsch. Nr. 1433 Adl.-Cl., welche die Bestellung eines Prokuristen für notwendig erklärt, wenn die Teilnehmer der Handelsgesellschaft nicht hierlands ihren Wohnsitz haben.

als die Prokura des gegenwärtigen Rechtes, indem sie lediglich die Ermächtigung zum Betriebe des Handelsgewerbes des Geschäftsherrn gewährte. Überdies aber konnte der Umkreis der mit ihr verbundenen Befugnisse durch besondere Verfügung des Prinzipals noch weiter eingeschränkt werden. Hierin findet die Vorschrift des § 55 Einf. Ges. zum H. G. B. ihre Erklärung.)

Die Prokura des a. H. G. B. ist eine moderne, dem älteren Rechte gänzlich unbekannte Form der Bevollmächtigung. Der Prokurist ist der wahre alter ego seines Geschäftsherrn in Angelegenheiten des Handelsbetriebes. Die Aufnahme des Rechtsinstitutes der Prokura in seiner gegenwärtigen Gestaltung in das H. G. B. erfolgte durch die Nürnberger Konferenz trotz eines von den Vertretern der österreichischen und der preußischen Regierung eingebrachten Gegenantrages in der ausgesprochenen Tendenz, alle Zweifel über den Umfang der Handlungsvollmacht des Prokuristen für die Zukunft abzuschneiden.

Prokurist ist, wer in der durch Art. 41 H. G. B. genau vorgeschriebenen Form als solcher bestellt wird.[69]) Die Bestellung eines Prokuristen kann erfolgen:

1. durch Erteilung einer ausdrücklich als Prokura bezeichneten Vollmacht;
2. durch ausdrückliche Bezeichnung des Bevollmächtigten als Prokuristen;
3. durch die Ermächtigung, die Firma des Prinzipals per procura zu zeichnen. (Art. 41 H. G. B.)

Im übrigen ist die Bestellung eines Prokuristen an eine bestimmte Form nicht gebunden. Sie kann sowohl schriftlich als auch mündlich geschehen. Die Ermächtigung, die Firma des Geschäftsherrn per procura zu zeichnen, kann selbst stillschweigend erteilt werden, indem z. B. der Prinzipal gestattet, daß der Bevollmächtigte Geschäftsbriefe per procura unterzeichne.[70]) (Nach § 48 des H. G. B. für das Deutsche Reich kann die Prokura nur mittels ausdrücklicher Erklärung erteilt werden.)

Die Gültigkeit der Bestellung eines Prokuristen ist von der Eintragung dieser Tatsache in das Handelsregister nicht abhängig, wenngleich nach Art. 45 H. G. B. die Erteilung der Prokura bei dem Handelsgerichte zur Eintragung in das Handelsregister anzumelden und die Erfüllung der Anmeldepflicht auf dem Wege des Ordnungszwangsverfahrens (mittels Ordnungsstrafen) erzwingbar ist.

---

[69]) Die Anwendung einer dieser drei Formen der Bestellung eines Prokuristen ordnet das Gesetz in kategorischer Weise an. Vgl. auch Staub-Pisko, Art. 41 § 4. — Die Erteilung einer unbeschränkten kaufmännischen Vollmacht unter wörtlicher Anführung des Inhaltes des Art. 42 H. G. B. würde zur Bestellung eines Prokuristen nicht genügen. Der von Behrend in der N. 22 S. 366 ausgesprochenen Ansicht: „Eine andere Art der Bestellung ist nicht denkbar" kann nicht beigepflichtet werden, es wäre denn, daß dem Worte „denkbar" die Bedeutung von „zulässig" beigemessen würde (vgl. Hahn, S. 188 § 8).

[70]) Diese Ansicht ist in der Doktrin vorherrschend. Vgl. Hahn, I S. 174, Staub-Pisko, Art. 41 § 5 und Entsch. d. deutsch. R. O. H. G., VIII Nr. 76. Die Richtigkeit dieses Erkenntnisses bezweifelt Wendt in Endemanns Handb., I S. 285.

Die Prokura kann auch als sog. Kollektivprokura (Gesamtprokura, Art. 41 Abs. 3) mehreren Personen gemeinsam erteilt werden. In diesem Falle bedarf es zu jeder Rechtshandlung des Zusammenwirkens aller Prokuristen, beziehungsweise der (mündlich oder schriftlich erklärten) Einwilligung der übrigen Prokuristen zu dem Vorgehen des Handelnden. (Art. 41 und Analogie der Art. 136 und 229 H. G. B.). Es waltet auch kein Hindernis dagegen ob, daß ein Prokurist kollektiv mit einem öffentlichen Gesellschafter oder mit einem Mitgliede des Vorstandes einer Aktiengesellschaft firmiere.[71] — Wurde jedoch jedem von mehreren Prokuristen die Prokura selbständig erteilt, so kann jeder dieser Prokuristen alle Rechtshandlungen, zu deren Vornahme ein Prokurist überhaupt befugt ist, aus eigener Macht vornehmen. Ob im Falle der Bestellung mehrerer Prokuristen jedem derselben die selbständige Ausübung seiner Vollmacht zustehe oder eine Kollektivprokura vorliege, ist eine Tatfrage. Auf Grund der Vorschrift des § 1011 a. b. G. B. ist diese Frage im Zweifel dahin zu lösen, daß nur eine Kollektivprokura anzunehmen ist.

Die Erteilung der Prokura und das Erlöschen derselben sind zum Zwecke der Eintragung in das Handelsregister sowohl bei dem Handelsgerichte der Hauptniederlassung als bei jenem der Zweigniederlassung zur Anmeldung zu bringen. (Art. 45 H. G. B., vgl. Entsch. Nr. 1047, 1229, 1372 und 2080 Adl.-Cl.; unrichtig ist die Entsch. Nr. 1326 ders. Slg.)

Welche prozessualen Folgen in dem Falle eintreten, wenn das Erlöschen der Prokura in das Handelsregister nicht eingetragen und öffentlich bekannt gemacht wurde, bestimmt Art. 46 H. G. B. Vgl. die bezüglichen Ausführungen im § 10 dieser Schrift.

Der Prokurist zeichnet üblicherweise in der Art, daß er der von wem immer geschriebenen oder mittels Stampiglie vorgedruckten Firma des Geschäftsherrn einen die Prokura andeutenden Zusatz und seinen Namen beifügt. (Art. 44 H. G. B.)[72] Diese Form hat der Prokurist auch bei der Unterzeichnung von Wechseln zu beobachten. (Das Ges. v. 19. Juni 1872 R. G. Bl. Nr. 88, betreffend die Geltendmachung von

---

[71]) Diese Anschauung kommt auch in der Praxis zur Geltung. Sie wird ferner von Blaschke-Pitreich, S. 66 geteilt. Behrend, § 52 N. 34 äußert gegen dieselbe vom Standpunkte der Theorie aus Bedenken. Die Richtigkeit der hier vorgetretenen Ansicht wird von Staub, Art. 43 § 4 bestritten; desgleichen in der von Pisko besorgten Ausgabe des Staub'schen Kommentars, S. 149. Nach § 232 Abs. 2 des deutsch. H. G. B. kann durch den Gesellschaftsvertrag einer Aktiengesellschaft bestimmt werden, daß die Vorstandsmitglieder, wenn nicht mehrere zusammen handeln, in Gemeinschaft mit einem Prokuristen zur Vertretung der Gesellschaft befugt sein sollen.

[72]) Z. B. A. Halla, per proc. Stach; oder p. p. A. Halla, Stach. Daß der Beisatz p. p. gewohnheitsmäßig der Firma vorgesetzt werden müsse (Schebek, H. R. 40), ist nicht richtig. Vgl. Blaschke-Pitreich, S. 67 N. 15. — Es wird in der Praxis zur Zeichnung für hinreichend erachtet, wenn der Prokurist dem Firmavordrucke seine Unterschrift eigenhändig beifügt (vgl. §§ 9 und 11 S. 125 dieser Schrift). Unrichtig wäre beispielsw. die Zeichnung: „Für A. Halla, Stach. Vgl. Staub-Pisko zu Art. 44.

Ansprüchen aus Wechselerklärungen, welche nicht von ihrem Aussteller selbst unterzeichnet, sondern mit dessen Namen von einem anderen unterschrieben sind, läßt die Bestimmungen über die Zeichnung der Firma eines Kaufmannes unberührt.) Bei dem Bestande einer Kollektivprokura hat jeder Prokurist der Firma des Prinzipals seinen Namen beizufügen (Art. 41 Abs. 3, Art. 44); der die Prokura andeutende Zusatz darf auch in diesem Falle nicht fehlen. Die Nichtbeachtung der Formvorschrift des Art. 44 zieht jedoch rechtliche Konsequenzen nicht nach sich. Selbst wenn der Prokurist ein Schriftstück verpflichtenden Inhaltes auf eine von der Norm des Art. 44 abweichende Weise unterzeichnet, wird durch den Inhalt der Urkunde der Prinzipal verpflichtet, wofern nur aus den Umständen erhellt, daß der Prokurist die Rechtshandlung im Namen des letzteren vornahm.[72a]

Das Recht zur Bestellung von Prokuristen steht nur Vollkaufleuten, Handelsgesellschaften (mit Einschluß der Aktiengesellschaften)[73] sowie handeltreibenden Erwerbsgenossenschaften unter der Bedingung zu, daß der Jahresbetrag der ihnen von dem Erwerbe aus ihrem Geschäftsbetriebe vorgeschriebenen Steuer die durch die kais. Vdg. v. 11. Juli 1898 R. G. Bl. Nr. 124 nach der Einwohnerzahl des Betriebsortes festgesetzte Mindesthöhe erreicht oder übersteigt. (§ 13 des Genoss. Ges. v. 9. Apr. 1873, §§ 8 und 18 der Min. Vdg. v. 14. Mai 1873 R. G. Bl. Nr. 71 über die Anlegung und Führung des Genossenschaftsregisters.) Im Namen von Personen, die unter der Gewalt ihres Vaters, eines Vormundes oder eines Kurators stehen, kann der gesetzliche Vertreter mit Einwilligung der Vormundschafts- beziehw. Kuratelsbehörde (§ 233 a. b. G. B.) einen Prokuristen bestellen.

[72a]) Diese Ansicht wird allgemein geteilt. Kaum reicht es aber hin, wenn der Prokurist bloß die Firma mit dem Zusatze p. p., oder lediglich seinen Namen mit diesem Zusatze unterzeichnet. Vgl. die Rechtsprechung bei Staub zu Art. 44.

[73]) Vgl. § 8 N. 155 dieser Schrift. Nach der Absicht der Nürnberger Konferenz (Prot., S. 1064) sollte der Aktiengesellschaft mangels eines praktischen Bedürfnisses die Befugnis zur Bestellung von Prokuristen nicht eingeräumt werden. Der für diesen Standpunkt geltend gemachte Grund, es sei die Bestellung eines Prokuristen „das Attribut eines Menschen .... mit unbeschränkter Willensfähigkeit" ist offenbar so wenig stichhältig, daß die Anschauung der Konferenz — die übrigens im Gesetze nicht zum Ausdrucke gelangte — allgemeine Ablehnung erfuhr (vgl. Hahn, II S. 731, Renaud, Das Recht der Aktiengesellschaften § 60 [2. Aufl.; anders in der 1. Ausgabe], Behrend, § 52 N. 17; Erk. d. deutsch. R. O. H. G., VI Nr. 87, VII Nr. 107, IX Nr. 22, ferner Art. 234 des deutschen Reichsges., betreff. die Kommanditgesellschaften auf Aktien und die Aktiengesellsch. v. 18. Juli 1884 und § 238 H. G. B. für das Deutsche Reich gestatten dem Vorstande einer Aktiengesellschaft ausdrücklich, mit Zustimmung des Aufsichtsrates einen Prokuristen zu bestellen. Den Liquidatoren steht allerdings das Recht, die Prokura zu erteilen, nicht zu (vgl. Art. 137 H. G. B. mit Art. 42). — Zur Erwirkung der Eintragung eines für eine offene Handelsgesellschaft bestellten Prokuristen in das Handelsregister genügt die Anmeldung durch einen der zur Vertretung berechtigten Gesellschafter (Art. 118 H. G. B.). Vgl. Entsch. Nr. 1080, 1509 und 1546 Adl.-Cl. In der Entsch. Nr. 1304 ders. Slg. wird unrichtigerweise zur Registrierung der Prokuraerteilung die Einwilligung aller vertretungsberechtigten Gesellschafter gefordert.

Für die Beantwortung der Frage, wer zum Prokuristen bestellt werden könne, sind die subsidiär zur Anwendung zu bringenden Grundsätze des bürgerlichen Rechtes maßgebend. Die zum Prokuristen zu bestellende Person muß sohin handlungsfähig sein; es ist jedoch nicht erforderlich, daß sie volle Verpflichtungsfähigkeit besitze. Es kann daher auch ein Minderjähriger Prokurist sein (§§ 1017, 1018 a. b. G. B., Art. 52 H. G. B.). Ebenso ist es zulässig, daß Personen weiblichen Geschlechtes die Prokura erteilt werde.

Der Prokurist kann im Dienste des Geschäftsherrn stehen, es muß dies aber nicht der Fall sein.[74] Bei der Prüfung der Rechtsgültigkeit einer vom Prokuristen als Stellvertreter des Prinzipals vorgenommenen Rechtshandlung kommt für die Frage nach dem Vorhandensein wahrer Einwilligung, beziehe. nach den Wirkungen eines etwa unterlaufenen Irrtumes oder Zwanges die Person des Prokuristen in Betracht. (§§ 865 bis 876 a. b. G. B., vgl. Nr. 2115 Abl.-Cl.)

2. Der Handlungsbevollmächtigte. (Art. 47 H. G. B.)

Als „Handlungsbevollmächtigter" im engeren Sinne des Wortes ist derjenige zu bezeichnen, der ohne die Prokura zu besitzen, in dem Handelsgewerbe des Prinzipals zur Besorgung entweder des gesamten Geschäftsbetriebes (Generalhandlungsbevollmächtigter) oder eines Zweiges desselben oder auch nur eines Kreises von Geschäften bestellt ist.[75]

Der Umkreis der Befugnisse eines solchen Handlungsbevollmächtigten wird in subsidiärer Weise im Art. 47 H. G. B. dahin normiert, daß sich die Vollmacht desselben auf alle Geschäfte und Rechtshandlungen erstreckt, welche der Betrieb des Handelsgewerbes des Prinzipals oder die Ausführung von derartigen Geschäften gewöhnlich mit sich bringt,[76] ohne daß es hierzu einer nach der Vorschrift des § 1008 a. b. G. B. oder anderer Gesetze etwa erforderlichen besonderen Vollmacht bedürfte. Zur Übernahme von Wechselverbindlichkeiten, zur Aufnahme von Darlehen und zur Prozeßführung jedoch ist der Handlungsbevollmächtigte nur dann berechtigt, wenn ihm die Befugnis zu diesen Rechtsakten

---

[74] Zum Prokuristen kann der Ehegatte einer Handelsfrau (vollen Rechtes) oder ein Freund bestellt werden. Vgl. den folgenden § (14) dieses Buches.

[75] Der Handlungsbevollmächtigte kann — muß aber nicht — Handlungsgehilfe im Sinne des Art. 57 H. G. B. sein, d. h. er kann im Dienste des Prinzipals stehen. Auch ein Familienangehöriger des Prinzipals, dessen Vater oder dessen Sohn kann Handlungsbevollmächtigter sein (vgl. die Ausführung im Texte zu Art. 57 H. G. B.). Unwesentlich ist die von Behrend, § 53 N. 5, 6 vorgenommene Unterscheidung. — Zu den Handlungsbevollmächtigten im Sinne des Art. 47 werden gewöhnlich gehören: Fabriksdirektoren (Entsch. Nr. 407 Abl.-Cl.), Werkführer, Schiffer, Kellner (vgl. hierzu den folg. § 14 dieser Schr.), die für den Rechtsverkehr mit dem Publikum bestimmten Eisenbahnfunktionäre (Kassiere, Expeditoren) usw.

[76] Die Beweislast obliegt in dieser Richtung demjenigen, welcher behauptet, es gehöre ein bestimmtes Rechtsgeschäft zu dem gewöhnlichen Betriebe des betreffenden Handelsgewerbes.

§ 13.

besonders erteilt wurde. (Art. 47.) Ohne Einwilligung des Geschäftsherrn kann der Handlungsbevollmächtigte seine Vollmacht auf einen anderen nicht übertragen (Art. 53 H. G. B.); es ist jedoch nicht ausgeschlossen, daß er einen Bevollmächtigten insoweit bestelle, als dies der gewöhnliche Betrieb des betreffenden Handelsgewerbes erheischt. (Art. 47 H. G. B.) Die Handlungsvollmacht im Sinne des Art. 47 H. G. B. unterscheidet sich von der Prokura in folgenden Punkten:

1. Der Umkreis der in der Prokura liegenden Befugnisse ist durch das Gesetz genau festgestellt; die Vollmacht des Prokuristen zur Vornahme von Handelsgeschäften ist unbeschränkt und nach außen (d. i. dritten Personen gegenüber) unbeschränkbar. Der Umfang der Befugnisse eines Handlungsbevollmächtigten dagegen kann nach Belieben festgesetzt werden und richtet sich nur beim Mangel einer besonderen Festsetzung nach der Norm des Art. 47. Im Gegensatze zur Prokura ist selbst die Vollmacht eines Generalhandlungsbevollmächtigten, welche das Gesetz (Art. 47) in dispositiver Weise als umfassendste Vollmacht eines Handlungsbevollmächtigten normiert, auf den Betrieb des Handelsgewerbes *seines Prinzipals* beschränkt.[76a] Selbst der zum Betriebe des ganzen Handelsgewerbes bestellte Handlungsbevollmächtigte ist ohne spezielle Übertragung der bezüglichen Befugnis nicht berechtigt, für seinen Prinzipal Wechselverbindlichkeiten einzugehen, in dessen Namen Darlehen aufzunehmen oder ihn in Rechtsstreitigkeiten zu vertreten.

2. Die Berechtigung, einen Prokuristen zu bestellen, ist nur Vollkaufleuten, somit solchen Einzelkaufleuten, Handelsgesellschaften und Handelsgeschäfte betreibenden Genossenschaften eingeräumt, welche an einjähriger Erwerbsteuer den durch die kais. Vdg. v. 11. Juli 1898 R. G. Bl. Nr. 124 festgesetzten Mindestbetrag zu entrichten haben. Die Eintragung in das Handelsregister ist nur bei Erteilung der Prokura gestattet (und geboten. Art. 45 H. G. B.).[77] Das Recht, die Firma des Prinzipals per procura zu zeichnen, steht lediglich dem Prokuristen zu. (Art. 44 H. G. B.) Im Gegensatze hierzu kann *jeder* Kaufmann einen Handlungs-

---

[76a] Eine Einschränkung dieses gesetzlich angenommenen Umfanges der Vollmacht eines Generalhandlungsbevollmächtigten ist statthaft. Sie kann jedoch in einem Rechtsstreite mit dritten Personen nur dann eingewendet werden, wenn diese die Beschränkung kannten oder nach den Umständen kennen mußten. So ordnet § 54 Abs. 3 des deutsch. H. G. B. ausdrücklich an, es brauche ein Dritter sonstige (d. i. andere, als die im Abs. 2 des § 54 ausgesprochenen) Beschränkungen der Handlungsvollmacht nur dann gegen sich gelten zu lassen, wenn er sie kannte oder kennen mußte. Vgl. auch Staub zu Art. 47 des 1. deutsch. H. G. B. — Über die Frage, ob der Prinzipal für den Schaden hafte, den sein Handlungsbevollmächtigter einer dritten Person zufügte, vgl. Randa, Schadenersatz (böhm., 6. Aufl. S. 34, 45 flg.).

[77] Auf einem offenbaren Irrtume beruht die Entsch. Nr. 131 Abl.-Sl., mit welcher die Eintragung der Firmazeichnung eines Handlungsbevollmächtigten in das Handelsregister aus dem Grunde zugelassen wurde, weil dieselbe im H. G. B. nicht untersagt sei. Dagegen wurde in den Entsch. Nr. 1216, 1282 ders. Slg. unter Berufung auf Art. 12 H. G. B. richtig erkannt, daß nicht einmal die Bestellung des bevollmächtigten Direktors einer Zweigniederlassung in das Handelsregister eingetragen werden dürfe.

bevollmächtigten im Sinne des Art. 47 H. G. B. bestellen. (Art. 47 und § 7 Einf. Ges. zum H. G. B. a contr.) Die Erteilung einer derartigen Handlungsvollmacht darf, selbst wenn diese noch so umfassend ist, in das Handelsregister nicht eingetragen werden. Endlich muß sich der Handlungsbevollmächtigte bei der Zeichnung der Firma seines Prinzipals jedes eine Prokura andeutenden Zusatzes enthalten; er hat vielmehr die Firma mit einem anderen das Vollmachtsverhältnis ausdrückenden Zusatze zu zeichnen. (Art. 48 H. G. B.)[78]

Von der einfachen Vollmacht zum Abschlusse von Handelsgeschäften (Art. 297, 298 H. G. B.) unterscheidet sich die Handlungsvollmacht im Sinne des Art. 47 H. G. B. dadurch, daß a) der Handlungsbevollmächtigte als solcher im Handelsgewerbe seines Prinzipals angestellt ist, b) daß er vermöge der ihm erteilten Vollmacht zum ständigen Betriebe eines bestimmten Kreises von Handelsgeschäften ermächtigt ist,[79] und c) daß seinem Auftraggeber stets Kaufmannseigenschaft zukommt.[79a]

Eine besondere Art der Generalhandlungsbevollmächtigung bildet die Vollmacht jener Repräsentanten, welche für die in dem österreichischen Ländergebiete errichteten Zweigniederlassungen ungarischer Aktiengesellschaften (Kommanditgesellschaften auf Aktien), Versicherungsgesellschaften und Erwerbs- und Wirtschaftsgenossenschaften bestellt werden. Diese Repräsentanten haben ihren ordentlichen Wohnsitz in Österreich zu nehmen und müssen mit der Befugnis versehen sein, die Gesellschaft in allen gerichtlichen und außergerichtlichen Angelegenheiten zu vertreten, welche sich aus dem Geschäftsbetriebe der Zweigniederlassung, für die sie bestellt sind, ergeben. Die Bestellung eines Repräsentanten ist zum Zwecke der Eintragung in das Handelsregister bei dem zuständigen Handelsgerichte anzumelden. (§§ 2 und 3 des Ges. v. 27. Juni 1878,

---

[78] Beispielsw. mit dem Zusatze: „für," „Namens" u. dgl.

[79] Daß der Gesetzgeber selbst bei den Worten: „zu einzelnen Geschäften" des Art. 47 einen bestimmten, wenn auch engeren Kreis von Handelsgeschäften vor Augen hatte, leuchtet aus dem Zusammenhange der Anordnungen der drei Absätze dieses Artikels hervor. Vgl. auch Hahn, I S. 189 N. 6, Staub, Art. 47 § 1. Staub-Pisko, S. 156 § 1, gegen Behrend, § 53 N. 5, 7.

[79a] Bei Rechtshandlungen, die der Handlungsbevollmächtigte für den Geschäftsherrn vornimmt, ist die Grundhältigkeit der Einwendung, es sei das Erfordernis wahrer Einwilligung (§ 869 a. b. G. B.) wegen unterlaufenen Irrtums oder listiger Irreführung ausgeschlossen, auch an der Person des Handlungsbevollmächtigten zu prüfen. Vgl. Nr. 2115 Abl.-Cl. — Der Prinzipal kann die Ausführung eines von dem Handlungsbevollmächtigten innerhalb des ihm zugewiesenen Wirkungskreises abgeschlossenen Geschäftes nicht mit der Begründung ablehnen, letzterer habe gegen seinen Willen gehandelt. Dies gilt insbesondere in dem Falle, wenn bei einer Vereinbarung, die unter Benützung des Telephons getroffen wurde, ein Irrtum unterlief. Der Besitzer des Telephons verantwortet den Schaden, der durch die Benützung des letzteren von Seite eines Unberufenen verursacht wurde. §§ 871 und 1295 flg. a. b. G. B. Vgl. auch Staub, Art. 47 und indirekt die Entsch. des deutsch. R. G. I S. 9. Als zu weitgehend erscheint die Behauptung, ein Kaufmann, der Telephonanschluß hat, ermächtige hierdurch alle seine Angestellten Dritten gegenüber zur Abgabe derjenigen Erklärungen, welche dieselben tatsächlich durch das Telephon abgeben. (So Pisko-Staub, Art. 47 S. 155.) Dagegen Meili u. a.

§ 13.

R. G. Bl. Nr. 63, Art. XX des Ges. v. 21. Mai 1878 R. G. Bl. Nr. 62, beziel. des Ges. v. 21. Mai 1887 R.G.Bl. Nr. 48.)

Wichtige Vorschriften dispositiven Charakters über den Umfang der Befugnisse der Handlungsbevollmächtigten enthalten die Art. 50 und 51 H. G. B., und zwar:

a) Wer in einem Laden oder in einem offenen Magazine oder Warenlager zum Geschäftsbetriebe angestellt ist, gilt nach dem Gesetze für ermächtigt, in den bezeichneten Räumlichkeiten (nicht aber auch außerhalb derselben) Verkäufe von Waren sowie Empfänge von Geld und Waren vorzunehmen, wie solche in Geschäftsräumen der gedachten Art gewöhnlich stattfinden. (Art. 50.)[80] Auf Bureau- oder Kontorangestellte[81] sowie auf Personen, die lediglich Gesindedienste verrichten, erstreckt sich die Bestimmung des Art. 50 nicht. Da diese Gesetzesstelle den Handlungsbevollmächtigten zu den „gewöhnlich" in dem Laden oder Warenlager stattfindenden „Empfangnahmen" (ohne weitere Unterscheidung) berechtigt, liegt kein Grund vor, die Befugnis zum Geldempfange auf solche Geschäfte einzuschränken, die der Handlungsbevollmächtigte selbst abschloß. Für die Beantwortung der Frage, ob der Handlungsbevollmächtigte nur gegen Barzahlung oder auch auf Kredit verkaufen dürfe,

---

[80] Es ist daher hinreichend, wenn jemand (z. B. der Sohn oder ein Freund des Kaufmannes) tatsächlich hinter dem Verkaufstische steht. Die Redlichkeit des Dritten wird allerdings stets vorausgesetzt. (Vgl. Behrend, § 53 N. 26: „Es genügt der Schein des Angestelltseins.") Vgl. hierüber die Abhandlung von Heller im „Právník" 1895 S. 233 flg., ferner Staub, Art. 50 §§ 2 bis 5. — Die Berechtigung eines derartigen Angestellten zum Warenverkaufe gegen Kredit ist gleichfalls nach der in dem betreffenden Geschäftszweige herrschenden Übung zu beurteilen (Behrend, l. c. N. 28). — Schon § 1030 a. b. G. B. ordnet an: „Gestattet der Eigentümer einer Handlung oder eines Gewerbes seinem Diener oder Lehrlinge, Waren im Laden oder außer demselben zu verkaufen, so wird vermutet, daß sie bevollmächtigt seien, die Bezahlung zu empfangen und Quittungen darüber auszustellen." Allerdings setzt die Vorschrift des § 1030 eine Ermächtigung zur Vornahme von Verkäufen voraus, während Art. 50 von dieser Voraussetzung absieht. — Formell wurde wohl die Norm des § 1030 a. b. G. B. in Ansehung der Kaufleute bezüglich der im offenen Laden verkauften Waren durch Art. 50 H. G. B. außer Kraft gesetzt, allein bezüglich der außerhalb des Ladens durch nichtreisende Bevollmächtigte verkauften Waren, besitzt dieselbe trotzdem auch bei Kaufleuten noch Geltung. — Bezüglich solcher Gewerbetreibenden, die nicht Kaufleute sind, blieb die Wirksamkeit des § 1030 a. b. G. B. ungeschmälert. — Unzutreffend ist die Ausführung Sarl's, Beziehungen des preuß. Landrechtes zur Kodifikation uns. Zivilrechtes (1893) S. 9. — Der inhaltlich mit dem Art. 50 des österr. H. G. B. übereinstimmende § 56 H. G. B. für das Deutsche Reich enthält wohl das Wort „daselbst" nicht; allein bei der Weglassung dieses Wortes bestand gewiß nicht die Absicht, den Handlungsangestellten den Warenverkauf usw. auch außerhalb des Ladens zu gestatten. Vgl. Staub, Suppl. 48. — Zur Genehmigung der Lieferung einer Ware von nicht vertragsmäßiger oder gesetzmäßiger Beschaffenheit (Art. 347 H. G. B.) ist der Handlungsbevollmächtigte nicht befugt; denn hierin läge ein unzulässiger Verzicht auf ein dem Prinzipal zustehendes Recht.

[81] Es wäre denn, daß das Kontor (die Kanzlei) und das offene Warenlager in demselben Raume vereinigt wären. Vgl. Entsch. Nr. 1568 Adl.-Cl. Eine Gasthausräumlichkeit ist als offener Laden im Sinne des Art. 50 anzusehen. Vgl. Pisko-Staub, § 2 zu Art. 50.

ist die in Verkaufsstätten gleicher Art herrschende Übung maßgebend (vgl. Staub S. 97, Pisko-St. S. 165.). Der Verkauf gegen Ausstellung eines Wechsels wird in der Praxis als ungewöhnlich und daher unzulässig angesehen (vgl. Pisko S. 158).

Die Anwendung der Norm des Art. 50 H. G. B. kann nur durch einen ausdrücklichen und augenfälligen Vorbehalt, z. B. durch eine mittels deutlich sichtbaren Anschlages im Geschäftsraume, den Besuchern desselben gemachte Ankündigung, Warnung u. dgl. ausgeschlossen werden. Nach der Absicht des Gesetzgebers kommt es wesentlich darauf an, ob das Publikum im Hinblicke auf die obwaltenden Umstände rücksichtlich einer bestimmten Person mit Grund annehmen konnte, sie sei in dem Laden, in dem offenen Magazine oder Warenlager eines Kaufmannes zum Geschäftsbetriebe angestellt. Dies war auch der Beweggrund, aus welchem an Stelle des von dem preußischen Entwurfe gebrauchten Ausdruckes: „Ein Handlungsgehilfe" bei der Stilisierung des Art. 50 das Fürwort „wer" gewählt wurde.[82]) Da der Art. 49 H. G. B. die Handlungsreisenden zur Empfangnahme des Kaufpreises aus den von ihnen abgeschlossenen Geschäften (außerhalb des Ladens) ermächtigt, verlor die Anordnung des § 1030 a. b. G. B. bezüglich der Kaufleute — mögen die Verkäufe im Kaufmannsladen oder außerhalb desselben vorgenommen werden — ihre praktische Wirksamkeit, den seltenen Fall ausgenommen, daß der Geschäftsherr einen Nichtreisenden zum Warenverkaufe außerhalb des Ladens ermächtigen würde. Vgl. N. 82 a. Vgl. § 1 Einf. Ges. z. H. G. B. (Diese Tragweite des Art. 49 übersieht Pisko-Staub S. 166 Art. 50, welcher bei Verkäufen außerhalb des Ladens die fortdauernde Geltung des § 1030 behauptet.)

b) Aus dem Zusammenhalte der Norm des Art. 51 H. G. B. mit jener des Art. 296 ergibt sich, daß der Überbringer einer Rechnung über ein Handelsgeschäft, selbst wenn er die Ware überbringt, nur dann zur Empfangnahme der dafür zu leistenden Zahlung für ermächtigt gilt, wenn die Rechnung quittiert ist. Diese gesetzliche Anordnung findet jedoch in dem Falle nicht Anwendung, als die dem Zahlenden bekannten Umstände der Annahme entgegenstehen, daß der Überbringer der Quittung die Ermächtigung zum Geldempfange besitze.

Eine besondere Kategorie von Handlungsbevollmächtigten bilden die sog. **Handlungsreisenden** (commis voyageurs). Es sind dies im Dienste eines Prinzipals stehende Handlungsbevollmächtigte, welche, von Ort zu Ort reisend, im Namen ihres Prinzipals Handelsgeschäfte ab-

---

[82]) Vgl auch die Entsch. Nr. 956 Abl.-Cl. und N. 80. — Ob eine in einem Laden angestellte Person berechtigt sei, die Bezahlung des Preises einer vom Prinzipal auf Kredit verkauften Ware entgegenzunehmen (vgl. hierzu § 1030 a. b. G. B.), bestimmt sich nach der in dem betreffenden Geschäftszweige herrschenden Übung. In der Entsch. Nr. 1840 Abl.-Cl. wird der Bestand einer derartigen Berechtigung — wohl ohne gesetzlichen Grund — gänzlich in Abrede gestellt.

§ 13.

schließen. (Art. 49 H. G. B.)⁸²ᵃ) Die im H. G. B. rücksichtlich der Handlungsbevollmächtigten aufgestellten allgemeinen Normen (Art. 47 flg.) haben auch auf die Handlungsreisenden Anwendung zu finden. Diese gelten nach Art. 49 insbesondere für ermächtigt, den Kaufpreis aus den von ihnen abgeschlossenen Verkäufen einzuziehen und Fristen zur Zahlung desselben zu bewilligen, auch wenn die Übergabe der von ihnen verkauften Waren nicht durch sie selbst erfolgte. Vgl. hierzu die Entsch. Nr. 1502 Adl.-Cl.⁸³) Der Geschäftsherr kann die Berechtigung des Handlungsreisenden zum Geldempfange durch einen Vermerk auf der Faktura oder in anderer erkennbarer Weise ausschließen und sich hierdurch die unmittelbare Berichtigung (Einsendung) des Kaufpreises ausbedingen. In diesem Falle ist die Bestimmung des Art. 49 (zweiter Satz) unwirksam.⁸⁴) Inwieweit der Handlungsreisende zur Vornahme sonstiger Rechtshandlungen befugt ist, muß nach dem Umfange der ihm vom Prinzipale erteilten besonderen Vollmacht, bezieh. subsidiär nach den Regeln des Art. 47 beurteilt werden.⁸⁵)

---

⁸²ᵃ) Auf Bevollmächtigte, die für den Standort der Handelsunternehmung bestellt sind (Stadtreisende usw.), bezieht sich die Anordnung des Art. 49 nicht. Vgl. die Entsch. des deutsch. R. O. H. G. VI 21.

⁸³) Der Handlungsreisende ist also nicht als ermächtigt anzusehen, Zahlungen auf Grund von Geschäften in Empfang zu nehmen, welche von anderen Personen (z. B. unmittelbar vom Prinzipale) abgeschlossen wurden. (Im Gegensatze hierzu erklärt § 45 des ungar. H. G. B. ausdrücklich die Handlungsreisenden für berechtigt, nicht nur den Kaufpreis aus den von ihnen abgeschlossenen Verkäufen einzuziehen und dafür Zahlungsfristen zu bewilligen, sondern auch die sonst ausstehenden Forderungen ihres Prinzipals einzuheben.) Kontrovers ist die Beantwortung der Frage, ob der Handlungsreisende einen Nachlaß am Kaufpreise gewähren dürfe. Verneinend wird diese Frage in der im „Právník" 1883 S. 319, 320 veröffentlichten oberstgerichtl. Entsch. beantwortet. Regelmäßig wird dem Handlungsreisenden diese Berechtigung allerdings zukommen. Vgl. Hahn, § 2 zu Art. 49 und die Entsch. des deutsch. R. O. H. G. XV Nr. 111, VII Nr. 31: „Als Regel muß gelten, daß es den Handelsreisenden nicht zusteht, (perfekte) Geschäfte wieder rückgängig zu machen und ohne jeden Rechtsgrund . . . . unentgeltlich Verzicht zu leisten." Nur bei streitigen Forderungen wäre dem Handlungsreisenden die Befugnis zur Bewilligung eines angemessenen Preisnachlasses einzuräumen. Vgl. die Entsch. des deutsch. R. O. H. G. VI Nr. 90.

⁸⁴) Vgl. die Entsch. Nr. 184, 188, 278, 604 und 1026 Adl.-Cl.

⁸⁵) Vgl. Behrend, § 53 N. 24. Hiernach ist der Handlungsreisende nicht befugt, einen Neuerungsvertrag abzuschließen, auf Rechte seines Prinzipals zu verzichten, oder einen gültig zustande gekommenen Vertrag rückgängig zu machen (storno). Wohl aber kann er eine Hingabe an Zahlungsstatt (datio in solutum) durch Annahme von Wechseln usw., insoweit dies in Geschäftsbetrieben der betreffenden Art üblich ist, annehmen (Entsch. Nr. 167, 437, 1117, 1233 Adl.-Cl. und Erk. des deutsch. R. O. H. G. XIII Nr. 99). Dem Handlungsreisenden ist ferner die Bewilligung einer mäßigen Verlängerung der Zahlungsfrist gestattet (Nr. 714 Adl.-Cl.: Gewährung einer Frist zur Bezahlung der Prämie durch den Agenten einer Versicherungsgesellschaft). Er kann auch üblicherweise unerhebliche Nachläße vom Kaufpreise einräumen (Entsch. Nr. 696 Adl.-Cl. und Erk. des deutsch. R. O. H. G. VII Nr. 31). Dem Handlungsreisenden ist aber nicht gestattet, abgeschlossene und zur Kenntnis des Prinzipals gebrachte Geschäfte zu stornieren (rückgängig zu machen) (Entsch. Nr. 179, 1117, 1233 Adl.-Cl.; irrig Blaschke-Pitreich, § 71 N. 5). — Streitig ist die Lösung der Frage, ob die Mängelanzeige im Sinne des Art. 347 H. G. B. rechtswirksam dem Handlungsreisenden erstattet werden könne. Diese Frage ist, insoweit es sich um Waren

Durch die Worte des Art. 49: „welche ihr Prinzipal ... verwendet" brachte die Nürnberger Konferenz die Anschauung zu klarem Ausdrucke, daß die Norm des Art. 49 nur auf solche Handlungsreisende anwendbar sei, welche im Dienste eines bestimmten Prinzipals stehen, nicht aber auch auf die sog. reisenden Agenten, welche ohne dienstliches Verhältnis zu einem Geschäftsherrn im eigenen Namen gewerbemäßig an fremden Orten die Vermittlung und den Abschluß von Handelsgeschäften für Inhaber verschiedener Handelsunternehmungen betreiben. Diese Agenten gehören nicht zur Kategorie der Handlungsbevollmächtigten im Sinne des Art. 47, denn sie sind nicht in dem Handelsgewerbe eines Prinzipals angestellt. Sie sind vielmehr, da sie Handelsgeschäfte der im Art. 272 Ziff. 4 H. G. B. bezeichneten Art im eigenen Namen gewerbemäßig betreiben, nach Art. 4 H. G. B. und §§ 50, 59 Gew. Odg. ebenso wie die Platzagenten selbständige Kaufleute.[86])

Die Befugnisse der reisenden Handelsagenten (Provisionsreisenden usw.) waren früher durch die Min. Vdg. v. 3. Nov. 1852 R. G. Bl. Nr. 220 geregelt. Mit der Min. Vdg. v. 16. Sept. 1884 R. G. Bl. Nr. 159 wurden die Vorschriften der ersteren Verordnung, soweit sie noch in Wirksamkeit standen (§§ 9, 10), in Erinnerung gebracht. An die Stelle dieser Vorschriften traten nun die Anordnungen des Art. I §§ 59 bis 59c der Gewerbenov. v. 25. Feb. 1902 R. G. Bl. Nr. 49, betreffend die Abänderung und Ergänzung der Gewerbeordnung.

3. Reisende Handelsagenten.[87])

Zum Zwecke der Erörterung der rechtlichen Stellung reisender Handelsagenten ist zwischen Handlungsreisenden, die im Dienste eines Prinzipals stehen, und selbständigen reisenden Handelsagenten zu unterscheiden.

---

handelt, die der Handlungsreisende selbst verkauft hatte, unbedenklich bejahend zu beantworten (vgl. die Entsch. Nr. 179, 1106, 1829 Adl.-Cl.; Ger. Ztg. 1883 Nr. 23; ferner Behrend, a. a. O., der noch weiter geht). Eine ausdrückliche Bestimmung in dieser Richtung enthält § 55 Abs. 3 des deutsch. H. G. B.: „Die Anzeige von Mängeln einer Ware, die Erklärung, daß eine Ware zur Verfügung gestellt werde, sowie andere Erklärungen solcher Art können dem anwesenden Reisenden gegenüber abgegeben werden."

[86]) Vgl. auch Entsch. Nr. 344 Adl.-Cl. In der Entsch. Nr. 1473 ders. Slg. wird anerkannt, daß der Platzagent als selbständiger Vermittler des Abschlusses von Handelsgeschäften die dem Handlungsreisenden im Art. 49 H. G. B. eingeräumte Vollmacht nicht besitze. — And. Ansicht scheint Górski § 28 zu sein; richtig die Ausführung bei Herrmann im „Sbornik", I S. 192, Canstein, S. 306, Blaschke-Pitreich, S. 72, Bausenwein, S. 51, Pollitzer, §§ 39, 40, Mayer in der Ger. Ztg. 1899 Nr. 6.

[87]) Bezüglich der Platzagenten (représentants de commerce) fehlt es im H. G. B. an einer Vorschrift. Der Platzagent kann bloßer Vermittler, er kann aber auch Vertreter oder Kommissionär sein (Prot. S. 106). Die rechtliche Eigenschaft des Platzagenten ist daher in jedem einzelnen Falle zu prüfen und festzustellen. Kommt dem Platzagenten der Charakter eines Handlungsgehilfen und Bevollmächtigten des Prinzipals zu, so finden die gesetzlichen Vorschriften über

§ 13.

I. Nach dem Ges. v. 25. Feb. 1902 R. G. Bl. Nr. 49 sind die Inhaber gewerblicher Unternehmungen berechtigt, im Umherziehen außerhalb des Standortes ihres Unternehmens selbst oder durch Bevollmächtigte, die in ihrem Dienste stehen (Handlungsreisende), Bestellungen auf Waren bei Kaufleuten, Fabrikanten, Gewerbetreibenden, überhaupt bei solchen Personen aufzusuchen, in deren Geschäftsbetriebe Waren der angebotenen Art Verwendung finden. Sie dürfen hierbei, außer auf Märkten, nicht Waren zum Verkaufe, sondern nur Muster mitführen. Das Aufsuchen von Bestellungen auf Waren bei Personen, in deren Geschäftsbetriebe die betreffenden Waren nicht Verwendung finden (sogen. Detailreisen), ist den Gewerbeinhabern und deren Bevollmächtigten hinsichtlich des Vertriebes von Kolonial-, Spezerei- und Materialwaren innerhalb wie außerhalb des Standortes unbedingt verboten. Hinsichtlich anderer Waren ist das Aufsuchen von Bestellungen außerhalb des Standortes bei den erwähnten Personen nur in einzelnen Fällen über ausdrückliche, schriftliche, auf bestimmte Waren lautende, an den Gewerbeinhaber gerichtete Aufforderung gestattet. (§ 59 l. c.)[87a] Motiv

---

Handlungsgehilfen und Handlungsbevollmächtigte Anwendung. Ist aber der Platzagent selbständiger Kaufmann, so muß die Tragweite der ihm zustehenden Befugnisse und der Umfang seiner Vollmacht im konkreten Falle ermittelt werden. Vgl. die Entsch. Nr. 743, 1266, 1311 Abl.-Cl. Gemeinsame Normen für beide gibt es nicht. Das deutsche H. G. B. enthält in den §§ 84 bis 92 eine Reihe von Vorschriften über die Rechtsverhältnisse der selbständigen Handlungsagenten. Vgl. Staub (4. Aufl. Zuf. 2 S. 150). Diese Normen können jedoch nicht ohneweiters auf die nach österr. Rechte zu beurteilenden Rechtsverhältnisse angewandt werden. — Die rechtliche Stellung der „Agenten" von Versicherungsgesellschaften erörtert Neumann in der Schrift: Stellung der sog. Unteragenten einer Versicherungsgesellschaft. Hierzu Roth in den Jur. Bl. 1892 Nr. 10. Letzterer gelangt im Gegensatze zu Neumann zu dem Ergebnisse, daß die Agenten der Versicherungsgesellschaften Bevollmächtigte derselben, keineswegs aber bloße Vermittler seien, da sie die Polizzen, durch deren Einhändigung die Versicherungsverträge zur Perfektion gelangen, den Parteien ausfolgen und Prämienzahlungen sowie Veränderungsanzeigen usw. entgegennehmen. Für den Regelfall erscheint diese Ansicht zutreffend. Auch Herrmann-Otavsky: Die rechtliche Verantwortlichkeit des Versicherers für seine Agenten nach österr. Rechte (Berlin 1897), S. 211 flg. (hierzu Herzfeld, Wiener Zeitschr. 24 S. 200 flg.) schließt sich der Anschauung an, daß der Agent einer Versicherungsgesellschaft regelmäßig deren Handlungsbevollmächtigter im Sinne des Art. 47 sei. Desgleichen Cosack, H. R. (3. Aufl.) S. 777, Canstein, H. R. I S. 163 u. a. Die entgegengesetzte Ansicht wird von den von Herrmann, S. 213 N. 5 angeführten Schriftstellern vertreten. — Auch dem Agenten, der eine auf Wechselseitigkeit beruhende Versicherungsanstalt vertritt, ist üblicherweise dasselbe Maß der Vollmacht zuzuerkennen. Vgl. Herrmann, S. 212. Dergleichen Agenten können im Dienste des Versicherungsunternehmens stehen; es pflegt dies jedoch meist nicht der Fall zu sein. Vgl. Cosack a. a. O. und Mayer, Ger. Ztg. 1899 Nr. 6. And. Meinung ist Canstein a. a. O.

[87] Erzeuger von Uhren, Gold- und Silberwaren, Großhändler mit diesen Artikeln, dann Juwelen- und Edelsteinhändler, sowie die in ihrem unmittelbaren Dienste stehenden Bevollmächtigten sind, sofern der Standort des betreffenden Unternehmens sich in Österreich befindet, befugt, auf ihren Geschäftsreisen nicht bloß Muster, sondern die zu verkaufenden Waren selbst, falls nach der Natur derselben ein Verkauf nach Muster ausgeschlossen erscheint, zum Verkaufe mit sich zu führen, jedoch mit der Beschränkung, daß diese Waren nur an befugte Wieder-

dieser Beschränkung ist die Rücksichtnahme auf die ortsansässigen Kaufleute des betreffenden Geschäftszweiges, welche durch die Konkurrenz fremder Handlungsreisender in ihrem Erwerbe namhaft geschädigt wurden. In dem Standorte seines Unternehmens unterliegt der Inhaber den eben angeführten Beschränkungen nicht.

II. Selbständige Handelsagenten (die also nicht im Dienste eines Gewerbetreibenden stehen, sondern selbst Kaufleute sind) dürfen gleichfalls nur innerhalb der im vorstehenden bezeichneten Grenzen (§ 59 l. c.) für ihre Kommittenten (Kaufleute, sonstige Gewerbetreibende) Bestellungen entgegennehmen. Hierbei ist es gleichgültig, ob sie nur in dem Standorte ihres Gewerbebetriebes (Platzagenten) oder umherreisend (reisende Handelsagenten) ihre Geschäfte betreiben. Muster oder Waren für eigene Rechnung zu verkaufen, ist ihnen nicht gestattet. (§ 59 c l. c.) Handelsagenten, welche ihr Gewerbe im Umherreisen betreiben, dürfen auch nicht eigene Warenlager oder Magazine (scil. für die Waren ihrer Kommittenten) halten.[87b]

Durch die vorstehenden (I. und II.) Bestimmungen der Gew. Nov. v. 25. Febr. 1902 R. G. Bl. Nr. 49 wurden die entsprechenden Normen des § 10 der Min. Vdg. v. 3. Nov. 1852 R. G. Bl. Nr. 220, außer Kraft gesetzt. Insofern diese Verordnung den Handlungsreisenden die Befugnis zum Inkasso nur bei ausdrücklicher Ermächtigung hierzu einräumte, verlor sie bereits — wie im § 23 Einf. Ges. z. H. G. B. ausdrücklich hervorgehoben wird — durch die Anordnung des Art. 49 H. G. B., vermöge welcher die Handlungsreisenden für ermächtigt gelten, den Kaufpreis aus den von ihnen abgeschlossenen Verkäufen einzuziehen oder dafür Zahlungsfristen zu bewilligen, ihre Geltung. Im Hinblicke darauf, daß die Vorschriften der §§ 59 und 59 c des Ges. v. 25. Feb. 1902 R. G. Bl. Nr. 49, an die Stelle der Min. Vdg. v. 3. Nov. 1852 R. G. Bl. Nr. 220 traten, besitzen auch gegenwärtig reisende Agenten (oben I. und II.) die Befugnis zum Inkasso und zur Gewährung von Zahlungsfristen.[87c] Auf Rechte des Auftraggebers zu

---

verkäufer abgesetzt werden dürfen (§ 59a l. c.). Für selbständige Handelsagenten besteht diese Ausnahme nicht (Ziff. II des Textes). Die Handlungsreisenden müssen mit einer amtlichen Legitimation (§§ 59, 59b l. c.) versehen sein. Rücksichtlich des Vertriebes von Druckschriften und des Sammelns von Pränumeranten oder Subskribenten gelten lediglich die Vorschriften des Preßgesetzes (§ 59d l. c).

[87b] Den Bestimmungen der §§ 59 bis 59 c des Ges. v. 25. Febr. 1902 unterliegen auch Handlungsreisende, welche ausländische Industrie-, Gewerbe- oder Handelsunternehmungen vertreten, sofern sie nach den jeweils geltenden Verträgen zum Geschäftsbetriebe in Österreich zugelassen sind (§ 59e l. c.). Vgl. hierzu Not. Ztg. 1902 Nr. 5.

[87c] Die Min. Vdg. v. 3. Nov. 1852 regelte die Befugnisse der Handlungsreisenden („wandernden Handelsagenten") überhaupt, und bezog sich daher sowohl auf selbständige Handelsagenten als auf Handlungsreisende, die im Dienste eines Prinzipals stehen. Nur von den letzteren spricht Art. 49 H. G. B. (verba: „welche ihr Prinzipal"). Es ist somit nicht ganz richtig, wenn im § 23 Einf. Ges. zum H. G. B. gesagt wird, es trete durch die im Art. 49 den Handlungsreisenden in betreff des Inkasso erteilte Ermächtigung die im § 10 der Min. Vdg. v. 3. Nov. 1852 R. G. Bl. Nr. 220 in dieser Beziehung enthaltene Beschränkung außer Kraft.

§ 13.

verzichten, ist jedoch der Handlungsreisende nicht befugt. (Abl.-Cl. Nr. 437, 1117, 1829). Das Maß der einem Handlungsreisenden einzuräumenden Befugnisse soll die in dem Ges. v. 25. Feb. 1902 (§§ 59 bis 59 d) der Wirksamkeit reisender Kaufleute und Handlungsbevollmächtigten gezogenen Schranken nicht überschreiten. Zu betonen ist jedoch, daß Handelsgeschäfte, welche unter Nichtbeachtung der im Ges. v. 25. Febr. 1902 statuierten Beschränkungen abgeschlossen wurden, deshalb nicht ungültig sind. (Art. 11 u. 276 H. G. B.)[87d]

Den Platzagenten ist das Recht zur Einhebung des Kaufpreises aus den durch sie abgeschlossenen Verkäufen im Zweifel nicht zuzuerkennen. (Abl.-Cl. Nr. 1473.)[87e] Dagegen verdient die in der Judikatur herrschende Ansicht Billigung, daß der zum Abschlusse von Verkäufen ermächtigte Agent auch zur rechtswirksamen Entgegennahme von Parteierklärungen des Inhaltes befugt sei, daß die durch seine Vermittlung bezogene Ware wegen Mangels der vertragsmäßigen oder gesetzlichen Beschaffenheit zur Verfügung des Verkäufers gestellt werde. (Vgl. §§ 55 Abs. 3 des H. G. B. für das Deutsche Reich; Entsch. Nr. 1829 Abl.-Cl. und Ger. Ztg. 1883 Nr. 23; Erk. des deutsch. R. O. H. G. VI Nr. 74, XII Nr. 2, XV Nr. 77, hierzu Behrend § 55. Anderer Ansicht ist Górski, I S. 193. Pollitzer, § 40, unterscheidet wohl gleichfalls die oben angeführten Arten von Handelsagenten, ohne jedoch auf die praktischen Konsequenzen dieser Unterscheidung näher einzugehen.) Übrigens ist es quaestio facti, ob ein selbständiger Platzagent bezüglich des Kaufpreises aus den von ihm abgeschlossenen Verkäufen inkassoberechtigt sei. Die Annahme einer solchen Berechtigung ist gewiß in dem Falle begründet, wenn der Kaufmann, für welchen der Platzagent Verkäufe vermittelt, den Empfang einer früheren Zahlung, die an den Agenten erfolgte, oder mehrer an letzteren geleisteten Zahlungen bestätigte. Vgl. die Entsch. Nr. 853 Abl.-Cl. (Aus den diese Materie betreffenden oberstgerichtlichen Entscheidungen ist nicht immer klar erkennbar, ob in dem einzelnen entschiedenen Falle der Agent

---

De lege lata erübrigt sonach nur die Ausdehnung der Anwendbarkeit der Norm des Art. 49 auf selbständige Handelsagenten. — Nach dem deutschen H. G. B. ist Handlungsagent, „wer, ohne als Handlungsgehilfe angestellt zu sein, ständig damit betraut ist, für das Handelsgewerbe eines anderen Geschäfte zu vermitteln oder im Namen des anderen abzuschließen" (§ 84). Zur Annahme von Zahlungen für den Geschäftsherrn sowie zur nachträglichen Bewilligung von Zahlungsfristen ist der Handlungsagent nur befugt, wenn ihm die Ermächtigung hierzu besonders erteilt wurde (§ 86 deutsch. H. G. B.). Diese Handlungsagenten unterscheiden sich von den Mäklern dadurch, daß sie ausschließlich die Interessen ihrer Kommittenten zu wahren haben, und in einem dauernden Vertragsverhältnisse zu denselben stehen. Vgl. Staub-Pisko, I S. 262, 265.

[87d] Übertretungen der in dem angeführten Gesetze (v. 25. Febr. 1902) ausgesprochenen Verbote werden nach den Vorschriften des achten Hauptstückes der Gewerbeordnung von der Verwaltungsbehörde geahndet.

[87e] Im § 86 des deutsch. H. G. B. ist es ausdrücklich für zulässig erklärt, daß die Anzeige von Mängeln einer Ware, die Erklärung, daß eine Ware zur Verfügung gestellt werde, sowie andere Erklärungen solcher Art dem Handlungsagenten gegenüber abgegeben werden.

selbständiger Kaufmann oder Handlungsbevollmächtigter im Sinne des Art. 47 H. G. B. war.)

Ein Agent, der vertragsmäßig Tantièmen von den erzielten Preisen der unter seiner Vermittlung verkauften Waren zu beziehen hat, ist berechtigt, von dem Prinzipal einen Buchauszug über die bezüglichen Geschäfte zu verlangen und wohl auch die Richtigkeit derselben unter Einsicht der Bücher zu prüfen. (§ 837 a. b. G. B., § 303 Z. P. O., Anal. der Art. 253 H. G. B.) Vgl. auch Entsch. Nr. 2032 Abl.-Cl.

4. Die einfache Vollmacht. (Vgl. Art. 298 H. G. B.)

Die Bestimmungen des H. G. B. über die Vollmacht zum Abschlusse von Handelsgeschäften stimmen mit den Normen des a. b. G. B. über die Bevollmächtigung (§ 1017) überein. Es ist nur hervorzuheben, daß die Anordnungen des Art. 298 H.G.B. lediglich eine Ermächtigung zum Abschlusse von Handelsgeschäften, nicht aber Kaufmannscharakter des Vollmachtgebers oder des Bevollmächtigten voraussetzen.

Gemeinsame Grundsätze rücksichtlich aller vier Kategorien der Vollmacht. (Art. 52, 55, 298 H. G. B.)

1. Der Grundsatz, daß die Rechtshandlungen des Stellvertreters Rechte und Verbindlichkeiten unmittelbar für die vertretene Person zur Entstehung bringen (Art. 52, 298), wurde bereits an früherer Stelle erörtert. Über die Haftung des Prinzipals für schädigende Handlungen seiner Stellvertreter vgl. Randa, Vom Schadenersatze a. a. O. (Strenge Vorschriften über die Haftungspflicht des Vollmachtgebers enthält § 278 des deutsch. B. G. B., nach welchem der Schuldner regelmäßig für das Verschulden der Person haftet, deren er sich zur Bewirkung der Leistung bedient.)

2. Schließt jemand Handelsgeschäfte ab, indem er sich, ohne Prokura, Handlungsvollmacht oder eine einfache Vollmacht erhalten zu haben, fälschlich[87f] (im Sinne von „unrichtigerweise", daher auch ohne eigenes Verschulden) für einen Prokuristen, Handlungsbevollmächtigten, Handelsagenten oder einfachen Vollmachtsträger ausgibt, oder überschreitet ein Handlungsbevollmächtigter, ein Handelsagent oder ein einfacher Bevollmächtigter[88] bei dem Abschlusse eines Geschäftes die ihm erteilte Vollmacht, so haftet er dem redlichen Kontrahenten aus dem Geschäfte persönlich nach Handelsrecht. Letzterer kann von dem angeblichen Vollmachtsträger entweder Ersatz des verursachten Schadens

---

[87f] Vgl. Unger, Jahrb. f. Dogm. 30 S. 22.
[88] Wegen der Unbeschränktheit der Prokura im Hinblicke auf den Abschluß von Handelsgeschäften ist eine Überschreitung der Vollmacht von Seite eines Prokuristen nicht möglich. Deshalb spricht Art. 55 nur von dem Falle der Überschreitung der Vollmacht eines Handlungsbevollmächtigten, nicht auch von der Überschreitung der Vollmacht eines Prokuristen.

§ 13.

und Gewinnentganges (Art. 283 H. G. B.)⁸⁹) oder die Erfüllung des mit ihm abgeschlossenen Vertrages begehren. (Vgl. Art. 55, 298 H. G. B.)⁹⁰) Durch die im Art. 55 H. G. B. (in ähnlicher Weise, wie im Art. 95 der Wechs. Ordg.) statuierte Haftung des falsus procurator wird einem wichtigen praktischen Bedürfnisse des Handelsverkehres entsprochen, da sonst der angebliche Vollmachtsträger lediglich nach den Bestimmungen der §§ 1009, (1017), 1295 a. b. G. B. zur Leistung des Ersatzes des verschuldeten Schadens (gegenüber dem Pseudomachtgeber und dem Dritten) herangezogen werden könnte.⁹¹) Wird die ohne Ermächtigung oder mit Überschreitung der Vollmacht vorgenommene Rechtshandlung von der angeblich vertretenen Person genehmigt (Ratihabition § 1016 a. b. G. B.), so ist der Handelnde von der persönlichen Haftungspflicht im Sinne des Art. 55 befreit. Die Verbindlichkeit zum Ersatze des Schadens und des entgangenen Gewinnes, beziehungsweise zur Erfüllung des Vertrages tritt jedoch nicht ein, wenn dem angeblichen Vertreter die Verpflichtungsfähigkeit mangelt oder wenn der Dritte, ungeachtet er den Mangel der Prokura oder der Handlungsvollmacht oder die Überschreitung der letzteren kannte, sich mit dem ersteren einließ. In diesem Falle wird präsumiert, es sei nach dem Willen der handelnden Personen das Rechtsgeschäft unter der Bedingung der Genehmigung von Seite des Prinzipals abgeschlossen worden.⁹²)

---

⁸⁹) Der Gesetzgeber hat hier jenen Schaden vor Augen, der dem Kontrahenten aus der Nichterfüllung des Vertrages erwächst.

⁹⁰) Streitig und zweifelhaft ist die Beantwortung der Frage, ob zur Begründung der im Art. 55 normierten Haftungspflicht vorsätzliche Irreführung des Dritten vorausgesetzt werde, oder ob diese Pflicht auch Platz zu greifen habe, wenn der falsus procurator selbst über den Bestand oder den Umfang der Vollmacht in einem Irrtume sich befand. Für die erstere Ansicht sprechen sich Stubenrauch, S. 128 und Laband a. a. O. aus; Haftungspflicht auch ohne eigenes Verschulden nehmen an: Hahn, I S. 219, Behrend § 51, Canstein, I S. 273, Pisko-Staub, § 3 zu Art. 55. — Im Hinblicke auf die allgemeine Fassung des Art. 55 verdient die letztgedachte Anschauung den Vorzug, wiewohl das Wort „eingelassen" im zweiten Absatze des Art. 55 für die erstere Ansicht zu sprechen scheint. — Erfüllung und Schadenersatz (insbes. wegen eines gegen den Pseudoprinzipal verlorenen Prozesses) kann nur bei Verschulden des Pseudomachthabers gefordert werden. Vgl. Staub-Pisko zu Art. 55 § 7, Entsch. b. deutsch. R. G. 11 S. 356.

⁹¹) Die angemessenste wirtschaftliche Genugtuung besteht offenbar darin, daß der Pseudovertreter selbst den von ihm in fremdem Namen abgeschlossenen Vertrag erfüllen muß. Hier bedarf es des Beweises einer Schadenszufügung nicht. — Anders ist die Rechtslage vom Standpunkte des a. b. G. B., wenn vom falsus procurator die Leistung einer dritten Person zugesagt wurde. In diesem Falle tritt nur eine Entschädigungspflicht ein (§§ 1295, 1324, 1325, 1331 a. b. G. B.). (In anderem Sinne das Erk. des deutsch. R. O. H. G., VI 60.) Der Schadenersatz im Sinne des H. G. B. (Art. 283) umfaßt nicht bloß die Erstattung des wirklichen Schadens, sondern stets auch die Vergütung des entgangenen Gewinnes. — Die Bestimmung des Art. 55 geht unverkennbar von der Voraussetzung aus, daß der falsus procurator ein Handelsgeschäft vornahm (vgl. auch die Konf. Prot. S. 92) und Eigenberechtigung besaß. Diese Voraussetzung erscheint ausdrücklich normiert im § 279 des b. G. B. f. d. Deutsche Reich. Vgl. Behrend a. a. O. und Pisko-Staub, § 4 zu Art. 55.

⁹²) Vgl. Hahn, I S. 216, Staub-Pisko zu Art. 50 § 9 u. a.

Gemeinsame Grundsätze in Ansehung der Prokura und der generellen Handlungsvollmacht. (Art. 56 H. G. B.)

Ein Prokurist oder ein zum Betriebe eines ganzen Handelsgewerbes bestellter Handlungsbevollmächtigter (General-B.) darf nach dem in dem Art. 56 H. G. B. ausgesprochenen Verbote ohne Einwilligung des Prinzipals weder für eigene Rechnung, noch für Rechnung eines Dritten Handelsgeschäfte welcher Art immer betreiben. In analoger Anwendung der Bestimmung des Art. 96 H. G. B. ist es ihnen ohne Zustimmung des Prinzipals auch verwehrt, an dem gleichartigen Unternehmen einer Handelsgesellschaft als offene Gesellschafter teilzunehmen.[98]) Eine stillschweigende Einwilligung des Prinzipals ist dann anzunehmen, wenn er, wiewohl in Kenntnis davon, daß der Prokurist oder Handlungsbevollmächtigte für eigene oder fremde Rechnung Handelsgeschäfte betreibt, dennoch die Fortführung dieses Betriebes nicht untersagt. (Art. 56 Abs. 2.) Übertritt der Prokurist oder Handlungsbevollmächtigte das Verbot des Art. 56, so kann der Geschäftsherr Ersatz des verursachten Schadens und des entgangenen Gewinnes (Art. 283) fordern oder verlangen, daß die für Rechnung des Prokuristen oder Handlungsbevollmächtigten gemachten Geschäfte als für seine (des

---

[98]) Selbst einzelne Handelsgeschäfte dürfen der Prokurist und der Handlungsbevollmächtigte nicht für eigene oder fremde Rechnung vornehmen; denn das Verbot des Eigenhandels beschränkt sich nicht auf die Untersagung gewerbemäßigen Betriebes von Handelsgeschäften (vgl. die Entsch. des R. O. H. G. XVI Nr. 71). Das deutsche H. G. B. unterwirft im § 56 nur Handlungsgehilfen dem Verbote des Eigenhandels. — Ungültig ist der Vertrag, mittels dessen ein Handlungsbevollmächtigter oder ein Handlungsgehilfe sich allgemein ohne Beschränkung nach Ort oder Zeit verpflichtet, nach dem Austritte aus dem Dienste seines Prinzipals weder selbst ein Konkurrenzunternehmen zu betreiben, noch in einem solchen als Handlungsgehilfe an dem Geschäftsbetriebe teilzunehmen. Dies war der Grundgedanke der deutschen Judikatur schon vor Einführung des neuen deutsch. H. G. B. Vgl. Entsch. d. R. O. H. G. XVIII 102, XXI 262, R. G. XXXI 97, XLIII 23. Vgl. auch die analogen Entsch. des österr. O. G. H. Nr. 1937, 2018, 2020 Abl.-Cl., Canstein, § 18 S. 313, Reinhagen, Das Konkurrenzverbot usw. 1903 (Vertrag contra bonos mores). Eine zweckmäßige Bestimmung bezüglich des Konkurrenzverbotes findet sich im § 74 bie deutsch. H. G. B.: „Eine Vereinbarung zwischen dem Prinzipal und dem Handlungsgehilfen, durch welche dieser für die Zeit nach der Beendigung des Dienstverhältnisses in seiner gewerblichen Tätigkeit beschränkt wird, ist für den Handlungsgehilfen nur insoweit verbindlich, als die Beschränkung nach Zeit, Ort und Gegenstand nicht die Grenzen überschreitet, durch welche eine unbillige Erschwerung des Fortkommens des Handlungsgehilfen ausgeschlossen wird. Die Beschränkung kann nicht auf einen Zeitraum von mehr als drei Jahren von der Beendigung des Dienstverhältnisses an erstreckt werden. Die Vereinbarung ist nichtig, wenn der Handlungsgehilfe zur Zeit des Abschlusses minderjährig ist." Die Literatur über das gesetzliche Konkurrenzverbot des Handlungsgehilfen ist bedeutend. Schriften von Sievert, Lemberg, Tischbein, Warburg, Hartmann, jüngst von Alf. Tiedemann (1904), welcher mit Recht die Ansicht vertritt, daß der Richter gemäß § 74 die Konkurrenzklausel auf das gebührende Maß herabsetzen könne. Die Bestimmungen der §§ 74, 75 deutsch. H. G. B. sind nunmehr auch auf die Gehilfen bei Gewerbeunternehmungen ausgedehnt worden. Art. 9 und § 133a deutsch. Gew. Odg.

§ 13.

Prinzipals) Rechnung abgeschlossen angesehen werden. (Art. 56 Abs. 3.)⁹⁴) Gegen den widerstrebenden Prokuristen oder Handlungsbevollmächtigten kann dieses Recht auf dem Prozeßwege zur Geltung gebracht werden. Ein Handlungsgehilfe, der sich einer Übertretung des gedachten Verbotes schuldig macht (Art. 59 H. G. B.), kann unter Umständen vom Prinzipal aus dem Dienste entlassen werden. (Art. 62, 64 Ziff. 2 H. G. B.)

Der Anspruch des Prinzipals auf Schadenersatz sowie sein Recht auf Eintritt in das von dem Prokuristen oder Handlungsbevollmächtigten verbotswidrig abgeschlossene Geschäft erlischt nach § 24 Einf. Ges. z. H. G. B. mit dem Ablaufe von drei Monaten von dem Zeitpunkte an gerechnet, in welchem der Prinzipal von dem Abschlusse des Geschäftes Kenntnis erhielt. Aus dem Wortlaute der eben angeführten Gesetzesstelle (verb. „oder") geht hervor, daß dem Prinzipal der Anspruch auf Schadenersatz und das Eintrittsrecht nur alternativ, nicht kumulativ zustehen. Der Unterschied in der Textierung zwischen Art. 56 und 97 H. G. B. reicht zur Begründung der entgegengesetzten Anschauung nicht hin.⁹⁵) Die Fassung des § 24 Einf. Ges. („Recht, zu verlangen" usw.) weist ferner darauf hin, daß das im Art. 56 dem Prinzipal gewährte Eintrittsrecht nicht etwa eine sogen. gesetzliche Zession (cessio ex lege) der für den Prokuristen oder Handlungsbevollmächtigten aus dem verbotswidrig abgeschlossenen Geschäfte erwachsenen Rechte begründet, der Geschäftsherr vielmehr die Abtretung dieser Rechte, falls sie verweigert wird, auf dem Prozeßwege erwirken müsse.⁹⁶)

---

⁹⁴) Die Vorschrift des Art. 56 setzt stillschweigend Eigenberechtigung des Stellvertreters voraus (vgl. Behrend, § 52 N. 20). Das daselbst statuierte Eintrittsrecht des Geschäftsherrn kann nur bei Handelsgeschäften Platz greifen, die vom Handlungsbevollmächtigten für eigene Rechnung abgeschlossen wurden (nicht auch bei Geschäften, die letzterer für Rechnung einer dritten Person abschloß).

⁹⁵) Richtig Brix, S. 73, Górski, § 27 S. 178, Herrmann im Sbornik, II S. 192; unrichtig Stubenrauch, S. 124, Canstein, S. 314 N. 136. — § 53 des ungar. H. G. B. verleiht dem Prinzipale den Entschädigungsanspruch und das Eintrittsrecht kumulativ. Dagegen werden diese Berechtigungen im § 61 des deutsch. H. G. B. ausdrücklich nur alternativ eingeräumt. Auch vor der Einführung des H. G. B. v. 10. Mai 1897 konnten nach Hahn, S. 222 und Thöl, § 58 in den reichsdeutschen Ländern der Entschädigungsanspruch und das Eintrittsrecht des Prinzipals nur alternativ geltend gemacht werden, wiewohl für das Deutsche Reich eine der Fassung des § 24 des österr. Einf. Ges. z. H. G. B. entsprechende Norm nicht bestand. Pisko-Staub, Art. 56 § 4 a erachten die Forderung des Schadenersatzes und das Eintrittsrecht für kumulativ zustehend. Ebenso Blaschke-Pitreich, S. 79), welche vermuten, daß das Wörtchen „oder" im § 24 E. G. sich nur durch ein Redaktionsversehen (?) eingeschlichen habe, indem es „ohne Zweifel" beim Art. 96 (recte 97) entnommen sei. Diese Annahme ist ganz unhaltbar.

⁹⁶) Die Lösung der Frage, ob der von dem Eintrittsrechte Gebrauch machende Prinzipal einer Zession der dem Handlungsbevollmächtigten durch das verbotswidrig abgeschlossene Geschäft erworbenen Rechte bedürfe, oder auch ohne Abtretung dieser Rechte einer utilis actio gegen den dritten Kontrahenten sich bedienen könne, wurde von der Nürnberger Konferenz der Landesgesetzgebung überlassen (vgl. Prot., S. 87 flg.). Nach österr. Rechte ist die Beantwortung dieser

Aufhebung der Handlungsvollmacht.

Zur Ergänzung der Rechtssätze des H. G. B. über das Erlöschen der Prokura und der anderen Arten der Handlungsvollmacht sind die subsidiär anwendbaren Normen des a. b. G. B. heranzuziehen. Sowohl die Prokura als die Handlungsvollmacht erlöschen durch Widerruf von Seite des Auftraggebers[97]) (§ 1020 a. b. G. B., Art. 54 H. G. B) und durch Aufkündigung von Seite des Bevollmächtigten (§ 1021 a. b. G. B.). In beiden Fällen erfolgt die Aufhebung des Vollmachtsverhältnisses unbeschadet der Rechte aus dem Dienstverhältnisse, insbesondere des Rechtes auf Entschädigung, bezieh. Berichtigung des Dienstlohnes. (Art. 54 cf. Art. 227 H. G. B.)[98]) Die Prokura sowie jede andere Handlungsvollmacht erlöschen ferner durch die Eröffnung des Konkurses über das Vermögen des Prinzipals oder des Vollmachtträgers (§ 1024 a. b. G. B.; auf die erlangte Kenntnis Dritter kommt es nicht an, vgl. Entsch. Nr. 1917 Adl.-Cl.) und durch den Tod des Bevollmächtigten (§ 1022 a. b. G. B.), wohl auch durch den Verlust der Eigenberechtigung desselben, cf. Krainz-Ehrenzweig § 384, Staub-Pisko S. 174; ob auch durch Einstellung des Gewerbebetriebes, wie manche meinen, ist Tatfrage. Dagegen hat der Tod des Prinzipals als Vollmachtgebers — hierin weicht das Handelsrecht von dem Rechte des a. b. G. B. ab — das Erlöschen der Prokura oder der Handlungsvollmacht nicht zur Folge. (Art. 54.) Auch die Ermächtigung zum Abschlusse von einzelnen Handelsgeschäften, welche von einem Kaufmanne im Handelsgewerbe ausgeht (Art. 297), erlischt nicht durch den Tod desselben, es wäre denn, daß die entgegengesetzte Willensmeinung des

---

Frage wegen der Diskrepanz der Bestimmungen der §§ 1358, 1422 und 1423 a. b. G. B. kontrovers. Vgl. hierüber Strohal in der Grünhutschen Zeitschr., X S. 672 flg., welcher gestützt auf § 1358 a. b. G. B. gegen Exner, Hyp. R., S. 396 die Ansicht verficht, es trete derjenige, der die Schuld eines anderen bezahlt, vermöge einer cessio ex lege in die Rechte des Gläubigers ein. Allein § 1358 a. b. G. B. betrifft bloß den Fall der Zahlung der Schuld durch den Bürgen. Vgl. auch Krasnopolski, Zeitschr. XI S. 49 N. 9, Hasenöhrl, Obl. R. II S. 187.

[97]) Nach § 52 des deutsch. H. G. B. ist die Prokura ohne Rücksicht auf das der Erteilung zugrunde liegende Rechtsverhältnis jederzeit widerruflich (Jus cogens). Vermöge des argum a contr. könnte somit nach deutschem Rechte bei den anderen Arten der Handlungsvollmacht auf das Widerrufsrecht gültig verzichtet werden. So ist es nach Staub, Suppl. S. 49 im Deutschen Reiche Übung, daß der zum Handlungsbevollmächtigten bestellte stille Gesellschafter sich die Unwiderruflichkeit der Handlungsvollmacht für die Dauer des Bestandes des Gesellschaftsverhältnisses ausbedingt. In dem Erk. Nr. 1796 Adl.-Cl. wird die Frage betreffend die Unwiderruflichkeit der Prokura der Entscheidung im Prozeßwege überlassen, jedoch die unverzügliche Löschung derselben aus dem Handelsregister für statthaft erklärt. — In dem Falle, als die Vormünderin eines minderjährigen Prinzipals und deren Mitvormund rücksichtlich des Widerrufes der Prokura nicht übereinstimmen, ist die gerichtliche Einwilligung zum Widerrufe einzuholen. Vgl. § 233 a. b. G. B. und Entsch. Nr. 1965 Adl.-Cl.

[98]) Vgl. den folg. § 14.

letzteren aus einer Erklärung desselben oder aus den Umständen hervorginge. Die letzterwähnte Einschränkung der Vollmacht ist auch bei der Handlungsbevollmächtigung (Art. 47) zulässig; immer wird jedoch die Kenntnis des Dritten von der bestehenden Beschränkung vorausgesetzt. Nur bei der Prokura wird das Erlöschen durch eine Willensäußerung dieser Art Dritten gegenüber nicht herbeigeführt. (Art. 42, 43.)

Das Erlöschen der Prokura sowie die Aufhebung der Vertretungsbefugnis des Repräsentanten der in Österreich errichteten Filiale einer ungarischen Aktiengesellschaft, Versicherungsgesellschaft oder Erwerbs- und Wirtschaftsgenossenschaft ist zum Zwecke der Eintragung in das Handelsregister bei dem zuständigen Handelsgerichte anzumelden. (Art. 45 H. G. B., § 4 Ges. v. 27. Juni 1878 R. G. Bl. Nr. 63.) Über die Rechtswirkungen, welche sich an die Eintragung des Erlöschens der Prokura in das Handelsregister und an die Unterlassung der Anmeldung knüpfen, vgl. Art. 46 H. G. B. und § 10 dieser Schrift.[99])

Ad 7. Die Vollmacht des Zwangsverwalters.

Die Vollmacht eines Zwangsverwalters erstreckt sich gemäß § 343 der E. O. auf alle Geschäfte und Rechtshandlungen, welche der Betrieb eines Unternehmens von der Art des zu verwaltenden gewöhnlich mit sich bringt; sie schließt also alle jene Befugnisse in sich, welche die Vollmacht eines Handlungsbevollmächtigten im Sinne des Art. 47 Abs. 1 H. G. B. gewährt. Überdies ist der Zwangsverwalter berechtigt, eine vom Prinzipal für den Betrieb des in Zwangsverwaltung gezogenen Unternehmens erteilte Prokura oder Handlungsvollmacht zu widerrufen und die an die verwaltete Unternehmung gerichteten, als Wertsendungen bezeichneten Postsendungen in Empfang zu nehmen. (§ 343 E. O.)[99a)] Ob der Zwangsverwalter zur Aufnahme von kleineren Vorschüssen und zur Führung von Aktivprozessen berechtigt sei, ist davon abhängig, ob der Betrieb eines derartigen Unternehmens dergleichen Rechtshandlungen gewöhnlich mit sich bringt; so z. B. gewiß bei Detailhandelsgeschäften. Zu Darlehen und Wechselausstellungen wird derselbe der gerichtlichen Bewilligung bedürfen.[99b)] Die Vollmacht des Zwangsverwalters ist zum Handelsregister anzumelden, wenn die Firma des sequestrierten Unternehmens in demselben eingetragen ist. Die Rechtsfolgen der Eintragung und Bekanntmachung richten sich nach Art. 46 H. G. B. Vgl. § 342 Abs. 1 E. O.

---

[99]) Die einschlägigen Bestimmungen des ungar. H. G. B. stimmen mit jenen des 5. Titels im 1. Buche des österr. H. G. B. im ganzen überein. Eine Ausnahme bilden die §§ 45 und 53. Nach dem ersteren gilt der Handlungsreisende für berechtigt, alle ausstehenden Forderungen seines Prinzipals einzuheben. Der Vorschrift des § 53 wurde bereits oben in der N. 95 gedacht.

[99a)] Vgl. hierüber Pollak, Zwangsverwaltung wirtschaftl. Unternehmungen. Jur. Vjschr. 31 (Sonderabdruck); Fischböck, Ger. Ztg. 1902 Nr. 30 flg.

[99b)] Vgl. Neumann, Exek. O. S. 205, im Wesen auch Pollak, S. 34 flg., Pisko-Staub, S. 182. Vgl. auch § 342 Abs. 1 Exek. O.

Da diese Vollmacht keine Handelsvollmacht ist (vgl. N. 64a), so sind auf dieselben die übrigen Vorschriften des H. G. B. (insbes. Art. 47 Abs. 2, 55, 56) nicht anwendbar.

§ 14.
Von den Handlungsgehilfen.
(VI. Titel.)*)

Unter Handlungsgehilfen im weiteren Sinne sind jene Personen zu verstehen, die mittels Vertrages von dem Inhaber eines Handelsunternehmens angestellt sind, um in dem letzteren als Hilfsgenossen (Organe) des Prinzipals ständig kaufmännische Dienste zu leisten.[100]) Die Dienste eines Handlungsgehilfen können bestehen:

a) in dem Betriebe von Handelsgeschäften im Namen und für Rechnung des Geschäftsherrn, sonach in dem Betriebe des Unternehmens, soweit derselbe die Vornahme von Rechtshandlungen erfordert;

b) in Arbeiten und Leistungen anderer Art, d. i. in dem sog. technischen Geschäftsbetriebe;

c) in Verrichtungen rechtlicher und technischer Natur. (Art. 58 H. G. B.)

---

*) Die Anordnungen, welche das H. G. B. für das Deutsche Reich über diese Materie enthält (VI. Abschnitt, §§ 59 bis 83), weichen so wesentlich von den Sätzen des österr. Rechtes ab, daß eine nähere Vergleichung derselben den Rahmen dieses Handbuches übersteigen würde. Übrigens wird die gesetzliche Neuregelung der Rechtsverhältnisse der Handlungsgehilfen in Österreich vorbereitet. Die Regierung legte bereits vor längerer Zeit den Entwurf eines Gesetzes, welches an die Stelle des 6. Titels im 1. Buche des H. G. B. treten soll, dem Abgeordnetenhause vor. — Das ungar. H. G. B. weicht von dem österr. H. G. B. hauptsächlich darin ab, daß der Kündigungstermin nicht notwendig mit dem Kalendervierteljahre endigt, und daß für Gehilfen für höhere Dienstleistungen eine dreimonatliche Kündigung festgesetzt ist. Subsidiär kommt das ungar. Gewerbegesetz v. 1872 Ges. Art. XIII zur Anwendung.

[100]) Das im 6. Titel (des 1. B.) des H. G. B. geregelte Dienstverhältnis der Handlungsgehilfen setzt unzweifelhaft den Abschluß eines Dienstvertrages zwischen den letzteren und dem Geschäftsherrn voraus (Art. 61 flg.). (Vgl. Hahn, I S. 166, § 9 zu Art. 57.) Als Hilfsorgan in einem Handelsunternehmen kann aber auch der Vormund, der Ehegatte, der Zwangsverwalter (§ 343 Exek. O.) usw. fungieren (vgl. Behrend, S. 312). Auf Hilfspersonen dieser Art beziehen sich allerdings die Vorschriften der Art. 57 bis 65 H. G. B. — Den Vorstandsmitgliedern einer Aktiengesellschaft kommt die Eigenschaft von Handlungsgehilfen nicht zu (vgl. Thöl, § 58, Stubenrauch, § 56 H. G. B.). Die sog. Handelsagenten und Provisionsreisenden pflegen nicht Handelsgehilfen im Sinne des H. G. B. zu sein (vgl. oben N. 87 und 87c, ferner die Erk. des deutsch. R. O. H. G., V 24, IX 31, XV 111 u. a). — Der Bestand eines Dienstverhältnisses bringt es mit sich, daß die Angestellten eines Handelsunternehmens rücksichtlich der Art der Verrichtung ihrer Dienste dem Geschäftsherrn, an dessen Weisungen gebunden sind. Beim Dienstvertrage wird der Arbeiter (wie Dniestrzanski, Aufträge zugunsten Dritter VI S. 341 richtig bemerkt) in der Betätigungssphäre des Bestellers und direkt für die Zwecke desselben tätig. Dies wird häufig übersehen oder nicht mit hinreichender Bestimmtheit ausgedrückt. Vgl. hierzu Pick, Lohnbeschlagnahme usw. (1900), der jedoch nur die wirtschaftliche Abhängigkeit des Handlungsgehilfen hervorhebt.

§ 14.

Der von Gesetze im sechsten Titel (des ersten Buches) gebrauchte Ausdruck „Handelsgehilfen" begreift alle kaufmännischen Hilfspersonen in sich, welche die unter a) bis c) bezeichneten Aufgaben zu erfüllen haben. Vgl. Art. 57, 58 Abs. 2.[101]) Ein Handlungsgehilfe, der von seinem Prinzipale mit der Ausführung von Handelsgeschäften in dem Handelsgewerbe des letzteren betraut wird, erlangt hierdurch auch die Eigenschaft eines Handlungsbevollmächtigten. Die Rechtsverhältnisse der Handlungsbevollmächtigten (lit. a) regelt das Gesetz im fünften Hauptstücke (des ersten Buches). Insofern jedoch Handlungsbevollmächtigte zugleich im Dienste des Prinzipals stehen, sind ihre rechtlichen Beziehungen zu diesem nach den Normen des sechsten Titels (des ersten Buches) zu beurteilen. (Im Art. 58 sollte daher der Nachsatz des zweiten Absatzes richtiger lauten: „so finden auch die Bestimmungen über Handlungsbevollmächtigte Anwendung".) Das Dienstverhältnis des Handlungsgehilfen zum Prinzipale wird nämlich dadurch nicht alteriert, daß die Dienstleistung des ersteren in Rechtshandlungen besteht, welche derselbe als Stellvertreter des Prinzipals mit dritten Personen abzuschließen hat. Es liegt hier zwar ein einheitliches Rechtsverhältnis vor; doch wird dem Grundtypus des Lohnvertrages der auf die Stellvertretung abzielende Bevollmächtigungsvertrag angegliedert und es müssen daher im Sinne des § 1159 a. b. G. B. die jedem Rechtstyp eigentümlichen Rechtsnormen zur Anwendung kommen. (Richtig Dniestrzanski, Die Aufträge zugunsten Dritter, S. 314 flg., 322 flg.) Es unterliegen daher in unserem Falle die rechtlichen Beziehungen zwischen dem Handlungsgehilfen und dem Prinzipal nicht nur den Normen des sechsten Titels, sondern auch den im fünften Titel über die Handlungsvollmacht (beziehungsweise. über die Vertretung oder Repräsentation des Prinzipals) enthaltenen Vorschriften.[101a]

---

[101]) Vgl. auch Hahn, I S. 166, Staub, § 2 flg. zu Art. 57 u. a. — Es unterliegt keinem Zweifel, daß ein Handlungsbevollmächtigter im Dienste des Prinzipals sich befinden kann, daß dies aber nicht der Fall sein muß. So sind die Gattin, der Sohn oder Bruder (des Prinzipals), auch wenn ihnen Handlungsvollmacht erteilt wird, nicht Handlungsgehilfen (vgl. N. 100). Liegt ein Dienstverhältnis nicht vor, so sind die Vorschriften des 6. Titels weder unmittelbar, noch im Wege der Analogie anwendbar. Von einer anderen Rechtsanschauung ging ein diesen Gegenstand betreffender Vorschlag der Vorentwürfe zum H. G. B. aus (vgl. hierüber Hahn, I S. 232 flg.). Die Engagementverträge stellen sich als Handelsgeschäfte im Sinne des Art. 273 H. G. B. dar. — Staub, zu Art. 57 und Görski, § 26 zählen zu den dienenden Hilfspersonen außer jenen Angestellten, welche die im Texte unter a, b, c angeführten Arbeiten leisten, auch das Gesinde (lit. d). Dagegen ist jedoch zu bemerken, daß das H. G. B. im Art. 65 das Gesinde ausdrücklich aus dem Geltungsgebiete des 6. Titels ausschließt, Gesindepersonen sonach als Handlungsgehilfen nicht betrachtet; die Rechtsgemeinsamkeit zwischen Gesinde und Handlungsgehilfen besteht fast nur darin, daß beide Kategorien von Bediensteten, im Falle der Prinzipal in Konkurs verfällt, mit ihren Ansprüchen auf Bezahlung des rückständigen Lied- oder Arbeitslohnes in der ersten Klasse der Gläubiger zu befriedigen sind (§ 43 K. O.).

[101a]) Von einer äußerlichen Kombination zweier Vertragstypen: des Dienstvertrages und des Mandats- (oder Bevollmächtigungs-) Vertrages kann hier aller-

§ 14.

Darüber, welcher Umfang dem Begriffe „Dienste" im Art. 57 H. G. B. beizumessen sei, herrscht Meinungsverschiedenheit. Es ist streitig, ob zu den Diensten, die der Handlungsgehilfe zu leisten hat, bloß die sog. „kaufmännischen" Dienste im engeren Sinne gehören, nämlich die Dienste der Handlungsdiener und Handlungslehrlinge (im üblichen beziehentl. historischen Sinne des Wortes) oder auch die industriellen oder gewerblichen Dienste, z. B. die Verrichtungen der Chemiker, Mechaniker, Gesellen, eventuell auch der Arbeiter in Fabriksetablissements. (Art. 4, 271, 272 H. G. B.) Die Mehrheit der Schriftsteller, wie auch das deutsche R. O. H. G. — nunmehr Reichsgericht — räumen dem Begriffe „Dienste" nur den engeren Umfang ein, und zählen daher beispielsw. Fabriksdirektoren, Werkmeister, Chemiker bei Chemikalienfabriken, die Konstrukteure und Zeichner bei Maschinenfabriken usw. (Art. 4, 271, 272 H. G. B.), Gesellen, Köche und Kellner von Restaurants (Art. 10 H. G. B.), Kondukteure der Eisenbahnen (beziehentl. der Tramwayunternehmungen), die Kutscher der Spediteure usw. nicht zu den Handlungsgehilfen.

Als Argument für diese Ansicht dient der Umstand, daß im Art. 57 dem Worte: Handlungsgehilfen die Ausdrücke „Handlungsdiener, Handlungslehrlinge" in der Klammer beigefügt sind und daß diese Worte in ihrem gewöhnlichen Sinne gebraucht werden. So die Erk. des deutsch. R. O. H. G. X Nr. 66, XI Nr. 119, XV Nr. 41, XVII Nr. 66 u. a. In gleichem Sinne Hahn und Gareis-Fuchsberger zu Art. 57, Völderndorff I S. 416, Behrend S. 313, Staub Art. 57 und nach österr. Rechte: Canstein § 19 S. 316, Pisko-Staub S. 184.[102]) Für das Rechtsgebiet des Deutschen Reiches ist diese Kontroverse durch

---

dings nicht gesprochen werden. Ein Ausfluß älterer irriger Anschauung ist die unklare Textierung des 22. Hauptstückes des a. b. G. B., welches im Geiste der älteren Theorie des 18. Jahrh. die beiden rechtlichen Seiten des Vollmachtsverhältnisses: den Mandatsvertrag und die Vertretung des Vollmachtgebers nach außen nicht scharf auseinander hält. Die Stellvertretung muß sich nicht auf ein Mandat gründen (vgl. N. 58 u. 62) und das Mandatsverhältnis erzeugt nicht notwendig eine Repräsentationsbefugnis. (Man denke z. B. an das Kommissionsgeschäft und an den Trödelvertrag, § 1088 a. b. G. B.) Die Vollmacht nach außen kann sich auch an einen Dienstvertrag anschließen.) Hierauf machte bereits Stupecký in seiner Schrift „Versio in rem", S. 142 N. 256 aufmerksam. Vgl. hierüber auch Krčmář, Smlouva námezdní (Lohnvertrag) S. 17 flg., 32 flg. und 70 flg.

[102]) Das deutsche Reichsgericht zählt in der Entsch. XVIII S. 25 Fabriksdirektoren dann zu den Handlungsgehilfen, wenn sie die Lohnauszahlungen vornehmen. Behrend, S. 314 N. 10, macht die Entscheidung darüber, ob den in einem Handelsunternehmen Angestellten die Eigenschaft eines Handlungsgehilfen zukommt oder nicht, von dem Überwiegen der kaufmännischen oder der gewerblichen Tätigkeit desselben abhängig. Im konkreten Falle ist eine solche Unterscheidung offensichtlich sehr schwierig. Die Konf. Prot. enthalten wohl auf S. 95 eine entfernte Hinweisung auf den gebräuchlichen Sinn der Worte „Handlungsdiener" usw., fügen jedoch auf S. 95, 96 hinzu: Dabei könne kein Zweifel sein, daß, wo gleiche Verhältnisse bestanden, die Bestimmungen dieses Titels in Anwendung zu kommen hätten. Die Beifügung der Worte „Handlungsdiener", „Handlungslehrling" innerhalb der Klammer erfolgte wohl auf Grund einhelligen Beschlusses der Konferenz; allein den Beweggrund hierfür — die Tendenz des Zusatzes — verschweigen die Protokolle.

§ 14.

das neue deutsche H. G. B. im Sinne der daselbst herrschenden Doktrin entschieden. Nach § 59 dieses Gesetzes ist nämlich Handlungsgehilfe, „wer in einem Handelsgewerbe zur Leistung kaufmännischer Dienste gegen Entgelt angestellt ist". Die entgegengesetzte, weiter gehende Auffassung des Begriffes „Dienste" im Art. 57 findet sich bei Thöl § 78, Wendt in Endemanns Handb. d. deutsch. H. R. I S. 249 u. a., ferner durchwegs in der österr. Rechtsprechung (Adl.-Cl. Nr. 1640, 1788, Jur. Bl. 1892 Nr. 10, vgl. mit Adl.-Cl. Nr. 1424). Diese Auslegung erscheint vollständig begründet; denn der Begriff „Dienste" im Handelsgewerbe umfaßt nicht lediglich „kaufmännische", kommerzielle, sondern alle jene Dienste, welche der Betrieb eines Handelsunternehmens erfordert, daher auch die technischen Hilfsdienste.[103]) Ausgeschlossen von dem Begriffe „Dienste" im Sinne des Art. 57 sind nur Gesindedienste, deren Regelung — wie das Gesetz im Art. 65 bestimmt — den Gesindeordnungen vorbehalten bleibt.[104]) Maßgebend ist nämlich, daß der Begriff: „Handelsgewerbe" im Art. 58 Abs. 2 als gewerbemäßiger Betrieb von Handelsgeschäften jeder Art im Sinne des H. G. B. aufzufassen ist (Art. 4, 271, 272 H. G. B.), nicht aber in dem beschränkten geschichtlichen oder vulgären Sinne des bloßen Umsatzgeschäftes. Als Beleg für diese Auslegung dient ferner der Wortlaut des § 25 Einf. Ges. z. H. G. B. und des § 92 Gew. Nov. v. 8. März 1885 R. G. Bl. Nr. 22. Diesen Gesetzstellen zufolge haben die in den Gewerbegesetzen über das gewerbliche Hilfspersonal enthaltenen Vorschriften (sechstes Hauptstück der G. O.) auch auf „Gehilfen bei Handlungsgewerben" insofern Anwendung zu finden, als in dem H. G. B. nicht etwas anderes angeordnet ist. (Art. 25 Einf. Ges.; im § 92 Gew. Nov. werden hierbei unter der Überschrift „Kaufmännisches Hilfspersonale" die Handlungsgehilfen, Handlungslehrlinge und Handlungsdiener ausdrücklich nebeneinander genannt.[104a]) (Nur das sog.

---

[103]) Wenn Hahn, S. 234 N. 4 die Einwendung erhebt: „Dieser weitere Begriff .... ist wegen seiner großen Allgemeinheit .... nicht zu verwerten," so mag zugegeben werden, daß die Verwendung eines Begriffes von so übergroßem Umfange gesetzestechnisch vielleicht verfehlt war. Übrigens bereitet auch die einschränkende Auslegung in der Praxis Schwierigkeiten, da bei dem Mangel einer erschöpfenden Definition Inhalt und Umfang des Begriffes „kaufmännische Dienste" keineswegs feststehen (vgl. die Übersicht der bezüglichen Rechtsprechung bei Staub a. a. O.). — Die k. k. Postbeamten nehmen eine öffentlichrechtliche Stellung ein und sind deshalb nicht als zu den Handlungsgehilfen gehörig anzusehen. Fraglich ist, ob den Beamten der staatlichen Eisenbahnen diese Eigenschaft zukomme. Pisko-Staub, Art. 57 § 1, äußern sich in bejahendem Sinne, da die Eisenbahnbeamten jeder Kategorie mittels privatrechtlichen Dienstvertrages angestellt seien. Mir scheint auch hier die öffentlichrechtliche Stellung derselben als Staatsbeamten maßgebend zu sein.

[104]) Vgl. über die Gesindeordnung die Abhandlung von Trümmel im „Právník" 1883 S. 1 flg. Dieser Schriftsteller pflichtet der im Texte vertretenen Anschauung bei (S. 9), wiewohl das Handelsministerium mit dem Erl. v. 10. Aug. 1862 Nr. 4520 in anderem Sinne entschied.

[104a]) Es darf nicht übersehen werden, daß im § 92 der Gew. Nov. die Worte „Handlungslehrlinge und Handlungsdiener" im Gesetzestexte dem Worte

höhere Dienstpersonale schließt die G. O. [§ 73] vom Begriffe der Handlungsgehilfen aus.) Die unterschiedslose Verwendung der eben angeführten Bezeichnungen läßt die Intention des Gesetzgebers erkennen, bei dem handelsgewerblichen Hilfspersonale die sog. kaufmännischen Gehilfen im Hinblicke auf ihre rechtliche Stellung von den anderen (gewerblichen) Handlungsgehilfen nicht zu sondern.[104b] Endlich findet die hier dargelegte Anschauung auch eine Stütze in dem Wortlaute und den Motiven des § 5 lit. d des Ges. v. 25. Nov. 1896 R. G. Bl. Nr. 218, betreffend die Einführung von Gewerbegerichten, denen zufolge als gewerbliche Arbeiter „bei Handelsgewerben (sc. im engeren vulgären Sinne, bezieh. im Sinne der G. O.) alle zu kaufmännischen Diensten verwendeten Personen" gelten, wiewohl nicht bloß diese, sondern „alle in einem gewerblichen Betriebe beschäftigten Hilfsarbeiter" (sohin auch alle Hilfsarbeiter in einem die Kaufmannsqualität begründenden Produktionsgewerbe), gleichmäßig der Kompetenz der Gewerbegerichte unterliegen. (§ 5 a, b, d des zit. Ges. v. 1896.)[104c] Wird dem Begriffe „Dienste" im Art. 57 der weitere Umfang im Sinne der vorstehenden Ausführung beigemessen, so gewinnen die Grund-

---

Handlungsgehilfen" angereiht sind, nicht aber, wie dies im Art. 57 H. G. B. geschieht, demselben in der Klammer beigefügt erscheinen. Hierdurch wird die Interpretation, welche der Begriff „Dienste" des Art. 57 in der Entsch. des deutschen Reichsger. I 97 fand, für das österr. Recht unmöglich. All dies wird von Pisko-Staub, Art. 57 § 1 lit. f, nicht in Berücksichtigung gezogen.

[104b] Für die hier verfochtene Rechtsansicht werden in der Entsch. des O. G. H. v. 27. Jän. 1892 Nr. 771 (Jur. Bl. 1892 Nr. 10) überzeugende Gründe vorgebracht. Entgegen der in den Entscheidungen der 1. und der 2. Instanz zur Geltung gelangten Anschauung führt daselbst der O. G. H. folgendes aus: „Es fehlt an jedem inneren Grunde, warum die Bestimmungen der Art. 62 und 64 H. G. B. auf den klagenden Zuckerfabriksdirektor nicht Anwendung finden sollten, da doch der Beklagte als Besitzer der Zuckerfabrik nach Art. 4 H. G. B. als Kaufmann anzusehen und der in dieser Fabrik als leitender Direktor bestellte Kläger als dessen Gehilfe, daher im Sinne dieses Gesetzes allerdings als Handlungsgehilfe anzusehen ist, zumal aus der abgesonderten Regelung des Verhältnisses der Prokuristen und Handlungsbevollmächtigten keineswegs gefolgert werden kann, daß unter den „Handlungsgehilfen" des 6. Titels, wie der erste Richter ausführt, nur kaufmännische Angestellte mittlerer und niederer Kategorie zu verstehen seien....; im Gegenteile haben nach Art. 58 H. G. B. auf den von seinem Prinzipale zu Rechtsgeschäften in dessen Handelsgewerbe beauftragten Handlungsgehilfen die Bestimmungen über Handlungsgehilfen Anwendung zu finden. Das Gesetz unterscheidet auch nicht für den Begriff eines Handlungsgehilfen, ob dessen Tätigkeit mehr oder weniger dem technischen oder dem Rechnungsfache, oder dem Handelsverkehre im engeren Sinne angehöre." Vgl. Nr. 1788 bezüglich des Werkmeisters einer Maschinenfabrik, auch die Entsch. des deutschen R. G. in der N. 102, und Pfersche, Das gewerbliche Arbeiterverhältnis usw. 1892 S. 9 flg.

[104c] Vgl. auch Ott, Riz. s. I S. 98 flg. und S. 111. Anderer Ansicht sind Canstein, I S. 317 und Pisko-Staub a. a. O. (Pollitzer, § 43 spricht sich nicht deutlich aus). Der Bericht der gemeinsamen Permanenzkommission enthält zu der entsprechenden Stelle des Kommissionsantrages folgende Begründung: Da das Handelsgewerbe der Zuständigkeit der Gewerbegerichte untersteht, so unterliegt es keinem Zweifel, daß alle in einem Handelsgewerbe beschäftigten Arbeiter hierher gehören. In Unternehmungen von geringem Umfange wird zwischen Personen, welche zu gewerblichen Verrichtungen verwendet werden und solchen, die nur

sätze des materiellen Rechtes in diesem Gebiete an Einheit und Übersichtlichkeit gegenüber der Zerfahrenheit und den unpraktischen Unterscheidungen, die bei der Herrschaft der entgegengesetzten Auffassung in dieser Materie Platz greifen und die in der Darstellung von Pisko-Staub, Art. 57 §§ 3 flg. zutage treten. Dieses Ergebnis ist in wirtschaftlicher Beziehung umso erwünschter, als die Normen des a. b. G. B. über Dienstverträge bekanntlich außerordentlich lückenhaft und ungenügend sind.

Demnach gehören zu den Handlungsgehilfen im Sinne des Art. 57 nicht allein Handlungsdiener, Handlungslehrlinge, Apothekergehilfen (Abl.-Cl. Nr. 2026), Kontoristen und Buchhalter, sondern auch die Direktoren von Fabriksetablissements (Abl.-Cl. Nr. 1640, 1788) und anderen Handelsunternehmungen, die Werkmeister (Abl.-Cl. Nr. 1788) und Chemiker, die Expeditoren und selbst die im Dienste stehenden Redakteure von Zeitungen [104d] usw., sowie nicht minder die Kellner der Gastwirte und die bei Frachtführern und Transportunternehmungen bediensteten Kutscher. Die beiden letztgenannten Kategorien von Handlungsgehilfen werden im § 73 Gew. Nov. v. 8. März 1885 R. G. Bl. Nr. 22 nicht dem Gesinde, sondern dem gewerblichen Hilfspersonale beigezählt. Kellner, die mit dem Geldempfange betraut sind (sog. Zahlkellner), müssen sogar als Handlungsbevollmächtigte angesehen werden. (Art. 58.)[105] — Zweifel verursacht die Beantwortung der Frage, ob den in einer Fabrik beschäftigten Arbeitern der Charakter von Handlungsgehilfen beizumessen sei.[106] Ein praktisches Bedürfnis nach Lösung

---

kaufmännisch z. B. bei der Korrespondenz beschäftigt sind, nicht unterschieden. Diese Unterscheidung findet nur in größeren Betrieben statt. Um jedem Zweifel vorzubeugen, ob kaufmännisch beschäftigte Personen der Zuständigkeit der Gewerbegerichte unterworfen seien, beschlossen die Kommission des Herrenhauses und die gemeinsame Kommission, diese Frage im Gesetze zur Entscheidung zu bringen And. Ansicht Pisko a. a. O., dessen Ausführungen im § 25 ad Art. 57 ich in vielen Punkten nicht beipflichten kann.

[104d] Staub, Art. 57 §§ 2, 3 und Pisko-Staub, Art. 57 § 2 zählen zu den Handlungsgehilfen wohl die Expeditoren, nicht aber die Redakteure von Zeitungen. Apothekergehilfen sind als Handlungsgehilfen zu betrachten (Art. 4, 57, 271 H. G. B.). Vgl. die Entsch. des O. G. H. Jur. Bl. 1898 Nr. 42. (Nr. 2026 Abl.-Cl.) Anderer Meinung sind Pisko-Staub, S. 187 mit der Begründung, daß Apothekergehilfen „im wesentlichen technische Dienste verrichten und auch das Verkaufen der Arzneien sich ohne jede kaufmännische Fähigkeit vollzieht". Die G. O. findet auf sie nach Art. V lit. g des Kundm. Pat. nicht Anwendung. Vgl. die folg. Textausführung.

[105] Vgl. Wendt in Endemanns Handb. d. H. R. I S. 252. Auch unentgeltliche Dienstleistung, z. B. eines Volontärs kann das Rechtsverhältnis eines Handlungsgehilfen begründen. Es ist daher der Dienstvertrag ein weiterer Begriff als der Lohnvertrag. Anders Behrend, S. 317, Staub, § 3 zu Art. 57, Canstein a. a. O. und das Erk. des deutsch. R. G. I S. 473.

[106] Fabriksarbeiter gehören wohl theoretisch der Kategorie der Handlungsgehilfen an; allein ihre rechtlichen Beziehungen bieten angesichts der Bestimmungen des § 25 Einf. Ges. z. H. G. B. und des § 88a Gew. Nov. v. 8. März 1885 für die Anwendung der Normen des H. G. B. keinen Raum. Nach § 25 Einf. Ges. bleiben die Vorschriften der Gewerbegesetze über gewerbliche Hilfspersonen,

dieser Frage besteht jedoch in Österreich nicht, da in allen Fabriken sog. Arbeitsordnungen mittels Anschlages verlautbart werden müssen, durch welche gemäß der Vorschrift des § 88a der Gew. Nov. v. 8. März 1885 R. G. Bl. Nr. 22 das Dienstverhältnis der Arbeiter eine eingehende Regelung erfährt, und welchen jeder Arbeiter des betreffenden Etablissements ausdrücklich oder stillschweigend sich unterwirft. (Vgl. § 25 Einf. Ges. und Art. 57 H. G. B.)

Insofern in den Art. 59 bis 65 H. G. B. keine abweichenden Rechtssätze enthalten sind, finden die Vorschriften der G. O. über das gewerbliche Hilfspersonale (Hilfsarbeiter, sechstes Hauptstück) auch auf Handlungsgehilfen Anwendung. Vgl. § 25 Einf. Ges. z. H. G. B., § 92 Gew. Nov. v. 8. März 1885 R. G. Bl. Nr. 22, dazu Entsch. Nr. 1245, 1308 Abl.-Cl. Hierbei ist zu beachten, daß § 73 Gew. Nov. v. 8. März 1885 R. G. Bl. Nr. 22 unter der Bezeichnung „Hilfsarbeiter" lediglich Handlungsgehilfen,[106a] Gesellen, Kellner, Kutscher bei Fuhrgewerben usw., sodann Fabriksarbeiter und Lehrlinge (männlichen und weiblichen Geschlechtes) — keineswegs aber solche Hilfspersonen begreift, welche für Leistungen höherer Art angestellt sind,[106b] wie z. B. Werkführer, Mechaniker, Faktoren, Buchhalter,

---

insoweit diesen der Charakter von Handlungsgehilfen zukommt, neben dem H. G. B. in Kraft. Der § 88a Gew. Nov. verfügt aber zwecks der Regelung des Rechtsverhältnisses zwischen Gewerbetreibenden und deren Hilfspersonale, daß in den Fabriken und gewerblichen Unternehmungen, in welchen über 20 Hilfsarbeiter in gemeinschaftlichen Lokalen beschäftigt sind, eine von dem Gewerbeinhaber unterschriebene, sämtlichen Hilfsarbeitern bei ihrem Eintritte zu verlautbarende Arbeitsordnung in den genannten Lokalen angeschlagen und mit dem Visum der Gewerbebehörde versehen sein müsse. — Arbeiter, die nur Taglöhnerdienste verrichten, gelten nicht als Handlungsgehilfen. Vgl. Entsch. Nr. 1743 Abl.-Cl.

[106a] In der Entsch. Nr. 1245 Abl.-Cl. werden die Handlungsreisenden als zu den für Dienstleistungen höherer Art angestellten Personen gehörig bezeichnet und ausgesprochen, daß die Rechtsverhältnisse derselben nicht nach den Bestimmungen der G. O., bezieh. der Statuten des Gremiums der Wiener Kaufmannschaft zu beurteilen seien. Die Frage nach der Anwendbarkeit der Regeln der G. O. auf Handlungsreisende ist nach den Umständen des einzelnen Falles zu lösen.

[106b] Im § 73 Gew. Nov. v. 8. März 1885 werden als gewerbliche Hilfsarbeiter angeführt: a) Gehilfen (Handlungsgehilfen, Gesellen, Kellner, Kutscher bei Fuhrgewerben), b) Fabriksarbeiter, c) Lehrlinge, d) jene Arbeitspersonen, welche zu untergeordneten Hilfsdiensten beim Gewerbe verwendet werden (allerdings mit Ausschluß der „Lohnarbeiter der gemeinsten Art", wie Taglöhner usw. Art. V lit. d Einf. Ges. z. G. O.). Sind die Parteien auf Grund der Normen der Gewerbegesetze bemüßigt, dem Spruche eines Schiedsgerichtes sich zu unterwerfen (z. B. dem Schiedssspruche eines kaufmännischen Gremiums usw.), so ist für die aus dem Gehilfenverhältnisse entstehenden Rechtsstreitigkeiten die Zuständigkeit der ordentlichen Gerichte ausgeschlossen. Vgl. die Entsch. Nr. 1308 Abl.-Cl. Über die Tragweite der in der Gew. Nov. aus d. J. 1885 enthaltenen Anordnungen im Hinblicke auf das bürgerliche Recht vgl. Krasnopolski, Zeitschr. f. d. Pr. u. öff. R. XIV S. 372 flg. und in Sonderabdruck. Aus dem im Art. 11 H. G. B. aufgestellten allgemeinen Grundsatze folgt, daß den Bestimmungen des H. G. B. durch die Vorschriften der Gew. Nov. nicht derogiert wurde. (Im § 121 der deutsch. G. O. werden „Gesellen" und „Gehilfen" als besondere Kategorien gewerblicher Hilfsarbeiter unterschieden.) Die im Texte dargelegte Anschauung

§ 14.

Kassiere, Zeichner, Chemiker usw. — Personen, die nur Gesindedienste verrichten, gehören nach § 73 Gew. Nov. gleichfalls nicht zu den gewerblichen Hilfsarbeitern. Die Konkurrenz (kumulative Anwendbarkeit) der Rechtssätze des H. G. B. und der Bestimmungen der G. O. beschränkt sich daher auf die Beurteilung der Rechtsverhältnisse des zu Verrichtungen niederer Art bestimmten kaufmännischen Hilfspersonals, namentlich der Rechtsverhältnisse der Handlungsdiener, Gesellen, Kellner, Kutscher bei Transportgewerben und der Handlungslehrlinge (vgl. N. 106). Den Vorschriften der Gewerbe-O. unterstehen jedoch nicht die Hilfsarbeiter bei solchen Unternehmungen, auf welche nach Art. V lit. g, k, l, m, n, p, q des Einf. Ges. z. G. O. die Normen der letzteren überhaupt nicht Anwendung finden. Dies gilt insbesondere von den Apothekergehilfen, ferner von den bei Banken, Kredit-, Versicherungs- und Rentenanstalten, bei Sparkassen, Eisenbahn- und Dampfschiffahrtunternehmungen, bei ständigen Überfuhren, bei Seeschiffahrtunternehmungen, bei der Herausgabe und dem Verschleiße periodischer Druckschriften, endlich bei dem Betriebe des Hausierhandels angestellten Hilfsarbeitern. Für die Rechtsverhältnisse des Hilfspersonals der eben genannten Unternehmungen sind sohin lediglich die Normen des H. G. B. maßgebend.[106c]

Die Rechte und Verbindlichkeiten der Handlungsgehilfen im Sinne des H. G. B. finden ihre Regelung in erster Linie in dem Dienstvertrage, der gewöhnlich entgeltlicher Natur ist.[107] Insoweit nicht schon durch die Bestimmungen des letzteren Vorsorge getroffen ist, gelangen folgende Rechtssätze zur Anwendung:[107a]

1. Der Handlungsgehilfe hat jene Arbeiten zu verrichten, zu deren Leistung er sich im Dienstvertrage verpflichtete. In Ermanglung eines Übereinkommens rücksichtlich der Art der Dienste werden letztere nach dem Ortsgebrauche (d. i. nach der Übung jenes Ortes, in welchem die Handelsunternehmung des Prinzipals sich befindet), eventuell durch richterliches Ermessen nötigenfalls nach Einholung eines Gutachtens von Sachverständigen bestimmt. Zur Vornahme von Rechtsgeschäften im

---

teilen Mataja, G. R. S. 62, Pisko-Staub, Art. 57 § 2α gegen H. Heilinger, G. R. II S. 6 flg., nach dessen Ansicht auch die für Dienste höherer Art angestellten Hilfspersonen den Normen der G. O. unterstehen.

[106c] Zweckmäßiger ist die Anordnung des § 154 der deutsch. G. O., durch welche die Handlungsgehilfen aus dem Anwendungsbereiche der G. O. ganz ausgeschieden werden. Vgl. Krasnopolski, S. 7. Nicht hinlänglich klar ist mir die Darstellung Pollitzers, § 42.

[107] Vgl. N. 105. — Den sog. Neujahrszulagen oder Neujahrsgratifikationen kommt der Charakter geschuldeter Leistungen nur dann zu, wenn die Verabfolgung derselben entweder vereinbart wurde oder in Erfüllung einer im Ortsgebrauche gegründeten Verpflichtung erfolgt. Vgl. Behrend, § 45 N. 22, Pfaff-Hofmann, Komm. z. a. b. G. B. I S. 249 N. 117.

[107a] Das Rechtsverhältnis zwischen dem Handlungslehrlinge und dem Geschäftsherrn wird in erster Linie durch den Lehrvertrag geregelt. Die im Texte rücksichtlich der Handlungsgehilfen überhaupt entwickelten Grundsätze haben auch für die rechtliche Stellung der Handlungslehrlinge insoweit Geltung, als nicht an dieser Stelle oder am Schlusse dieses Paragraphen eine Abweichung besonders bemerkt wird.

Namen und für Rechnung des Prinzipals ist der Handlungsgehilfe gesetzlich nicht ermächtigt. Wird er jedoch von dem Prinzipale zur Vornahme von Rechtsgeschäften in dessen Handelsgewerbe beauftragt, so unterliegen seine rechtlichen Beziehungen zugleich auch den Vorschriften des fünften Titels über Handlungsbevollmächtigte. (Art. 58.)

2. Ohne Einwilligung des Prinzipals darf ein Handlungsgehilfe weder für eigene Rechnung, noch für Rechnung eines Dritten Handelsgeschäfte vornehmen. (Art. 59.) Was die Folgen der Übertretung dieses Verbotes betrifft, so ist auf die Erörterung der Vorschriften des Art. 56 H. G. B. und des § 24 Einf. Ges. z. H. G. B. zu verweisen (vgl. bes. N. 93).

3. Der Handlungsgehilfe ist berechtigt, vom Geschäftsherrn die vereinbarte oder ortsübliche Entlohnung (Gehalt und Unterhalt, Art. 57) zu verlangen. Fehlt es in dieser Richtung an einer vertragsmäßigen Festsetzung und ist auch der Bestand einer Ortsgewohnheit nicht erweisbar, so hat über die Höhe der Entlohnung der Richter zu entscheiden, der erforderlichenfalls hierüber das Gutachten Sachverständiger einholt. (Art. 57 H. G. B. § 1153 a. b. G. B.)[108] Das Gebot des § 78 Gew. Nov. v. 8. März 1885, nach welchem die Gewerbeinhaber verpflichtet sind, die Löhne der Hilfsarbeiter in barem Gelde auszuzahlen, hat nach § 92 Gew. Nov. auch für Handlungsgehilfen Geltung, da die eben angeführte Gesetzesstelle die Anwendung der Bestimmungen des 6. Abschn. der G. O. auf die Rechtsverhältnisse der Handlungsgehilfen insoweit verfügt, als in dem H. G. B. nicht etwas anderes angeordnet ist. Gegenüber dem Gebote des § 78 Gew. Nov., daß die Auszahlung des Lohnes in barem Gelde erfolgen müsse, gestattet das H. G. B. (Art. 57) eine Vereinbarung des Inhaltes, daß der Geschäftsherr dem Handlungsgehilfen den Unterhalt gegen Aufrechnung auf den Lohn gewähre. Soweit aber die Gewährung des Unterhaltes in partem salarii nicht in Frage kommt, ist das Gebot des § 78 Gew. Nov. strikte zu beobachten.[108 a] Die Entlohnung des Handlungsgehilfen kann

---

[108] Die Verschiedenheit zwischen der Norm des Art. 57 H. G. B. und jener des § 1152 a. b. G. B. besteht nur darin, daß nach der ersteren Gesetzesstelle das Maß der Ansprüche des Handlungsgehilfen auf Gehalt und Unterhalt in Ermanglung eines Übereinkommens auch nach dem Ortsgebrauche bestimmt werden kann, während § 1152 bloß die Feststellung dieser Ansprüche durch Verabredung, Gesetz oder richterliches Ermessen kennt. — Über das Recht des commis intéressé, die Gestattung der Einsichtnahme in die Handelsbücher des Geschäftsherrn zu verlangen, vgl. N. 109.

[108 a] Dieser Auslegung stehen die Worte des Art. 57: „in Ermanglung einer Übereinkunft" nicht entgegen, denn das hier gemeinte Übereinkommen hat ebenso wie bei im § 1152 a. b. G. B. gedachte „Verabredung" nur die Lösung der Frage zum Gegenstande, ob, bezieh. in welcher Höhe der Handlungsgehilfe einen Gehalt zu beziehen habe. Wurde jedoch ein solcher vereinbart (oder beim Abgange einer Vereinbarung nach Ortsgebrauch oder durch richterliches Ermessen bestimmt), so unterliegt die Beobachtung des Gebotes des § 78 Gew. Nov. über die Art der Auszahlung des Lohnes keinerlei Bedenken. — Krasnopolski, S. 7, schließt rücksichtlich des Lohnanspruches des Handlungsgehilfen die Anwendbarkeit der

§ 14.

entweder in einem festen Gehalte (salair) oder in einer mit einem
gewissen Prozentsatze des Rohertrages zu berechnenden Provision[108b]) oder
endlich in einem bestimmten Anteile (tantième) an dem Reingewinne
des Unternehmens (sog. „commis intéressé") bestehen. Der wesentliche
Unterschied zwischen dem commis intéressé und dem Gesellschafter einer
Handelsgesellschaft liegt darin, daß ersterer trotz der Beteiligung an dem
Gewinne der Unternehmung Bediensteter, der Gesellschafter aber Mit-
prinzipal des Unternehmens ist. Vgl. hierüber J. Heller im „Právník"
1896 S. 1 flg., Behrend I S. 320.[109]) Zur Begründung des Ge-
haltanspruches des Handlungsgehilfen genügt dessen bekundete Bereitwilligkeit zur Leistung der vereinbarten Dienste; daß der Geschäftsherr
die letzteren tatsächlich in Anspruch nehme, ist nicht erforderlich.
(Vgl. § 1155 a. b. G. B., Art. 60 H. G. B., Pisko-Staub, Art. 62
§§ 7 bis 9.) Die Auszahlung des Gehaltes hat, wofern in dieser
Richtung im Vertrage nicht eine andere Bestimmung getroffen wurde,
nachhinein zu geschehen. (§ 1156 a. b. G. B.)[109a]

Gew. Nov. (§§ 78 flg.) gänzlich aus. In diesem Sinne lautet allerdings die
Bestimmung des § 154 der deutschen Gew. Ordg. Allein nach österr. Rechte muß
auf Grund der Vorschrift des § 92 Gew. Nov. die im Texte vorgenommene
Unterscheidung Platz greifen. Bei Handlungslehrlingen kann nicht nur für die
Gewährung von Kost und Wohnung, sondern auch für die Bekleidung ein ent-
sprechender Betrag vom Lohne in Abzug gebracht werden. §§ 97 und 99 Ziff. 6
Gew. Nov. Vgl. hierzu noch Krasnopolski, S. 70 flg.

[108b]) Vgl. Krčmář, Smlouva námezdní (Lohnvertrag) S. 134. Die Entlohnung erfolgt hier regelmäßig nach dem Stücke (Stücklohn).

[109]) Vgl. Behrend, § 45. Übereinstimmend Krčmář, Sml. nám. S. 127 flg.
Unternehmer und Herr des Etablissements ist der Prinzipal. Ihm bleibt daher
auch der commis intéressé untergeordnet. Allerdings ist dieser befugt, eine Gewinn-
berechnung für jene Zeitperiode zu begehren, für welche ihm ein Gewinnanteil
gebührt; es reicht jedoch hin, wenn der Geschäftsherr eine Bilanz über den erzielten
Geschäftsgewinn vorlegt und dem tantiemeberechtigten Angestellten die Einsichtnahme in die Handelsbücher zum Zwecke der Prüfung der Richtigkeit der vorgelegten Bilanz gestattet. (Analogie zu Art. 253 Abs. 1 H. G. B. Das dem
stillen Gesellschafter im Art. 253 Abs. 2 eingeräumte weitergehende Recht ist jedoch
dem commis intéressé nicht zuzuerkennen.) Vgl. Heller, S. 7, Hahn, II S. 238
und Krčmář, S. 131. Hiermit übereinstimmend § 60b des österr. Entwurfes
eines Gesetzes, betreffend die Regelung der Rechtsverhältnisse der Handlungsgehilfen.
— Der Gehaltsanspruch des Handlungsgehilfen verjährt in der durch § 1479
a. b. G. B. normierten allgemeinen 30jährigen Verjährungsfrist. Die dreijährige
Frist des § 1480 ist nach dem Wortlaut und nach der Tendenz der Redaktoren
hier nicht anwendbar (Hofkanzleidekr. v. 10. April 1839 Nr. 355 J. G. S.;
anderer Ansicht jedoch Stupecký, Festgabe der Prager böhm. Juristenfakultät für
Randa (1904), Separatabdr. S. 22, welcher die Interpretation des § 1480 durch
das zit. Hofkanzleidekr. auf den Fall des Gesindelohnes einschränken will, weil
das Hofdekr. v. 22. Aug. 1836 Z. 155 von der Ansicht ausgehe, daß wie die
Pachtzinsen so der Dienstlohn zu den im § 1480 genannten periodischen Abgaben
gehöre. Indes ist letztere Auffassung nur die Ansicht der Mehrzahl der Redaktoren
des letzterwähnten Hofdekrets, wohingegen das spätere Hofdekr. v. 10. April 1839 die
entgegengesetzte richtige Auslegung dokumentiert. Neuere Gesetzgebungen setzen
zweckmäßig kürzere Verjährungsfristen fest. So das Schweizer Obl. R. (Art. 147)
eine solche von fünf Jahren, das deutsche b. G. B. (§ 196) eine solche von zwei Jahren.

[109a]) Vgl. auch Heller a. a. O., S. 3 N. 4 gegen Behrend, S. 320
N. 23, dessen Ansicht sich Kirchstetter anschloß.

Ein Handlungsgehilfe, der durch unverschuldetes Unglück an der Leistung seines Dienstes zeitweise verhindert wird, verliert hierdurch seinen Anspruch auf Gehalt und Unterhalt nicht. Dieser Anspruch steht ihm jedoch nur für die Dauer von sechs Wochen zu. (Art. 60.)[110]) Die Verjährungsfrist für den Gehaltsanspruch beträgt 30 Jahre. Vgl. Judikat des O. G. H. Nr. 111 und die Motive zu dem Hofkanzleidekr. v. 10. April 1839 Nr. 355 J. G. Slg. Die in diesem Hofkanzleidekr. aufgestellte singuläre Rechtsvermutung der erfolgten Zahlung, wenn nach der Verfallszeit des Lohnes ein Zeitraum von drei Jahren verfloß, bezieht sich nur auf Lohnansprüche des Dienstgesindes und ist deshalb auf den Gehaltsanspruch eines Handlungsgehilfen nicht anwendbar. (Sehr interessant ist die Abhandlung Stupeckýs in der N. 109 erwähnten Festgabe [Separatabdruck S. 12 flg.], welcher die Entstehungsgeschichte des Hofkanzleidekr. v. 10. April 1839 aus den Akten der Obersten Justizstelle, der Gesetzgeb. H. Komm. und des Staatsrates mitteilt. Aus denselben geht hervor, daß alle diese Stellen die Ansicht vertraten, daß der § 1480 sich nicht auf Lohnforderungen beziehe und daß die kürzere dreijährige Frist auch für derartige Forderungen gesetzlich festzustellen wäre; leider beschränkte man sich an letzter Stelle auf die Fixierung der in diesem Hofdekr. ausgesprochenen Vermutung, daß der Gesindelohn bezahlt sei, wenn seit der Fälligkeit drei Jahre verflossen sind. Die Statuierung einer kürzeren Verjährungsfrist, etwa von drei oder längstens von fünf Jahren [so das Schweizer Obl. R. § 147] wird mit Recht auch von Heller a. a. O. S. 4 empfohlen.)

4. Für die Dauer des Dienstverhältnisses des Handlungsgehilfen ist zuvörderst die bezügliche Bestimmung des Dienstvertrages maßgebend. (Art. 61 H. G. B.) Wurde das Dienstverhältnis nur für eine gewisse Zeit begründet, so endet es mit dem Ablaufe der letzteren. Sonst wird die Aufhebung des Dienstvertrages mittels Kündigung bewerkstelligt.[110a])

---

[110]) So namentlich im Falle einer nicht durch eigenes Verschulden herbeigeführten Erkrankung. Der Lohnanspruch des erkrankten Handlungsgehilfen gegen den Prinzipal ist mit dem auf § 121 Gew. Nov. v. 15. März 1883 R. G. Bl. Nr. 30 gegründeten Unterstützungsansprüche („Krankengeld") gegen die Krankenkasse der betreffenden Genossenschaft wohl vereinbar (vgl. die analogen konkurrierenden Ansprüche gewerblicher Hilfsarbeiter einerseits gegen den Inhaber des Unternehmens, anderseits gegen die genossenschaftliche Krankenkasse nach §§ 82h, 84 und 92 Gew. Nov. v. 8. März 1885 R. G. Bl. Nr. 22 und § 121 Gew. Nov. v. 15. März 1883 R. G. Bl. Nr. 39. Die rechtliche Natur dieser beiden Ansprüche ist verschieden. Der Gehaltsanspruch gegen den Prinzipal ist privatrechtlichen Charakters, denn er entspringt einem Lohnvertrage. Der Unterstützungsanspruch gegen die genossenschaftliche Krankenkasse aber besitzt öffentlichrechtlichen Charakter und beruht auf dem Grundsatze der Zwangsversicherung. In gleichem Sinne lautet die Min. Vdg. v. 15. Juli 1885 Nr. 25.238. Vgl. auch Pisko-Staub, Art. 60 § 3.

[110a]) Vgl. das Erk. des deutsch. R. O. H. G., IV Nr. 69. — Die Kündigung ist stets ein einseitiger Rechtsakt. Sie bedarf, um rechtswirksam zu sein, der Annahme nicht. Wird die Kündigung angenommen, so liegt ein Vertrag über die Aufhebung des Dienstverhältnisses vor. Die Beobachtung einer bestimmten Form ist für den Kündigungsakt nicht erforderlich (vgl. Behrend, S. 330). Ob

§ 14.

In Ermanglung einer anderweitigen Vereinbarung kann das Dienstverhältnis sowohl vom Prinzipal als von dem Handlungsgehilfen mit dem Ablaufe eines jeden Kalendervierteljahres nach vorausgehender sechswöchentlicher Kündigung aufgehoben werden. (Art. 61.)[110b] Eine bedingte Kündigung ist rechtsunwirksam.[111] Aus wichtigen (im Gesetze nur beispielsw. angeführten) Gründen kann auch vor dem Zeitpunkte, mit welchem vertragsmäßig das Dienstverhältnis endigen soll und ohne vorgängige Kündigung von jedem Vertragsteile „die Aufhebung des Dienstverhältnisses verlangt" oder richtiger gesagt: das Dienstverhältnis sogleich gelöst werden. (Art. 62 H. G. B.)[112] Die Wichtigkeit der Gründe wird im Streitfalle vom Richter nach freiem Ermessen beurteilt. (Art. 62.) Beim Vorhandensein eines wichtigen Grundes bedarf es der vorherigen Einholung eines richterlichen Spruches über die Zulässigkeit der Lösung des Dienstverhältnisses nicht. Es genügt, wenn der Grund der außergerichtlichen Aufhebung des Dienstverhältnisses nachträglich vom Richter für ausreichend befunden wird. Für diese Ansicht spricht die Vorschrift der §§ 82 und 82a der Gew. Nov. v. 8. März 1885 (vgl. § 78 der G. O. v. 20. Dez. 1859 R. G. Bl. Nr. 227), welche auch für die Rechtsverhältnisse der Handlungsgehilfen nied. Art Geltung besitzt[112a] und auf Grund des § 25 Einf. Ges. zur Interpretation des mehrdeutigen Wortlautes des Art. 62 Abs. 1 herangezogen werden muß (vgl. auch Entsch. Nr. 610, 1173, 1640 Adl.-Cl., Ger. Ztg. 1876 Nr. 13, 1881 Nr. 69, Entsch. d. O. G. H. Jur. Bl. 1892 Nr. 10[113])

---

einer im Sinne des Art. 61 H. G. B. verspätet vorgenommenen Kündigung wenigstens für den folgenden Termin Wirksamkeit zukomme, ist nach der Sachlage des einzelnen Falles zu entscheiden (vgl. Hahn, I S. 239).

[110b] Für Handlungsgehilfen gilt somit nicht bie in manchen Gremialordnungen, so in den Statuten des Gremiums der Wiener Kaufmannschaft normierte kürzere Kündigungsfrist; denn nach der Anordnung des § 25 Einf. Ges. z. H. G. B. haben in dieser Richtung vor allem die Rechtssätze des H. G. B. zur Anwendung zu kommen. Vgl. auch die Entsch. des O. G. H. v. 2. Dez. 1885 Nr. 13.712 in den Jur. Bl. 1886 Nr. 8. (Einer derartigen Bestimmung der Gremialstatuten sollte die Genehmigung versagt werden.) — Zweckmäßig ist die Vorschrift des § 67 des H. G. B. für das Deutsche Reich: „Wird durch Vertrag eine kürzere oder längere Kündigungsfrist bedungen, so muß sie für beide Teile gleich sein; sie darf nicht weniger als einen Monat betragen. Die Kündigung kann nur für den Schluß eines Kalendermonates zugelassen werden." Eine gleiche Bestimmung wird in dem österr. Entwurfe eines Gesetzes zur Regelung der Rechtsverhältnisse der Handlungsgehilfen in Vorschlag gebracht.

[111] Vgl. Entsch. Nr. 610 Adl.-Cl. — Die Dauer der Lehrzeit der Handlungslehrlinge ist nach dem Lehrvertrage und in Ermanglung vertragsmäßiger Bestimmungen nach den örtlichen Verordnungen oder dem Ortsgebrauche zu beurteilen (Art. 61). Vgl. § 98a Gew. Nov. — Auf den Probedienst sind die Anordnungen des Art. 61 nicht anwendbar.

[112] Diese Anschauung wird auch von dem deutsch. R.O.H.G., IV Nr. 82, VII Nr. 69, XXI Nr. 82, wie von der Mehrheit der Schriftsteller geteilt. So von Hahn, I S. 241, Wendt in Endemann's Handb., I S. 256, Behrend, S. 331. — And. Ansicht: Thöl, § 79, Brix zu Art. 62, Stubenrauch, S. 155.

[112a] Vgl. Krasnopolski, S. 65.

[113] In den Gründen dieser Entscheidung heißt es: „Die Fassung der Art. 62 und 64 H. G. B. („verlangen" und „aussprechen") gestattet nicht die versuchte

u. a.).¹¹³ᵃ) — (Bei der Stilisierung des § 70 des neuen deutsch. H. G. B. [entsprechend dem Art. 62 des allg. H. G. B.] wurde eine Fassung gewählt, die jeden Zweifel darüber ausschließt, daß die Aufhebung des Dienstverhältnisses schon durch die Kündigung erfolgt. § 70 Abs. 2 leg. cit. lautet nämlich: „Das Dienstverhältnis kann von jedem Teile ohne Einhaltung einer Kündigungsfrist gekündigt werden, wenn ein wichtiger Grund vorliegt." Vgl. auch Staub, Suppl. Art. 62.)

Den Worten des Art. 62 „kann verlangt werden" ist somit nicht der Sinn beizumessen, als ob zur Aufhebung des Dienstverhältnisses die vorgängige Erwirkung eines Richterspruches über die Zulässigkeit der Entlassung, bezieh. des Austrittes erforderlich wäre. Bei der Lösung des Dienstverhältnisses muß der zurücktretende Teil nicht unbedingt einen bestimmten (speziellen) Grund für seinen Rücktritt anführen; es genügt das ordnungswidrige Verhalten des Gegners im allgemeinen als Aufhebungsgrund anzugeben. Geschieht dies aber, so kann er dessenungeachtet in einem späteren Rechtsstreite einen anderen Aufhebungsgrund geltend machen; dies selbst dann, wenn er den letzteren zur Zeit des Rücktrittes von dem Dienstverhältnisse noch nicht gekannt hätte.¹¹³ᵇ) In den Art. 63 und 64 H. G. B. werden Gründe der Aufhebung des Dienstverhältnisses beispielsweise angeführt.¹¹³ᶜ) Zu denselben treten jene Gründe hinzu,

---

Deutung, als ob der Kläger in seinen Dienstbezügen so lange belassen werden sollte, bis die Aufhebung des Dienstverhältnisses vom Gerichte entschieden wäre. Vielmehr ist dem Sinne des Gesetzes eben dadurch entsprochen, daß mit Urteil die Verweigerung des Gehaltes für gerechtfertigt erklärt wird." In derselben Entsch. des O. G. H. wurde anerkannt, daß der beklagte Fabriksbesitzer im Hinblicke auf die von dem Strafrichter festgestellte Ehrenbeleidigung nach Art. 64 Z. 5 H. G. B. berechtigt gewesen sei, das Dienstverhältnis vor der bestimmten Zeit aufzulösen und die weitere Zahlung des Gehaltes zu verweigern. Zugleich wurde ausgesprochen, daß diese Berechtigung des Beklagten weder durch eine nachfolgende Ehrenerklärung beseitigt werden, noch dadurch erlöschen konnte, daß auch der Prinzipal sich später hinreißen ließ, den Kläger öffentlich zu beschimpfen.

¹¹³ᵃ) Vgl. Hahn, I l. c., Wendt in Endemann's Handb., S. 261 flg., Behrend, § 46 N. 14, Canstein, I S. 327, Górski, S. 170, Erk. des deutsch. R. G., XVII Nr. 48. Nach Staub, Art. 62 § 3 und Pisko-Staub, S. 214 liegt den Vorschriften des H. G. B. der Gedanke zugrunde, das erst der Richterspruch das Verhältnis löst. — Pollitzer berührt diese Frage nicht. Auch das Zusammentreffen mehrerer an sich minder erheblicher Gründe (das Gesamtverhalten) vermag einen hinreichenden Anlaß und Grund zur Aufhebung des Dienstverhältnisses zu geben (Vgl. Entsch. des deutsch. R. O. H. G., XIX Nr. 38). — Ob das Ignorieren eines bestimmten Entlassungsgrundes als Nachsicht desselben anzusehen sei, muß nach der Lage des Falles entschieden werden.

¹¹³ᵇ) Ein Anspruch auf Ersatz der Prozeßkosten steht dem das Dienstverhältnis lösenden Teile in diesem Falle nicht zu. Vgl. Pisko-Staub, Art. 62 S. 213.

¹¹³ᶜ) Die Weigerung des Handlungsreisenden, dem Auftrage des Prinzipals zur Rückkehr Folge zu leisten, erscheint als genügender Grund zur unverzüglichen Aufhebung des Dienstverhältnisses, nicht aber eigenmächtige Änderung der vorgeschriebenen Reiseroute (vgl. die Entsch. Nr. 1708 und 2000 Abl.-Cl., ferner Jur. Bl. 1893 Nr. 25). — Wenn der Geschäftsherr schwerer, insbes. strafrechtlich verfolgbarer Ehrverletzungen gegen den Handlungsgehilfen sich schuldig macht, ist dieser zur Lösung des Dienstverhältnisses nach Art. 63 berechtigt, nicht aber, wenn die Ehrverletzung minder erheblich oder sogar teilweise begründet ist. Vgl. Entsch.

§ 14.

aus welchen nach den §§ 82, 82a) Gew. Nov. v. 8. März 1885 das Arbeitsverhältnis zwischen dem gewerblichen Hilfsarbeiter und dessen Dienstherrn jederzeit ohne Kündigung gelöst werden kann. Einen Grund zur Aufhebung des Dienstverhältnisses bilden endlich für den Gehilfen die Zahlungseinstellung des Prinzipals und die Eröffnung des Konkurses über das Vermögen desselben,[114)] [115)] nicht aber dessen Ableben.[115a)] Daß an-

---

Nr. 1165, 1173 Abl.-Cl. — Strafrechtliche Verfolgbarkeit der Ehrverletzung ist jedoch keineswegs erforderlich. Abl.-Cl. Nr. 552. Unrichtig ist die Entsch. Nr. 1164 Abl.-Cl. — In der Entsch. Nr. 2050 Abl.-Cl. wird die Beschimpfung eines Fabriksdirektors mit dem Worte „Bummler" als schwere Ehrverletzung im Sinne des Art. 63 erklärt. — Die Verleitung eines Mitgehilfen zum Ungehorsam gegen den Prinzipal ist als genügender Grund zur Aufhebung des Dienstverhältnisses nach Art. 64 anzusehen (vgl. Entsch. Nr. 1924 Abl.-Cl.). Gleiches gilt jedoch nicht von Vorwürfen, die in bedingter Form verteidigungsweise gegen den Geschäftsherrn erhoben werden (Nr. 2026 ders. Slg.). In der Entsch. d. O. G. H. Nr. 1700 Abl.-Cl. wird das Ausbedingen oder Beziehen von Gratifikationen (Provisionen) bei Geschäftskunden und in der Entsch. Nr. 610 ders. Slg. die Weigerung eines Fabriksdirektors, sein Gebaren einer Revision unterziehen zu lassen, bezieh. die Verhinderung der letzteren für einen ausreichenden Grund zur Lösung des Dienstverhältnisses erklärt.

[114)] Als Argument hierfür dient § 82 a lit. e Gew. Nov. v. 8. März 1885, laut dessen ein gewerblicher Hilfsarbeiter vor Ablauf der vertragsmäßigen Zeit und ohne Kündigung die Arbeit verlassen kann, wenn der Inhaber des Gewerbes außerstande ist, dem Hilfsarbeiter Verdienst zu geben. Vgl. auch die K. O. für das Deutsche Reich § 22. Das O. L. G. in Wien erkannte mit Entsch. v. 4. Mai 1892 Z. 5956, Jur. Bl. 1892 Nr. 26, die Zahlungsstockung des Prinzipals berechtige den Handlungsgehilfen zu vorzeitigem Austritte. Von einer anderen Ansicht ging der O. G. H. in der Entsch. Nr. 375 Abl.-Cl. aus, indem er die Anordnung des § 78 G. O. v. 20. Dez. 1859 R. G. Bl. Nr. 227, welche nach § 25 Einf. Ges. z. H. G. B. als subsidiäre Rechtsquelle zur Anwendung zu bringen war, unbeachtet ließ. Der eben gedachten Entsch. (Nr. 375) zufolge wäre auch im Falle der Zahlungseinstellung des Prinzipals der Inhalt des Dienstvertrages zu beobachten und das Dienstverhältnis nach Art. 61 zu kündigen. Durch die Auflösung des Dienstverhältnisses vor Eintritt des neuen Jahres erlischt das Recht auf das usancemäßige Neujahrsgeld. (Gewöhnlich das alterum tantum des Monatsgehaltes.) Abl.-Cl. Nr. 1038. Dazu O. Frankl, Jur. Vjschr. 1904 Nr. 4.

[115)] Gründe, die den Geschäftsherrn zur Aufhebung des Dienstverhältnisses vor der bestimmten Zeit berechtigen, sind z. B.: Verrat von Fabriks-(Geschäfts-)Geheimnissen, unbefugtes Öffnen verschlossener Zuschriften, nicht aber Verweigerung der Sonntagsarbeit, wofern diese nicht innerhalb der im Ges. v. 16. Jän. 1895 R. G. Bl. Nr. 21 gezogenen Schranken (cf. § 75 Gew. Nov.) vereinbart wurde. Nicht minder wird eine erhebliche Überschreitung des Urlaubes als Entlassungsgrund anzusehen sein. (In der Entsch. Nr. 1440 Abl.-Cl. wurde die Unterlassung des Dienstantrittes durch neun Tage nach Wiedererlangung der Gesundheit als solcher angesehen.) Erhebliche Ehrverletzungen gegen den Prinzipal bilden ohne Rücksicht auf ihre strafrechtliche Verfolgbarkeit einen gesetzlichen Grund zur Lösung des Dienstverhältnisses. (Entsch. Nr. 532 Abl.-Cl.)

[115a)] Nach § 83 Gew. Nov. v. 8. März 1885 erlischt das Arbeitsverhältnis von selbst durch den Tod des Hilfsarbeiters und durch das Aufhören des Gewerbebetriebes. Doch ist im Falle der vorzeitigen Entlassung des Hilfsarbeiters, sei es infolge freiwilligen Aufgebens des Gewerbes oder infolge eines Verschuldens des Gewerbeinhabers, oder eines diesen treffenden Zufalles der Hilfsarbeiter berechtigt, für den Entgang der Kündigungsfrist Schadloshaltung zu beanspruchen. (§ 83 Abs. 2 Gew. Nov.) Bezüglich der Handlungslehrlinge treten zu den Rücktrittsgründen der Art. 63 und 64 H. G. B. noch die im § 101 Gew. Nov. v.

dauernde Unfähigkeit zur Dienstleistung den Prinzipal zur Entlassung des Handlungsgehilfen berechtigt, liegt in der Natur der Sache. Aus der Vergleichung der Art. 60 und 64 Ziff. 4 H. G. B. ergibt sich aber, daß eine vorübergehende, die Dauer von sechs Wochen nicht überschreitende unverschuldete Dienstesunfähigkeit, z. B. wegen Krankheit oder Militärdienstes (anders Entsch. Nr. 1775 Abl.-Cl.) an sich einen ausreichenden Grund zur Auflösung des Dienstverhältnisses nicht bilde.[116] Nach dem Wortlaute des Art. 62 H. G. B. erscheint es nicht zweifelhaft, daß auch im Falle vertragsmäßiger Festsetzung einer (längeren oder kürzeren) Kündigungsfrist sowohl vom Prinzipale als von dem Handlungsgehilfen aus wichtigen Gründen (Art. 63, 64) die Aufhebung des Dienstverhältnisses herbeigeführt werden kann. (Hierfür spricht auch der Umstand, daß Art. 62 in der Klammer auf Art. 61 hinweist. Vgl. die Entsch. Nr. 532, 610, 1173 Abl.-Cl.)

Der Geschäftsherr, welcher dem Handlungsgehilfen das Dienstverhältnis kündigte, ist nicht verpflichtet, die Dienste des letzteren für den restlichen Teil der Dienstzeit anzunehmen. Wohl aber muß der Prinzipal, welcher ohne gesetzlichen Grund den Handlungsgehilfen vorzeitig entläßt, diesem den Lohn für jenen Zeitraum entrichten, während dessen der Handlungsgehilfe, sei es vertragsmäßig, sei es gemäß der im Art. 61 über die Kündigung und die Aufhebung des Dienstverhältnisses aufgestellten Regel die Belassung im Dienste beanspruchen konnte. Tritt der Handlungsgehilfe innerhalb dieses Zeitraumes einen anderen Dienst an, so wird hierdurch an der eben gedachten Verpflichtung des Geschäftsherrn nichts geändert. (Vgl. Entsch. Nr. 912, 1361, 1495 Abl.-Cl.) Dies folgt aus den Bestimmungen des Art. 283 H. G. B., des § 1160 a. b. G. B. und des § 84 Gew. Nov. v. 8. März 1885. (Grundsätzlich damit übereinstimmend lauten die Entsch. Nr. 265, 475, 1173, 1337, 1443 und 2041 Abl.-Cl., ferner Ger. Ztg. 1881 Nr. 69.[117])

---

8. März 1885 angeführten Ursachen vorzeitiger Auflösung des Lehrverhältnisses. Überdies erlischt der Lehrvertrag durch das Aufhören des Gewerbebetriebes, durch den Tod des Lehrlings oder des Lehrherrn, durch das Abtreten des letzteren vom Gewerbe, endlich durch den Eintritt der Unfähigkeit des einen oder des anderen, die vertragsmäßigen Verpflichtungen zu erfüllen. Vgl. § 103 G. O. (Die in Ansehung der Erlöschungsarten des Lehrvertrages zutage tretende Verschiedenheit zwischen dem Rechtsverhältnisse des Handlungslehrlings und jenem eines sonstigen Handlungsgehilfen gründet sich auf den persönlichen Charakter des Lehrverhältnisses.)

[116]) So erscheint nach § 72 Ziff. 3 des deutsch. H. G. B. die durch militärische Dienstleistung verursachte Verhinderung an der Dienstesverrichtung nur dann als Grund zur Aufhebung des Dienstverhältnisses (ohne Einhaltung einer Kündigungsfrist), wenn die militärische Dienstleistung die Dauer von acht Wochen übersteigt. Vgl. Hahn zu Art. 60. Einigermaßen abweichend Behrend, S. 324 N. 30, 40. Pollitzer, § 42 N. 8 glaubt, es sei zwischen „Einberufung zur Waffenübung" und „Einberufung zur Mobilisierung" zu unterscheiden. Für den ersteren Fall tritt er der im Texte ausgesprochenen Ansicht entgegen, während er für den zweiten Fall einen Entschädigungsanspruch für zulässig erachtet.

[117]) Vgl. Krčmař a. a. O., §§ 5 bis 7. Das deutsche H. G. B. bestimmt diesbezüglich: Wird die Kündigung durch vertragswidriges Verhalten des anderen

§ 14.

Das durch den Dienstvertrag begründete Rechtsverhältnis zwischen dem Geschäftsherrn und dem Handlungsgehilfen kann selbst vor dem Dienstantritte des letzteren aus wichtigen Gründen (z. B. wegen Betruges, Art. 62) gelöst werden. Vgl. Entsch. Nr. 1120 Abl.-Cl.

Auf das Rechtsverhältnis zwischen dem Prinzipale und dem Handlungslehrlinge haben im Hinblicke auf die im § 25 Einf. Ges. z. H. G. B. ausgesprochene subsidiäre Geltung der Gewerbegesetze die Anordnungen der §§ 97 bis 104a der Gew. Nov. v. 8. März 1885 und die Bestimmungen des Ges. v. 23 Febr. 1897 R. G. Bl. Nr. 63. (§§ 99, 99b, 100 und 137) Anwendung zu finden.

Als Lehrling wird angesehen, wer bei einem Gewerbeinhaber zur praktischen Erlernung des Gewerbes in Verwendung tritt, ohne Unterschied, ob ein Lehrgeld vereinbart wurde oder nicht, und ob für die Arbeit Lohn gezahlt wird oder nicht. (§ 97 Gew. Nov.) Das Rechtsverhältnis zwischen dem Lehrherrn und dem Lehrlinge ist nicht ausschließlich privatrechtlichen Charakters und gleicht in mancher Richtung dem Rechtsverhältnisse zwischen Vormund und Mündel. (Arg. § 99b Gew. Nov.) Die Begründung des Lehrverhältnisses erfolgt durch den Lehrvertrag, welcher zwischen dem mit den erforderlichen Fachkenntnissen ausgestatteten Prinzipale und dem Lehrlinge, beziehungsw. dem gesetzlichen Vertreter des letzteren abgeschlossen wird.

Teiles veranlaßt, so ist dieser zum Ersatze des durch die Aufhebung des Dienstverhältnisses entstehenden Schadens verpflichtet. (§ 70 Abs. 2.) Ein Antrag auf Aufnahme einer Vorschrift gleichen Inhaltes in das allg. deutsche H. G. B. wurde von der Nürnberger Konferenz abgelehnt. Für die Ablehnung dirimierte die Stimme des Vorsitzenden. (Konf. Prot. S. 108, 112.) — Den Rechtsanspruch auf Gehalt und Unterhalt wahrt der Handlungsgehilfe durch die Erklärung seiner Bereitwilligkeit zur Leistung der vertragsmäßigen Dienste. Vgl. Behrend, S. 322 und 332, Canstein, I S. 328, Górski, I S. 179. Die herrschende Rechtsansicht knüpft die Anwendbarkeit des § 1155 a. b. G. B., welcher der bestellten Person bloß eine „angemessene Entschädigung" zuerkennt, im Gegensatze zu § 1160 a. b. G. B. an die Voraussetzung, daß mit der Ausführung der bestellten Arbeit noch nicht begonnen wurde. Vgl. Schreiber, Der Arbeitsvertrag S. 36 flg., Dnieſtrzanſki, Der Werklieferungsvertrag S. 116 und Krainz, § 375, während Ehrenzweig, § 375₇ und Pisko-Staub, S. 215 die Vorschrift des § 1160 a. b. G. B. auf den Fall der bloßen Unterbrechung (verb. „unterbrochen" im § 1160) der bestellten Arbeit (nicht auch auf den Fall des Aufgebens der letzteren) angewendet wissen wollen. Zur Lösung der Frage nach der Ersatzpflicht des Prinzipals bei vorzeitiger Entlassung des Handlungsgehilfen ist (gemäß § 25 Einf. Ges.) die Norm des § 84 Gew. Nov. ex 1885 als nächste Rechtsquelle heranzuziehen. (Die Beantwortung dieser Frage nach römischem Rechte ist kontrovers.) Der Antritt eines anderen Dienstes nach rechtmäßiger Lösung des früheren Dienstverhältnisses steht dem Entschädigungsanspruche des Handlungsgehilfen gegen den Prinzipal nicht im Wege. Vgl. Entsch. Nr. 912, 1361, 1594 Abl.=Cl. Der entgegengesetzten Ansicht sind Krainz=Ehrenzweig, § 375, Canstein, S. 328 N. 33, Pisko-Staub § 10 zu Art. 62. Allein es handelt sich hier nicht um einen Entschädigungsanspruch ex delicto, sondern um einen Anspruch auf Leistung des Interesses wegen Nichterfüllung des Dienstvertrages. Dieser Anspruch verjährt daher auch nicht in der dreijährigen Frist des § 1489 a. b. G. B. Vgl. Randa, Schadenersatz (böhm. 6. Aufl.) S. 101 flg. Unrichtig ist die entgegengesetzte Meinung von Pisko-Staub, Art. 62 § 11.

(§§ 98 bis 99a 100 Gew. Nov. v. J. 1885 und 1897.)[118] Der Lehrvertrag kann mündlich oder schriftlich abgeschlossen werden. Im ersteren Falle muß der Vertragsabschluß vor der Genossenschaftsvorstehung oder, wenn der Lehrherr einer Genossenschaft nicht angehört, vor der Gemeindebehörde stattfinden. Im zweiten Falle ist die Vertragsausfertigung sofort nach dem Abschlusse des Lehrvertrages an die Genossenschaftsvorstehung beziehentlich an die Gemeindebehörde einzusenden. In beiden Fällen muß der Vertrag in einem hiezu bestimmten Protokollsbuche verzeichnet werden (§ 99 l. c.). Mittels des Lehrvertrages sind nebst anderen auch die beiderseitigen Verpflichtungen (rücksichtlich des Lehrgeldes, des Unterhaltes, der Bekleidung, Wohnung u. dgl.) sowie die Dauer der Lehrzeit festzusetzen. Diese darf (soweit nicht auf Grund der Gew. Nov. v. 15. März 1883 R. G. Bl. Nr. 39 besondere gesetzliche Vorschriften bestehen, oder die Genossenschaftsstatuten abweichende Bestimmungen enthalten) bei nicht fabriksmäßig betriebenen Gewerben nicht weniger als zwei und nicht mehr als vier Jahre, bei fabriksmäßig betriebenen Gewerben jedoch höchstens drei Jahre betragen. Das Lehrverhältnis kann während der ersten vier Wochen durch einseitigen Rücktritt jedes der beiden Teile aufgelöst werden. (§ 99a, sog. Probezeit. Dieselbe darf nicht mehr als drei Monate betragen.) Ein minderjähriger Lehrling ist der väterlichen Zucht des Lehrherrn unterworfen, dessen Schutz und Obsorge er genießt (§§ 99b, 100 Gew. Nov.). Der Lehrvertrag erlischt durch das Aufhören des Gewerbebetriebes des Prinzipals, durch den Tod des Lehrlings oder des Lehrherrn, durch das Abtreten des letzteren vom Gewerbe, endlich durch die Unfähigkeit des einen oder des anderen, die eingegangenen Verpflichtungen zu erfüllen. (§ 103 Gew. Nov.) Ob und inwieweit bei der Aufhebung des Lehrverhältnisses eine Entschädigungspflicht eintritt, ist nach den Regeln des a. b. G. B. zu beurteilen. (Vgl. § 104a Gew. Nov., welcher die Anwendbarkeit der Norm des § 83 Gew. Nov. auf Lehrlinge ausschließt.) Das Lehrverhältnis kann vor dem Ablaufe der bedungenen Dauer von beiden Teilen aus den in den Art. 63 und 64 H. G. B. und im § 101 Gew Nov. bezeichneten Gründen allsogleich gelöst werden. (Vgl. N. 115a.) Gegen vierzehntägige Kündigung kann das Lehrverhältnis seitens des Lehrlings gelöst werden, wenn derselbe seinen Beruf ändert, oder zu einem wesentlich verschiedenen Gewerbe übergeht, oder wenn er von seinen Eltern zu ihrer Pflege oder zur Führung ihrer Wirtschaft oder ihres Gewerbes benötigt wird. (§ 102 Gew. Nov.) Binnen einem Jahre nach Auflösung des Lehrverhältnisses soll ein solcher Lehrling in demselben Gewerbe oder in einem diesem Gewerbe ähnlichen Fabriksbetriebe ohne Zustimmung des früheren Lehrherrn nicht beschäftigt werden, außer wenn erwiesen wird, daß sich der letztere dem Lehrlinge gegenüber dauernd eine harte oder ungerechte Behandlung zu Schulden kommen ließ. (§§ 102, 102a Gew. Nov.) Nach ordnungsmäßiger Beendigung des Lehrverhältnisses ist dem Lehrlinge,

---

[118] Handlungslehrlinge müssen nicht mit einem Arbeitsbuche versehen sein. (§ 79 Gew. Nov.) Über Lehrlinge vgl. Krasnopolski, l. c. S. 69 flg.

§ 14.

wenn der Lehrherr einer Genossenschaft angehört, von der Genossenschaftsvorstehung unter Benützung des von dem Prinzipale ausgestellten Lehrzeugnisses ein Lehrbrief auszufertigen. (§ 104 Gew. Nov.)[118a]

Aus dem Dienst- und Lehrverhältnisse entspringende Rechtsstreitigkeiten zwischen Kaufleuten und deren Gehilfen und Lehrlingen — Hilfsarbeitern für niedere Dienstleistungen im Sinne der Gewerbeordnung — sowie zwischen diesen Hilfsarbeitern untereinander, gehören nach § 37 des Ges. v. 27. Nov. 1896 R. G. Bl. Nr. 218 betreffend die Einführung von Gewerbegerichten ohne Rücksicht darauf, ob diese Rechtsstreitigkeiten während der Dauer des Dienst- und Lehrverhältnisses oder nach dessen Beendigung anhängig werden, und ohne Rücksicht auf den Wert des Streitgegenstandes zur sachlichen Zuständigkeit der Bezirksgerichte, bezieh. an Orten, in welchen ein selbstständiges Handelsgericht besteht, zur Zuständigkeit des Bezirksgerichtes in Handelssachen.[119] An Orten, in welchen ein Gewerbegericht seinen Sitz hat, wie gegenwärtig in Wien, Prag, Reichenberg, Brünn, Bielitz, Aussig, Pilsen, Teplitz, Mähr.-Ostrau, Jägerndorf, Mähr.-Schönberg, Graz, Leoben, Krakau und Lemberg, ist zur Verhandlung und Entscheidung der gedachten Rechtsstreitigkeiten nicht das ordentliche Gericht, sondern ausschließlich das Gewerbegericht zuständig.[119a] (Ges. v. 27 Nov. 1896 R. G. Bl. Nr. 218.)

In Rechtsstreitigkeiten der erwähnten Art, die zwischen Kaufleuten und ihren mit der Verrichtung höherer Dienste betrauten Gehilfen entstehen, wird die Gerichtsbarkeit, falls der Wert des Streitgegenstandes 1000 K übersteigt, (nach § 39 Einf. Ges. z. H. G. B. und §§ 51, 52 J. N.) von den Handelsgerichten, bezieh. von den Handelssenaten der Landes- und Kreisgerichte, wenn aber der Wert des Streitobjektes die bezeichnete Wertgrenze nicht übersteigt, von den Bezirksgerichten (an Orten, in welchen ein selbständiges Handelsgericht besteht, von dem Bezirksgerichte für Handelssachen) ausgeübt.[119b]

[118a]) Darüber, daß der Bestimmung des § 84 Gew. Nov. nur im Falle der Vereinbarung einer Kündigungsfrist Bedeutung zukomme, vgl. Krasnopolski, S. 85 flg.

[119]) Vgl. Pantůček, O org. s. S. 11.

[119a]) Vgl. insbes. die §§ 3, 4 und 5 lit. d G. G. G.

[119b]) Bei der Lösung der Zuständigkeitsfrage darf der Wortlaut des § 5 lit. d des Ges. v. 27. Nov. 1896 R. G. Bl. Nr. 218 nicht irre führen; denn § 37 dieses Gesetzes spricht nur von der Zuständigkeit rücksichtlich solcher Rechtsstreitigkeiten „für deren Verhandlung bisher die Bestimmungen des § 87c des Ges. v. 8. März 1885 R. G. Bl. Nr. 22 Geltung hatten" und die G. O. begreift unter dem Worte „Gehilfen" lediglich Hilfsarbeiter für Dienstleistungen niederer Art. § 73 G. O. Der Umstand, daß § 5 G. G. G. in lit. d unter den Arbeitern im Sinne dieses Gesetzes ausdrücklich „bei Handelsgewerben alle zu kaufmännischen Diensten verwendeten Personen" anführt, weist auf die Absicht des Gesetzgebers, jene Zweifel zu beheben, die über die Anwendbarkeit des Gewerbegerichtsgesetzes auch auf das kaufmännische Personal geäußert wurden. Vgl. Ott, Říz. s. I S. 98 flg.

§ 15.

Börsen und Handelsmäkler.

Die Rechtsgrundsätze über Börsen und Handelsmäkler beruhen derzeit auf dem Ges. v. 1. April 1875 R. G. Bl. Nr. 67, betreffend die Organisierung der Börsen und dem Ges. v. 4. April 1875 R. G. Bl. Nr. 68, betreffend die Handelsmäkler oder Sensale. Durch das zweitgedachte Gesetz erfuhr der 7. Titel des 1. Buches des H. G. B. eine neue Fassung.[120])

Von den Börsen.

Die Börse ist ein öffentlicher Ort, an welchem regelmäßig und zu einer bestimmten Zeit Kaufleute und andere Interessenten zusammentreffen, um Handelsgeschäfte abzuschließen, oder Angelegenheiten und Verhältnisse des Handels zu besprechen.[121]) Die Berechtigung zum regelmäßigen Besuche der Börse wird durch Entrichtung eines bestimmten Jahresbetrages erworben.[122])

---

[120]) Die Herkunft des Wortes „Börse" ist nicht festgestellt. Diese Bezeichnung stammt entweder daher, daß die Kaufleute der Stadt Brügge vor dem Hause des Kaufmannes van der Burse ihre Zusammenkünfte abhielten oder von dem Worte „bourse", das im Schilde des betreffenden Hauses geführt wurde oder endlich von dem italienischen Worte „borsa", welches „Kammer", „Zusammenkunft" bedeutet.

[121]) Durch § 20 des Ges. v. 1. April 1875 R. G. Bl. Nr. 67, wurden das Gesetz über die Wiener Börse vom 11. Juli 1854 R. G. Bl. Nr. 200 und das Gesetz über die Börsen- und Warensensale v. 26. Febr. 1860 R. G. Bl. Nr. 58 samt Nachtragsbestimmungen insoweit außer Kraft gesetzt, als diese Gesetze Gegenstände betreffen, die in dem Ges. v. 1. April 1875 Nr. 67 ihre Regelung erhielten. Eine ausführliche Erläuterung der Ges. v. 1. Apr. 1875 Nr. 67 und v. 4. Apr. 1875 R. R. Bl. Nr. 68 enthält die Schrift Grünhuts: Das Börsen- und Mäklerrecht und seine Neugestaltung in Österreich 1875. (Sonderabdruck aus seiner Ztschr. f. d. priv. und öff. R. II.) Vgl. ferner Struck, Die Effektenbörse 1881, Goldschmidt, II § 64 a, Behrend, § 60, Canstein, § 22 S. 380 flg., Pollitzer, § 108, Kolousek, S. 63 flg., 74 flg., 196 flg., Kramář, Das Papiergeld in Österreich 1886, Wittelshöfer im Österr. Staatswörterb. („Börse").

[122]) Die Durchschnittszahl der ordentlichen Mitglieder der Wiener Börse übersteigt 2000. Von dem Rechte, die Börse zu besuchen, sind ausgeschlossen: 1. Personen weiblichen Geschlechtes. 2. Personen, welche in vermögensrechtlicher Beziehung nicht eigenberechtigt sind. 3. Gemeinschuldner während der Dauer des Konkursverfahrens und nach dessen Beendigung, wenn sie wegen schuldbarer Krida zu einer Strafe verurteilt wurden, noch drei Jahre nach Verbüßung der Strafe. 4. Diejenigen Personen, welche und insolange sie den ihnen aus einem Börsegeschäfte obliegenden Verbindlichkeiten nicht entsprochen haben. (Durch das Börsegatut kann bestimmt werden, daß die Namen solcher Mitglieder oder Besucher durch Anschlag innerhalb des Börsegebäudes zu veröffentlichen seien.) 5. Diejenigen Personen, welchen und insolange ihnen wegen Übertretung der Börsevorschriften oder wegen Verbreitung falscher Gerüchte das Recht zum Besuche der Börse entzogen wurde. 6. Jene Personen, welche und insolange sie infolge einer strafgerichtlichen Verurteilung von der Wählbarkeit in die Gemeindevertretung ausgeschlossen sind (§ 5 Börsegef.).

§ 15.

Die ersten Börsen wurden im sechzehnten Jahrhunderte gegründet, und zwar in Antwerpen im Jahre 1531, in Toulouse und Lyon im Jahre 1549, in London im Jahre 1556, in Hamburg im Jahre 1558. Es folgte dann im Jahre 1602 die Errichtung der Börse in Amsterdam, im Jahre 1724 die Gründung der Börse in Paris und mit dem kais. Pat. v. 1. Aug. 1771 die Kreierung der Wiener Börse. Der Zweck der Börsen besteht in der Konzentration des Handels, in der hierdurch erzielten Erleichterung des kaufmännischen Verkehrs, in der Förderung der Erkenntnis der jeweiligen Handelskonjunkturen und in der Ermittlung und Feststellung des Wertes von Handelsgegenständen (Waren), insbesondere von Wertpapieren.[122a]

Nach dem Ges. v. 1. April 1875 R. G. Bl. Nr. 67 kann mit Bewilligung des Finanz- und des Handelsministers eine Börse an jedem Orte errichtet werden, an welchem ein Bedürfnis nach einem solchen Institute vorhanden ist.

Die Börsen stehen durchwegs unter staatlicher Überwachung. Nichtgenehmigte Börsen (Winkelbörsen) dürfen nicht bestehen. Für jede Börse wird vom Finanzminister (im Einvernehmen mit dem Handelsminister) ein Börsekommissär bestellt, welcher die Oberaufsicht an derselben führt. (§ 4 Ges. v. 1. April 1875.) Der Finanzminister ist berechtigt, im Einvernehmen mit dem Handelsminister (nach Anhörung der Handels- und Gewerbekammer) erforderlichenfalls die Schließung der Börse zeitweilig oder für immer anzuordnen (§ 11 l. c.). Nach dem Objekte des Handels an der Börse werden unterschieden: Geld- und Effektenbörsen, Warenbörsen und gemischte Börsen (Effekten- und Warenbörsen). Börsen der letztgedachten

---

[122a]) Namentlich für die Durchführung der finanziellen Aufgaben des Staates besitzt die Börse eine hervorragende Bedeutung. Es ist wohl richtig, daß die Börse, wie fast jedes Handelsinstitut, einzelnen Personen und ganzen Klassen die Möglichkeit des Mißbrauchs der großen an der Börse zusammenströmenden materiellen Machtmittel bietet. Es kann auch nicht in Abrede gestellt werden, daß das große geschäftsunkundige Publikum, sobald es sich in Börsegeschäfte einläßt, gewöhnlich die Beute erfahrener, stets wohl informierter und rücksichtsloser Börsemänner wird. Hieraus folgt aber nur so viel, daß das Publikum sich der Beteiligung an den Spekulationsgeschäften der Börse, für welche ihm das Verständnis vollständig mangelt, zu enthalten habe. Unbegründet ist deshalb die dem Munde eines preußischen Ministers (1879) wohl in Übereilung entschlüpfte Äußerung, die Börse sei ein „Giftbaum" (vgl. dagegen auch Grünhut, S. 3). Unter den Börsemitgliedern wird gewöhnlich unterschieden: a) das „Parkett" (parquet, Schranken); dies ist die Gruppe der (hinter dem Schranken sitzenden) angesehenen Börsemitglieder: der Bankiers, der reichen Finanzmänner und der Vertreter der großen Geldinstitute; b) die „Kulisse" (coulisse); diese umfaßt die minder vermögenden Bankiers, die Kaufleute, Agenten, Gewerbetreibenden und sonstigen Spekulanten, welche gar oft die Opfer der Spekulationen ihrer reich bemittelten Konkurrenten werden. Eine andere Bedeutung wird den erwähnten Bezeichnungen in Frankreich beigemessen. Dort werden mit dem Ausdrucke „parquet" die amtlichen agents de change und mit dem Worte „coulisse" die privaten Mäkler und die Spekulanten bezeichnet, die sich eben dieser Mäkler zur Vermittlung ihrer Geschäfte bedienen (vgl. Grünhut, S. 20 N. 17). Die Ausartung und Zügellosigkeit der Börsespekulation, die sich in Österreich zur Zeit des „unerhörten wirtschaftlichen

Kategorie bestehen in Wien, Prag, Triest (Handelsbörse) und Budapest.¹²³) Überdies wurden in Wien, Prag, Graz, Linz und Czernowitz besondere

---

Aufschwunges" in den Jahren 1867 bis 1873 ausbreitete und die durch den berüchtigten verheerenden „Krach" (1873) ihr Ende fand, erhellt aus folgenden Daten: In dem angegebenen Zeitraume wurden Konzessionen zur Errichtung von 175 Banken erteilt, von welchen sich 143 nach Entgegennahme einer Einzahlung auf das Aktienkapital in der Höhe von 310 Millionen Gulden konstituierten. Zum Baue und Betriebe von Eisenbahnen wurden 29 Aktiengesellschaften konzessioniert mit einem eingezahlten Kapitale von 431 Millionen Gulden in Aktien und 889 Millionen Gulden in Prioritäten. Anläßlich der Gründung industrieller Aktienunternehmungen erfolgten Einzahlungen in der Höhe von 515 Millionen Gulden. In verhältnismäßig kurzer Zeit wurden sonach 2145 Millionen Gulden zum Zwecke der Gründung von Geldinstituten, Eisenbahnen und industriellen Unternehmungen eingezahlt, denen es bei der sehr mäßigen Entwicklung der Industrie und des Handels in Österreich schon wegen der übergroßen Konkurrenz an einem ergiebigen Felde für ihre Tätigkeit gebrach. Dessenungeachtet wurden die Preise der Wertpapiere durch eine künstliche Agiotage zu einer schwindelnden Höhe emporgetrieben, von welcher sie — als der naturgemäße Rückschlag eintrat — plötzlich tief herabsanken. So betrug der Preis einer Aktie einer österr. Börsenbank gegen Ende April 1873 230 Gulden, am Ende des Monates Juli desselben Jahres 12 Gulden. Der Preis einer Aktie der Wiener Wechslerbank fiel in demselben Zeitraume von 285 Gulden auf 12 Gulden. Ähnlich war das Schicksal anderer Wertpapiere. — Erfahrungen gleicher Art machten die Aktionäre des Unternehmens zur Durchstechung der Landenge von Panama. In dem zu Paris im Jahre 1893 durchgeführten Strafverfahren wurde erwiesen, daß mehr als die Hälfte des Aktienkapitales in der Höhe von 1200 Millionen Franken zur Bezahlung von Zeitungsberichten, sowie zur Bestechung von Abgeordneten, ja sogar eines Ministers usw. verausgabt wurde. Auch „radikale" Deputierte, Eigentümer der Zeitung „La Justice", der Spekulant Hertz und andere spielten hierbei eine sehr eigentümliche Rolle.

¹²³) Das Statut der Wiener Börse ist in der Ztschr. f. d. g. H. R. 28 S. 190 und in der Manzschen Gesetzesausgabe XI Abt. 2 1901 abgedruckt. Nach dem bei der Umarbeitung derselben (1896) unberührt gebliebenen § 2 dieses Statutes teilen sich die Besucher, bezieh. Mitglieder der Börse in zwei Sektionen, nämlich a) in die Sektion für das Effektengeschäft einschließlich des Geschäftes in Wechseln, Münzen und Edelmetallen; b) in die Sektion für das Warengeschäft mit Einschluß der Versicherungs-, Fracht- und Speditionsgeschäfte. Der Börseverkehr der Wiener Geldbörse erstreckt sich auf Effekten, welche im amtlichen Kursblatte notiert werden dürfen, ferner auf Wechsel, Münzen (Valuten) und Edelmetalle. Das amtliche Kursblatt führt die Wertpapiere (fonds) nach folgenden Gruppen an: a) Staatspapiere der allgem. Staatsschuld; b) Schuldverschreibungen der im Reichsrate vertretenen Königreiche und Länder; c) Staatsschuld der Länder der ungarischen Krone; d) andere öffentliche Anlehen; e) Pfandbriefe, Kommunal-, Eisenbahnkredit- und Bankenobligationen; f) Eisenbahnprioritäts-Obligationen; g) Obligationen von sonstigen Transportunternehmungen; h) Obligationen industrieller Gesellschaften; i) diverse Lose; diesen Schuldverschreibungen folgen alsdann Anteilscheine: k) Aktien von Transportunternehmungen; l) Aktien von Banken; m) Aktien industrieller Unternehmungen; dann n) im Auslande zahlbare Wechsel oder Devisen; o) Valuten oder Münzsorten. Richtigerweise werden sonach auch Wechsel zu den Wertpapieren gerechnet. Die Plazierung des Anlagekapitales geschieht gewöhnlich in Effekten, die Plazierung des Umlaufkapitales meist in Wechseln. Hiernach können Anlage- und Spekulationswerte einerseits und Umlaufswerte anderseits unterschieden werden. — § 1 des Statutes der Prager Effektenbörse stimmt inhaltlich mit der angegebenen Bestimmung des Statutes der Wiener Effektenbörse überein. — Die Frucht- oder Produktenbörsen beschränken ihre geschäftliche Tätigkeit meist auf den Handelsverkehr in Erzeugnissen der Landwirtschaft.

§ 15.

Fruchtbörsen (Produktenbörsen) errichtet.[123a] Die Vermittlung von Börsengeschäften an denselben ist den amtlich bestellten Handelsmäklern (Sensalen) vorbehalten. (§ 7 Börsegef.) Auf Grund der von den letzteren während der Börsezeit vermittelten, resp. abgeschlossenen Geschäfte und der denselben in Ausübung ihres Amtes bekannt gewordenen Daten erfolgt durch die Mitglieder der Börseleitung unter der Aufsicht des Börsekommissärs an jedem Börsetage nach dem Ablaufe der Börsezeit die amtliche Ermittlung der Kurse (Preise) der an der Börse umgesetzten Verkehrsgegenstände. Die Veröffentlichung dieser Preise geschieht ohne Verzug mittels des amtlichen Kursblattes (Preisliste, Kurszettel). § 8 Börsegef. Der Finanzminister bestimmt nach Anhörung der betreffenden Börseleitung, über welche Wertpapiere an den Börsen börsemäßige Geschäfte abgeschlossen und welche Wertpapiere in dem amtlichen Kursblatte notiert werden dürfen. (§ 9 l. c. Kotierung, Notierung.)[124]

Für jede Börse ist ein besonderes Statut festzustellen, welches mit dem Börsegef. v. 1. April 1875 im Einklange stehen muß und der Genehmigung des Finanz- und Handelsministers bedarf.[125] Die Statuten der österr. Börsen wurden im Jahre 1896 in ihren Bestimmungen über das Börseschiedsgericht den Vorschriften des Einf. Gef. z. Z. P. O. angepaßt, von den genannten Ministerien genehmigt und sohin veröffentlicht. Die Genehmigung der Statutenabänderung erfolgte für die Wiener Börse mit dem Min. Erl. v. 21. Febr. 1896, für die Prager Effektenbörse mit dem Min. Erl. v. 12. April 1896, für die Prager Fruchtbörse

---

[123a]) Abdrücke der Börsestatuten befinden sich auch in der Herzfeldschen Ausgabe der E. O. 1896.

[124]) Die Börsekammer in Wien ist ermächtigt, von jenen Aktiengesellschaften und Kreditvereinen, deren Aktien, Anteilscheine, Obligationen oder Pfandbriefe im amtlichen Kursblatte der Wiener Börse notiert werden, einen jährlichen Beitrag zum Wiener Börsenfonds einzuheben. (§ 1 Gef. v. 11. April 1876 R. G. Bl. Nr. 62.) Für die Erfüllung der Zeit- oder Lieferungsgeschäfte setzen die Börsestatuten auf Grund der Anordnung des § 10 Börsegef. besondere „Liquidationstermine" fest, außerhalb welcher Geschäfte dieser Art nicht erfüllt werden können. Der legislative Grund dieser Bestimmung liegt in dem Umstande, daß durch die Gleichzeitigkeit der Erfüllung die Ausgleichung gegenseitiger Ansprüche in hohem Grade erleichtert wird, namentlich mittels der sog. Skontration.

[125]) Auf dem Kursblatte ist sowohl der Preis verzeichnet, welcher für ein Wertpapier angeboten wird („Geld", G.) als auch der Preis, um welchen das Wertpapier als Ware offeriert wird (W. = Ware, P. = Papier, Br. = Brief). Die Erfahrung lehrt, daß der Kurs (Preis) eines Wertpapieres auf künstliche Weise, vornehmlich durch Scheingeschäfte, Verbreitung unwahrer Gerüchte usw. in die Höhe getrieben und herabgedrückt werden kann. Deshalb gestattet Art. 353 H. G. B. in dem Falle, als vertragsmäßig der Börsepreis als Kaufpreis bestimmt wurde, den Nachweis unrichtiger Feststellung des Börsepreises. Die Spekulanten à la hausse (haussiers) und die Spekulanten à la baisse (contremineurs, baissiers) setzen alle Hebel in Bewegung, um auf künstliche Weise ein Steigen, beziehungsweise ein Sinken des Kurses (Preises) der Wertpapiere hervorzurufen. (Agiotage, tripotage.) Zu diesem Zwecke eignen sich namentlich die sog. Differenzgeschäfte (vgl. § 12 Börsegef. und § 6 I 2 dies. Schr.), die an späterer Stelle zu erörtern sein werden (vgl. Grünhut, S. 52 flg. und Randa, Differenz- und Termingeschäfte 1902).

mit Min. Erl. v. 17. März 1896 usw. Vgl. den Wortlaut dieser Statuten in der Manzschen Ges. Ausg. XI Abt. 2.

Durch das Ges. v. 4. Jänn. 1903 R. G. Bl. Nr. 10 §§ 10 bis 13 wurden **börsenmäßige Termingeschäfte in Getreide und Mühlenfabrikaten verboten**. Dieses Verbot betrifft nur solche an der Börse geschlossene Zeit- oder Lieferungsgeschäfte in diesen Gegenständen, welche auf Grund der älteren Börsenordnungen in der Art geschlossen wurden, daß die einzelnen Lieferungsgeschäfte in allen wesentlichen Stücken einen meist **identischen Inhalt** hatten, eben deshalb den Charakter der Vertretbarkeit und leichten Übertragbarkeit annahmen und daß deren Abwicklung überwiegend durch offiziöse Abrechnung und Differenzausgleich an der Börse erfolgte, so daß hier die Warenlosigkeit im Geschäftsverkehre als Massenerscheinung auftrat; denn in Wirklichkeit waren die Termingeschäfte in Getreide- und Mühlenfabrikaten fast durchwegs Differenzgeschäfte. Das Verbot trifft jedoch nur den offiziellen börsenmäßigen Terminhandel. Der Erfolg desselben ist fraglich, so lange dieser Handel an der Budapester Börse gestattet ist. (Vgl. K. Hamm, Das Terminhandelsgesetz v. 4. Jänn. 1903; auch Ger. Ztg. 1903 Nr. 7; Randa, Die Differenz- und Termingeschäfte, Sep.-Abdr. a. d. Wiener Zeitung 1903 Nr. 123.)

Durch das Börsestatut kann bestimmt werden, daß Streitigkeiten aus Börsegeschäften, wenn die Parteien nichts anderes schriftlich vereinbarten, durch das **Schiedsgericht** ausgetragen werden müssen. Von dieser Begünstigung machten die Börsen Gebrauch. Die Wirksamkeit der Börsenschiedsgerichte kann in dem Börsestatute in der Richtung erweitert werden, daß dem Börseschiedsgerichte unter den im Art. XIV. des Einf. Ges. zur Z. P. O. angeführten Voraussetzungen auch Streitigkeiten aus Warengeschäften unterworfen werden, die außerhalb der Börse geschlossen wurden. Zu diesen Voraussetzungen gehört insbesondere (Ziff. 3.), daß beide Teile beim Abschlusse oder vor der Abwicklung des Geschäftes in einem schriftlichen Schiedsvertrage dem Ausspruche des Schiedsgerichtes sich unterwarfen. Berufungen gegen Erkenntnisse des Börseschiedsgerichtes sind nicht zulässig. (§ 6 Börseges.) Diese Erkenntnisse können nur mittels Nichtigkeitsbeschwerde aus den im Art. XXIII Einf. Ges. z. Z. P. O. bezeichneten Gründen angefochten werden. Die Nichtigkeitsbeschwerde ist bei dem Gerichtshofe erster Instanz (Handelsgericht), in dessen Sprengel das Schiedsgericht seinen Sitz hat, binnen 14 Tagen nach der Zustellung des schiedsgerichtlichen Erkenntnisses einzubringen. Die Grundsätze über die Wirksamkeit und die Zusammensetzung der Schiedsgerichte sowie über das Verfahren vor denselben sind in den Art. XII bis XXVII, insbesondere im Art. XXIII Einf. Ges. z. Z. P. O. festgelegt. Wenn der Schiedsspruch gegen zwingende Rechtsvorschriften verstößt, ferner, wenn das Schiedsgericht in Streitigkeiten, die nicht aus Börsegeschäften (§ 12 Börseges.) herrühren, über die Einwendung, daß dem eingeklagten Anspruche ein als Spiel oder Wette zu beurteilendes Differenzgeschäft zugrunde liege, überhaupt nicht oder unrichtig entschied, kann das schiedsrichterliche

Erkenntnis mittels Klage vor dem ordentlichen Richter als unwirksam angefochten werden (Art. XXV Einf. Ges.). Vgl. näheres bei Ott, III S. 313.

Durch das Ges. v. 9. März 1897 R. G. Bl. Nr. 195 (dazu Ges. v. 18. Sept. 1892 Nr. 172, betreffend die Besteuerung des Umsatzes von Effekten) wurde der Handel in Wertpapieren einer besonderen Verkehrsabgabe, der Effektenumsatzsteuer unterworfen. Unter dem Worte „Effekten" versteht dieses Gesetz nicht, wie nach dem Wortlaute des § 1 Abs. 1 desselben: „Der Umsatz von Effekten (Wertpapieren) unterliegt .... einer besonderen Steuer" angenommen werden könnte, alle Wertpapiere, sondern lediglich solche, deren wirtschaftlicher Wert gewöhnlich mittels **Verkaufes** (nicht durch Einhebung der Schuldensumme) realisiert wird. Es sind dies Wertpapiere, die meist in großer Zahl ausgegeben werden, regelmäßig durch Druck hergestellt sind, identischen Inhalt besitzen und den Charakter der Vertretbarkeit haben. (In diesem Sinne faßt auch die E. O. im § 268 den Begriff „Wertpapier" auf.) Zu dieser Kategorie von Wertpapieren gehören: Schuldverschreibungen, Rentenobligationen, Aktien und die anderen in der N. 123 angeführten Wertpapiere mit **Ausschluß** der Wechsel. Vgl. hierzu den Bericht der Kommission des Herrenhauses über den Entwurf des obgedachten Ges. S. 3 (Nr. 138, XI. Session.) Wechsel und Valuten werden sohin zu den Effekten nicht gerechnet. Der Handel mit denselben unterliegt deshalb nicht der Effektenumsatzsteuer (§ 1 Abs. 3 l. c.). Im übrigen gehören unzweifelhaft sowohl innländische als fremdländische Wechsel (Devisen), ferner kaufmännische Anweisungen usw. zu den Wertpapieren. Vgl. N. 123. Die Tatsache, daß mit dem Worte „Wertpapier" nicht immer der gleiche Begriff verbunden werden könne, wird häufig übersehen.[125a]

Von den Handelsmäklern.

Der Handelsmäkler (Sensal) im Sinne des H. G. B. ist ein **amtlich bestellter Vermittler für Handelsgeschäfte.** Art. 66 H. G. B. Nur die Rechtsverhältnisse der amtlich bestellten Vermittler von Handelsgeschäften finden im H. G. B. (7. Titel 1. Buch) ihre Regelung, während die rechtliche Stellung der nichtamtlichen oder privaten Handelsmäkler gesetzlich nicht geordnet ist.[126]) (Das neue H. G. B. für d.

[125a]) Zu der großen Literatur über Wertpapiere und die juristische Konstruktion derselben ist noch zu vgl. Randa, über Wertpapiere im „Právník" 1889 S. 1 flg. Herr. Sitl, Theorie der Skriptionsobligationen (böhm.) 1902. Hierzu Randa, Zur Theorie der Wertpapiere, im „Sborník" II (1902) und in besond. Abdrucke.

[126]) Die Bezeichnung „Sensal" ist entweder von dem lateinischen „censualis" (Schreiber) oder von dem arabisch-jüdischen Worte Safsar (proxeneta) herzuleiten. Für die letztere Ableitung spricht sich Goldschmidt, Zeitschr. f. H. R. 28 S. 12 flg. aus. Nach der Darstellung des letzteren bestanden censarii bereits im 12. und 13. Jahrhunderte in verschiedenen italienischen und deutschen Städten. (So in Genua im Jahre 1154, in Venedig, Köln, Straßburg usw. Weitere Belege hierfür bei Grünhut, S. 15 flg.)

Deutsche Reich enthält im achten Abschnitte, §§ 93 bis 104, nur Rechtssätze über private Handelsmäkler.) Bei den Griechen und Römern betrieben die Mäkler (proxenetae) das Vermitteln von Handelsgeschäften als freies Gewerbe. Der Ruf, in dem sie standen, war ein überaus schlechter. Erst im Laufe des Mittelalters wurde dieses Gewerbe namentlich in Italien und Frankreich zum Monopole amtlich bestellter und mit öffentlichem Glauben (publica fides) ausgestatteter Handelsmäkler; diese Kautel hing wesentlich mit der unendlichen Verschiedenheit der Landesvaluten und dem Geldanweisungsgeschäfte zusammen. In neuerer Zeit wurde auch in den deutschen und in den österreichischen Ländern den Sensalen eine amtliche Stellung und häufig das Alleinrecht (Monopol) zur Vermittlung von Handelsgeschäften eingeräumt.[127]) Die gegenwärtige österr. Gesetzgebung neigt sich dem gemischten Systeme zu. Sie erkennt neben den amtlich bestellten Sensalen auch private Vermittler von Handelsgeschäften an, gewährt jedoch das Recht zur Vermittlung von Börsegeschäften ausschließlich den für die Börse behördlich bestellten Handelsmäklern. (§§ 7 u. 19 Börsegeſ.)[127a]) Die neuere europäische Gesetzgebung kehrt mit Recht immer mehr zu dem Grundsatze zurück, daß die Vermittlung von Handelsgeschäften nicht als Ausübung eines Amtes, sondern als Betrieb eines freien Gewerbes aufzufassen sei.[128]) In Verwirklichung dieser Rechtsanschauung wurde das Rechtsinstitut amtlicher Sensale in das neue H. G. B. für d. Deutsche Reich nicht mehr aufgenommen.

Die berufsmäßige Wirksamkeit des Handelsmäklers besteht nach Art. 66 H. G. B. in der Vermittlung des Abschlusses von Handelsgeschäften, d. i. in dem sog. „Unterhandeln" zwischen den Parteien, somit hauptsächlich in der Ausforschung von Käufern und Verkäufern, in dem gegenseitigen Bekanntmachen derselben, in der Besprechung der Bedingungen des Geschäftsabschlusses, überhaupt in der Aufsuchung und Verbindung von Angebot und Nachfrage. Schon begriffsmäßig ist Vermittlung nicht gleichbedeutend mit Vertragsabschluß. Der Handelsmäkler ist daher auf Grund der übertragenen Geschäftsvermittlung nicht ohne weiteres befugt, Handels-

---

[127]) Die amtliche Stellung und das Monopol der Sensale zur Vermittlung gewisser Handelsgeschäfte entwickelten sich namentlich in Frankreich. Belege hierfür bei Grünhut, S. 16 N. 14 u. demſ. in Endemanns Handb. d. H. R. III S. 308, bezüglich der rechtlichen Stellung der Sensale in den deutschen Ländern im 19. Jahrhundert bei Struck, S. 186 flg. Die neuere Doktrin, auch die beiden eben genannten Schriftsteller sprechen sich gegen die amtliche Stellung der Sensale aus. Desgleichen Mayer, Mäkler und Agenten, auch Ger. Ztg. 1899 Nr. 3, 4. Dagegen erachtet Górski, § 29 nur eine Reform dieses Institutes für wünschenswert.

[127a]) Trotzdem entwickelte sich an der Wiener Produktenbörse eine lebhafte Geschäftstätigkeit der Privatagenten, welche sehr vorteilhaft wirkt.

[128]) Dies ist zum Teile bereits der Standpunkt der belgischen Gesetzgebung (1867), sowie der bezüglichen neueren Gesetze Ungarns, Italiens und Frankreichs, welche wenigstens bezüglich des Warenhandels (courtisage de marchandises) dem Institute der amtlichen Handelsmäkler die Anerkennung versagen. Im Deutschen Reiche ist seit der Einführung der Gewerbe-O. f. d. Deutsche Reich (§§ 1, 5, 6) das Monopol der behördlich bestellten Sensale beseitigt. (Dieser Schritt wurde schon früher in Preußen, Württemberg, Bayern und in and. deutschen Ländern getan. Vgl. Hahn, I S. 299, Grünhut, S. 19 N. 16 bis 20, Behrend, S. 400.)

§ 15.

geschäfte für den Kommittenten abzuschließen oder in dessen Namen eine Zahlung oder eine andere im Vertrage bedungene Leistung in Empfang zu nehmen. (Art 67 H. G. B.)¹²⁹) Wird aber der Sensal nicht bloß zur Vermittlung, sondern auch zum Abschlusse eines Geschäftes ermächtigt, dann kommt ihm auch der Charakter eines Bevollmächtigten zu (Art. 297 H. G. B.). Auch ohne besondere Vollmacht ist der Handelsmäkler berechtigt, das Entgelt für Verkehrsgegenstände (Waren oder Wertpapiere) zu übernehmen, welche das Objekt des unter seiner Vermittlung zustande gekommenen Geschäftes bilden, wenn diese Gegenstände von ihm der Partei ausgefolgt wurden (Art. 67 Abs. 3).

Jedoch nur einzelne Handelsgeschäfte darf der Sensal im Namen seiner Kommittenten zum Abschlusse bringen (Art. 297, 298 H. G. B.); es ist ihm aber nicht gestattet, von einem Kaufmanne die Prokura oder eine Handlungsvollmacht im Sinne des Art. 47 zu übernehmen. Der Eintritt in ein derartiges für die Dauer bestimmtes Vollmachtsverhältnis ist mit der amtlichen Stellung des Handelsmäklers unvereinbar. (Art. 69 Abs. 2.)

Das zwischen dem Sensale und dessen Kommittenten bestehende Rechtsverhältnis ist daher an sich nicht ein Vollmachtsverhältnis, sondern ein obligatorisches Verhältnis besonderer Art: das Mäklerverhältnis. Die Übertragung der Geschäftsvermittlung fällt in die Kategorie der Lohnverträge (locatio conductio operis).¹³⁰) Der Handelsmäkler ist verpflichtet, die ihm anvertrauten Geschäfte mit Fleiß, Vorsicht, Genauigkeit, Treue und Redlichkeit persönlich zu besorgen. (Art. 69.) Sobald das vermittelte Geschäft abgeschlossen ist, hat der Kommittent dem Sensale die Mäklergebühr (Sensarie, Courtage) zu entrichten.

Der Sensal ist nicht berechtigt zu verlangen, daß sein Kommittent den Vertrag, dessen Abschluß er durch auftragsgemäße Vermittlung vorbereitete, wirklich abschließe. Gelangte das Geschäft nicht zum Abschlusse, so kann für die Unterhandlung eine Mäklergebühr nicht gefordert werden. (Art. 82.)

Die Anstellung der Handelsmäkler erfolgt entweder allgemein für alle Arten von Mäklergeschäften oder nur für einzelne Arten derselben. (Art. 68.)

Sie können nicht nur an Orten, wo Börsen bestehen, sondern überall bestellt werden, wo die Bedürfnisse des Verkehrs es wünschenswert erscheinen lassen. (Vgl. Art 68 Abs. 2.) Hinsichtlich der Erfordernisse für das Amt eines Handelsmäklers und des Vorganges bei der Anstellung eines solchen enthält Art. 84 folgende Bestimmungen:

1. Der Bewerber um eine Handelsmäklerstelle muß österreichischer Staatsbürger, physisch großjährig, von unbescholtenem Lebenswandel sein, die freie Verwaltung seines Vermögens besitzen und die Handelsmäkler-

---

¹²⁹) Der vom deutschen R. O. H. G. VII 28 geäußerten Anschauung, es bedürfe der durch einen ermächtigten Sensal abgeschlossene Verkauf noch der Genehmigung von Seite des Verkäufers, kann nicht zugestimmt werden.

¹³⁰) Über die bezügliche bedeutungslose Kontroverse vgl. Hahn, I S. 250 (S. 325 d. 4. Aufl.).

prüfung mit gutem Erfolge bestanden haben.¹³¹) Die Bestimmung des Art. 19 des Handelsvertrages mit dem Deutschen Reiche v. 16. Dez. 1891 R. G. Bl. Nr. 15 für 1892, nach welcher die Angehörigen beider Teile in bezug auf den Antritt und den Betrieb von Gewerben den Inländern völlig gleichgestellt sind, findet nach dem zweiten Absatze desselben Artikels auf das Handelsmäklergeschäft nicht Anwendung.

2. Handelsmäkler, welche ihr Amt auch an einer Börse auszuüben berufen sind, werden durch die Börseleitung, andere Handelsmäkler aber für einen bestimmten Ort oder Bezirk durch die Handelskammer des Bezirkes nach Maßgabe des Bedarfes ernannt. Die Bestätigung der Ernennung ist der politischen Landesbehörde vorbehalten, von welcher auch dem ernannten Handelsmäkler der Amtseid abgenommen und das Bestellungsdekret ausgefertigt wird.¹³²)

3. Die Überwachung der an Börsen ihr Amt ausübenden Handelsmäkler geschieht durch den Börsekommissär, die Überwachung der übrigen Handelsmäkler durch die Gewerbebehörde, d. i. durch die politische Bezirksbehörde (Art. 84b). Der Börsekommissär, beziehentlich die Gewerbebehörde ist berechtigt, zum Zwecke der Überwachung der Handelsmäkler in die Bücher derselben Einsicht zu nehmen. Die eben genannten Behörden sind auch befugt, Pflichtverletzungen der ihrer Aufsicht unterstehenden Handelsmäkler durch die Verhängung von Ordnungsstrafen zu ahnden (Art. 84b und 84c Abs. 3).

Der Beruf der behördlich bestellten Sensale erzeugt in rechtlicher Beziehung eine Zwitterstellung:

1. Die Handelsmäkler betreiben gewerbemäßig die Vermittlung von Handelsgeschäften und müßten deshalb nach Art. 4 H. G. B. als Kaufleute betrachtet werden, wenn nicht Art. 272 Ziff. 4 H. G. B. bestimmen würde, daß die amtlichen Geschäfte der Handelsmäkler nicht als Handelsgeschäfte zu betrachten sind.

2. Sie sind behördlich bestellte, beeidete Vertrauenspersonen des Staates (Art. 66).

Aus dieser Doppelstellung ergeben sich einerseits die wichtigen Amtspflichten der Sensale (Art. 69, 71 bis 74, 80, 81 H. G. B.) und die

---

¹³¹) Die Handelsmäklerprüfung ist behufs Erlangung der Befähigung für die Stelle eines Handelsmäklers an einer Börse vor der betreffenden Börseleitung, zur Erlangung der Befähigung für andere Handelsmäklerstellen vor der Handels- und Gewerbekammer abzulegen. Sie wird bei den Börseleitungen unter dem Vorsitze des Börsekommissärs, bei den Handels- und Gewerbekammern unter dem Vorsitze eines Rates des am Sitze der Kammer befindlichen Handelsgerichtes, beziehentlich des Gerichtshofes erster Instanz und wo ein solcher sich nicht befindet, des Bezirksrichters vorgenommen. (Art. 84 II.) Personen weiblichen Geschlechtes sind gesetzlich von der Erlangung des Mäkleramtes nicht ausgeschlossen.

¹³²) Die Beteilung mit dem paraphierten Tagebuche erfolgt durch den Börsekommissär, beziehentlich in Ansehung der Mäkler, welche nicht für Börsen bestellt sind, durch die Gewerbebehörde. (Art. 84 Ziff. V.) Die Handelsmäkler können Gremien bilden, deren Bezirksabgrenzung von der politischen Landesbehörde nach Einvernehmung der Handelskammer bestimmt wird. Solche Gremien besorgen ihre Angelegenheiten nach eigenen, der Genehmigung der Ministerien der Finanzen und des Handels zu unterziehenden Statuten. (Art. 84 a.)

ihren Tagebüchern sowie den von ihnen ausgestellten Schlußnoten eingeräumte besondere Beweiskraft (Art. 77, 78), andrerseits ihr Rechtsanspruch auf eine Entlohnung (Mäklergebühr, Sensarie, Art. 82).

Pflichten der Sensale und Beweiskraft der von ihnen geführten Tagebücher.

Nach dem Gesetze obliegen den Handelsmäklern folgende Pflichten:

1. Sie dürfen weder für eigene noch für fremde Rechnung (als Kommissionäre) Handelsgeschäfte betreiben, und dürfen für die Erfüllung der Geschäfte, welche sie vermittteln, sich nicht verbindlich machen oder Bürgschaft leisten. Ein diesem Verbote entgegen vorgenommenes Rechtsgeschäft ist wohl gültig, allein die Verletzung der Amtspflicht wird durch Verhängung einer Diszplinarstrafe, welche unter Umständen in der Entsetzung vom Amte bestehen kann, geahndet (Art. 69 Ziff. 1, 84c).

2. Der Sensal darf zu einem Kaufmanne nicht in dem Verhältnisse eines Prokuristen, ständigen Handlungsbevollmächtigten oder Handlungsgehilfen stehen, noch Mitglied des Vorstandes, des Verwaltungsrates oder des Aufsichtsrates einer Aktiengesellschaft oder einer Kommanditgesellschaft auf Aktien sein (Art. 69 Ziff. 2).

3. Die Sensale dürfen sich nicht mit andern Handelsmäklern zu einem gemeinschaftlichen Betriebe der Mäklergeschäfte oder eines Teiles derselben vereinigen. Wohl aber sind sie zur gemeinschaftlichen Vermittlung einzelner Geschäfte unter Zustimmung der Auftraggeber befugt (Art. 69 Ziff. 3).[132a]

4. Sie müssen die Mäklerverrichtungen persönlich vornehmen und dürfen sich zur Abschließung der Geschäfte eines Gehilfen nicht bedienen. Es ist ihnen jedoch unverwehrt, zur bloßen Übernahme von Vermittlungsaufträgen Gehilfen zu verwenden (Art. 69 Ziff. 4).[133] Hilfsdienste überhaupt (wie die Korrespondenz u. dgl.) kann der Sensal durch Gehilfen besorgen lassen.

5. Die Mäkler sind zur Verschwiegenheit über die Aufträge, Verhandlungen und Abschlüsse verpflichtet, soweit sie von der Erfüllung dieser Pflicht nicht durch die Parteien oder vermöge der Natur des Geschäftes enthoben wurden (Art. 69 Ziff. 5).

[132a] Es erscheint deshalb die Bewilligung zur Gründung sog. Mäklerbanken, insoweit diese statutenmäßig mit der Vermittlung von Handelsgeschäften sich befassen, mit dem im Gesetze ausgesprochenen Verbote nicht vereinbar. Diese (in Berlin erfundenen) Banken, welche in den Jahren 1870 bis 1873 die Beteiligung des großen Publikums an Börsegeschäften aller Art in bedeutendem Maße vermittelten, trugen hauptsächlich die Schuld an den krankhaften Ausartungen und an der Unsolidität der Börsepekulation, sowie an jener ungeheueren Verwüstung, die als Folge der letzteren in den Werten der Effekten eintrat.

[133] Für das Gebaren ihrer Gehilfen sind die Handelsmäkler nach Art. 69 Ziff. 4 verantwortlich. Der Ausdruck „Abschließung der Geschäfte" im Art. 69 Ziff. 4 bedeutet nicht bloß (wie Hahn zu Art. 8. 4 annimmt) „Vermittlung der Geschäfte", sondern auch die vom Sensale unmittelbar beim Vertragsabschlusse entwickelte Tätigkeit, resp. die von ihm vorgenommene Konstatierung der Willensübereinstimmung der Parteien.

6. Der Sensal darf nur mündlich erteilte Vermittlungsaufträge ausführen. Auf brieflichem oder telegraphischem Wege mitgeteilte Aufträge darf er nicht übernehmen, und zwar selbst dann nicht, wenn die Person, von welcher der Auftrag ausgeht, außerhalb seines Amtsortes sich befindet.¹³⁴) Der Handelsmäkler darf weder für Personen, die ihm nicht persönlich bekannt sind, ohne sich vorher die Überzeugung von ihrer Identität verschafft zu haben, noch für Personen von bekannter Zahlungs- oder Geschäftsunfähigkeit Aufträge übernehmen (Art. 69 Ziff. 6).

7. Die Sensale dürfen nicht Geschäfte vermitteln, rücksichtlich deren der gegründete Verdacht vorliegt, daß die Partei sie nur zum Scheine oder zur Benachteiligung dritter Personen schließen wolle. Ebensowenig dürfen sie an der Börse Geschäfte in solchen Staatspapieren, Aktien oder anderen Handelspapieren vermitteln, welche im amtlichen Kursblatte der Börse nicht notiert sind (Art. 69 Ziff. 7).

8. Sie müssen an Orten, wo Börsen bestehen, an den Tagen, an welchen sie nach der eingeführten Ordnung die Reihe trifft, während der ganzen Börsezeit an der Börse gegenwärtig sein (Art. 69 Ziff. 8).

9. Der Handelsmäkler ist nur dann berechtigt, einer Partei den Namen seines Auftraggebers zu verschweigen, wenn er von diesem eine angemessene Deckung erhielt oder mit voller Beruhigung erwarten kann. Wurde ihm jedoch angemessene Deckung nicht gegeben, so haftet er für den Schaden, welcher dem Kontrahenten daraus erwächst, daß er das Geschäft durch Schuld des Handelsmäklers nicht mit einer Person abschloß, welche volle Beruhigung zu gewähren geeignet war (Art. 69a, 283 H. G. B.).¹³⁵) Überdies setzt die Außerachtlassung der Vorschrift des Art. 69a Abs. 1 den Mäkler der Gefahr einer Disziplinarstrafe aus, die unter Umständen in der Entsetzung vom Amte bestehen kann (Art. 84c).

10. Die politische Landesbehörde kann den Handelsmäklern dort, wo sich das Bedürfnis äußert, die Befugnis erteilen, öffentliche Versteigerungen von Waren und Handelspapieren abzuhalten, welche den Gegenstand ihrer Vermittlungsgeschäfte bilden (Art. 70).¹³⁵ᵃ)

---

¹³⁴) Aus der eigentümlichen Fassung des Art. 69 Ziff. 6 folgern Behrend, S. 407 N. 24 und Pisko-Staub, S. 236 concl. a contr., daß der Handelsmäkler von Personen, die in seinem Amtsorte wohnen, mittels Briefes erteilte Aufträge entgegennehmen dürfe. Gegen diese Auslegung spricht schon die historische Entwicklung der Bestimmung des Art. 69 Ziff. 6 (vgl. für das deutsche Recht Hahn, I S. 263: „Unzulässig ist eine dem Handelsmäkler selbst von einem Ortsanwesenden durch einen Brief [oder einen Boten] mitgeteilte Willenserklärung". Nicht bestimmt lautet die bezügliche Darlegung bei Grünhut, S. 43). Nach österr. Rechte sind jedoch die Sensale befugt (Art. 69 Z. 4) die Ausführung von Aufträgen, die ihnen durch Boten übermittelt werden, zu übernehmen. Arg. zweiter Satz in Ziff. 4 des Art. 69: „Es ist ihnen gestattet, zur Übernahme von Vermittlungsaufträgen Gehilfen zu verwenden, für deren Gebaren sie verantwortlich sind", der bereits in der ursprünglichen Fassung des siebenten Titels des allg. deutsch. H. G. B. sich befand (vgl. Grünhut, S. 41).

¹³⁵) Die Deckung ist als Antizipation der Leistung, nicht als Pfandbestellung anzusehen (vgl. Grünhut, S. 39 flg.).

¹³⁵ᵃ) Von diesem Rechte wird in der Praxis leider sehr wenig Gebrauch gemacht. In großen Städten besteht auch nicht ein einziger Handelsmäkler, dem

§ 15.

11. Den Handelsmäklern obliegt ferner die Pflicht:
a) zur Führung eines Handbuches (Art. 71);
b) zur Führung eines Tagebuches;
c) zur Zustellung sog. Schlußnoten an die vertragschließenden Parteien (Art. 73).

Ad a. Die Art der Führung des Handbuches wird vom Gesetze nicht vorgeschrieben; sie ist daher dem Ermessen des Sensals überlassen. Dieses Buch dient bloß zur ersten Vormerkung der notwendigen Daten rücksichtlich der zur Vermittlung übernommenen Geschäfte und zur Unterstützung des Gedächtnisses des Handelsmäklers. Es besitzt daher das Handbuch lediglich privaten Charakter und entbehrt an sich der Beweiskraft. Dessenungeachtet bildet die Unterlassung der Führung dieses Buches eine Pflichtverletzung, für welche dem Mäkler eine Ordnungsstrafe auferlegt werden kann.

Ad b. Der Sensal muß nach Art. 71 ein Tagebuch (Journal) führen, in welches alle abgeschlossenen Geschäfte täglich einzutragen sind. Die Eintragungen hat er täglich zu unterzeichnen.[186] Das Tagebuch muß vor dem Gebrauche Blatt für Blatt mit fortlaufenden Zahlen bezeichnet und dem Börsekommissär, beziehen. in Ansehung der Mäkler, welche nicht für Börsen bestellt sind, der Gewerbebehörde vorgelegt werden. Bei diesen Behörden wird der Name des Mäklers, für welchen das Tagebuch bestimmt ist, die Zahl der Blätter und der Tag der Beglaubigung angemerkt; das Tagebuch wird mit einer Schnur durchzogen und die Enden der letzteren werden amtlich gesiegelt (Art. 71, sog. paraphierte Tagebücher).[187] Ist das Tagebuch vollgeschrieben, so hat der Handelsmäkler dasselbe behufs Erlangung eines neuen dem Börsekommissär, beziehen. der Gewerbebehörde vorzulegen. Nach geschehener Vidierung wird das Tagebuch dem Sensale rückgestellt (Art. 71). Die Eintragungen in das Tagebuch müssen die Namen der vertragschließenden Parteien, die Zeit des Abschlusses, die Bezeichnung des Gegenstandes und die wesentlichen Bestimmungen des Vertrages enthalten (Art. 72). Die Eintragungen müssen in einer Sprache erfolgen, die bei den Gerichten des Ortes zulässig ist. Sie müssen ferner nach der Zeitfolge unter fortlaufender Zahlenbezeichnung und ohne leere Zwischenräume vorgenommen werden (Art. 72 Abs. 3). Im übrigen finden die gesetzlichen Vorschriften über die Einrichtung der Handelsbücher (Art. 32) auch auf das Tagebuch des Mäklers Anwendung (Art. 72 Abs. 4).

---

diese Befugnis verliehen worden wäre. Es scheint, daß die Sensale mit der Vornahme öffentlicher Versteigerungen von Handelsgegenständen sich ungern befassen.

[186] Diese Bestimmung ist somit strenger, als die Vorschrift des Art. 32 H. G. B. über die Führung der Handelsbücher. Die Eintragung in das Tagebuch oder die Ausfertigung der Schlußnote kann der Sensal durch einen Gehilfen bewerkstelligen lassen, die Unterzeichnung der täglichen Journaleintragungen und der Schlußnoten aber muß er persönlich vornehmen (vgl. Hahn, S. 282). Durch den Beweis, daß der Sensal ein Geschäft nicht persönlich vermittelte, wird für den betreffenden Fall den Journaleintragungen des Handelsmäklers die ihnen sonst zukommende Beweiskraft entzogen. Vgl. N. 133.

[187] Für die Handelsbücher der Kaufleute besteht dieses Erfordernis nicht.

Der Handelsmäkler ist verpflichtet, den Parteien zu jeder Zeit auf ihr Verlangen beglaubigte Auszüge aus dem Tagebuche zu geben. Nannte er beim Abschlusse des Geschäftes den Namen seines Auftraggebers nicht (Art. 69a), so kann er dieses Geheimnis auch bei der Ausfertigung des Buchauszuges wahren (Art. 74). Will eine Partei bezüglich eines für sie vermittelten Geschäftes in das Tagebuch Einblick nehmen, so hat dies der Mäkler — beim Vorliegen der Voraussetzungen des Art. 69a Abs. 1 unter Geheimhaltung des Namens seines Kommittenten — zu gestatten. Die Einsichtnahme darf jedoch nur auf solche Art erfolgen, daß die Partei lediglich von dem sie betreffenden Geschäfte Kenntnis erhalte (Art. 76 Abs. 3). Dritten Personen darf nur auf Grund eines behördlichen Auftrages oder mit Zustimmung der Parteien die Einsicht des Tagebuches gestattet oder ein Auszug aus demselben erteilt werden (Art. 76 Abs. 4).[138]

Ad c. Der Sensal muß unverzüglich nach dem Abschlusse eines Geschäftes jeder Partei eine von ihm unterzeichnete und mit der Geschäftszahl des Tagebuches versehene Schlußnote zustellen. Der Inhalt der letzteren soll mit der bezüglichen Eintragung des Tagebuches übereinstimmen und hat daher zu umfassen: Die Namen der vertragschließenden Parteien (den Fall der Geheimhaltung des Namens des Kommittenten ausgenommen), die Zeit des Abschlusses, die Bezeichnung des Gegenstandes sowie alle wesentlichen Vertragsbestimmungen, insbesondere bei Verkäufen von Waren die Gattung und die Menge derselben, den Preis und die Zeit der Lieferung (Art. 73).

Diese Schlußnoten liefern ebenso wie das ordnungsmäßig geführte Tagebuch eines Handelsmäklers in der Regel einen vollen Beweis für den Abschluß des Geschäftes und dessen Inhalt (Art. 77 bis 79).[139] Es hat jedoch der Richter nach seinem durch die Erwägung aller Umstände geleiteten Ermessen zu entscheiden, ob dem Inhalte des Tagebuches und der Schlußnoten ein geringeres Gewicht beizulegen und deshalb noch von anderen nach der Z. P. O. zulässigen Beweismitteln (§ 295), insbesondere von der (seitens einer Partei beantragten) Vernehmung des

---

[138] Im Falle des Ablebens eines Sensals oder des Scheidens desselben aus dem Amte ist sein Tagebuch, wenn er an einer Börse bestellt war, bei dem Börsekommissär, sonst aber bei der Gewerbebehörde niederzulegen (Art. 75).

[139] Bei der Beratung dieser Gesetzesmaterie wurde der Antrag, es sei den Tagebüchern und Schlußnoten der Sensale insoweit beweiswirkende Kraft zu versagen, als es sich um das Zustandekommen des Vertrages handle, weil der Mäkler in dieser Richtung ein befangener Zeuge sei (Art. 82), mit Recht abgelehnt; denn der Anspruch auf die Mäklergebühr ist nicht nur von dem Bestande, sondern auch von dem Inhalte des Vertrages abhängig. Die amtliche Stellung des Sensals erfordert nach beiden Richtungen eine Abweichung von der Regel. Im Falle der Mäkler selbst als vertragschließender Teil auftritt, kommt ihm die Eigenschaft einer Amtsperson nicht zu und es entbehren seine bezüglichen Tagebucheinträge der im Art. 77 normierten Beweiskraft (vgl. Entsch. des deutsch. R. O. H. G. VIII Nr. 66). Art. 77 des seither für das Gebiet des Deutschen Reiches außer Kraft gesetzten allg. deutsch. H. G. B. wurde bereits durch § 13 des Reichsges. v. 30. Jän. 1877, betreffend die Einführung der Z. P. O. aufgehoben.

Handelsmäklers als Zeugen oder von der Parteienvernehmung (§§ 371 flg. Z. P. O.) ergänzungsweise Gebrauch zu machen sei (Art. 77, 78).[139a]
Ein Tagebuch, bei dessen Führung Unregelmäßigkeiten vorkamen, kann als Beweismittel nur insoweit berücksichtigt werden, als es nach der Art und Bedeutung der Unregelmäßigkeiten, sowie nach der Lage der Sache hierzu noch als geeignet erscheint (Art. 78).

Der Rechtsbestand eines Vertrages, dessen Abschluß durch einen Mäkler vermittelt wurde, ist weder von der Eintragung in das Tagebuch noch von der Aushändigung der Schlußnoten abhängig (Art. 76).

Im Laufe eines Rechtsstreites kann der Richter selbst ohne Antrag einer Partei die Vorlegung des Tagebuches verordnen, um in dasselbe einzusehen und dessen Inhalt mit jenem der Schlußnote oder der Auszüge oder mit dem Ergebnisse anderer Beweismittel zu vergleichen (Art. 79). Diese prozessuale Vorschrift wurde durch Art. VII Ziff. 5 Einf. Ges. z. Z. P. O. in Kraft erhalten.[140]

Bei Geschäften, die nicht sofort erfüllt werden sollen (somit bei Lieferungsgeschäften) ist die Schlußnote den Parteien zum Zwecke ihrer Unterschrift zu behändigen und sodann jeder Partei das von den anderen unterschriebene Exemplar zu übersenden (Art. 73 Abs. 3). Auf diese Weise gelangt jede Partei unmittelbar nach dem Abschlusse des Vertrages in den Besitz einer wichtigen (mit der Unterschrift der anderen Partei und des Sensals versehenen) Beweisurkunde. Verweigert eine Partei die Annahme oder die Unterschrift der Schlußnote, so muß der Handelsmäkler hiervon der anderen Partei ohne Verzug Mitteilung machen (Art. 73 Abs. 4). Es ist einleuchtend, daß die Verweigerung der Unterfertigung an sich nicht hinreicht, um die Schlußnote ihrer gesetzlichen Beweiskraft zu entkleiden. Vielmehr hat der Richter nach seinem durch die Erwägung aller Umstände geleiteten Ermessen zu entscheiden, inwieweit diese Tatsache geeignet sei, Zweifel an der Richtigkeit des Inhaltes der Schlußnote zu begründen (Art. 77).

12. Der Handelsmäkler muß von jeder durch seine Vermittlung nach Probe verkauften Ware die Probe so lange aufbewahren, bis die Ware ohne Einwendung gegen ihre Beschaffenheit angenommen, oder das Geschäft in anderer Weise erledigt ist. Zum Zwecke der Wiedererkennung (Identität) ist die Probe mit der entsprechenden Bezeichnung zu versehen. Von der Erfüllung der Verwahrungspflicht ist der Mäkler befreit, wenn die Parteien ihn derselben enthoben, oder wenn mit Rücksicht auf die Gattung der Ware die

---

[139a] Der Bestimmung des Art. 77, vermöge welcher der Richter die eidliche Bestärkung des Inhaltes des Tagebuches durch den Mäkler fordern kann, wurde durch § 295 Z. P. O. derogiert. Nach dieser Gesetzesstelle kann eine erforderliche Ergänzung des durch den Inhalt des Tagebuches und der Schlußnoten eines Handelsmäklers herzustellenden Beweises nur mittels der in der Z. P. O. für zulässig erklärten Beweismittel stattfinden.

[140] Die Befugnis des Richters, die Vorlegung des Tagebuches anzuordnen, ist sonach nicht durch einen bezüglichen Parteiantrag bedingt. (Anders allerdings bei der Vorlage der Handelsbücher nach Art. 37.)

Verwahrung der Probe nicht ortsüblich ist (Art 80, cf. 340 H. G. B.).[141])
Art. 340 H. G. B. stellt den Rechtssatz auf, daß der Kauf nach Probe oder Muster als unbedingt geschlossen gelte. Entspricht nun die gelieferte Ware dem Muster nicht, so ist der Kaufvertrag als nicht erfüllt — nicht etwa als nicht geschlossen — anzusehen. Der Käufer kann in diesem Falle entweder vertragsmäßige Erfüllung nebst dem Schadenersatze, oder statt der Erfüllung Schadenersatz fordern, oder von dem Vertrage ganz abgehen (Art. 355 bis 357 H. G. B.). Im Zweifel ist daher nicht anzunehmen, es sei ein Kauf nach Probe oder Muster unter der Bedingung geschlossen, daß die Ware probe- oder mustergemäß sei. Die Probemäßigkeit der Ware hat im Streitfalle der Verkäufer zu beweisen.[142]) Ausnahmsweise wird die Beweislast auf den Käufer überwälzt, wenn derselbe die Probe übernahm und durch Verschulden deren Verlust herbeiführte. Vgl. die in dieser Richtung konstante deutsche Rechtsprechung, namentlich die Entsch. des deutsch. Reichsger. XI 10 S. 36, ferner Hahn zu Art. 340 § 9, Thöl, § 260 3.

Handelsmäkler, welche die ihnen obliegenden im vorstehenden angeführten Amtspflichten verletzen, werden nach Art. 84c mit Ordnungs- oder Disziplinarstrafen belegt, je nachdem sich die Pflichtverletzung als bloße Ordnungswidrigkeit oder als ein Dienstvergehen darstellt. Überdies ist jede durch ein Verschulden des Sensals geschädigte Partei berechtigt, von ihm Schadloshaltung zu verlangen (Art. 81.).

Rechte des Handelsmäklers.

Der Handelsmäkler ist berechtigt, die Mäklergebühr (Sensarie, Courtage) zu fordern, sobald das von ihm vermittelte Geschäft abgeschlossen ist, und er seine Verpflichtung betreffs der Zustellung der Schlußnoten erfüllt hat (Art. 82 Abs. 1). Erfolgte der Vertragsabschluß unter einer aufschiebenden Bedingung, so kann der Anspruch auf Berichtigung der Mäklergebühr erst nach dem Eintritte der als Bedingung gesetzten Tatsache erhoben werden (Art. 82).[143]) Diese Gebühr ist auch dann zu entrichten, wenn die Vermittlung des Geschäftes so weit gedieh, daß der Sensal die Parteien einander bekannt gab, das Geschäft aber noch an demselben Tage von den Parteien unmittelbar geschlossen wurde (Art. 82 Abs. 2). Kam das Geschäft nicht zum Abschlusse oder trat die zur Bedingung der Perfektion gesetzte Tatsache nicht ein, so kann für die Unterhandlung eine Mäklergebühr nicht gefordert werden (Art 82 Abs. 3).

---

[141]) Die hohe prozessuale Bedeutung dieser Maßregel besteht darin, daß für einen eventuellen Rechtsstreit die — sonst häufig bestrittene — Identität der Probe oder des Musters außer Zweifel gestellt ist.

[142]) Hat der Käufer die ihm von einem anderen Orte übersandte Ware übernommen, ohne eine Mängelanzeige zu erstatten, so gilt die Ware als genehmigt. Art. 347 Abs. 4. Vgl. Gareis, Endem. II S. 598.

[143]) Der Anspruch auf die Sensarie ist sonach von der Erfüllung des vermittelten Vertrages nicht abhängig.

§ 15.

Die Höhe der Mäklergebühr wird von der politischen Landesbehörde bestimmt, welche vorher bezüglich der Mäklergeschäfte an Börsen den Börsekommissär und die Börseleitung, rücksichtlich der anderen Mäklergeschäfte die Handels- und Gewerbekammer zu vernehmen hat (Art. 82 Abs. 4). Die Festsetzung der Mäklergebühr erfolgte: a) für die an der Wiener Effekten- und Warenbörse bestellten Effektensensale mittels Vdg. d. Statthalters im Erzherzogtume Österreich unter der Enns v. 7. Jänn. 1901 L. G. Bl. Nr. 4; b) für die an derselben Börse bestellten Warensensale mittels Statthaltereivdg. v. 17. Jän. 1877 L. G. Bl. Nr. 1; c.) für die Handelsmäkler an der Wiener Frucht und Mehlbörse mittels Statthaltereivdg. v. 17. Jänn. 1877 L. G. B. Nr. 2: — Für die an der Prager Börse bestellten Sensale ist die Mäklergebühr durch das behördlich genehmigte Börsestatut bestimmt.[144])

---

[144]) Ein Abdruck dieser Vorschriften findet sich in der Manzschen Gesetzesausgabe XI Abt. 2. — An der Wiener Effektenbörse wurde in betreff der Mäklergebühr der Effektensensale mit Vdg. der n. ö. Statthalterei v. 7. Jänn. 1901 L. G. Bl. Nr. 4, für den Fall mangelnder Verabredung folgende Mäklergebühr festgesetzt:

1. Bei Käufen und Verkäufen von Effekten, die im amtlichen Kursblatte nach Perzent notiert werden: 1 per mille des Kurswertes von beiden Parteien zusammen, daher $1/2$ per mille des Kurswertes von jeder Partei; zusammen jedoch nicht unter $1/2$ per mille des Nominalbetrages der gekauften, beziehungsweise verkauften Effekten.

2. Bei Käufen und Verkäufen von Effekten, welche im amtlichen Kursblatte per Stück notiert werden, mit Ausnahme der unten sub Postnummer 3 und 4 bezeichneten Effekten: 1 per mille des Kurswertes, jedoch nicht unter 28 Heller per Stück von beiden Parteien zusammen.

3. Bei Käufen und Verkäufen von Effekten, welche im amtlichen Kursblatte per Stück notiert werden und zugleich laut Kundmachung der Börsekammer in die monatliche Liquidation (per ultimo oder per medio) einbezogen sind, möge das Geschäft per Liquidation (Arrangement) oder unter sonstigen Bedingungen geschlossen werden: 1 per mille des Kurswertes, jedoch nicht unter 40 Heller per Stück von beiden Parteien zusammen.

4. Bei Käufen und Verkäufen von sogenannten kleinen Losen, von Gewinstscheinen der $3^0/_0$igen Prämienschuldverschreibungen der k. k. priv. allgem. österr. Bodenkreditanstalt und von Gewinstscheinen der $4^0/_0$igen Prämienschuldverschreibungen der Ungarischen Hypothekenbank: 20 Heller per Stück von beiden Parteien zusammen.

5. Bei Käufen und Verkäufen von Wechseln auf auswärtige Plätze (Devisen): $8/_{10}$ per mille des Kurswertes von beiden Parteien zusammen.

6. Bei Käufen und Verkäufen von Münzen und Edelmetallen: 1 per mille des Kurswertes, beziehungsweise des bedungenen Preises in Kronenwährung von beiden Parteien zusammen.

7. Bei Wechsel-Eskompte-Geschäften: $1/2$ per mille des Nominalbetrages. Bei Pfandgeschäften, Prolongations- und Kostgeschäften: $1/2$ per mille des ausmachenden Geldbetrages.

8. Bei a) Käufen und Verkäufen auf Zeit (über 1 Monat), sowie b) Prämien- und Stellage-Geschäften, sofern diese Geschäfte ohne Nennung des Namens des Auftraggebers abgeschlossen werden, der $1^1/_2$fache Betrag der nach den Bestimmungen 1 bis 6 entfallenden Mäklergebühr.

Dem Handelsmäkler ist es nicht gestattet, eine höhere als die tarifmäßige Gebühr sich auszubedingen.¹⁴⁵)

In Ermanglung einer durch die Landesregierung aufgestellten Norm wird die Höhe der Sensarie nach dem Ortsgebrauche bemessen.

Die Mäklergebühr ist nach dem Gesetze von jeder vertragschließenden Partei zur Hälfte zu entrichten, wenn nicht durch Vereinbarung der Parteien, örtliche Verordnungen, Ortsgebrauch, oder durch eine Bestimmung des Börsestatutes die Verpflichtung zur Bezahlung der Sensarie in anderer Weise geregelt ist (Art. 83).

Von den Privathandelsmäklern.

Die Privathandelsmäkler sind Kaufleute im Sinne der Art. 4, 272 Ziff. 4 H. G. B. Bei dem Mangel besonderer Vorschriften über die Rechtsverhältnisse der Privathandelsmäkler sind zunächst die Bestimmungen des 7. Titels des 1. Buches des H. G. B. im Wege der Analogie insoweit zur Anwendung zu bringen, als diese Normen nicht die amtliche Stellung der behördlich bestellten Sensale zur Voraussetzung haben. (Das neue H. G. B. für d. Deutsche Reich enthält in den §§ 93 bis 104 eingehende, zumeist den Vorschriften über die amtlich bestellten Sensale nachgebildete Anordnungen über die rechtliche Stellung der Privathandelsmäkler.) Bei Beachtung der erwähnten Schranke erscheinen die Normen der Art. 67, 81, 82, und 83 auch auf die rechtliche Stellung der privaten Handelsmäkler analog anwendbar, wogegen die Heranziehung der anderen Bestimmungen des 7. Titels des H. G. B., insbesondere der Vorschriften der Art. 69, 71, 72 und 77 ausgeschlossen ist. Ein analoger Gebrauch der gesetzlichen Anordnungen über die Mäklergebühr erscheint nicht ohneweiters als zulässig.¹⁴⁶) Durch die Übernahme des Auftrages zur Geschäftsvermittlung begründet der Mäkler nicht bloß ein Rechtsverhältnis zu seinem Kommittenten (einseitiges Rechtsverhältnis), sondern er tritt, dem Wesen der Geschäftsvermittlung entsprechend, auch zu dritten Personen, mit welchen er zur Herbeiführung eines Geschäftsabschlusses Unterhandlungen pflegt, in rechtliche Beziehungen. Er haftet demnach beiden Parteien für jeden durch sein Verschulden verursachten Vermögensnachteil.¹⁴⁶ᵃ) (Vgl. das H.G.B. f. d. Deutsche Reich §§ 93 flg.) — Eine Pflicht zur Zustellung von

---

¹⁴⁵) Vgl. § 45 des Ges. über die Wiener Börse v. 11. Juli 1854 R. G. Bl. Nr. 200.

¹⁴⁶) Bei der Entlohnung der behördlich bestellten Sensale wird eben auch der ihnen zukommende öffentliche Glaube in Berücksichtigung gezogen (vgl. Hahn, I S. 103.) Die Pflicht zur Verschwiegenheit obliegt naturgemäß auch dem privaten Handelsmäkler. Die Verletzung dieser Pflicht kann gegen den Sensal einen Entschädigungsanspruch begründen. (Im § 535 des ungar. H. G. B. wird die Verschwiegenheitspflicht des [privaten] Mäklers ausdrücklichst statuiert.)

¹⁴⁶ᵃ) Über die rechtliche Stellung des Mäklers zu den Parteien sind die Meinungen geteilt. Staub zu Art. 69 und Canstein, § 23, 4 nehmen an, daß der Mäkler lediglich zu seinem Kommittenten in ein Rechtsverhältnis trete, während Goldschmidt, Hahn, Mayer a. a. O. Nr. 3 u. a. das rechtliche Verhältnis des Geschäftsvermittlers mit Recht für ein zweiseitiges erklären.

Schlußnoten an die Parteien besteht für den Privathandelsmäkler nicht. (Nach dem H. G. B. f. d. Deutsche Reich muß der private Handelsmäkler — wofern Parteiwille oder Ortsgebrauch ihn dieser Pflicht nicht entheben — nicht nur den Parteien Schlußnoten zustellen, sondern auch von jeder durch seine Vermittlung nach Probe verkauften Ware die ihm etwa übergebene Probe so lange aufbewahren, bis die Ware ohne Einwendung gegen ihre Beschaffenheit angenommen, oder das Geschäft in anderer Weise erledigt wird. §§ 94 und 96 l. c.)

Der Privathandelsmäkler ist als Kaufmann zur Führung von Handelsbüchern verpflichtet, wenn der ihm an einjähriger Erwerbsteuer vorgeschriebene Betrag die in der kaif. Vdg. v. 11. Juli 1898 R. G. Bl. Nr. 124 nach der Einwohnerzahl des Ortes des Geschäftsbetriebes bemessene Mindesthöhe erreicht. In Ansehung der Beweiskraft dieser Bücher finden die allgemeinen Vorschriften des H. G. B. (Art. 34 flg.) und das Einf. Ges. zu demselben (§§ 19 flg.) Anwendung.[147]

---

[147] Das ungar. H. G. B., welchem das Institut behördlich bestellter Sensale unbekannt ist, enthält in den §§ 534 bis 548 ziemlich ausführliche Vorschriften über das Mäklergeschäft und legt (analog den Bestimmungen der Art. 71 flg. österr. H. G. B.) den Privatmäklern die Pflicht auf, ein Tagebuch zu führen, die abgeschlossenen Geschäfte täglich in dasselbe einzutragen, die Eintragungen täglich zu unterzeichnen und nach dem Abschlusse des Geschäftes jeder Partei eine von ihm unterzeichnete Schlußnote einzusenden (§§ 536 bis 538). Das ordnungsmäßig geführte Tagebuch, sowie die ordnungsmäßig ausgefertigte Schlußnote liefern für den Abschluß des Geschäftes und dessen Inhalt einen unvollständigen Beweis (§ 541). Die Höhe der Mäklergebühr bildet den Gegenstand freien Übereinkommens. In Ermanglung einer solchen Vereinbarung oder eines anderen Ortsgebrauches gebührt dem Mäkler unter Zugrundelegung des Wertes, welchen das vermittelte Geschäft repräsentiert, bis zu 5000 Gulden (10.000 K) ein halbes Prozent und über diese Summe hinaus ein Viertelprozent an Mäklergebühr (§ 547).